图书在版编目（CIP）数据

马克思恩格斯要论精选：增订本 / 高放，高哲，张书杰主编. —北京：中央编译出版社，2021.9
ISBN 978-7-5117-4014-4

Ⅰ.①马… Ⅱ.①高…②高…③张… Ⅲ.①马恩著作-选集 Ⅳ.①A11

中国版本图书馆 CIP 数据核字（2021）第 170841 号

马克思恩格斯要论精选：增订本

责任编辑	李媛媛
责任印制	刘　慧
出版发行	中央编译出版社
地　　址	北京西城区车公庄大街乙 5 号鸿儒大厦 B 座（100044）
电　　话	（010）52612345（总编室）　　（010）52612335（编辑室）
	（010）52612311（营销部）　　（010）52612315（新技术部）
传　　真	（010）66515838
经　　销	全国新华书店
印　　刷	北京时捷印刷有限公司
开　　本	710 毫米×1000 毫米　1/16
字　　数	700 千字
印　　张	40.25
版　　次	2021 年 9 月第 1 版
印　　次	2021 年 9 月第 1 次印刷
定　　价	128.00 元

新浪微博：@中央编译出版社　　　微　信：中央编译出版社（ID：cctphome）
淘宝店铺：中央编译出版社直销店（http://shop108367160.taobao.com）　（010）52612322

本社常年法律顾问：北京市吴栾赵阎律师事务所律师　闫军　梁勤
凡有印装质量问题，本社负责调换，电话：（010）52612317

Marx & Engels

马克思恩格斯要论精选

（增订本）

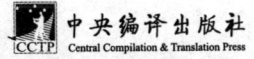

主　编 高　放　高　哲　张书杰

副主编 马金南　高　松　贾晨颖　王瑞红

编辑组人员（以姓氏笔画为序）

　　　　　　马金南　王瑞红　冯　洁　李晓斐　吴卫国
　　　　　　陈慧荣　陆　璐　郑生权　张书杰　贾晨颖
　　　　　　耿慧慧　高　放　高　松　高　哲　高庆荣
　　　　　　魏海安　魏辰瑜

编辑体例说明

一、本书精选辑录公元第二个千年最伟大思想家、科学家卡·马克思及其最亲密战友弗·恩格斯的言论。我们认为这些言论是真诚之言、真切之言、真实之言、真理之言，所以本书可视为马克思恩格斯要论的精华。

二、全书分七章编排，涵盖马克思主义科学世界观、科学历史观、科学现状观和科学未来观四大组成部分。其中，第一章为科学世界观，第二、三、四章历史部分为科学历史观，第二、三、四章现状部分和第五、六章为科学现状观，第七章为科学未来观。马克思主义的科学观贯穿着唯物辩证法的方法论。

三、全书精选的马克思恩格斯要论，力求全面、准确反映马克思主义科学的真谛。各章、节、目的标题均为编者所加，力求简明扼要地反映马克思恩格斯主义。

四、全书编排以逻辑体系为主，在各个目之中的排列多以写作时间或出版时间为序。

五、全书大部分要论都摘选自 2009 年 12 月人民出版社最新出版的十卷本《马克思恩格斯文集》，所以引文出处只写见该书第几卷第几页，均省略出版单位和出版时间。书中有少量摘引自《马克思恩格斯全集》的言论，均另注明人民出版社的出版时间。

六、为帮助读者理解原文，本书编者另加有一些注释，均已注明"本书编者注"。未写明"本书编者注"者，均为原书注。

  这个《宣言》所阐述的一般原理整个说来直到现在还是完全正确的。某些地方本来可以做一些修改。这些原理的实际运用,正如《宣言》中所说的,随时随地都要以当时的历史条件为转移,所以第二章末尾所提出的那些革命措施根本没有特别的意义。

  ——马克思和恩格斯:《〈共产党宣言〉1872年德文版序言》

  在科学上没有平坦的大道,只有不畏劳苦沿着陡峭山路攀登的人,才有希望达到光辉的顶点。

  ——马克思:《〈资本论〉1872年法文版序言和跋》

  我们的理论是发展着的理论,而不是必须背得烂熟并机械地加以重复的教条。

  ——恩格斯:《致弗洛伦斯·凯利-威士涅威茨基》(1887年1月27日)

目 录

序言：推荐全面准确反映马克思主义科学真谛的读本 ………… 1

第一章　论自然·人类·社会 ……………………………………… 1
  一、关于自然 ……………………………………………………… 3
    （一）自然世界统一于物质 …………………………………… 3
    （二）运动是物质的固有属性 ………………………………… 3
    （三）时间和空间是物质存在的基本形式 …………………… 6
    （四）唯物主义自然观的牢固基础 …………………………… 6
  二、关于人类 ……………………………………………………… 7
    （一）人的来源和发展 ………………………………………… 7
    （二）人和动物的区别 ………………………………………… 9
    （三）人的属性和人的本质 …………………………………… 13
    （四）人的主体性 ……………………………………………… 18
    （五）人的需要 ………………………………………………… 20
    （六）人的活动 ………………………………………………… 23
    （七）人的异化 ………………………………………………… 27
    （八）人的权利 ………………………………………………… 30
    （九）人道主义 ………………………………………………… 35
    （十）人的自由 ………………………………………………… 37
    （十一）人的解放 ……………………………………………… 46

三、关于社会 ································· 49
 （一）社会的形成 ······················· 49
 （二）社会的演进 ······················· 50
 （三）社会的文明进步 ··················· 53

四、关于人类、自然、社会的关系 ············· 64
 （一）人类同自然的关系 ················· 64
 （二）个人与社会相互依赖 ··············· 68

五、关于自然、社会的联系和发展 ············· 71
 （一）自然、社会的普遍联系 ············· 71
 （二）自然、社会的永恒发展 ············· 73
 （三）辩证法是关于运动和发展的科学 ····· 74
 （四）自然、社会、思维联系和发展的规律 · 77
 （五）辩证法的三个基本规律 ············· 80
 （六）事物联系和发展的几对范畴 ········· 85

六、关于人类对自然、社会的认识和改造 ······· 90
 （一）存在与思维、物质与意识 ··········· 90
 （二）认识与实践 ······················· 93
 （三）认识世界与改造世界 ·············· 100

第二章　论社会结构 ························ 103
一、关于社会经济结构 ······················· 105
 （一）社会生产、生产力和生产关系结构 ·· 105
 （二）社会经济关系、经济形式和经济规律 · 127
 （三）社会经济普遍规律和资本主义生产内在规律 ···· 139

二、关于社会群体结构 ······················· 144
 （一）家庭 ···························· 144
 （二）氏族 ···························· 147
 （三）民族 ···························· 150

三、关于社会政治结构 ······················· 155
 （一）阶级 ···························· 156

目 录

　　　　（二）政党 …………………………………………… 170
　　　　（三）国家 …………………………………………… 175
　　　　（四）政治制度 ……………………………………… 184
　四、关于社会意识结构 …………………………………… 190
　　　　（一）社会意识与社会存在的关系 ………………… 190
　　　　（二）社会意识形式的类别 ………………………… 194
　　　　（三）世界观、人生观、价值观 …………………… 212
　　　　（四）先进的社会意识 ……………………………… 225
　五、关于经济基础和上层建筑结构 ……………………… 231
　　　　（一）经济基础的内涵 ……………………………… 231
　　　　（二）上层建筑的内涵 ……………………………… 231
　　　　（三）经济基础和上层建筑的相互关系 …………… 232

第三章　论社会变革 ……………………………………… 235
　一、关于社会基本矛盾运动是社会变革的基本动力 …… 237
　　　　（一）生产力和生产关系的矛盾运动是社会变革的
　　　　　　　根本动力 ……………………………………… 237
　　　　（二）经济基础和上层建筑的矛盾运动 …………… 237
　二、关于阶级斗争是阶级社会变革的直接动力 ………… 237
　三、关于社会革命是社会变革的"火车头" …………… 237
　　　　（一）社会革命的根源 ……………………………… 237
　　　　（二）社会革命的目的 ……………………………… 239
　　　　（三）社会革命的作用 ……………………………… 241
　　　　（四）社会革命的类型 ……………………………… 242
　　　　（五）现代无产阶级社会主义革命 ………………… 247
　四、关于人民群众是推动社会变革的决定力量 ………… 293
　　　　（一）人民群众是历史的创造者 …………………… 293
　　　　（二）个人在历史上的作用 ………………………… 297
　　　　（三）对唯心史观的批判 …………………………… 300
　五、关于社会发展规律 …………………………………… 301

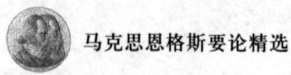

　　（一）社会发展是自然历史过程 …………………… 301
　　（二）社会发展受规律支配 …………………………… 302
　　（三）社会发展进程的一致性和表现形式的多样性 … 304
　　（四）新旧社会的相互交错 …………………………… 305

第四章　论社会形态 ………………………………………… 309
　一、关于原始社会 ………………………………………… 311
　　（一）原始社会的生产力状况 ………………………… 311
　　（二）原始社会的生产关系 …………………………… 312
　　（三）原始社会的上层建筑 …………………………… 313
　　（四）原始公社的解体和奴隶制的产生 ……………… 315
　二、关于奴隶社会 ………………………………………… 316
　　（一）奴隶社会的生产力状况 ………………………… 316
　　（二）奴隶社会的生产关系 …………………………… 316
　　（三）奴隶社会的上层建筑 …………………………… 317
　　（四）奴隶社会的瓦解和封建社会的产生 …………… 320
　三、关于封建社会 ………………………………………… 321
　　（一）封建社会的生产力和生产关系 ………………… 321
　　（二）封建社会的上层建筑 …………………………… 324
　　（三）封建社会的瓦解和资本主义社会的产生 ……… 327
　四、关于资本主义社会 …………………………………… 328
　　（一）资本主义生产方式产生的条件 ………………… 328
　　（二）资本主义社会的生产方式 ……………………… 332
　　（三）资本主义社会的上层建筑 ……………………… 361
　　（四）资本主义的发展趋势 …………………………… 365
　五、关于社会主义社会——共产主义社会 ……………… 370

第五章　论社会问题 ………………………………………… 371
　一、关于战争与革命、和平问题 ………………………… 373
　　（一）战争的根源 ……………………………………… 373
　　（二）掠夺战争的后果 ………………………………… 377

目　录

  （三）战争与革命 …………………………………… 378
  （四）战争与经济、技术 …………………………… 380
  （五）战争与指挥和战术 …………………………… 382
  （六）正义战争必然胜利、非正义战争虽胜尤败 … 383
  （七）如何维护并实现和平 ………………………… 384
二、关于殖民地问题 …………………………………………… 385
  （一）殖民地的本质及其发展历程 ………………… 385
  （二）列强对殖民地的争夺与瓜分 ………………… 387
  （三）列强对殖民地的统治方式与残酷暴行 ……… 390
  （四）殖民地人民的英勇反抗 ……………………… 391
  （五）殖民地人民的独立与解放 …………………… 393
  （六）殖民地和殖民主义的历史作用 ……………… 395
三、关于工人问题 ……………………………………………… 397
  （一）工人的劳动时间问题 ………………………… 397
  （二）工人的工资待遇问题 ………………………… 399
  （三）工人的生活状况问题 ………………………… 401
四、关于农民问题 ……………………………………………… 404
  （一）对农民的阶级分析 …………………………… 404
  （二）农民是无产阶级的天然同盟者 ……………… 406
  （三）无产阶级取得政权后对农民的政策 ………… 407
五、关于知识分子问题 ………………………………………… 410
  （一）知识的力量 …………………………………… 410
  （二）知识分子的阶级属性 ………………………… 411
  （三）争取和培养知识分子 ………………………… 412
六、关于妇女和儿童问题 ……………………………………… 413
  （一）妇女问题的由来和妇女解放之路 …………… 413
  （二）如何解决儿童问题 …………………………… 418
七、关于青年和学生问题 ……………………………………… 422
  （一）要选择为人类幸福工作的职业，从普通一兵做起 …… 422

（二）要把最好的东西献给工人，努力造就为工人阶级
　　　　 解放事业的专家 …………………………………………… 424

八、关于教育问题 ……………………………………………………… 425
　　（一）教育的作用 ……………………………………………… 425
　　（二）教育的内容 ……………………………………………… 426
　　（三）教育的方法 ……………………………………………… 428

九、关于爱情、婚姻与家庭问题 …………………………………… 429
　　（一）互爱是爱情的基础 ……………………………………… 429
　　（二）爱情是婚姻的基础 ……………………………………… 431
　　（三）婚姻是家庭的基础 ……………………………………… 433
　　（四）无产阶级的婚姻观 ……………………………………… 434

十、关于住宅问题 ……………………………………………………… 436
　　（一）住宅问题的由来 ………………………………………… 436
　　（二）解决住宅问题的历史争议 ……………………………… 438
　　（三）解决住宅问题的主要途径 ……………………………… 440

十一、关于自杀与卖淫问题 ………………………………………… 442
　　（一）自杀的根源和防治之道 ………………………………… 442
　　（二）纵横深入透视卖淫现象 ………………………………… 444

第六章 论重点地区和国家的发展以及国际关系 ……………… 447
一、关于欧洲 …………………………………………………………… 449
　　（一）欧洲革命的历史与现状 ………………………………… 449
　　（二）欧洲未来国家的政治制度 ……………………………… 450
　　（三）欧洲无产阶级革命的国际影响 ………………………… 453

二、关于俄国 …………………………………………………………… 454
　　（一）俄国农村公社向何处去 ………………………………… 454
　　（二）俄国农村公社制度前途的二重性 ……………………… 455
　　（三）俄国农村公社不通过卡夫丁峡谷的必要条件 ………… 457
　　（四）俄国农村公社直接过渡到社会主义的机会正在
　　　　 逐年减少 ……………………………………………… 458

目 录

  （五）俄国要保全公社，必须进行革命，推翻沙皇专
    制制度 ·· 460
  （六）沙皇政府专制统治和对外扩张政策 ················ 461
三、关于美国 ··· 470
  （一）美国的奴隶制度 ·· 470
  （二）美国内战的性质和作用 ·································· 472
  （三）美国经济社会的发展 ······································ 474
  （四）十九世纪美国的阶级斗争和工人运动 ············ 478
  （五）美国的政治制度和政党制度 ··························· 481
四、关于印度 ··· 483
  （一）印度社会发展的特点 ······································ 483
  （二）英国殖民主义对印度的影响 ··························· 486
  （三）印度社会发展的前景 ······································ 489
五、关于中国 ··· 492
  （一）中英鸦片战争 ·· 492
  （二）中日甲午战争给中国以致命打击 ···················· 501
  （三）中国革命是亚洲纪元新曙光、欧洲革命导火线 ··· 502
  （四）古代中国的科学技术对欧洲的贡献 ················ 504
六、关于工人政党应对国际关系的准则 ·································· 505
  （一）要洞悉国际政治的秘密，遵循道德和正义的准则 ··· 505
  （二）各国工人要联合起来，反对争夺霸权的战争 ··· 505
  （三）必须支持民族解放，反对民族压迫 ················ 507
  （四）民族独立是一切国际合作的基础 ···················· 508
  （五）新社会的国际原则将是和平劳动、普遍交往 ··· 508

第七章　论未来社会的发展 ··· 511
一、关于社会主义从空想到科学的发展 ·································· 513
  （一）空想社会主义的远大眼光和历史局限 ············ 513
  （二）两大发现使社会主义由空想变为科学 ············ 517
  （三）对形形色色"社会主义"的批判 ···················· 519

二、关于从资本主义转变到共产主义的预见 …………………… 522
 （一）共产主义是资本主义发展的必然结果 ……………… 522
 （二）要实现共产主义工人阶级必须首先掌握政权 ……… 524
 （三）无产阶级在过渡时期的任务 ………………………… 526
 （四）无产阶级在过渡时期的政策 ………………………… 527

三、关于共产主义第一阶段的预见 …………………………… 531
 （一）共产主义第一阶段的社会特征 ……………………… 531
 （二）共产主义第一阶段面临的任务和社会问题 ………… 544

四、关于共产主义高级阶段的预见 …………………………… 560
 （一）工人劳动将被机器取代，生产力极大提高 ………… 560
 （二）实现生产资料公共所有，建立自由人联合体 ……… 561
 （三）社会生产的计划调节 ………………………………… 561
 （四）社会财富的充分涌流，各尽所能，按需分配 ……… 564
 （五）人们同传统观念彻底决裂 …………………………… 565
 （六）轻松劳动成为生活第一需要 ………………………… 566
 （七）商品生产将被消除 …………………………………… 567
 （八）三大差别归于消灭 …………………………………… 568
 （九）阶级消灭，国家消亡，私人家务消失，各个民族
   大融合 ……………………………………………… 570
 （十）社会成员自由而全面地发展 ………………………… 573

附录：马克思恩格斯生平主要年表 …………………………… 577
编后记：本书选编经过和参编人员 …………………………… 611
不可不读的跋语：我们如何主编《马克思恩格斯要论精选（增订本）》…… 615

序言：推荐全面准确反映马克思主义科学真谛的读本

高 放

当代人欣幸迎来世纪换百又换千的百年巧遇、千载难逢的双重良辰。回首公元第二个千年的历史，究竟谁是千秋百代最伟大的思想家呢？西方颇有影响的作为英国政府广播电视机构的英国广播公司（BBC）于1999年9月在互联网上举行千禧年最伟大思想家的投票活动，欢迎世界各地所有人士依照自己良知投票。经过整整一个月的评选，得票居于前列者有10个杰出思想家，其中名列榜首者为全世界无产阶级导师卡·马克思。挪威的投票者科里森经过深思熟虑之后激情地说："马克思启蒙了数以千计争取自由公义的斗争。它是现代政治思想之父。"另一位投下神圣一票的美国人卡普尔也说："马克思对资本主义运作的模式作了最好的分析。由于资本主义在20世纪末实际上已成为全世界最具代表性的制度，他的思想学说，对于帮助我们认识当今的世界，仍极具参考价值。"[①] 无独有偶。创办于1850年的英国最大的通讯社路透社也于1999年12月邀请来自10个国家的34位投票者，要他们评选出自己心目中千年以来最伟大的人物。这些参选者都是政界、商界、艺术界和学术界的精英首领，其中既包括国际知名人士，也有在本国受到尊敬的显要。选票在39位候选者之间分散开来。评选结果爱因斯坦以15分排在首位，马克思和印度甘地仅1分之差，并列第二。路透社

---

① 见香港《明报》1999年10月2日报道，转引自《参考消息》，1999年12月20日。名列马克思之后的九个思想家为爱因斯坦（犹太裔科学家）、牛顿（英国物理学家）、达尔文（英国生物学家）、阿奎那（意大利哲学家）、霍金（英国物理学家）、康德（德国哲学家）、笛卡尔（法国数学家）、麦克斯韦（英国物理学家）、尼采（德国哲学家）。

在1999年12月17日伦敦电中报道这次评选结果时说:"爱因斯坦对数学和物理学的贡献尽管理解者甚少,但承认者甚多。""并列第二的卡尔·马克思则凭《共产党宣言》和《资本论》对世界政治、经济思想产生了深刻的影响。"① 可见马克思是当今举世公认的首屈一指的千秋伟人、最杰出的社会思想家,马克思的光辉思想被众多智士公推为千古不磨的远见卓识。那么,什么是马克思主义呢?为什么它有如此强大的魅力呢?马克思主义是马克思和他最亲密的战友恩格斯于1843—1895年间创立的无产阶级和全人类解放的科学,可以简称为"人的解放学"。它给全人类指明了在减免资本主义剥削、压迫,减免重、脏、险、差的体力劳动之后,人人得到自由解放和全面发展,建立"自由人联合体",实现社区自治的愿景。因为马克思主义是关于全人类彻底解放的科学,所以它赢得世世代代众人的尊崇。马克思主义是我们国家进行中国特色社会主义现代化建设的指导思想,是我国公民尤其是各级领导人和广大干部、青年学子都必须学习和掌握的一门首要科学。

马克思主义这门首要科学博大精深,卷帙浩繁。《马克思恩格斯全集》已出版的中文第一版,就有50卷、53册,国外还正在出版百卷本,总字数有几千万字。这是一般人难以卒读的。即使是1995年出版的《马克思恩格斯选集》中文版第2版4卷本,也近300万字之多,也不易通读。如果只限于阅读学者编写的马克思主义教材,那很可能有局限性,甚至变了形、走了样。那么究竟应该怎样学习和掌握马克思主义呢?这方面我们要吸取前人,尤其是马克思的亲密战友、马克思主义另一创始人恩格斯的亲身经验。恩格斯早在1890年9月21日(—22日)写给柏林大学学生布洛赫的信中就指出:"我请您根据原著来研究这个理论(指马克思主义理论。——引者注),而不要根据第二手的材料来研究——这的确要容易得多。"② 邓小平在1992年南方谈话中进一步指明:"学马列要精,要管用的。长篇的东西是少数人搞专业的人读的,群众怎么读?要求都读大本子,那是形式主义的,

---

① 见新华社1999年12月29日伦敦电,载《光明日报》,1999年12月30日。
② 《马克思恩格斯文集》第10卷,人民出版社2009年版第593页。

序言：推荐全面准确反映马克思主义科学真谛的读本

办不到。我的入门老师是《共产党宣言》。"① 我们党中央于1943年曾经开列马列主义经典著作《共产党宣言》等5本作为"干部必读"，1949年增加到12本，1963年又扩充到30本。这就是说，精读若干本马克思主义原著是通晓马克思主义的诀要。

此外，我们认为选读马克思主义名言警句汇编，更是领会马克思主义的捷径。这比读若干本原著涵盖面更广泛、更丰富，论点更集中、更精粹，也更便于全面准确掌握，入脑记忆，缺点是多半只有结论，论证不够充分。关键是要选编全面、准确。记得1942年延安整风运动期间，解放社编辑出版的《马克思恩格斯列宁斯大林思想方法论》一书就编得很好。而在上世纪60年代"文化大革命"期间，曾经广为流传的一本《马恩列斯语录》就编得不好。在当时"左"的指导思想影响下，书的内容不免偏重于阶级斗争、革命、专政、战争等等，显得片面、偏激。近几年有的单位已经选编有多种马克思主义经典著作重要论点辑录。有的侧重马克思主义三大组成部分或其中某一部分、某一专题，有的数量近百万字甚至更多。上世纪90年代，高哲、温元著、贾建梅同志主编一本概括马克思主义全部要点，近40万字的《马克思恩格斯要论精选》，约请我为学术指导。我们跳出把马克思主义分为三大组成部分的旧框架，从马克思恩格斯对自然、人类、社会的认识入手，进而概括他们对无产阶级和全人类解放这个总命题的系统看法。这样也许能够编出特色。把马克思主义明确分为哲学、政治经济学和社会主义学三个组成部分，这本来只是列宁于1913年写的《马克思主义的三个来源和三个组成部分》一文中唯独一次提出的独到见解。这样划分有利于人们掌握马克思主义的最主要的内容。但是以往我们都把列宁的独特体会绝对化，误以为马克思主义就只有这三个组成部分。其实无产阶级和全人类解放这个特大系统社会工程，需要好多门科学为它服务。马克思恩格斯毕生悉心研究的科学，也不仅限于这三个组成部分、三门科学。马克思主义是完备而严整的科学，除了上述三大组成部分之外，我认为还应该包括人学、政治学、法学、军事学、社会学、历史学、文化学、教育学等

---

① 《邓小平文选》第3卷，人民出版社1993年版，第382页。

十几个组成部分，十几门科学。但是作为一本总括马克思主义全部要点的名言选编，又不宜按照这十几个组成部分来汇总。本着理论联系实际、历史和逻辑相统一的原则，既着眼于理论的完整性，又考虑到实际需要的现实性，本书把马克思恩格斯的要论，分为六章，即自然·人·社会、社会生产、社会经济、社会结构、社会发展和社会形态。在各章之中还分有二级、三级标题，以体现马克思主义的理论体系和要点。如此分类是有新意的，也便于检索。当然各种分类都是相对的。这样读者从本书可以大体上总览马克思主义的全貌。掌握了马克思主义的基本原理和主要观点，就能够帮助我们洞察历史、现状和未来，探究国际和国内的重大问题，使我们心明眼亮，不受迷惑。当然要防止从根深蒂固的"左"的方面或不时出现的右的方面误解以致曲解马克思主义。凡是现实生活中发生的各种深层次问题，我们也大都能够从马克思恩格斯的有关重要论述中得到启迪，加深思考，以期豁然贯通，寻求合理的答案和妥善的解决办法。本书不仅是学习马克思主义科学的良好读本，而且也是遇到问题时请教马克思和恩格斯，检索马克思主义教诲的重要工具书。我在审读编者选编的初稿时，发现内容有遗漏的，分类有不够恰当的，文字有需要说明的，都建议主编加以补充、调整和注释。经过编者一年来几次修改，由我写出这篇序言，于2000年4月由中央编译出版社出版，同年增订再版。

到2011年本书又改为由我牵头，与高哲、张书杰同志共同主编，重新修改、增订，篇幅有所扩大，书名改为"马克思恩格斯要论精选（增订本）"。本书在时隔十多年之后还需要出版增订本，是有以下三个原因。第一，2005年我国把马克思主义确立为一级学科，随即开始在高等学校招收马克思主义专业的本科学士生和硕士、博士研究生，众多教研单位都建立马克思主义研究所、研究部以至研究院，在大学各个专业普遍开设马克思主义基本原理课程。我国新成长的成千上万的一代马克思主义学习者和教研者，迫切需要熟读马克思主义原著。这个新形势促使我们要选编《马克思恩格斯要论精选（增订本）》，为社会提供一本全面、准确反映马克思主义科学真谛的基本读物。第二，我们在使用中发现，2000年出版的《马克思恩格斯要论精选》内容不够全面、丰满，不仅有很多重要言论没有选入，

序言：推荐全面准确反映马克思主义科学真谛的读本

而且分类不够恰当、合理，体系也不够完整、完善。为适应新形势下广大读者热切希望快速掌握马克思主义科学真理的需要，我们深感必须下功夫重新出版更好的增订本。第三，2009年12月人民出版社新出版十卷本《马克思恩格斯文集》。这是我国马克思主义理论研究和建设工程的重点项目，是中共中央编译局编译的译文更准确、资料更翔实的文本。所以我们选编的增订本的引文都要改用这本最新的译文。

至于我们如何重新主编这个增订本，我将在书的后跋中另加细说。我希望学习和教研马克思主义者，本书能够人手一册，认真熟读，时常备查。"学而时习之"，学而时用之，必有收获，必识其值。但愿本书有助于读者全面准确掌握马克思主义科学的真谛。

2014年8月18日修订
于北京张自忠路3号中国人民大学红楼寓所顶斋

马克思恩格斯要论精选

增订本

第一章
论自然·人类·社会

一 关于自然

二 关于人类

三 关于社会

四 关于人类、自然、社会的关系

五 关于自然、社会的联系和发展

六 关于人类对自然、社会的认识和改造

自然界的**人**的本质只有对**社会的**人来说才是存在的；因为只有在社会中，自然界对人来说才是人与**人联系的纽带**，才是他为别人的存在和别人为他的存在，只有在社会中，自然界才是人自己的合乎**人性的**存在的**基础**，才是人的现实的生活要素。只有在社会中，人的**自然的**存在对他说来才是人的合乎**人性的**存在，并且自然界对他说来才成为人。因此，**社会**是人同自然界的完成了的本质的统一，是自然界真正的复活，是人的实现了的自然主义和自然界的实现了的人道主义。

马克思：《1844 年经济学哲学手稿》（1844 年 5—8 月），见《马克思恩格斯文集》第 1 卷第 187 页。

一、关于自然

（一）自然世界统一于物质

物质本身是纯粹的思想创造物和纯粹的抽象。当我们用物质概念来概括各种有形地存在着的事物的时候，我们是把它们的质的差异撇开了。因此，物质本身和各种特定的、实存的物质的东西不同，它不是感性地存在着的东西。

> 恩格斯：《自然辩证法》（1873—1882年），见《马克思恩格斯文集》第 9 卷第 511 页。

物、物质无非是各种物的总和，而这个概念就是从这一总和中抽象出来的……

> 恩格斯：《自然辩证法》（1873—1882年），见《马克思恩格斯文集》第 9 卷第 500 页。

世界的统一性并不在于它的存在，尽管世界的存在是它的统一性的前提，因为世界必须先**存在**，然后才能是**统一的**。在我们的视野的范围之外，存在甚至完全是一个悬而未决的问题。世界的真正的统一性在于它的物质性，而这种物质性不是由魔术师的三两句话所证明的，而是由哲学和自然科学的长期的和持续的发展所证明的。

> 恩格斯：《反杜林论》（1876 年 9 月—1878 年 6 月），见《马克思恩格斯文集》第 9 卷第 47 页。

（二）运动是物质的固有属性

一切存在物，一切生活在地上和水中的东西，只是由于某种运动才得以存在、生活。

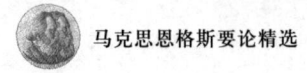

> 马克思:《哲学的贫困》(1847年4月),
> 见《马克思恩格斯文集》第1卷第600页。

物体是离不开运动的,各种物体的形式和种类只有在运动中才能认识,处于运动之外,处于同其他物体的一切关系之外的物体,是谈不上的。物体只有在运动之中才显示出它是什么。因此,自然科学只有在物体的相互关系之中,在物体的运动之中观察物体,才能认识物体。对运动的各种形式的认识,就是对物体的认识。

> 恩格斯:《致马克思》(1873年5月30日),见《马克思恩格斯文集》第10卷第385页。

运动,就它被理解为物质的存在方式、物质的固有属性这一最一般的意义来说,涵盖宇宙中发生的一切变化和过程,从单纯的位置变动直到思维。

> 恩格斯:《自然辩证法》(1873—1882年),见《马克思恩格斯文集》第9卷第513页。

整个自然界,从最小的东西到最大的东西,从沙粒到太阳,从原生生物到人,都处于永恒的产生和消逝中,处于不断的流动中,处于不息的运动和变化中。

> 恩格斯:《自然辩证法》(1873—1882年),见《马克思恩格斯文集》第9卷第418页。

除了永恒变化着的、永恒运动着的物质及其运动和变化的规律以外,再没有什么永恒的东西了。

> 恩格斯:《自然辩证法》(1873—1882年),见《马克思恩格斯文集》第9卷第426页。

既然我们面前的物质是某种既有的东西,是某种既不能创造也不能消

第一章　论自然·人类·社会

灭的东西，那么由此得出的结论就是：运动也是既不能创造也不能消灭的。

恩格斯：《自然辩证法》（1873—1882年），见《马克思恩格斯文集》第 9 卷第 514 页。

物质的运动不仅仅是粗糙的机械运动、单纯的位置移动，它也是热和光、电压和磁压、化学的化合和分解、生命乃至意识。

恩格斯：《自然辩证法》（1873—1882年），见《马克思恩格斯文集》第 9 卷第 424 页。

平衡和运动是分不开的。① 在天体的运动中，存在着**平衡中**的运动和**运动中的平衡**（相对的）。

恩格斯：《自然辩证法》（1873—1882年），见《马克思恩格斯文集》第 9 卷第 533 页。

但是，一切产生出来的东西，都注定要灭亡②。也许经过多少亿年，多少万代生了又死。

恩格斯：《自然辩证法》（1873—1882年），见《马克思恩格斯文集》第 9 卷第 422—423 页。

运动是物质的存在方式。无论何时何地，都没有也不可能有没有运动的物质。………没有运动的物质和没有物质的运动一样，是不可想像的。因此，运动和物质本身一样，是既不能创造也不能消灭的……

恩格斯：《反杜林论》（1876 年 9 月—1878 年 6 月），见《马克思恩格斯文集》第 9 卷第 64 页。

---

① 恩格斯在此处页边上写着："平衡＝吸引胜过排斥"。——编者注
② 歌德《浮士德》第 1 部第 3 场《书斋》。——编者注

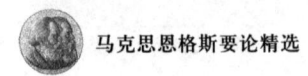

在物质固有的特性中，第一个特性而且是最重要的特性是运动，……

恩格斯：《〈社会主义从空想到科学的发展〉1892年英文版导言》（1892年4月20日），见《马克思恩格斯文集》第3卷第503页。

（三）时间和空间是物质存在的基本形式

诸天体在无限时间内永恒重复的先后相继，不过是无数天体在无限空间内同时并存的逻辑补充……

恩格斯：《自然辩证法》（1873—1882年），见《马克思恩格斯文集》第9卷第426页。

一切存在的基本形式是空间和时间，时间以外的存在像空间以外的存在一样，是非常荒诞的事情。

恩格斯：《反杜林论》（1876年9月—1878年6月），见《马克思恩格斯文集》第9卷第56页。

时间上的永恒性、空间上的无限性，本来就是，而且按照简单的词义也是：**没有一个**方向是有终点的，不论是向前或向后，向上或向下，向左或向右。

恩格斯：《反杜林论》（1876年9月—1878年6月），见《马克思恩格斯文集》第9卷第53页。

（四）唯物主义自然观的牢固基础

首先是三大发现使我们对自然过程的相互联系的认识大踏步地前进了：第一是发现了细胞，发现细胞是这样一种单位，整个植物体和动物体都是从它的繁殖和分化中发育起来的。……第二是能量转化，它向我们表明了一切首先在无机界中起作用的所谓力，即机械力及其补充，所谓位能、热、辐射（光和辐射热）、电、磁、化学能，都是普遍运动的各种表现形式，……最后，达尔文第一次从联系中证明，今天存在于我们周围的有机自然物，包括人在内，都是少数原始单细胞胚胎的长期发育过程的产物，而这些胚胎又是由那些通过化学途径产生的原生质或蛋白质形成的。

由于这三大发现和自然科学的其他巨大进步，我们现在不仅能够说明自然界中各个领域内的过程之间的联系，而且总的说来也能说明各个领域之间的联系了，这样，我们就能够依靠经验自然科学本身所提供的事实，以近乎系统的形式描绘出一幅自然界联系的清晰图画。

恩格斯：《路德维希·费尔巴哈和德国古典哲学的终结》（1886年初），见《马克思恩格斯文集》第4卷第300页。

有了这三大发现，自然界的主要过程就得到了说明，就被归之于自然的原因。……

这样，同前一世纪比较起来，唯物主义自然观现在已建立在完全不同的牢固的基础上了。……现在，整个自然界是作为至少在大的基本点上已得到解释和理解的种种联系和种种过程的体系而展现在我们面前。

恩格斯：《自然辩证法》（1873—1882年），见《马克思恩格斯文集》第9卷第458页。

二、关于人类

（一）人的来源和发展

1. 人来源于类人猿

在好几十万年以前，在地质学家叫做第三纪的那个地质时代的某个还不能确切肯定的时期，大概是在这个时代的末期，在热带的某个地方——可能是现在已经沉入印度洋底的一大片陆地上，生活着一个异常高度发达的类人猿的种属。达尔文曾经向我们大致地描述了我们的这些祖先：它们浑身长毛，有胡须和尖耸的耳朵，成群地生活在树上。①

---

① 参看查·达尔文《人类起源和性的选择》第1卷第6章《论人类的血缘和谱系》。——编者注

这种猿类，大概首先由于它们在攀援时手干着和脚不同的活这样一种生活方式的影响，在平地上行走时也开始摆脱用手帮忙的习惯，越来越以直立姿势行走。由此就迈出了**从猿过渡到人的具有决定意义的一步**。

恩格斯：《自然辩证法》（1873—1882年），见《马克思恩格斯文集》第9卷第550—551页。

我们的祖先在从猿过渡到人的好几十万年的过程中逐渐学会的使自己的手能做出的一些动作，在开始时只能是非常简单的。……但是具有决定意义的一步迈出了：**手变得自由了**，并能不断掌握新的技能，而由此获得的更大的灵活性便遗传下来，并且一代一代地增加着。

恩格斯：《自然辩证法》（1873—1882年），见《马克思恩格斯文集》第9卷第551—552页。

我们已经说过，我们的猿类祖先是一种群居的动物，人，一切动物中最爱群居的动物，显然不可能来源于某种非群居的最近的祖先。

恩格斯：《自然辩证法》（1873—1882年），见《马克思恩格斯文集》第9卷第553页。

2. 劳动创造了人

劳动是整个人类生活的第一个基本条件，而且达到这样的程度，以致我们在某种意义上不得不说：劳动创造了人本身。

恩格斯：《自然辩证法》（1873—1882年），见《马克思恩格斯文集》第9卷第550页。

所以，手不仅是劳动的器官，**它还是劳动的产物**。只是由于劳动，由于总是要去适应新的动作，由于这样所引起的肌肉、韧带以及经过更长的时间引起的骨骼的特殊发育遗传下来，而且由于这些遗传下来的灵巧性不断以新的方式应用于新的越来越复杂的动作，人的手才达到这样高度的完善，以致像施魔法一样产生了拉斐尔①的绘画、托瓦森②的雕刻和帕格尼尼③的音乐。

> 恩格斯：《自然辩证法》（1873—1882年），见《马克思恩格斯文集》第9卷第552页。

首先是劳动，然后是语言和劳动一起，成了两个最主要的推动力，在它们的影响下，猿脑就逐渐过渡到人脑；后者和前者虽然十分相似，但是要大得多和完善得多。随着脑的进一步的发育，脑的最密切的工具，即感觉器官，也进一步发育起来。

> 恩格斯：《自然辩证法》（1873—1882年），见《马克思恩格斯文集》第9卷第554页。

由于手、说话器官和脑不仅在每个人身上，而且在社会中发生共同作用，人才有能力完成越来越复杂的动作，提出并达到越来越高的目的。劳动本身经过一代又一代变得更加不同、更加完善和更加多方面了。

> 恩格斯：《自然辩证法》（1873—1882年），见《马克思恩格斯文集》第9卷第557页。

（二）人和动物的区别

1. 人区别于动物的特征是劳动

诚然，动物也生产。动物为自己营造巢穴或住所，如蜜蜂、海狸、蚂蚁等。但是，动物只生产它自己或它的幼仔所直接需要的东西；动物的生产是片面的，而人的生产是全面的；动物只是在直接的肉体需要的支配下生产，而人甚至不受肉体需要的影响也进行生产，并且只有不受这种需要的影响才进行真正的生产；动物只生产自身，而人再生产整个自然界；动

---

① 桑·拉斐尔（1483—1520），文艺复兴时期意大利画家。——本书编者注
② 贝·托瓦森（1786—1844），丹麦雕刻家。——本书编者注
③ 尼·帕格尼尼（1782—1840），意大利作曲家和小提琴演奏家。——本书编者注

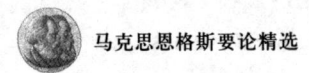

物的产品直接属于它的肉体，而人则自由地面对自己的产品。

马克思：《1844年经济学哲学手稿》（1844年4—8月），见《马克思恩格斯文集》第1卷第162—163页。

可以根据意识、宗教或随便别的什么来区别人和动物。一当人开始**生产**自己的生活资料，即迈出由他们的肉体组织所决定的这一步的时候，人本身就开始把自己和动物区别开来。

马克思和恩格斯：《德意志意识形态》（1845年秋—1846年5月），见《马克思恩格斯文集》第1卷第519页。

人类社会区别于猿群的特征在我们看来又是什么呢？是**劳动**。

恩格斯：《自然辩证法》（1873—1882年），见《马克思恩格斯文集》第9卷第555页。

劳动是从制造工具开始的。

恩格斯：《自然辩证法》（1873—1882年），见《马克思恩格斯文集》第9卷第555页。

动物所能做到的最多是**采集**，而人则**从事生产**，人制造最广义的生活资料，这些生活资料是自然界离开了人便不能生产出来的。

恩格斯：《自然辩证法》（1873—1882年），见《马克思恩格斯文集》第9卷第548页。

手的专业化意味着**工具**的出现，而工具意味着人所特有的活动，意味着人对自然界进行改造的反作用，意味着生产。

恩格斯：《自然辩证法》（1873—1882年），见《马克思恩格斯文集》第9卷第421页。

人是唯一能够挣脱纯粹动物状态的动物——他的正常状态是一种同他的意识相适应的状态,是**需要他自己来创造的**状态。

恩格斯:《自然辩证法》(1873—1882年),见《马克思恩格斯文集》第 9 卷第 408 页。

2. 人的活动是有意识的

动物和自己的生命活动是直接同一的。动物不把自己同自己的生命活动区别开来。它就是**自己的生命活动**。人则使自己的生命活动本身变成自己意志的和自己意识的对象。他具有有意识的生命活动。这不是人与之直接融为一体的那种规定性。有意识的生命活动把人同动物的生命活动直接区别开来。

马克思:《1844 年经济学哲学手稿》(1844 年 4—8 月),见《马克思恩格斯文集》第 1 卷第 162 页。

蜘蛛的活动与织工的活动相似,蜜蜂建筑蜂房的本领使人间的许多建筑师感到惭愧。但是,最蹩脚的建筑师从一开始就比最灵巧的蜜蜂高明的地方,是他在用蜂蜡建筑蜂房以前,已经在自己的头脑中把它建成了。劳动过程结束时得到的结果,在这个过程开始时就已经在劳动者的表象中存在着,即已经观念地存在着。

马克思:《资本论》第 1 卷(1867 年),见《马克思恩格斯文集》第 5 卷第 208 页。

动物也有一部历史,即动物的起源和逐渐发展到今天这样的状态的历史。但是这部历史对它们来说是被创造出来的,如果说它们自己也参与了创造,那也是不自觉和不自愿的。相反,人离开狭义的动物越远,就越是有意识地自己创造自己的历史,未能预见的作用、未能控制的力量对这一历史的影响就越小,历史的结果和预定的目的就越加符合。

恩格斯:《自然辩证法》(1873—1882年),见《马克思恩格斯文集》第 9 卷第 421—422 页。

鹰比人看得远得多,但是人的眼睛识别东西远胜于鹰。狗比人具有锐敏得多的嗅觉,但是它连被人当作各种物的特定标志的不同气味的百分之一也辨别不出来。

恩格斯:《自然辩证法》(1873—1882年),见《马克思恩格斯文集》第9卷第554页。

就单个人来说,他的行动的一切动力,都一定要通过他的头脑,一定要转变为他的意志的动机,才能使他行动起来。

恩格斯:《路德维希·费尔巴哈和德国古典哲学的终结》(1886年初),见《马克思恩格斯文集》第4卷第306页。

3. 人能改变和改良自然界

自然科学和哲学一样,直到今天还全然忽视人的活动对人的思维的影响;它们在一方面只知道自然界,在另一方面又只知道思想。但是,人的思维的最本质的和最切近的基础,正是**人所引起的自然界的变化**,而不仅仅是自然界本身;人在怎样的程度上学会改变自然界,人的智力就在怎样的程度上发展起来。因此,自然主义的历史观,如德雷帕①和其他一些自然科学家或多或少持有的这种历史观是片面的,它认为只是自然界作用于人,只是自然条件到处决定人的历史发展,它忘记了人也反作用于自然界,改变自然界,为自己创造新的生存条件。

恩格斯:《自然辩证法》(1873—1882年),见《马克思恩格斯文集》第9卷第483—484页。

狭义的动物也有工具,然而这只是它们的身躯的肢体,蚂蚁、蜜蜂、海狸就是这样;动物也进行生产,但是它们的生产对周围自然界的作用在自然界面前只等于零。只有人能够做到给自然界打上自己的印记,因为他们不仅迁移动植物,而且也改变了他们的居住地的面貌、气候,甚至还改

---

① 参看约·威·德雷帕《欧洲智力发展史》(两卷集)1864年伦敦版。——编者注

变了动植物本身,以致他们活动的结果只能和地球的普遍灭亡一起消失。

恩格斯:《自然辩证法》(1873—1882年),见《马克思恩格斯文集》第 9 卷第 421 页。

一句话,动物仅仅**利用**外部自然界,简单地通过自身的存在在自然界中引起变化;而人则通过他所作出的改变来使自然界为自己的目的服务,来**支配**自然界。① 这便是人同其他动物的最终的本质的差别,而造成这一差别的又是劳动。

恩格斯:《自然辩证法》(1873—1882年),见《马克思恩格斯文集》第 9 卷第 559 页。

(三)人的属性和人的本质

1. 人有四种属性

(1) 自然属性

说人是**肉体**的、有自然力的、有生命的、现实的、感性的、对象性的存在物,这就等于说,人有**现实的**、**感性的对象**作为自己本质的即自己生命表现的对象;或者说,人只有凭借现实的、感性的对象才能**表现**自己的生命。

马克思:《1844 年经济学哲学手稿》(1844 年 4—8 月),见《马克思恩格斯文集》第 1 卷第 209—210 页。

全部人类历史的第一个前提无疑是有生命的个人的存在。② 因此,第一个需要确认的事实就是这些个人的肉体组织以及由此产生的个人对其他自然的关系。

---

① 恩格斯在此处手稿的页边上写着:"改良"。——编者注
② 手稿中删去以下这句话:"这些个人把自己和动物区别开来的第一个**历史**行动不在于他们有思想,而在于他们开始**生产自己的生活资料**。"——编者注

> 马克思和恩格斯：《德意志意识形态》(1845年秋—1846年5月)，见《马克思恩格斯文集》第1卷第519页。

人来源于动物界这一事实已经决定人永远不能完全摆脱兽性，所以问题永远只能在于摆脱得多些或少些，在于兽性或人性的程度上的差异。

> 恩格斯：《反杜林论》(1876年9月—1878年6月)，见《马克思恩格斯文集》第9卷第106页。

（2）社会属性

他①忘记了"特殊的人格"的本质不是人的胡子、血液、抽象的肉体的本性，而是人的**社会特质**，……

> 马克思：《黑格尔法哲学批判》(1843年夏天)，见《马克思恩格斯全集》1956年版第1卷第270页。

如果在考察家庭、市民社会、国家等等时把人的存在的这些社会形式看作人的本质的实现，看作人的本质的客体化，那么家庭等等就是主体内部所固有的质。人永远是这一切社会组织的本质，但是这些组织也表现为人的**现实**普遍性，因而也就是一切人所**共有的**。

> 马克思：《黑格尔法哲学批判》(1843年夏天)，见《马克思恩格斯全集》1956年版第1卷第293页。

只有在社会中，自然界才是人自己的**合乎人性的**存在的**基础**，才是人的现实的生活要素。只有在社会中，人的**自然的**存在对他来说才是人的**合乎人性的**存在，并且自然界对他来说才成为人。

> 马克思：《1844年经济学哲学手稿》(1844年4—8月)，见《马克思恩格斯文集》第1卷第187页。

---

① 指黑格尔。——本书编者注

第一章 论自然·人类·社会

既然人天生就是社会的，那他就只能在社会中发展自己的真正的天性；不应当根据单个个人的力量，而应当根据社会的力量来衡量人的天性的力量。

> 马克思和恩格斯：《神圣家族》（1844 年 9—11 月），见《马克思恩格斯文集》第 1 卷第 335 页。

旧唯物主义的立脚点是"**市民**"社会；新唯物主义的立脚点则是**人类社会或社会化的人类**。

> 马克思：《关于费尔巴哈的提纲》（1845 年春），见《马克思恩格斯文集》第 1 卷第 506 页。

意识到必须和周围的个人来往，也就是开始意识到人总是生活在社会中的。

> 马克思和恩格斯：《德意志意识形态》（1845 年秋—1846 年 5 月），见《马克思恩格斯文集》第 1 卷第 534 页。

人是最名副其实的政治动物，不仅是一种合群的动物，而且是只有在社会中才能独立的动物。

> 马克思：《〈政治经济学批判〉导言》（1859 年 1 月），见《马克思恩格斯文集》第 8 卷第 6 页。

一切人，作为人来说，都有某些共同点……

> 恩格斯：《反杜林论》（1876 年 9 月—1878 年月），见《马克思恩格斯文集》第 9 卷第 109 页。

（3）阶级属性

工人比起资产阶级来，说的是另一种方言，有不同的思想和观念，不同的习俗和道德原则，不同的宗教和政治。这是两种完全不同的人，他们彼此是这样地不同,好像他们属于不同的种族。

恩格斯:《英国工人阶级状况》(1844年9月—1845年3月),见《马克思恩格斯文集》第1卷第437—438页。

个人隶属于一定阶级这一现象,在那个除了反对统治阶级以外不需要维护任何特殊的阶级利益的阶级形成之前,是不可能消灭的。

马克思和恩格斯:《德意志意识形态》(1845年秋—1846年5月),见《马克思恩格斯文集》第1卷第570页。

有个性的个人与阶级的个人的差别,个人生活条件的偶然性,只是随着那本身是资产阶级产物的阶级的出现才出现。

马克思和恩格斯:《德意志意识形态》(1845年秋—1846年5月),见《马克思恩格斯文集》第1卷第571—572页。

在分工的范围内,私人关系必然地、不可避免地会发展为阶级关系,并作为这样的关系固定下来;……

马克思和恩格斯:《德意志意识形态》(1845年秋—1846年5月),见《马克思恩格斯全集》1960年版第3卷第513页。

各个人的出发点总是他们自己,不过当然是处于既有的历史条件和关系范围之内的自己,而不是意识形态家们所理解的"纯粹的"个人。

马克思和恩格斯:《德意志意识形态》(1845年秋—1846年5月),见《马克思恩格斯文集》第1卷第571页。

共和党人的良心不同于保皇党人的良心,有产者的良心不同于无产者的良心,有思想的人的良心不同于没有思想的人的良心。一个除了资格以外没有别的本事的陪审员,他的良心也是受资格限制的。

特权者的"良心"也就是特权化了的良心。

> 马克思：《对哥特沙克及其同志们的审判》（1848年12月21和22日），见《马克思恩格斯全集》1961年版第6卷第152页。

作为资本家，他只是人格化的资本。他的灵魂就是资本的灵魂。

> 马克思：《资本论》第1卷（1867年），见《马克思恩格斯文集》第5卷269页。

(4) 思维属性

人是能思想的存在物；……

> 马克思：《摘自〈德法年鉴〉的书信》（1843年5月），见《马克思恩格斯全集》1956年版第1卷第409页。

整个历史也无非是人类本性的不断改变而已。

> 马克思：《哲学的贫困》（1847年4月），见《马克思恩格斯文集》第1卷第632页。

一切知性活动，即**归纳**、**演绎**，从而还有**抽象**，……是我们和动物所共有的。……辩证的思维——正因为它是以概念本身的本性的研究为前提——只对于人才是可能的，并且只对于已处于较高发展阶段上的人（佛教徒和希腊人）才是可能的，而其充分的发展还要晚得多，通过现代哲学才达到。

> 恩格斯：《自然辩证法》（1873—1882年），见《马克思恩格斯文集》第9卷第485页。

2. 人的本质是一切社会关系的总和

因为**人**的本质是人的**真正的社会联系**，所以人在积极实现自己**本质**的过程中**创造**、生产人的**社会联系**、社会本质，而社会本质不是一种同单个人相对立的抽象的一般的力量，而是每一个单个人的本质，是他自己的活动，他自己的生活，他自己的享受，他自己的财富。

> 马克思：《詹姆斯·穆勒〈政治经济学原理〉一书摘要》（1844年上半年），见《马克思恩格斯全集》1979年版第42卷第24页。

费尔巴哈把宗教的本质归结于**人**的本质。但是，人的本质不是单个人所固有的抽象物，在其现实性上，它是一切社会关系的总和。

> 马克思：《关于费尔哈巴的提纲》（1845年春），见《马克思恩格斯文集》第1卷第501页。

因此，一切人所共有的关系在这里成了"人的本质"的产物、人的**本性**的产物，而实际上，这些关系像对于平等的意识一样是历史的产物。

> 马克思和恩格斯：《德意志意识形态》（1845年秋—1846年5月），见《马克思恩格斯全集》1960年版第3卷第566页。

（四）人的主体性

1. 人是根本

在民主制中，不是人为法律而存在，而是法律为人而存在；……

> 马克思：《黑格尔法哲学批判》（1843年3月中—9月底），见《马克思恩格斯全集》1956年版第1卷第281页。

黑格尔从国家出发，把人变成主体化的国家。民主制从人出发，把国家变成客体化的人。正如同不是宗教创造人而是人创造宗教一样，不是国家制度创造人民，而是人民创造国家制度。

> 马克思：《黑格尔法哲学批判》（1843年3月中—9月底），见《马克思恩格斯全集》1956年版第1卷第281页。

思想本身根本**不能实现什么东西**。思想要得到实现，就要有使用实践力量的人。

马克思和恩格斯：《神圣家族》（1844 年 9—11 月），见《马克思恩格斯文集》第 1 卷第 320 页。

2. 人是主体

历史什么事情也没有做，它"不拥有**任何**惊人的丰富性"，它"没有进行**任何战斗**"！其实，正是**人**，现实的、活生生的人在创造这一切，拥有这一切并且进行战斗。并不是"历史"把人当做手段来达到自己——仿佛历史是一个独具魅力的人——的目的。历史**不过是**追求着自己目的的人的活动而已。

马克思和恩格斯：《神圣家族》（1844 年 9—11 月），见《马克思恩格斯文集》第 1 卷第 295 页。

全部人类历史的第一个前提无疑是有生命的个人的存在。

马克思和恩格斯：《德意志意识形态》（1845 年秋—1846 年 5 月），见《马克思恩格斯文集》第 1 卷第 519 页。

主体是人，客体是自然……

马克思：《〈政治经济学批判〉导言》（1857 年 8 月底），见《马克思恩格斯文集》第 8 卷第 9 页。

人本身是他自己的物质生产的基础，也是他进行的其他各种生产的基础。

马克思：《剩余价值理论》（1861 年 8 月—1863 年 7 月），见《马克思恩格斯全集》2004 年版第 33 卷第 350 页。

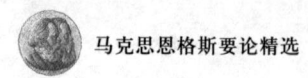

结合总体工人或社会劳动体表现为积极行动的主体,而机械自动机则表现为客体……

马克思:《资本论》第 1 卷(1867 年),见《马克思恩格斯文集》第 5 卷第 483 页。

3. 人是出发点

我们的出发点是从事实际活动的人,……后一种符合现实生活的考察方法则从现实的、有生命的个人本身出发,把意识仅仅看做是**他们**的意识。

这种考察方法不是没有前提的。它从现实的前提出发,它一刻也不离开这种前提。它的前提是人,但不是处在某种虚幻的离群索居和固定不变状态中的人,而是处在现实的、可以通过经验观察到的、在一定条件下进行的发展过程中的人。

马克思和恩格斯:《德意志意识形态》(1845 年秋—1846 年 5 月),见《马克思恩格斯文集》第 1 卷第 525 页。

在社会中进行生产的个人,——因而,这些个人的一定社会性质的生产,当然是出发点。被斯密和李嘉图当做出发点的单个的孤立的猎人和渔夫,属于 18 世纪的缺乏想象力的虚构。

马克思:《1857—1858 年经济学手稿摘选》,见《马克思恩格斯文集》第 8 卷第 5 页。

(五)人的需要

1. 需要是人的活动的动力

……他们的**需要**即他们的本性,……

马克思和恩格斯:《德意志意识形态》(1845 年秋—1846 年 5 月),见《马克思恩格斯全集》1960 年版第 3 卷第 514 页。

第一章 论自然·人类·社会

任何人如果不同时为了自己的某种需要和为了这种需要的器官而做事,他就什么也不能做,……

马克思和恩格斯:《德意志意识形态》(1845 年秋—1846 年 5 月),见《马克思恩格斯全集》1960 年版第 3 卷第 286 页。

已经得到满足的第一个需要本身、满足需要的活动和已经获得的为满足需要而用的工具又引起新的需要,而这种新的需要的产生是第一个历史活动。

马克思和恩格斯:《德意志意识形态》(1845 年秋—1846 年 5 月),见《马克思恩格斯文集》第 1 卷第 531—532 页。

因为消费创造出**新的**生产的需要,也就是创造出生产的观念上的内在动机,后者是生产的前提。消费创造出生产的动力;……消费在**观念上提出**生产的对象,把它作为内心的图像、作为需要、作为动力和目的提出来。消费创造出还是在主观形式上的生产对象。没有需要,就没有生产。而消费则把需要再生产出来。

马克思:《〈1857—1858 年经济学手稿摘选〉导言》(1857 年 8 月底),见《马克思恩格斯文集》第 8 卷第 15 页。

2. 人的需要是多方面的

吃、喝、生殖等等,固然也是真正的人的机能。但是,如果加以抽象,使这些机能脱离人的其他活动领域并成为最后的和唯一的终极目的,那它们就是动物的机能。

马克思:《1844 年经济学哲学手稿》(1844 年 4—8 月),见《马克思恩格斯文集》第 1 卷第 160 页。

在现实世界中,个人有许多需要,……

>马克思和恩格斯：《德意志意识形态》(1845年秋—1846年5月)，见《马克思恩格斯全集》1956年版第3卷第326页。

为了生活，首先就需要吃喝住穿以及其他一些东西。

>马克思和恩格斯：《德意志意识形态》(1845年秋—1846年5月)，见《马克思恩格斯文集》第1卷第531页。

……人以其需要的无限性和广泛性区别于其他一切动物，……

>马克思：《资本论》第1卷(1867年)，见《马克思恩格斯全集》1982年版第49卷第130页。

一有了生产，所谓生存斗争不再单纯围绕着生存资料进行，而是围绕着享受资料和发展资料进行。

>恩格斯：《自然辩证法》(1873—1882年)，见《马克思恩格斯文集》第9卷第548页。

3. 满足人的需要的途径是劳动

劳动这种**生命活动**、这种**生产生活**本身对人来说不过是满足一种需要即维持肉体生存的需要的一种**手段**。

>马克思：《1844年经济学哲学手稿》(1844年4—8月)，见《马克思恩格斯文集》第1卷第162页。

在生产中，社会成员占有（开发、改造）自然产品供人类需要……生产制造出适合需要的对象……

>马克思：《〈政治经济学批判〉导言》(1857年8月底)，见《马克思恩格斯文集》第8卷第12页。

劳动过程……是制造使用价值的有目的的活动，是为了人类的需要而对自然物的占有……

马克思：《资本论》第 1 卷（1867 年），见《马克思恩格斯文集》第 5 卷第 215 页。

需要是同满足需要的手段一同发展的，并且是依靠这些手段发展的。

马克思：《资本论》第 1 卷（1867 年），见《马克思恩格斯文集》第 5 卷第 585—586 页。

人们……正如任何动物一样，他们首先要**吃**、**喝**等等，也就是说，并不"处在"某一种关系中，而是**积极地活动**，通过活动来取得一定的外界物，从而满足自己的需要。

马克思：《评阿·瓦格纳的〈政治经济学教科书〉》（1879 年下半年—1880 年 11 月），见《马克思恩格斯全集》1963 年版第 19 卷第 405 页。

（六）人的活动

1. 人的基本活动是实践和劳动

环境的改变和人的活动或自我改变的一致，只能被看着是并合理地理解为**革命的实践**。

……

全部社会生活在本质上是**实践的**。

马克思：《关于费尔巴哈的提纲》（1845 年春），见《马克思恩格斯文集》第 1 卷第 500—501 页。

生产力与交往形式的关系就是交往形式与个人的行动或活动的关系。（这种活动的基本形式当然是物质活动，一切其他活动，如精神活动、政治活动、宗教活动等等都取决于它。）

马克思和恩格斯:《德意志意识形态》(1845年秋—1845年6月),见《马克思恩格斯文集》第1卷第575页。

一个很明显的而以前完全被人们忽略的事实,即人们首先必须吃、喝、住、穿,就是说首先必须**劳动**,然后才能争取统治,从事政治、宗教、和哲学等等,……

恩格斯:《卡尔·马克思》(1877年6月中),见《马克思恩格斯文集》第3卷第459页。

2. 人的活动的目的性

……人们为之奋斗的一切,都同他们的利益有关。

马克思:《第六届莱茵省议会的辩论(第一篇论文)》(1842年3月26日—4月26日),见《马克思恩格斯全集》1995年版第1卷第187页。

历史**不过是**追求着自己目的的人的活动而已。

马克思和恩格斯:《神圣家族》(1844年9—11月),见《马克思恩格斯文集》第1卷第295页。

人们为了能够"创造历史",必须能够生活。① 但是为了生活,首先就需要吃喝住穿以及其他一些东西。因此第一个历史活动就是生产满足这些需要的资料,即生产物质生活本身,而且,这是人们从几千年前直到今天单是为了维持生活就必须每日每时从事的历史活动,是一切历史的基本条件。

马克思和恩格斯:《德意志意识形态》(1845年秋—1846年5月),见《马克思恩格斯文集》第1卷第531页。

---

① 马克思加了边注:"黑格尔。地质、水文等等的条件。人体。需要,劳动"。——编者注

3. 人的活动的能动性

［见本章第二节第（二）目《人和动物的区别》中的《2. 人的活动是有意识的》］

4. 人的活动的继承性

历史不外是各个世代的依次交替。每一代都利用以前各代遗留下来的材料、资金和生产力；由于这个缘故，每一代一方面在完全改变了的环境下继续从事所继承的活动，另一方面又通过完全改变了的活动来变更旧的环境。

马克思和恩格斯：《德意志意识形态》（1845 年秋—1846 年 5 月），见《马克思恩格斯文集》第 1 卷第 540 页。

这里不必再补充说，人们不能自由选择**自己的生产力**——这是他们的全部历史的基础，因为任何生产力都是一种既得的力量，是以往的活动的产物。可见，生产力是人们应用能力的结果，但是这种能力本身决定于人们所处的条件，决定于先前已经获得的生产力，决定于在他们以前已经存在、不是由他们创立而是由前一代人创立的社会形式。后来的每一代人都得到前一代人已经取得的生产力并当做原料来为自己新的生产服务，由于这一简单的事实，就形成人们的历史中的联系，就形成人类的历史，这个历史随着人们的生产力以及人们的社会关系的愈益发展而愈益成为人类的历史。

马克思：《马克思致帕维尔·瓦西里耶维奇·安年科夫》（1846 年 12 月 28 日），见《马克思恩格斯文集》第 10 卷第 43 页。

5. 怎样对待人在活动中所犯的错误

可认识的物质的无限性，是由各种纯粹的有限性组成的，同样，绝对地认识着的思维的无限性，也是由无限多的有限的人脑所组成的，而人脑是彼此并列地和前后相继地从事这种无限的认识的，会在实践上和理论上出差错，从歪曲的、片面的、错误的前提出发，循着错误的、弯曲的、不可靠的道路行进，往往当正确的东西碰到鼻子尖的时候还是没有得到它。

>恩格斯：《自然辩证法》（1873—1883年），见《马克思恩格斯文集》第9卷第499页。

……很可能我们还差不多处在人类历史的开端，而将来会纠正**我们**的错误的后代，大概比我们有可能经常以十分轻蔑的态度纠正其认识错误的前代要多得多。

>恩格斯：《反杜林论》（1876年9月—1878年6月），见《马克思恩格斯文集》第9卷第91页。

至于说到每一个人的思维所达到的认识的至上意义，那么我们大家都知道，它是根本谈不上的，而且根据到目前为止的一切经验看来，这些认识所包含的需要改善的东西，无例外地总是要比不需要改善的或正确的东西多得多。

>恩格斯：《反杜林论》（1876年9月—1878年6月），见《马克思恩格斯文集》第9卷第91页。

人们就始终会意识到他们所获得的一切知识必然具有的局限性，意识到他们在获得知识时所处的环境对这些知识的制约性；……今天被认为是合乎真理的认识都有它隐藏着的、以后会显露出来的错误的方面，同样，今天已经被认为是错误的认识也有它合乎真理的方面，因而它从前才能被认为是合乎真理的；……

>恩格斯：《路德维希·费尔巴哈和德国古典哲学的终结》（1886年初），见《马克思恩格斯文集》第4卷第299页。

要获得明确的理论认识，最好的道路就是从本身的错误中学习，"吃一堑，长一智"。

>恩格斯：《致弗洛伦斯·凯利-威士涅威茨基》（1886年12月28日），见《马克思恩格斯文集》第10卷第560页。

伟大的阶级，正如伟大的民族一样，无论从哪方面学习都不如从自己所犯错误的后果中学习来得快。虽然过去和现在他们犯过各种各样的错误，而且将来还会犯错误，……

> 恩格斯：《英国工人阶级状况〈1892年德文第二版序言〉》（1892年7月21日），见《马克思恩格斯文集》第1卷第379页。

人类要洗清自己的罪过，就只有说出这些罪过的真相。

> 马克思：《摘自〈德法年鉴〉的书信》（1843年9月），见《马克思恩格斯全集》1956年版第1卷第418页。

（七）人的异化

1. 劳动的异化和人的异化

现在让我们看一看，应该怎样在现实中去说明和表述异化的、外化的劳动这一概念。

如果劳动产品对我来说是异己的，是作为异己的力量面对着我，那么它到底属于谁呢？

如果我自己的活动不属于我，而是一种异己的活动、一种被迫的活动，那么它到底属于谁呢？

……

如果劳动产品不是属于工人，而是作为一种异己的力量同工人相对立，那么这只能是由于产品属于**工人之外的他人**。如果工人的活动对他本身来说是一种痛苦，那么这种活动就必然给他人带来**享受和生活乐趣**。不是神也不是自然界，只有人自身才能成为统治人的异己力量。

> 马克思：《1844年经济学哲学手稿》（1844年4—8月），见《马克思恩格斯文集》第1卷第164—165页。

总之，通过**异化的、外化的劳动**，工人生产出一个同劳动疏远的、站在劳动之外的人对这个劳动的关系。工人对劳动的关系，生产出资本家——或者不管人们给劳动的主宰起个什么别的名字——对这个劳动的关系。

因此,**私有财产**是**外化劳动**即工人对自然界和对自身的外在关系的产物、结果和必然后果。

因此,我们通过分析,从**外化劳动**这一概念,即从**外化的人**、异化劳动、异化的生命、**异化的人**这一概念得出**私有财产**这一概念。

马克思:《1844 年经济学哲学手稿》(1844 年 4—8 月),见《马克思恩格斯文集》第 1 卷第 166 页。

我们且从**当前的**国民经济的事实出发。

工人生产的财富越多,他的生产的影响和规模越大,他就越贫穷。工人创造的商品越多,他就越变成廉价的商品。物的世界的**增值**同人的世界的**贬值**成正比。……

这一事实无非是表明:劳动所生产的对象,即劳动的产品,作为一种**异己的存在物**,作为**不依赖于**生产者的**力量**,同劳动相对立。

马克思:《1844 年经济学哲学手稿》(1844 年 4—8 月),见《马克思恩格斯文集》第 1 卷第 156 页。

只要特殊利益和共同利益之间还有分裂,也就是说,只要分工还不是出于自愿,而是自然形成的,那么人本身的活动对人来说就成为一种异己的、同他对立的力量,这种力量压迫着人,而不是人驾驭着这种力量。

马克思和恩格斯:《德意志意识形态》(1845 年秋—1846 年 5 月),见《马克思恩格斯文集》第 1 卷第 537 页。

2. 异化的表现

那么,劳动的外化表现在什么地方呢?

首先,劳动对工人来说是**外在的东西**,也就是说,不属于他的本质;因此,他在自己的劳动中不是肯定自己,而是否定自己,不是感到幸福,而是感到不幸,不是自由地发挥自己的体力和智力,而是使自己的肉体受折磨、精神遭摧残。因此,工人只有在劳动之外才感到自在,而在劳动中则感到不自在,他在不劳动时觉得舒畅,而在劳动时就觉得不舒畅。因此,他的劳动不是自愿的劳动,而是被迫的**强制劳动**。因此,这种劳动不是满足一种需要,而只是满足劳动以外的那些需要的一种**手段**。……

因此,结果是,人(工人)只有在运用自己的动物机能——吃、喝、生殖,至多还有居住、修饰等等——的时候,才觉得自己在自由活动,而在运用人的机能时,觉得自己只不过是动物。动物的东西成为人的东西,而人的东西成为动物的东西。

马克思:《1844 年经济学哲学手稿》(1844 年 4—8 月),见《马克思恩格斯文集》第 1 卷第 159—160 页。

人同自己的劳动产品、自己的生命活动、自己的类本质相异化的直接结果就是**人同人相异化**。当人同自身相对立的时候,他也同**他人**相对立。凡是适用于人对自己的劳动、对自己的劳动产品和对自身的关系的东西,也都适用于人对他人、对他人的劳动和劳动对象的关系。

总之,人的类本质同人相异化这一命题,说的是一个人同他人相异化,以及他们中的每个人都同人的本质相异化。

人的异化,一般地说,人对自身的任何关系,只有通过人对他人的关系才得到实现和表现。

马克思:《1844 年经济学哲学手稿》(1844 年 4—8 月),见《马克思恩格斯文集》第 1 卷第 163—164 页。

在生产自发地发展起来的一切社会中(今天的社会也属于这样的社会),不是生产者支配生产资料,而是生产资料支配生产者。在这样的社会中,每一种新的生产杠杆都必然地转变为生产资料奴役生产者的新手段。

恩格斯:《反杜林论》(1876 年 9 月—1878 年 6 月),见《马克思恩格斯文集》第 9 卷第 308 页。

3. 消除异化的前提

这种"**异化**"（用哲学家易懂的话来说）当然只有在具备了两个**实际**前提之后才会消灭。要使这种异化成为一种"不堪忍受的"力量，即成为革命所要反对的力量，就必须让它把人类的大多数变成完全"没有财产的"人，同时这些人又同现存的有钱有教养的世界相对立，而这两个条件都是以生产力的巨大增长和高度发展为前提的。另一方面，生产力的这种发展……之所以是绝对必需的实际前提，还因为如果没有这种发展，那就只会有**贫穷**、极端贫困的普通化；而在**极端贫困**的情况下，必须重新开始争取必需品的斗争，全部陈腐污浊的东西又要死灰复燃。其次，生产力的这种发展之所以是绝对必需的实际前提，还因为：只有随着生产力的这种普遍发展，人们的**普遍**交往才能建立起来；……不这样，(1) 共产主义就只能作为某种地域性的东西而存在；(2) 交往的**力量**本身就不可能发展成为一种**普遍的**因而是不堪忍受的力量；它们会依然处于地方的、笼罩着迷信气氛的"状态"；(3) 交往的任何扩大都会消灭地域性的共产主义。共产主义只有作为占统治地位的各民族"一下子"① 同时发生的行动，在经验上才是可能的，而这是以生产力的普遍发展和与此相联系的世界交往为前提的。

马克思和恩格斯：《德意志意识形态》（1845年秋—1846年5月），见《马克思恩格斯文集》第1卷第538—539页。

（八）人的权利

1. 人权是历史的产物

任何一种所谓的人权都没有超出利己的人，没有超出作为市民社会成员的人，即没有超出封闭于自身、封闭于自己的私人利益和自己的私人任意行为、脱离共同体的个体。

马克思：《论犹太人问题》（1843年秋），见《马克思恩格斯文集》第1卷第42页。

---

① 关于无产阶级革命"一下子"在一切先进的资本主义国家同时发生的设想，马克思恩格斯在1850年以后就不再重提了。——编者注

第一章 论自然·人类·社会

首先，我们表明这样一个事实，所谓的**人权**，不同于 droits ducitoyen [**公民权**] 的 droits de l'homme [**人权**]，无非是**市民社会的成员**的权利，就是说，无非是利己的人的权利、同其他人并同共同体分离开来的人的权利。

> 马克思：《论犹太人问题》（1843 年 10 月中—12 月中），见《马克思恩格斯文集》第 1 卷第 40 页。

没有无义务的权利，也没有无权利的义务。

> 马克思：《国际工人协会共同章程》（1871 年 11—12 月），见《马克思恩格斯文集》第 3 卷第 227 页。

权利决不能超出社会的经济结构以及由经济结构制约的社会的文化发展。

> 马克思：《哥达纲领批判》（1875 年 4—5 月），见《马克思恩格斯文集》第 3 卷第 435 页。

2. 资本主义人权就是私有财产权，就是特权

自由这一人权的实际应用就是**私有财产**这一人权。

私有财产这一人权是什么呢？

……

这就是说，私有财产这一人权是任意地（àson gré）、同他人无关地、不受社会影响地享用和处理自己的财产的权利；这一权利是自私自利的权利。

> 马克思：《论犹太人问题》（1843 年秋），见《马克思恩格斯文集》第 1 卷第 41 页。

现代国家承认人权和**古代国家承认奴隶制**具有同样的意义。

> 马克思和恩格斯：《神圣家族》（1844 年 9—11 月），见《马克思恩格斯文集》第 1 卷第 312 页。

至于谈到权利，我们和其他许多人都曾强调指出了共产主义对政治权利、私人权利以及权利的最一般的形式即人权所采取的反对立场。请看一下"德法年鉴"，那里指出特权、优先权符合于与等级相联系的私有制，而权利符合于竞争、自由私有制的状态；指出人权本身就是特权，而私有制就是垄断。

马克思和恩格斯：《德意志意识形态》（1845年秋—1846年5月），见《马克思恩格斯全集》1960年版第3卷第228—229页。

平等地剥削劳动力，是资本的首要的人权。

马克思：《资本论》第1卷（1867年），见《马克思恩格斯文集》第5卷第338页。

这种人权的特殊资产阶级性质的典型表现是美国宪法，它最先承认了人权，同时确认了存在于美国的有色人种奴隶制：阶级特权不受法律保护，种族特权被神圣化。

恩格斯：《反杜林论》（1876年9月—1878年6月），见《马克思恩格斯文集》第9卷第112页。

3. 人权使人有信仰宗教、占有财产和经营的自由

在人权这一概念中并没有宗教和人权互不相容的含义。相反，**信奉宗教**、用任何方式信奉宗教、履行自己特殊宗教的礼拜的**权利**，都被明确列入人权。**信仰的特权**是**普遍的人权**。

马克思：《论犹太人问题》（1843年10—12月），见《马克思恩格斯文集》第1卷第40页。

人权并不是使人摆脱宗教，而是使人有信仰**宗教的自由**；人权并不是使人摆脱财产，而是使人有**占有财产的自由**；人权并不是使人摆脱牟利的龌龊行为，反而是赋予人以**经营的自由**。

> 马克思和恩格斯：《神圣家族》（1844年9—11月），见《马克思恩格斯文集》第1卷第312页。

4. 剥削制度下不可能有平等的人权

资产阶级消灭了国内各个现存等级之间一切旧的差别，取消了一切依靠专横而取得的特权和豁免权。他们不得不把选举原则当做统治的基础，也就是说在原则上承认平等；……但是资产阶级实行这一切改良，只是为了用**金钱**的特权代替已往的一切个人特权和世袭特权。这样，他们通过选举权和被选举权的财产资格的限制，使选举原则成为本阶级独有的财产。平等原则又由于被限制为仅仅在"法律上的平等"而一笔勾销了，法律上的平等就是在富人和穷人不平等的前提下的平等，即限制在目前主要的不平等的范围内的平等，简括地说，就是简直把**不平等**叫做平等。

> 恩格斯：《德国状况》（1846年2月20日），见《马克思恩格斯全集》1957年版第2卷第647—648页。

压在农民头上的是社会的各个阶层：诸侯、官吏、贵族、僧侣、城市贵族和市民。无论农民是属于一个诸侯、一个帝国直属贵族、一个主教、一个寺院，还是属于一个城市，他们都毫无例外地被当作一件东西看待，被当作牛马，甚至连牛马都不如。……主人可以任意把农民打死，或者把农民斩首。

> 恩格斯：《德国农民战争》（1850年夏—秋），见《马克思恩格斯文集》第2卷第231—232页。

恋爱婚姻被宣布为人权，并且不仅是 droit de l'homme①，而且在例外的情况下也是妇女的权利。

但是，这种人权有一点是与其他一切所谓人权不同的。当后者实际上只限于统治阶级即资产阶级，而对于被压迫阶级即无产阶级则直接或间接地被削减了的时候，历史的讽刺又应验了。

---

① "droit de l'homme" 既有"人的权利"的意思，也有"男子的权利"的意思。——编者注

>恩格斯：《家庭、私有制和国家的起源》（1884年3—5月），见《马克思恩格斯文集》第4卷第95页。

在历史上的大多数国家中，公民的权利是按照财产状况分级规定的，这直接地宣告国家是有产阶级用来防御无产阶级的组织。在按照财产状况划分阶级的雅典和罗马，就已经是这样。在中世纪的封建国家中，也是这样，在那里，政治上的权力地位是按照地产来排列的。现代的代议制国家的选举资格，也是这样。

>恩格斯：《家庭、私有制和国家的起源》（1884年3—5月），见《马克思恩格斯文集》第4卷第192页。

5. 无产阶级的平等权就是消灭阶级

工人阶级的解放斗争不是要争取阶级特权和垄断权，而是要争取平等的权利和义务，并消灭一切阶级统治；……

>马克思：《国际工人协会共同章程》（1864年10月），见《马克思恩格斯文集》第3卷第226页。

……抽象的平等理论，即使在今天以及在今后较长的时期里，也都是荒谬的。

>恩格斯：《反杜林论》（1876年9月—1878年6月），见《马克思恩格斯文集》第9卷第354页。

资产阶级的平等要求也由无产阶级的平等要求伴随着。从消灭阶级**特权**的资产阶级要求提出的时候起，同时就出现了消灭**阶级本身**的无产阶级要求……

>恩格斯：《反杜林论》（1876年9月—1878年6月），见《马克思恩格斯文集》第9卷第112页。

无产阶级平等要求的实际内容都是**消灭阶级**的要求。任何超出这个范围的平等要求，都必然要流于荒谬。

> 恩格斯：《反杜林论》（1876年9月—1878年6月），见《马克思恩格斯文集》第9卷第113页。

（九）人道主义

1. 专制制度和剥削制度违反人道

必须推翻使人成为被侮辱、被奴役、被遗弃和被蔑视的东西的**一切关系**，一个法国人对草拟中的养犬税发出的呼声，再恰当不过地刻画了这种关系，他说："可怜的狗啊！人家要把你们当人看哪！"

> 马克思：《〈黑格尔法哲学批判〉导言》（1843年10—12月），见《马克思恩格斯文集》第1卷第11页。

……不管怎么说，"有神的"中世纪确实使人彻底兽化，产生农奴制和jus primae noctis〔初夜权〕等。

> 恩格斯：《英国状况 评托马斯·卡莱尔的〈过去和现在〉》（1844年1月），见《马克思恩格斯全集》1956年版第1卷第651页。

这种强制劳动剥夺了工人的一切可支配的时间，工人只有一点时间用于吃饭和睡觉，而没有时间从事户外活动，在大自然中获得一点享受，更不用说从事精神活动了，这种工作怎能不使人沦为牲口呢！

> 恩格斯：《英国工人阶级状况》（1844年9月—1845年3月），见《马克思恩格斯文集》第1卷433页。

2. 消灭阶级和剥削是无产阶级的人道目标

共产主义革命……消灭任何阶级的统治以及这些阶级本身，因为完成这个革命的是这样一个阶级，它在社会上已经不算是一个阶级，它已经不被承认是一个阶级，它已经成为现今社会的一切阶级、民族等等的解体的表现；无论为了使这种共产主义意识普遍地产生还是为了实现事业本身，使人们普遍地发生变化是必需的，这种变化只有在实际运动中，在**革命**中才有可能实现；因此，革命之所以必需，不仅是因为没有任何其他的办法能够推翻**统治**阶级，而且还因为**推翻**统治阶级的那个阶级，只有在革命中才能抛掉自己身上的一切陈旧的肮脏东西，才能胜任重建社会的工作。

马克思和恩格斯：《德意志意识形态》（1845 年秋—1846 年 5 月），见《马克思恩格斯文集》第 1 卷第 543 页。

土地国有化将彻底改变劳动和资本的关系，并最终消灭工业和农业中的资本主义生产方式。只有到那时，阶级差别和各种特权才会随着它们赖以存在的经济基础一同消失。靠他人的劳动而生活将成为往事。与社会相对立的政府或国家政权将不复存在！……这就是 19 世纪的伟大经济运动所追求的人道目标。

马克思：《论土地国有化》（1872 年 3—4 月），见《马克思恩格斯文集》第 3 卷第 233 页。

3. 共产主义是人道的复归

共产主义是对**私有财产即人的自我异化的积极的扬弃**，因而是通过人并且为了人而对**人**的本质的真正**占有**；因此，它是人向自身、也就是向**社会的**即合乎人性的人的复归，这种复归是完全的复归，是自觉实现并在以往发展的全部财富的范围内实现的复归。这种共产主义，作为完成了的自然主义，等于人道主义，而作为完成了的人道主义，等于自然主义，它是人和自然界之间、人和人之间的矛盾的**真正**解决，是存在和本质、对象化和自我确证、自由和必然、个体和类之间的斗争的真正解决。

马克思：《1844 年经济学哲学手稿》（1844 年 4—8 月），见《马克思恩格斯文集》第 1 卷第 185 页。

正像无神论作为神的扬弃就是理论的人道主义的生成，而共产主义作为私有财产的扬弃就是要求归还真正人的生命即人的财产，就是实践的人道主义的生成一样；或者说，无神论是以扬弃宗教作为自己的中介的人道主义，共产主义则是以扬弃私有财产作为自己的中介的人道主义。只有通过对这种中介的扬弃——但这种中介是一个必要的前提——积极地从自身开始的即**积极**的人道主义才能产生。

马克思：《1844 年经济学哲学手稿》（1844 年 4—8 月），见《马克思恩格斯文集》第 1 卷第 216 页。

这种形而上学将永远屈服于现在为**思辨**本身的活动所完善化并和**人道主义**相吻合的**唯物主义**。**费尔巴哈**在**理论**领域体现了和**人道主义**相吻合的**唯物主义**，而法国和英国的**社会主义**和**共产主义**则在**实践**领域体现了这种和人道主义相吻合的唯物主义。

马克思和恩格斯：《神圣家族》（1844 年 9—11 月），见《马克思恩格斯文集》第 1 卷第 327 页。

（十）人的自由

自由是可以做和可以从事任何不损害他人的事情的权利。

马克思：《论犹太人问题》（1843 年秋），见《马克思恩格斯文集》第 1 卷第 40 页。

1. 人天生渴望自由

自由确实是人所固有的东西，连自由的反对者在反对实现自由的同时也实现着自由；他们想把曾被他们当作人类天性的装饰品而否定了的东西攫取过来，作为自己最珍贵的装饰品。

马克思：《第六届莱茵省议会的辩论（第一篇论文）》（1842 年 4 月），见《马克思恩格斯全集》1956 年版第 1 卷第 63 页。

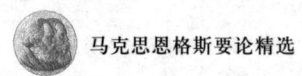

没有一个人反对自由，如果有的话，最多也只是反对别人的自由。可见各种自由向来就是存在的，不过有时表现为特权，有时表现为普遍权利而已。

马克思：《第六届莱茵省议会的辩论（第一篇论文）》（1842年4月），见《马克思恩格斯全集》1956年版第1卷第63页。

要真正为检查制度辩护，辩论人就应当证明检查制度是出版自由的本质。他不来证明这一点，却去证明自由不是人的本质。他为了保存一种良种而抛弃了整个类，因为自由是全部精神存在的类的本质，因而也就是出版的类的本质。为了消除产生恶的可能性，他消除了产生善的可能性而实现了恶，因为对人说来只有体现自由的东西才是好的。

马克思：《第六届莱茵省议会的辩论（第一篇论文）》（1842年4月），见《马克思恩格斯全集》1956年版第1卷第67页。

法律不是压制自由的手段，正如重力定律不是阻止运动的手段一样。……法典就是人民自由的圣经。

马克思：《第六届莱茵省议会的辩论（第一篇论文）》（1842年4月），见《马克思恩格斯全集》1956年版第1卷第71页。

封建社会已经瓦解，只剩下了自己的基础——**人**，但这是作为它的真正基础的人，**即利己的人**。

因此，这种人，市民社会的成员，是**政治**国家的基础、前提。他就是国家通过人权予以承认的人。

但是，利己的人的自由和承认这种自由，实际上就是承认构成这种人的生活内容的精神要素和物质要素的**不可阻挡的**运动。

因此，人没有摆脱宗教，他取得了信仰宗教的自由。他没有摆脱财产，他取得了占有财产的自由。他没有摆脱经营的利己主义，他取得了经营的自由。

马克思：《论犹太人问题》（1843年10月中—12月中），见《马克思恩格斯文集》第1卷第45页。

第一章 论自然·人类·社会

……其实，罗伯斯比尔①和圣茹斯特②所主张的**自由**、**正义**、**美德**只能是"**人民**"的生命表现，只能是"**人民大众**"的特性。罗伯斯比尔和圣茹斯特明确地谈到**古典古代的**、只属于"**人民大众**"的"自由、正义、美德"。**斯巴达人**、**雅典人**、**罗马人**在他们强盛的时代就是"自由的、正义的、有美德的人民"。

马克思和恩格斯：《神圣家族》（1844年
9—11月），见《马克思恩格斯文集》第1
卷第322—323页。

并不需要多么敏锐的洞察力就可以看出，唯物主义关于人性本善和人们天资平等，关于经验、习惯、教育的万能，关于外部环境对人的影响，关于工业的重大意义，关于享乐的合理性等等学说，同共产主义和社会主义有着必然的联系。既然人是从感性世界和感性世界中的经验中获得一切知识、感觉等等的，那就必须这样安排经验的世界，使人在其中能体验到真正合乎人性的东西，使他常常体验到自己是人。既然正确理解的利益是全部道德的原则，那就必须使人们的私人利益符合于人类的利益。既然从唯物主义意义上来说人是不自由的，就是说，人不是由于具有避免某种事物发生的消极力量，而是由于具有表现本身的真正个性的积极力量才是自由的，那么就不应当惩罚个别人的犯罪行为，而应当消灭产生犯罪行为的反社会的温床，使每个人都有社会空间来展示他的重要的生命表现。既然环境造就人，那就必须以合乎人性的方式去造就环境。既然人天生就是社会的，那他就只能在社会中发展自己的真正的天性；不应当根据单个个人的力量，而应当根据社会的力量来衡量人的天性的力量。

马克思和恩格斯：《神圣家族》（1844年
9—11月），见《马克思恩格斯文集》第1
卷第334—335页。

俄国毫无疑问是一个有侵略野心的国家，100年来就是这样，直到1789年的伟大运动才给它产生了一个充满强大生命力的严峻敌人。我们指的是

---

① 马·罗伯斯比尔（1758—1794），法国资产阶级革命时期革命家，雅各宾派领袖。——本书编者注

② 路·安·圣茹斯特（1767—1799），同上。

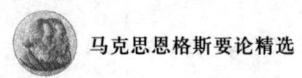

欧洲革命、民主思想的爆炸力量以及人生来就有的自由要求。

恩格斯：《在土耳其的真正争论点》（1853年3月23日和28日之间），见《马克思恩格斯全集》1961年版第9卷第18页。

2. 自由是对必然的认识

至于**你们**作为具有独自性的人没有"摆脱"掉的东西，这就是"**你们的选择和你们的意愿**"，……如果他要进行选择，他也总是必须在他的生活范围里面、在绝不由他的独自性所造成的一定的事物中间去进行选择的。例如作为一个爱尔兰的农民，他只能选择：或者吃马铃薯或者饿死，而在这种选择中，他并不永远是自由的。

马克思和恩格斯：《德意志意识形态》（1845年秋—1846年5月），见《马克思恩格斯全集》1960年版第3卷第355—356页。

自由不在于幻想中摆脱自然规律而独立，而在于认识这些规律，从而能够有计划地使自然规律为一定的目的服务。这无论对外部自然的规律，或对支配人本身的肉体存在和精神存在的规律来说，都是一样的。

恩格斯：《反杜林论》（1876年9月—1878年6月），见《马克思恩格斯文集》第9卷第120页。

意志自由只是借助于对事物的认识来作出决定的能力。因此，人对一定问题的判断越是**自由**，这个判断的内容所具有的**必然性**就越大；而犹豫不决是以不知为基础的，它看来好像是在许多不同的和相互矛盾的可能的决定中任意进行选择，但恰好由此证明它的不自由，证明它被正好应该由它支配的对象所支配。

恩格斯：《反杜林论》（1876年9月—1878年6月），见《马克思恩格斯文集》第9卷第120页。

第一章 论自然·人类·社会

自由就在于根据对自然界的必然性的认识来支配我们自己和外部自然；因此它必然是历史发展的产物。最初的、从动物界分离出来的人，在一切本质方面是和动物本身一样不自由的；但是文化上的每一个进步，都是迈向自由的一步。

恩格斯：《反杜林论》（1876 年 9 月—1878 年 6 月），见《马克思恩格斯文集》第 9 卷第 120 页。

3. 资本主义社会自由的特点

……无产者在法律上和事实上都是资产阶级的奴隶，资产阶级掌握着他们的生死大权。它给他们生活资料，但是取回"等价物"，即他们的劳动。它甚至使他们产生一种错觉，似乎他们是按照自己的意志行动的，似乎他们是作为一个自主的人自由地、不受任何强制地和资产阶级签订合同的。好一个自由！无产者除了接受资产阶级向他们提出的条件或者饿死、冻死、赤身露体地到森林中的野兽那里去找一个藏身之所，就再没有任何选择的余地了。

恩格斯：《英国工人阶级状况》（1844 年 9 月—1845 年 3 月），见《马克思恩格斯全集》1957 年版第 2 卷第 360 页。

在过去的种种冒充的共同体中，如在国家等等中，个人自由只是对那些在统治阶级范围内发展的个人来说是存在的，他们之所以有个人自由，只是因为他们是这一阶级的个人。

马克思和恩格斯：《德意志意识形态》（1845 年秋—1946 年 5 月），见《马克思恩格斯文集》第 1 卷第 571 页。

信仰自由和宗教自由的思想，不过表明自由竞争在信仰领域里占统治地位罢了。

马克思和恩格斯：《共产党宣言》（1847 年 12 月—1848 年 1 月），见《马克思恩格斯文集》第 2 卷第 51 页。

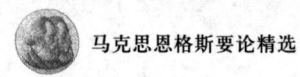

先生们,不要一听到**自由**这个抽象字眼就深受感动!这是谁的自由呢?这不是一个人在另一个人面前享有的自由。这是资本所享有的压榨工人的自由。

> 马克思:《关于自由贸易问题的演说》(1848年1月9日),见《马克思恩格斯文集》第1卷第757页。

货币占有者要把货币转化为资本,就必须在商品市场上找到自由的工人。这里所说的自由,具有双重意义:一方面,工人是自由人,能够把自己的劳动力当做自己的商品来支配,另一方面,他没有别的商品可以出卖,自由得一无所有,没有任何实现自己的劳动力所必需的东西。

> 马克思:《资本论》第1卷(1867年),见《马克思恩格斯文集》第5卷第197页。

劳动力的买和卖是在流通领域或商品交换领域的界限以内进行的,这个领域确实是天赋人权的真正伊甸园。那里占统治地位的只是自由、平等、所有权和边沁。自由!因为商品例如劳动力的买者和卖者,只取决于自己的自由意志。他们是作为自由的、在法律上平等的人缔结契约的。……

一离开这个简单流通领域或商品交换领域,……就会看到,我们的剧中人的面貌已经起了某些变化。原来的货币占有者作为资本家,昂首前行;劳动力占有者作为他的工人,尾随于后。一个笑容满面,雄心勃勃;一个战战兢兢,畏缩不前,像在市场上出卖了自己的皮一样,只有一个前途——让人家来鞣。

> 马克思:《资本论》第1卷(1867年),见《马克思恩格斯文集》第5卷第204—205页。

必须承认,我们的工人在走出生产过程时同他进入生产过程时是不一样的。在市场上,……他把自己的劳动力卖给资本家时所缔结的契约,可以说像白纸黑字一样表明了他可以自由支配自己。在成交以后却发现:他不是"自由的当事人",他自由出卖自己劳动力的时间,是他被迫出卖劳动力的时间;实际上,他"只要还有一块肉、一根筋、一滴血可供榨取",吸血鬼就决不罢休。

> 马克思：《资本论》第 1 卷（1867 年），见《马克思恩格斯文集》第 5 卷第 349 页。

4. 资本主义社会自由的局限性和虚伪性

一方面，安全被宣布为人权，一方面侵犯通信秘密已公然成为风气。一方面"不受限制的新闻出版自由"（1793 年宪法第 122 条）作为人权的个人自由的结果而得到保证，一方面新闻出版自由又被完全取缔，因为"新闻出版自由危及公共自由，是不许可的"（小罗伯斯比尔语）。所以，这就是说，自由这一人权一旦同**政治**生活发生冲突，就不再是权利，而在理论上，政治生活只是人权、个人权利的保证，因此，它一旦同自己的**目的**即同这些人权发生矛盾，就必定被抛弃。

> 马克思：《论犹太人问题》（1843 年 10 月中—12 月中），见《马克思恩格斯文集》第 1 卷第 43 页。

1848 年各种自由的必然总汇，人身、新闻出版、言论、结社、集会、教育和宗教等自由，都穿上宪法制服而成为不可侵犯的了。这些自由中的每一种都被宣布为法国公民的**绝对**权利，然而总是加上一个附带条件，说明它只有在不受"**他人的同等权利和公共安全**"或"**法律**"限制时才是无限制的，……宪法的每一条本身都包含有自己的对立面，包含有自己的上院和下院：在一般词句中标榜自由，在附带条件中废除自由。

> 马克思：《路易·波拿巴的雾月十八日》（1851 年 12 月—1852 年 3 月），见《马克思恩格斯文集》第 2 卷第 483—484 页。

凡是社会上一部分人享有生产资料垄断权的地方，劳动者，无论是自由的或不自由的，都必须在维持自身生活所必需的劳动时间以外，追加超额的劳动时间来为生产资料的所有者生产生活资料，不论这些所有者是雅典的贵族，伊特鲁里亚的神权政治首领，罗马的市民，诺曼的男爵，美国的奴隶主，瓦拉几亚的领主，现代的地主，还是资本家。

> 马克思：《资本论》第 1 卷（1867 年），见《马克思恩格斯文集》第 5 卷第 272 页。

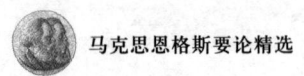

5. 工人阶级的个人自由观

只要工人还是奴隶，匈牙利人、波兰人或意大利人都不会获得自由！

马克思：《1848年至1850年的法兰西阶级斗争》（1849年底—1850年3月底和1850年10月—11月1日），见《马克思恩格斯文集》第2卷第104页。

只有在共同体中，个人才能获得全面发展其才能的手段，也就是说，只有在共同体中才可能有个人自由。

马克思和恩格斯：《德意志意识形态》（1845年秋—1846年5月），见《马克思恩格斯文集》第1卷第571页。

代替那存在着阶级和阶级对立的资产阶级旧社会的，将是这样一个联合体，在那里，每个人的自由发展是一切人的自由发展的条件。

马克思和恩格斯：《共产党宣言》（1847年12月—1848年1月），见《马克思恩格斯文集》第2卷第53页。

在这里不再有任何阶级差别，不再有任何对个人生活资料的忧虑，并且第一次能够谈到真正的人的自由，谈到那种同已被认识的自然规律和谐一致的生活。

恩格斯：《反杜林论》（1876年9月—1878年6月），见《马克思恩格斯文集》第9卷第121页。

一旦社会占有了生产资料，……个体生存斗争停止了。于是，人在一定意义上才最终地脱离了动物界，从动物的生存条件进入真正人的生存条件。人们周围的、至今统治着人们的生活条件，现在受人们的支配和控制，人们第一次成为自然界的自觉的和真正的主人，因为他们已经成为自身的社会结合的主人了。人们自己的社会行动的规律，这些一直作为异己的、支配着人们的自然规律而同人们相对立的规律，那时就将被人们熟练地运用，因而将听从人们的支配。人们自身的社会结合一直是作为自然界和历史强加于他们的东西而同他们相对立的,现在则变成他们自己的自由行动了。至今一直统治着历史的客观的异己的力量,现在处于人们自己的控制之下了。……这是人类从必然王国进入自由王国的飞跃。

> 恩格斯:《反杜林论》(1876 年 9 月—1878 年 6 月),见《马克思恩格斯文集》第 9 卷第 300 页。

无产阶级将取得公共权力,并且利用这个权力把脱离资产阶级掌握的社会化生产资料变为公共财产。通过这个行动,无产阶级使生产资料摆脱了它们迄今具有的资本属性,使它们的社会性质有充分的自由得以实现。……人终于成为自己的社会结合的主人,从而也就成为自然界的主人,成为自身的主人——自由的人。

> 恩格斯:《社会主义从空想到科学的发展》(1880 年 1—3 月),见《马克思恩格斯文集》第 3 卷第 566 页。

生产者只有在占有生产资料之后才能获得自由。

> 马克思:《法国工人党纲领导言(草案)》(1880 年 5 月初),见《马克思恩格斯文集》第 3 卷第 568 页。

结婚的充分自由,只有在消灭了资本主义生产和它所造成的财产关系,从而把今日对选择配偶还有巨大影响的一切附加的经济考虑消除以后,才能普遍实现。到那时,除了相互的爱慕以外,就再也不会有别的动机了。

> 恩格斯:《家庭、私有制和国家的起源》(1884 年 3—5 月),见《马克思恩格斯文集》第 4 卷第 95 页。

我们的目的是要建立社会主义制度,这种制度将给所有的人提供健康而有益的工作,给所有的人提供充裕的物质生活和闲暇时间,给所有的人提供真正的充分的自由。

> 恩格斯：《对英国北方社会主义联盟纲领的修正》（1887 年 6 月 14 日和 23 日之间），见《马克思恩格斯全集》1965 年版第 21 卷第 570 页。

批评是工人运动的生命要素，工人运动本身怎么能逃避批评，禁止争论呢？难道我们要求别人给自己以言论自由，仅仅是为了在我们自己队伍中又消灭言论自由吗？

> 恩格斯：《致格尔松·特里尔》（1889 年 12 月 18 日），见《马克思恩格斯文集》第 10 卷第 580 页。

（十一）人的解放

哲学把无产阶级当做自己的**物质**武器，同样，无产阶级也把哲学当做自己的**精神**武器；思想的闪电一旦彻底击中这块素朴的人民园地，**德国人**就会解放成为人。

> 马克思：《〈黑格尔法哲学批判〉导言》（1843 年 10—12 月），见《马克思恩格斯文集》第 1 卷第 17—18 页。

犹太人的世俗礼拜是什么呢？**经商牟利**。他们的世俗的神是什么呢？**金钱**。

那好吧！从**经商牟利**和**金钱**中解放出来——因而从实际的、实在的犹太教中解放出来——就会是现代的自我解放了。

> 马克思：《论犹太人问题》（1843 年秋），见《马克思恩格斯文集》第 1 卷第 49 页。

犹太人的社会解放就是**社会从犹太精神**①**中解放出来**。

---

① 指犹太人在经商牟利的活动中表现出的唯利是图、追逐金钱的思想和习气。——本书编者注

第一章　论自然·人类·社会

> 马克思：《论犹太人问题》(1843年秋)，见《马克思恩格斯文集》第1卷第55页。

……无产阶级能够而且必须自己解放自己。但是，如果无产阶级不消灭它本身的生活条件，它就不能解放自己。

> 马克思和恩格斯：《神圣家族》(1844年9—11月)，见《马克思恩格斯文集》第1卷第262页。

当人们还不能使自己的吃喝住穿在质和量方面得到充分保证的时候，人们就根本不能获得解放。"解放"是一种历史活动，不是思想活动，"解放"是由历史的关系，是由工业状况、商业状况、农业状况、交往状况促成的。

> 马克思和恩格斯：《德意志意识形态》(1845年秋—1846年5月)，见《马克思恩格斯文集》第1卷第527页。

每一个单个人的解放的程度是与历史完全转变为世界历史的程度一致的①。

> 马克思和恩格斯：《德意志意识形态》(1845年秋—1846年5月)，见《马克思恩格斯文集》第1卷第541页。

英国工人阶级既然创造了现代工业的无穷无尽的生产力，也就实现了解放劳动的第一个条件。现在它应当实现解放劳动的第二个条件。它应当把这些生产财富的力量从垄断组织的无耻的枷锁下解放出来，……

> 马克思：《给工人议会的信》(1854年3月9日)，见《马克思恩格斯全集》1965年版第10卷第134页。

一旦社会占有了生产资料，商品生产就将被消除，而产品对生产者的

---

① 马克思加了边注："关于意识的生产"。——编者注

统治也将随之消除。社会生产内部的无政府状态将为有计划的自觉的组织所代替。个体生存斗争停止了。于是,人在一定意义上才最终地脱离了动物界,从动物的生存条件进入真正人的生存条件。人们周围的、至今统治着人们的生活条件,现在受人们的支配和控制,人们第一次成为自然界的自觉的和真正的主人,因为他们已经成为自身的社会结合的主人了。人们自己的社会行动的规律,这些一直作为异己的、支配着人们的自然规律而同人们相对立的规律,那时就将被人们熟练地运用,因而将听从人们的支配。人们自身的社会结合一直是作为自然界和历史强加于他们的东西而同他们相对立的,现在则变成他们自己的自由行动了。至今一直统治着历史的客观的异己的力量,现在处于人们自己的控制之下了。只是从这时起,人们才完全自觉地自己创造自己的历史;只是从这时起,由人们使之起作用的社会原因才大部分并且越来越多地达到他们所预期的结果。这是人类从必然王国进入自由王国的飞跃。

　　完成这一解放世界的事业,是现代无产阶级的历史使命。深入考察这一事业的历史条件以及这一事业的性质本身,从而使负有使命完成这一事业的今天受压迫的阶级认识到自己的行动的条件和性质,这就是无产阶级运动的理论表现即科学社会主义的任务。

恩格斯:《反杜林论》(1876 年 9 月—1878 年 6 月),见《马克思恩格斯文集》第 9 卷第 300 页。

　　在生产自发地发展起来的一切社会中(今天的社会也属于这样的社会),不是生产者支配生产资料,而是生产资料支配生产者。在这样的社会中,每一种新的生产杠杆都必然地转变为生产资料奴役生产者的新手段。……工场手工业把工人变成畸形物,它压抑工人的多种多样的生产志趣和生产才能,人为地培植工人片面的技巧……

恩格斯:《反杜林论》(1876 年 9 月—1878 年 6 月),见《马克思恩格斯文集》第 9 卷第 308—309 页。

　　当社会成为全部生产资料的主人,可以在社会范围内有计划地利用这些生产资料的时候,社会就消灭了迄今为止的人自己的生产资料对人的奴役。不言而喻,要不是每一个人都得到解放,社会也不能得到解放。

第一章 论自然·人类·社会

> 恩格斯:《反杜林论》(1876年9月—1878年6月),见《马克思恩格斯文集》第9卷第310页。

劳动的解放①既不是一个地方的问题,也不是一个国家的问题,而是涉及存在现代社会的一切国家的社会问题,它的解决有赖于最先进的国家在实践上和理论上的合作;

> 马克思:《国际工人协会共同章程》(1871年9月底10月初—11月6日),见《马克思恩格斯文集》第3卷第226页。

在创立国际②时,我们明确地制定了一个战斗口号:工人阶级的解放应当是工人阶级自己的事情。

> 马克思和恩格斯:《给奥·倍倍尔、威·李卜克内西、威·白拉克等人的通告信》(1879年9月16—18日之间),见《马克思恩格斯文集》第3卷第484页。

三、关于社会

(一) 社会的形成

社会——不管其形式如何——是什么呢?是人们交互活动的产物。人们能否自由选择某一社会形式呢?决不能。在人们的生产力发展的一定状况下,就会有一定的交换[commerce]和消费形式。在生产、交换和消费发展的一定阶段上,就会有相应的社会制度形式、相应的家庭、等级或阶级组织,一句话,就会有相应的市民社会。

> 马克思:《致帕维尔·瓦西里耶维奇·安年科夫》(1846年12月28日),见《马克思恩格斯文集》第10卷第42—43页。

---

① 在德文版中是"工人阶级的解放"。——编者注
② 指1864年成立的国际工人协会。——本书编者注

各个人借以进行生产的社会关系，即社会生产关系，是随着物质生产资料、生产力的变化和发展而变化和改变的。生产关系总合起来就构成所谓社会关系，构成所谓社会，并且是构成一个处于一定历史发展阶段上的社会，具有独特的特征的社会。

马克思：《雇佣劳动与资本》（1847年12月下半月），见《马克思恩格斯文集》第1卷第724页。

由于随着完全形成的人的出现又增添了新的因素——**社会**，这种发展一方面便获得了强有力的推动力，另一方面又获得了更加确定的方向。

恩格斯：《自然辩证法》（1873—1882年），见《马克思恩格斯文集》第9卷第554页。

（二）社会的演进

1. 社会形态演进的几个时代

大体说来，亚细亚的、古希腊罗马的、封建的和现代资产阶级的生产方式可以看做是经济的社会形态演进的几个时代。

马克思：《〈政治经济学批判〉序言》（1859年1月），见《马克思恩格斯文集》第2卷第592页。

摩尔根①是第一个具有专门知识而尝试给人类的史前史建立一个确定的系统的人；他所提出的分期法，在没有大量增加的资料要求作出改变以前，无疑依旧是有效的。

在三个主要时代——蒙昧时代、野蛮时代和文明时代中，不消说，他所研究的只是前两个时代以及向第三个时代的过渡。他根据生活资料生产的进步，又把这两个时代中的每一时代分为低级阶段、中级阶段和高级阶段，……

---

① 路·摩尔根（1818—1881），美国原始社会史学家。——本书编者注

1. 蒙昧时代

1. 低级阶段。这是人类的童年。人还住在自己最初居住的地方,即住在热带的或亚热带的森林中。……

2. 中级阶段。从采用鱼类(我们把虾类、贝壳类及其他水栖动物都算在内)作为食物和使用火开始。……

3. 高级阶段。从弓箭的发明开始。……

2. 野蛮时代

1. 低级阶段。从学会制陶术开始。……野蛮时代的特有的标志,是动物的驯养、繁殖和植物的种植。……

2. 中级阶段。在东大陆,是从驯养家畜开始;在西大陆,是从靠灌溉之助栽培食用植物以及在建筑上使用土坯(即用阳光晒干的砖)和石头开始。……

3. 高级阶段。从铁矿石的冶炼开始,并由于拼音文字的发明及其应用于文献记录而过渡到文明时代。……

> 恩格斯:《家庭、私有制和国家的起源》(1884年3—5月),见《马克思恩格斯文集》第4卷第32、33、34、35、37页。

现在我们可以把摩尔根的分期概括如下:蒙昧时代是以获取现成的天然产物为主的时期;人工产品主要是用做获取天然产物的辅助工具。野蛮时代是学会畜牧和农耕的时期,是学会靠人的活动来增加天然产物生产的方法的时期。文明时代是学会对天然产物进一步加工的时期,是真正的工业和艺术的时期。

> 恩格斯:《家庭、私有制和国家的起源》(1884年3—5月),见《马克思恩格斯文集》第4卷第38页。

2. 人类社会的几种形态

从资本主义生产方式产生的资本主义占有方式,从而资本主义的私有制,是对个人的、以自己劳动为基础的私有制的第一个否定。但资本主义生产由于自然过程的必然性,造成了对自身的否定。这是否定的否定。这种否定不是重新建立私有制,而是在资本主义时代的成就的基础上,也就是说，在协作和对土地及靠劳动本身生产的生产资料的共同占有的基础上，重新建立个人所有制。

马克思：《资本论》第 1 卷（1867 年），见《马克思恩格斯文集》第 5 卷第 874 页。

一切文明民族都是从土地公有制开始的。在已经越过某一原始阶段的一切民族那里，这种公有制在农业的发展进程中变成生产的桎梏。它被废除，被否定，经过了或短或长的中间阶段之后转变为私有制。

恩格斯：《反杜林论》（1876 年 9 月—1878 年 6 月），见《马克思恩格斯文集》第 9 卷第 145 页。

凡有共有制的地方——不管是土地的、或者妻子的、或者任何东西的共有制——，共有制就必定是原始的、来源于动物界的。后来的全部发展就是这种原始共有制的逐渐消亡的过程；……

恩格斯：《致卡·考茨基》（1883 年 3 月 2 日），见《马克思恩格斯全集》1971 年版第 35 卷第 448 页。

帝政时期罗马农业的发展，一方面使牧场的面积大大扩展，使乡村人口减少，另一方面则把地产划分成许多小块租地，租给隶农耕种，也就是建立起了依附的小农——后来的农奴的先驱——的细小农户，确立了一种孕育着中世纪生产方式的萌芽的生产方式。

恩格斯：《法学家的社会主义》（1886 年 11—12 月初），见《马克思恩格斯全集》1965 年版第 21 卷第 551—552 页。

一个新的社会制度是可能实现的，在这个制度之下，当代的阶级差别将消失；而且在这个制度之下——也许在经过一个短暂的、有些艰苦的、但无论如何在道义上很有益的过渡时期以后——，通过有计划地利用和进一步发展一切社会成员的现有的巨大生产力，在人人都必须劳动的条件下，人人也都将同等地、愈益丰富地得到生活资料、享受资料、发展和表现一切体力和智力所需的资料。

> 恩格斯：《〈雇佣劳动与资本〉1891年单行本导言》（1891年4月30日），见《马克思恩格斯文集》第1卷第709—710页。

（三）社会的文明进步

1. 社会文明的本质特征和发展进程

人是最名副其实的政治动物，不仅是一种合群的动物，而且是只有在社会中才能独立的动物。孤立的一个人在社会之外进行生产——这是罕见的事，在已经内在地具有社会力量的文明人偶然落到荒野时，可能会发生这种事情——就像许多个人不在一起生活和彼此交谈而竟有语言发展一样，是不可思议的。

> 马克思：《1857—1858年经济学手稿（摘选）导言》（1857年底—1858年5月），见《马克思恩格斯文集》第8卷第6页。

文明每前进一步，不平等也同时前进一步。随着文明而产生的社会为自己所建立的一切机构，都转变为它们原来的目的的反面。

> 恩格斯：《反杜林论》（1877年），见《马克思恩格斯文集》第9卷第147页。

文明时代是在"恶性循环"中运动，是在它不断地重新制造出来而又无法克服的矛盾中运动，……

> 恩格斯：《社会主义从空想到科学的发展》（1880年1月—3月上半月），见《马克思恩格斯文集》第3卷第532页。

文明时代是社会发展的这样一个阶段，在这个阶段上，分工、由分工而产生的个人之间的交换，以及把这两者结合起来的商品生产，得到了充分的发展，完全改变了先前的整个社会。

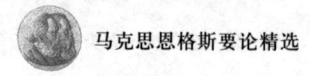

恩格斯：《家庭、私有制和国家的起源》(1884年3月底—5月底)，见《马克思恩格斯文集》第4卷第193页。

(1) 古代社会文明

没有奴隶制，就没有希腊国家，就没有希腊的艺术和科学；没有奴隶制，就没有罗马帝国。没有希腊文化和罗马帝国所奠定的基础，也就没有现代的欧洲。

恩格斯：《反杜林论》(1877年)，见《马克思恩格斯文集》第9卷第188页。

我们的全部经济、政治和智力的发展，是以奴隶制既成为必要、又得到公认这种状况为前提的。在这个意义上，我们有理由说：没有古希腊罗马的奴隶制，就没有现代的社会主义。

恩格斯：《反杜林论》(1877年)，见《马克思恩格斯文集》第9卷第188页。

随着在文明时代获得最充分发展的奴隶制的出现，就发生了社会分成剥削阶级和被剥削阶级的第一次大分裂。这种分裂继续存在于整个文明期。奴隶制是古希腊罗马时代世界所固有的第一个剥削形式；继之而来的是中世纪的农奴制和近代的雇佣劳动制。这就是文明时代的三大时期所特有的三大奴役形式；公开的而近来是隐蔽的奴隶制始终伴随着文明时代。

恩格斯：《家庭、私有制和国家的起源》(1884年3月底—5月底)，见《马克思恩格斯文集》第4卷第195页。

文明时代所由以开始的商品生产阶段，在经济上有下列特征：（1）出现了金属货币，从而出现了货币资本、利息和高利贷；（2）出现了作为生产者之间的中间阶级的商人；（3）出现了土地私有制和抵押；（4）出现了作为占统治地位的生产形式的奴隶劳动。与文明时代相适应并随之彻底确立了自己的统治地位的家庭形式是专偶制、男子对妇女的统治，以及作为社会经济单位的个体家庭。

> 恩格斯：《家庭、私有制和国家的起源》（1884年3月底—5月底），见《马克思恩格斯文集》第4卷第195页。

(2) 中世纪社会文明

从中世纪的农奴中产生了初期城市的城关市民；从这个市民等级中发展出最初的资产阶级分子。

> 马克思和恩格斯：《共产党宣言》（1847年12月—1848年1月底），见《马克思恩格斯文集》第2卷第32页。

中世纪完全是从野蛮状态发展而来的。它把古代文明、古代哲学、政治和法学一扫而光，以便一切从头做起。

> 恩格斯：《德国农民战争》（1850年夏秋），见《马克思恩格斯文集》第2卷第235页。

中世纪遗留下来的城市工人相对来说是不多的，不能满足新的殖民地市场的需要；同时，真正的工场手工业为那些由于封建制度的解体而被赶出土地的农村居民开辟了新的生产领域。因此，当时工场内的分工和协作更多地显示了自己的积极方面，即提高在业工人的生产效率。

> 马克思：《资本论》第1卷（1867年），见《马克思恩格斯文集》第5卷第494页。

中世纪社会：个体的小生产。生产资料是供个人使用的，因而是原始的、笨拙的、小的、效能很低的。生产都是为了直接消费，无论是生产者本身的消费，还是他的封建领主的消费。只有在生产的东西除了满足这些消费以外还有剩余的时候，这种剩余才拿去出卖和进行交换。所以，商品生产刚刚处于形成过程中，但是这时它本身已经包含着**社会生产的无政府状态**的萌芽。

> 恩格斯：《反杜林论》（1877年），见《马克思恩格斯文集》第9卷第396页。

中世纪被看做是千年普遍野蛮状态造成的历史的简单中断；中世纪的巨大进步——欧洲文化领域的扩大，在那里一个挨着一个形成的富有生命力的大民族，以及14世纪和15世纪的巨大的技术进步，这一切都没有被人看到。

恩格斯：《路德维希·费尔巴哈和德国古典哲学的终结》（1886年初），见《马克思恩格斯文集》第4卷第283页。

中世纪的贵族的、城市的和教会的领主特权都转变为一个统一的国家政权的特权。

马克思：《法兰西内战》（1871年5月），见《马克思恩格斯文集》第3卷第191页。

在中世纪，随着封建制度的发展，基督教成为一种同它相适应的、具有相应的封建等级制的宗教。当市民阶级兴起的时候，新教异端首先在法国南部的阿尔比派中间，在那里的城市最繁荣的时代，同封建的天主教相对抗而发展起来。中世纪把意识形态的其他一切形式——哲学、政治、法学，都合并到神学中，使他们成为神学中的科目。

恩格斯：《路德维希·费尔巴哈和德国古典哲学的终结》（1886年初），见《马克思恩格斯文集》第4卷第310页。

（3）现代社会文明

大工业建立了由美洲的发现所准备好的世界市场。世界市场使商业、航海业和陆路交通得到了巨大的发展。这种发展又反过来促进了工业的扩展，同时，随着工业、商业、航海业和铁路的扩展，资产阶级也在同一程度上发展起来，增加自己的资本，把中世纪遗留下来的一切阶级排挤到后面去。

马克思和恩格斯：《共产党宣言》（1847年12月—1848年1月底），见《马克思恩格斯文集》第2卷第32—33页。

第一章 论自然·人类·社会

资产阶级的这种发展的每一个阶段,都伴随着相应的政治上的进展①。

马克思和恩格斯:《共产党宣言》(1847年12月—1848年1月底),见《马克思恩格斯文集》第2卷第33页。

资产阶级,由于一切生产工具的迅速改进,由于交通的极其便利,把一切民族甚至最野蛮的民族都卷到文明中来了。……它按照自己的面貌为自己创造出一个世界。

马克思和恩格斯:《共产党宣言》(1847年12月—1848年1月底),见《马克思恩格斯文集》第2卷第35—36页。

资产阶级使农村屈服于城市的统治。它创立了巨大的城市,使城市人口比农村人口大大增加起来,因而使很大一部分居民脱离了农村生活的愚昧状态。正像它使农村从属于城市一样,它使未开化和半开化的国家从属于文明的国家,使农民的民族从属于资产阶级的民族,使东方从属于西方。

马克思和恩格斯:《共产党宣言》(1847年12月—1848年1月底),见《马克思恩格斯文集》第2卷第36页。

资本的文明面之一是,它榨取这种剩余劳动的方式和条件,同以前的奴隶制、农奴制等形式相比,都更有利于生产力的发展,有利于社会关系的发展,有利于更高级的新形态的各种要素的创造。

马克思:《资本论》第3卷(1894年),见《马克思恩格斯文集》第7卷第927—928页。

---

① "相应的政治上的进展"在1888年英文版中是"这个阶级的相应的政治上的进展"。——编者注

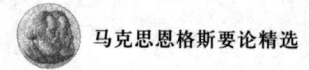

(4) 未来社会文明

这种共产主义，作为完成了的自然主义，等于人道主义，而作为完成了的人道主义，等于自然主义，它是人和自然界之间、人和人之间的矛盾的**真正解决**，是存在和本质、对象化和自我确证、自由和必然、个体和类之间的斗争的真正解决。

马克思：《1844 年经济学哲学手稿》（1844 年 4—8 月），见《马克思恩格斯文集》第 1 卷第 185 页。

在所有的文明国家，民主主义的必然结果都是无产阶级的政治统治，而无产阶级的政治统治又是实行一切共产主义措施的首要前提。

恩格斯：《共产主义者和卡尔·海因岑》（1847 年 9 月 27 日前和 10 月 3 日），见《马克思恩格斯文集》第 1 卷第 666 页。

只有一种有计划地生产和分配的自觉的社会生产组织，才能在社会方面把人从其余的动物中提升出来，正像一般生产曾经在物种方面把人从其余的动物中提升出来一样。历史的发展使这种社会生产组织日益成为必要，也日益成为可能。一个新的历史时期将从这种社会生产组织开始，在这个时期中，人自身以及人的活动的一切方面，尤其是自然科学，都将突飞猛进，使以往的一切都黯然失色。

恩格斯：《自然辩证法》（1873—1882 年），见《马克思恩格斯文集》第 9 卷第 422 页。

管理上的民主，社会中的博爱，权利的平等，教育的普及，将揭开社会的下一个更高的阶段，……

恩格斯：《家庭、私有制和国家的起源》（1884 年 3 月底—5 月底），见《马克思恩格斯文集》第 4 卷第 198 页。

2. 社会文明的内容构成

(1) 物质文明

物质劳动和精神劳动的最大的一次分工,就是城市和乡村的分离。城乡之间的对立是随着野蛮向文明的过渡、部落制度向国家的过渡、地域局限性向民族的过渡而开始的,它贯穿着文明的全部历史直至现在(反谷物法同盟)。

> 马克思和恩格斯:《德意志意识形态》(1845年秋—1846年5月),见《马克思恩格斯文集》第1卷第556页。

"物质生活的生产方式制约着整个社会生活、政治生活和精神生活的过程。"在历史上出现的一切社会关系和国家关系,一切宗教制度和法律制度,一切理论观点,只有理解了每一个与之相应的时代的物质生活条件,并且从这些物质条件中被引申出来的时候,才能理解。

> 恩格斯:《卡尔·马克思〈政治经济学批判。第一分册〉》(1859年8月3—15日),见《马克思恩格斯文集》第2卷第597页。

人们首先必须吃、喝、住、穿,然后才能从事政治、科学、艺术、宗教等等;所以,直接的物质的生活资料的生产,从而一个民族或一个时代的一定的经济发展阶段,便构成基础,人们的国家设施、法的观点、艺术以至宗教观念,就是从这个基础上发展起来的,因而,也必须由这个基础来解释,而不是像过去那样做得相反。

> 恩格斯:《在马克思墓前的讲话》(1883年3月18日前后),见《马克思恩格斯文集》第3卷第601页。

(2) 精神文明

思想、观念、意识的生产最初是直接与人们的物质活动,与人们的物质交往,与现实生活的语言交织在一起的。人们的想象、思维、精神交往在这里还是人们物质行动的直接产物。表现在某一民族的政治、法律、道德、宗教、形而上学等的语言中的精神生产也是这样。人们是自己的观念、思想等等的生产者，但这里所说的人们是现实的、从事活动的人们，他们受自己的生产力和与之相适应的交往的一定发展——直到交往的最遥远的形态——所制约。

马克思和恩格斯：《德意志意识形态》(1845年秋—1846年5月)，见《马克思恩格斯文集》第1卷第524—525页。

在马克思看来，科学是一种在历史上起推动作用的、革命的力量。任何一门理论科学中的每一个新发现——它的实际应用也许还根本无法预见——都使马克思感到衷心喜悦，而当他看到那种对工业、对一般历史发展立即产生革命性影响的发现的时候，他的喜悦就非同寻常了。

恩格斯：《在马克思墓前的讲话》(1883年3月18日前后)，见《马克思恩格斯文集》第3卷第602页。

文学、艺术等等的发展是以经济发展为基础的。但是，它们又都互相作用并对经济基础发生作用。这并不是说，只有经济状况才是**原因，才是积极的**，其余一切都不过是消极的结果，而是说，这是在**归根到底**不断为自己开辟道路的经济必然性的基础上的相互作用。

恩格斯：《致瓦尔特·博尔吉乌斯》(1894年1月25日)，见《马克思恩格斯文集》第10卷第668页。

(3) 政治文明

民主制是作为类概念的国家制度。君主制则只是国家制度的一种，并且是不好的一种。

马克思：《黑格尔法哲学批判》(1843年夏天)，见《马克思恩格斯全集》1956年版第1卷280页。

……人民是否有权来为自己建立新的国家制度呢？对这个问题的回答应该是绝对肯定的，因为国家制度如果不再真正表现人民的意志，那它就变成有名无实的东西了。

> 马克思：《黑格尔法哲学批判》（1843年夏天），见《马克思恩格斯全集》1956年版1卷316页。

（2）**人权**的**宣布**和**国家的宪法**。个人自由和公共权力。
……
（4）**代议制国家**和**宪章**。
……
（5）**权力的分开**。……
（6）**立法权力**和立法机构。……
（7）**执行权力**。集权制和等级制。集权制和政治文明。……
（8）**司法权力**和**法**。

> 马克思：《关于现代国家的著作的计划草稿》（1844年11月），见《马克思恩格斯全集》1979年版第42卷第238页。

首先无产阶级革命将建立**民主的国家制度**，从而直接或间接地建立无产阶级的政治统治。

> 恩格斯：《共产主义原理》（1847年10月底—11月），见《马克思恩格斯文集》第1卷第685页。

不同的文明国度中的不同的国家，不管它们的形式如何纷繁，却有一个共同点：它们都建立在现代资产阶级社会的基础上，只是这种社会的资本主义发展程度不同罢了。所以，它们具有某些根本的共同特征。在这个意义上可以谈"现代国家制度"，……

> 马克思：《哥达纲领批判》（1875年4月底—5月7日），见《马克思恩格斯文集》第3卷第444页。

（4）生态文明

既然是环境造就人，那就必须以合乎人性的方式去造就环境。

> 马克思和恩格斯：《神圣家族》（1844 年 9—11 月），见《马克思恩格斯文集》第 1 卷第 335 页。

如果说人靠科学和创造性天才征服了自然力，那么自然力也对人进行报复，按人利用自然力的程度使人服从一种真正的专制，而不管社会组织怎样。

> 恩格斯：《论权威》（1872 年 10 月—1873 年 3 月），见《马克思恩格斯文集》第 3 卷第 336 页。

到目前为止的一切生产方式，都仅仅以取得劳动的最近的、最直接的效益为目的。那些只是在晚些时候才显现出来的、通过逐渐的重复和积累才产生效应的较远的结果，则完全被忽视了。

> 恩格斯：《自然辩证法（节选）》（1873—1882 年），见《马克思恩格斯文集》第 9 卷第 562 页。

在今天的生产方式中，面对自然界和社会，人们注意的主要只是最初的最明显的成果，可是后来人们又感到惊讶的是：取得上述成果的行为所产生的较远的后果，竟完全是另外一回事，在大多数情况下甚至是完全相反的；需求和供给之间的和谐，竟变成二者的两级对立，……

> 恩格斯：《自然辩证法（节选）》（1873—1882 年），见《马克思恩格斯文集》第 9 卷第 563 页。

特别自本世纪自然科学大踏步前进以来，我们越来越有可能学会认识并从而控制那些至少是由我们的最常见的生产行为所造成的较远的自然后果。而这种事情发生得越多，人们就越不仅再次地感觉到，而且也认识到自身和自然界的一体性，那种关于精神和物质、人类和自然、灵魂和肉体之间的对立的荒谬的、反自然的观点，也就越不可能成立了。

> 恩格斯：《自然辩证法（节选）》（1873—1882 年），见《马克思恩格斯文集》第 9 卷第 560 页。

第一章 论自然·人类·社会

我们不要过分陶醉于我们人类对自然界的胜利。对于每一次这样的胜利,自然界都对我们进行报复。每一次胜利,起初确实取得了我们预期的结果,但是往后和再往后却发生完全不同的、出乎预料的影响,常常把最初的结果又消除了。美索不达米亚、希腊、小亚细亚以及其他各地的居民,为了得到耕地,毁灭了森林,但是他们做梦也想不到,这些地方今天竟因此而成为不毛之地,……

恩格斯:《自然辩证法(节选)》(1873—1882年),见《马克思恩格斯文集》第9卷第559—560页。

人在怎样的程度上学会改变自然界,人的智力就在怎样的程度上发展起来。因此,自然主义的历史观,如德雷帕①和其他一些自然科学家或多或少持有的这种历史观是片面的,它认为只是自然界作用于人,只是自然条件到处决定人的历史发展,它忘记了人也反作用于自然界,改变自然界,为自己创造新的生存条件。

恩格斯:《自然辩证法(节选)》(1873—1882年),见《马克思恩格斯文集》第9卷第483—484页。

但是在他们能起作用的自然界限以内,他们是支配着自己的生产的。除开他们的小小园圃的歉收,他们的河流湖泊内的鱼类的罄竭以及森林中猎物的绝迹以外,他们知道他们获取生活资料的方式会产生什么结果。

恩格斯:《家庭、私有制和国家的起源》(1884年3月底—5月底),见《马克思恩格斯文集》第4卷第129页。

在利用这种排泄物方面,资本主义经济浪费很大;例如,在伦敦,450万人的粪便,就没有什么好的处理方法,只好花很多钱用来污染泰晤士河。

马克思:《资本论》第3卷(1894年),见《马克思恩格斯文集》第7卷第115页。

---

① 约·德雷帕(1811—1882),美国自然学科学家和历史学家。——本书编者注

社会化的人,联合起来的生产者,将合理地调节他们和自然之间的物质变换,把它置于他们的共同控制之下,而不让它作为一种盲目的力量来统治自己;靠消耗最小的力量,在最无愧于和最适合于他们的人类本性的条件下来进行这种物质变换。

马克思:《资本论》第 3 卷(1894 年),见《马克思恩格斯文集》第 7 卷第 928—929 页。

四、关于人类、自然、社会的关系

(一)人类同自然的关系

1. 人是自然的存在物

自然界,就它自身不是人的身体而言,是人的**无机的身体**。人靠自然界**生活**。这就是说,自然界是人为了不致死亡而必须与之处于持续不断的交互作用过程的、人的**身体**。所谓人的肉体生活和精神生活同自然界相联系,不外是说自然界同自身相联系,因为人是自然界的一部分。

马克思:《1844 年经济学哲学手稿》(1844 年 4—8 月),见《马克思恩格斯文集》第 1 卷第 161 页。

人直接地是自然存在物。人作为自然存在物,而且作为有生命的自然存在物,一方面具有**自然力**、**生命力**,是**能动的**自然存在物;这些力量作为天赋和才能、作为**欲望**存在于人身上;另一方面,人作为自然的、肉体的、感性的、对象性的存在物,和动植物一样,是**受动的**、受制约的和受限制的存在物,……

马克思:《1844 年经济学哲学手稿》(1844 年 4—8 月),见《马克思恩格斯文集》第 1 卷第 209 页。

随着这第一个细胞的产生,也就有了整个有机界的形态发展的基础;我们根据古生物学档案的完整类比材料可以假定,最初发展出来的是无数种无细胞的和有细胞的原生生物,其中只有加拿大假原生物①留传了下来;在这些原生生物中,有一些逐渐分化为最初的植物,另一些则分化为最初的动物。从最初的动物中,主要由于进一步的分化而发展出了动物的无数的纲、目、科、属、种,最后发展出神经系统获得最充分发展的那种形态,即脊椎动物的形态,而在这些脊椎动物中,最后又发展出这样一种脊椎动物,在它身上自然界获得了自我意识,这就是人。

恩格斯:《自然辩证法》(1873—1882年),见《马克思恩格斯文集》第9卷第420—421页。

我们决不像征服者统治异族人那样支配自然界,决不像站在自然界之外的人似的去支配自然界——相反,我们连同我们的肉、血和头脑都是属于自然界和存在于自然界之中的;……

恩格斯:《自然辩证法》(1873—1882年),见《马克思恩格斯文集》第9卷第560页。

达尔文第一次从联系中证明,今天存在于我们周围的有机自然物,包括人在内,都是少数原始单细胞胚胎的长期发育过程的产物,而这些胚胎又是由那些通过化学途径产生的原生质或蛋白质形成的。

恩格斯:《路德维希·费尔巴哈和德国古典哲学的终结》(1886年初),见《马克思恩格斯文集》第4卷第300页。

2. 自然界是人类赖以生存的基础

没有**自然界**,没有**感性的外部世界**,工人什么也不能创造。自然界是工人的劳动得以实现、工人的劳动在其中活动、工人的劳动从中生产出和借以生产出自己的产品的材料。

---

① 是在加拿大发现的一种化石,曾被看做最古的原始有机体的遗骸。1878年德国动物学家卡·默比乌斯否定关于这种化石的有机起源的意见。——编者注

>马克思:《1844 年经济学哲学手稿》(1844 年 4—8 月),见《马克思恩格斯文集》第 1 卷第 158 页。

人在肉体上只有靠这些自然产品才能生活,不管这些产品是以食物、燃料、衣着的形式还是以住房等等的形式表现出来。在实践上,人的普遍性正是表现为这样的普遍性,它把整个自然界——首先作为人的直接的生活资料,其次作为人的生命活动的对象(材料)① 和工具——变成人的**无机的**身体。自然界,就它自身不是人的身体而言,是人的**无机的**身体。人靠自然界**生活**。

>马克思:《1844 年经济学哲学手稿》(1844 年 4—8 月),见《马克思恩格斯文集》第 1 卷第 161 页。

自然界是不依赖任何哲学而存在的;它是我们人类(本身就是自然界的产物)赖以生长的基础;……

>恩格斯:《路德维希·费尔巴哈和德国古典哲学的终结》(1886 年初),见《马克思恩格斯文集》第 4 卷第 275 页。

3. 人类和自然的统一

人对人的直接的、自然的、必然的关系是**男人**对**妇女**的**关系**。在这种**自然的**类关系中,人对自然的关系直接就是人对人的关系,正像人对人的关系直接就是人对自然的关系,就是他自己的**自然的**规定。因此,这种关系通过**感性**的形式,作为一种显而易见的**事实**,**表现出**人的本质在何种程度上对人来说成为自然,或者自然在何种程度上成为人具有的人的本质。

>马克思:《1844 年经济学哲学手稿》(1844 年 4—8 月),见《马克思恩格斯文集》第 1 卷第 184 页。

---

① 手稿中"材料"写在"对象"的上方。——编者注

第一章 论自然·人类·社会

社会是人同自然界的完成了的本质的统一,是自然界的真正复活,是人的实现了的自然主义和自然界的实现了的人道主义。

马克思:《1844年经济学哲学手稿》(1844年4—8月),见《马克思恩格斯文集》第1卷第187页。

在人类历史中即在人类社会的形成过程中生成的自然界,是人的**现实的自然界**;因此,通过工业——尽管以**异化**的形式——形成的自然界,是真正的、**人本学**的自然界。

马克思:《1844年经济学哲学手稿》(1844年4—8月),见《马克思恩格斯文集》第1卷第193页。

人对自然的关系这一重要问题……这是一个产生了关于"实体"和"自我意识"的一切"神秘莫测的崇高功业"[①]的问题。然而,如果懂得在工业中向来就有那个很著名的"人和自然的统一",而且这种统一在每一个时代都随着工业或慢或快的发展而不断改变,就像人与自然的"斗争"促进其生产力在相应基础上的发展一样,那么上述问题也就自行消失了。

马克思和恩格斯:《德意志意识形态》(1845年秋—1846年5月),见《马克思恩格斯文集》第1卷第528—529页。

生命的生产,无论是通过劳动而生产自己的生命,还是通过生育而生产他人的生命,就立即表现为双重关系:一方面是自然关系,另一方面是社会关系;……

马克思和恩格斯:《德意志意识形态》(1845年秋—1846年5月),见《马克思恩格斯文集》第1卷第532页。

[①] 歌德《浮士德》的《天上序幕》。——编者注

人们在生产中不仅仅影响自然界，而且也互相影响①。

马克思：《雇佣劳动与资本》（1847 年 12 月），见《马克思恩格斯文集》第 1 卷第 724 页。

我们每走一步都要记住：我们决不像征服者统治异族人那样支配自然界，决不像站在自然界之外的人似的去支配自然界——相反，我们连同我们的肉、血和头脑都是属于自然界和存在于自然界之中的；我们对自然界的整个支配作用，就在于我们比其他一切生物强，能够认识和正确运用自然规律。

事实上，我们一天天地学会更正确地理解自然规律，学会认识我们对自然界习常过程的干预所造成的较近或较远的后果。特别自本世纪自然科学大踏步前进以来，我们越来越有可能学会认识并从而控制那些至少是由我们的最常见的生产行为所造成的较远的自然后果。

恩格斯：《自然辩证法》（1873—1882 年），见《马克思恩格斯文集》第 9 卷第 560 页。

人们在生产中不仅仅影响自然界，而且也互相影响。他们只有以一定的方式共同活动和互相交换其活动，才能进行生产。

马克思：《雇佣劳动与资本》（1847 年 12 月下半月），见《马克思恩格斯文集》第 1 卷第 724 页。

（二）个人与社会相互依赖

首先应当避免重新把"社会"当做抽象的东西同个体对立起来。个体**是社会存在物**。

---

① 在《新莱茵报》上发表时不是"不仅仅影响自然界，而且也互相影响"；而是"不仅仅同自然界发生关系"。——编者注

第一章 论自然・人类・社会

> 马克思:《1844 年经济学哲学手稿》(1844 年 4—8 月),见《马克思恩格斯文集》第 1 卷第 188 页。

正像社会本身生产作为人的人一样,社会也是由人生产的。

> 马克思:《1844 年经济学哲学手稿》(1844 年 4—8 月),见《马克思恩格斯文集》第 1 卷第 187 页。

只有在社会中,自然界才是人自己的**合乎人性的**存在的**基础**,才是人的现实的生活要素。只有在社会中,人的**自然的**存在对他来说才是人的**合乎人性的**存在,并且自然界对他来说才成为人。因此,**社会**是人同自然界的完成了的本质的统一,……

> 马克思:《1844 年经济学哲学手稿》(1844 年 4—8 月),见《马克思恩格斯文集》第 1 卷第 187 页。

既然人天生就是社会的,那他就只能在社会中发展自己的真正的天性;不应当根据单个个人的力量,而应当根据社会的力量来衡量人的天性的力量。

> 马克思和恩格斯:《神圣家族》(1844 年 9—11 月),见《马克思恩格斯文集》第 1 卷第 335 页。

以一定的方式进行生产活动的一定的个人①,发生一定的社会关系和政治关系。……社会结构和国家总是从一定的个人的生活过程中产生的。

> 马克思和恩格斯:《德意志意识形态》(1845 年底—1846 年 5 月),见《马克思恩格斯文集》第 1 卷第 523—524 页。

为了进行生产,人们相互之间便发生一定的联系和关系;只有在这些

---

① 手稿的最初方案是:"在一定的生产关系下的一定的个人"。——编者注

社会联系和社会关系的范围内,才会有他们对自然界的影响①,才会有生产。

> 马克思:《雇佣劳动与资本》(1847 年 12 月下半月),见《马克思恩格斯文集》第 1 卷第 724 页。

不言而喻,要不是每一个人都得到解放,社会也不能得到解放。

> 恩格斯:《反杜林论》(1876 年 9 月—1878 年 6 月),见《马克思恩格斯文集》第 9 卷第 310 页。

(三)自然界对人类和社会发展的影响

一旦人类终于定居下来,这种原始共同体就将随种种外界的,即气候的、地理的、物理的等等条件,以及他们的特殊的自然性质——他们的部落性质——等等,而或多或少地发生变化。

> 马克思:《政治经济学批判(1857—1858 年手稿)》摘选,见《马克思恩格斯文集》第 8 卷第 123 页。

不同的共同体在各自的自然环境中,找到不同的生产资料和不同的生活资料。因此,它们的生产方式、生活方式和产品,也就各不相同。

> 马克思:《资本论》第 1 卷(1867 年),见《马克思恩格斯文集》第 5 卷第 407 页。

撇开社会生产的形态的发展程度不说,劳动生产率是同自然条件相联系的。这些自然条件都可以归结为人本身的自然(如人种等等)和人的周围的自然。外界自然条件在经济上可以分为两大类:生活资料的自然富源,例如土壤的肥力、鱼产丰富的水域等等;劳动资料的自然富源,如奔腾的瀑布、可以航行的河流、森林、金属、煤炭等等。在文化初期,第一类自然富源具

---

① 在《新莱茵报》上发表时不是"对自然界的影响",而是"对自然界的关系"。——编者注

有决定性的意义;在较高的发展阶段,第二类自然富源具有决定性的意义。

> 马克思:《资本论》第 1 卷(1867 年),见《马克思恩格斯文集》第 5 卷第 586 页。

绝对必需满足的自然需要的数量越少,土壤自然肥力越大,气候越好,维持和再生产生产者所必要的劳动时间就越少。因而,生产者在为自己从事的劳动之外来为别人提供的剩余劳动就可以越多。

> 马克思:《资本论》第 1 卷(1867 年),见《马克思恩格斯文集》第 5 卷第 586 页。

良好的自然条件始终只提供剩余劳动的可能性,从而只提供剩余价值或剩余产品的可能性,而决不能提供它的现实性。劳动的不同的自然条件使同一劳动量在不同的国家可以满足不同的需要量,因而在其他条件相似的情况下,使得必要劳动时间各不相同。这些自然条件只作为自然界限对剩余劳动发生影响,就是说,它们只确定开始为别人劳动的起点。产业越进步,这一自然界限就越退缩。

> 马克思:《资本论》第 1 卷(1867 年),见《马克思恩格斯文集》第 5 卷第 588—589 页。

五、关于自然、社会的联系和发展

(一)自然、社会的普遍联系

在自然界和历史的每一科学领域中,都必须从既有的**事实**出发,因而在自然科学中要从物质的各种实在形式和运动形式出发;因此,在理论自然科学中也不能构想出种种联系塞到事实中去,而要从事实中发现这些联系,而且这些联系一经发现,就要尽可能从经验上加以证明。

> 恩格斯:《自然辩证法》(1873—1882 年),见《马克思恩格斯文集》第 9 卷第 440 页。

经验自然科学获得了巨大的发展和极其辉煌的成果,从而不仅有可能完全克服 18 世纪机械论的片面性，而且自然科学本身，也由于证实了自然界本身中所存在的各个研究领域（力学、物理学、化学、生物学等等）之间的联系，而从经验科学变成了理论科学，并且由于把所得到的成果加以概括，又转化成唯物主义的自然知识体系。

> 恩格斯：《自然辩证法》（1873—1882年），见《马克思恩格斯文集》第 9 卷第 456 页。

我们在观察运动着的物质时，首先引起我们注意的是单个物体的单个运动间的相互联系，它们的相互**制约**。

> 恩格斯：《自然辩证法》（1873—1882年），见《马克思恩格斯文集》第 9 卷第 482 页。

我们所接触到的整个自然界构成一个体系，即各种物体相联系的总体，而我们在这里所理解的物体，是指所有的物质存在，从星球到原子，甚至直到以太粒子，如果我们承认以太粒子存在的话。这些物体处于某种联系之中，这就包含了这样的意思：它们是相互作用着的，而它们的相互作用就是运动。

> 恩格斯：《自然辩证法》（1873—1882年），见《马克思恩格斯文集》第 9 卷第 514 页。

由于这三大发现①和自然科学的其他巨大进步，我们现在不仅能够说明自然界中各个领域内的过程之间的联系，而且总的说来也能说明各个领域之间的联系了，这样，我们就能够依靠经验自然科学本身所提供的事实，以近乎系统的形式描绘出一幅自然界联系的清晰图画。

> 恩格斯：《路德维希·费尔巴哈和德国古典哲学的终结》（1886 年初），见《马克思恩格斯文集》第 4 卷第 300 页。

---

① 细胞、能量转化和进化论的发现。——本书编者注

关于自然界所有过程都处在一种系统联系中的认识，推动科学到处从个别部分和整体上去证明这种系统联系。

> 恩格斯：《反杜林论》（1876 年 9 月—1878 年 6 月），见《马克思恩格斯文集》第 9 卷第 40 页。

世界表现为一个统一的体系，即一个有联系的整体，这是显而易见的，但是要认识这个体系，必须先认识**整个**自然界和历史，这种认识人们**永远不会**达到。

> 恩格斯：《反杜林论》（1876 年 9 月—1878 年 6 月），见《马克思恩格斯文集》第 9 卷第 346 页。

（二）自然、社会的永恒发展

整个自然界，从最小的东西到最大的东西，从沙粒到太阳，从原生生物到人，都处于永恒的产生和消逝中，处于不断的流动中，处于不息的运动和变化中。

> 恩格斯：《自然辩证法》（1873—1882 年），见《马克思恩格斯文集》第 9 卷第 418 页。

自然界不是**存在着**，而是**生成着**和**消逝着**……

> 恩格斯：《自然辩证法》（1873—1882 年），见《马克思恩格斯文集》第 9 卷第 415 页。

一切依次更替的历史状态都只是人类社会由低级到高级的无穷发展进程中的暂时阶段。每一个阶段都是必然的，因此，对它发生的那个时代和那些条件说来，都有它存在的理由；但是对它自己内部逐渐发展起来的新的、更高的条件来说，它就变成过时的和没有存在的理由了；它不得不让位于更高的阶段，而这个更高的阶段也要走向衰落和灭亡。

> 恩格斯：《路德维希·费尔巴哈和德国古典哲学的终结》(1886年初)，见《马克思恩格斯文集》第4卷第270页。

自然科学预言了地球本身存在的可能的末日和它适合居住状况的相当肯定的末日，从而承认，人类历史不仅有上升的过程，而且有下降的过程。无论如何，我们离社会历史开始下降的转折点还相当遥远，……

> 恩格斯：《路德维希·费尔巴哈和德国古典哲学的终结》(1886年初)，见《马克思恩格斯文集》第4卷第270页。

一个伟大的基本思想，即认为世界不是既成**事物**的集合体，而是**过程**的集合体，其中各个似乎稳定的事物同它们在我们头脑中的思想映象即概念一样都处在生成和灭亡的不断变化中，在这种变化中，尽管有种种表面的偶然性，尽管有种种暂时的倒退，前进的发展终究会实现……

> 恩格斯：《路德维希·费尔巴哈和德国古典哲学的终结》(1886年初)，见《马克思恩格斯文集》第4卷第298页。

（三）辩证法是关于运动和发展的科学

形而上学的考察方式，虽然在相当广泛的、各依对象性质而大小不同的领域中是合理的，甚至必要的，可是它每一次迟早都要达到一个界限，一超过这个界限，它就会变成片面的、狭隘的、抽象的，并且陷入无法解决的矛盾，因为它看到一个一个的事物，忘记它们互相间的联系；看到它们的存在，忘记它们的生成和消逝；看到它们的静止，忘记它们的运动；因为它只见树木，不见森林。

> 恩格斯：《反杜林论》(1876年9月—1878年6月)，见《马克思恩格斯文集》第9卷第24页。

辩证法在考察事物及其在观念上的反映时，本质上是从它们的联系、它们的联结、它们的运动、它们的产生和消逝方面去考察的。

> 恩格斯：《反杜林论》（1876年9月—1878年6月），见《马克思恩格斯文集》第9卷第25页。

要精确地描绘宇宙、宇宙的发展和人类的发展，以及这种发展在人们头脑中的反映，就只有用辩证的方法，只有不断地注意生成和消逝之间、前进的变化和后退的变化之间的普遍相互作用才能做到。

> 恩格斯：《反杜林论》（1876年9月—1878年6月），见《马克思恩格斯文集》第9卷第26页。

现代唯物主义本质上都是辩证的，而且不再需要任何凌驾于其他科学之上的哲学了。

> 恩格斯：《反杜林论》（1876年9月—1878年6月），见《马克思恩格斯文集》第9卷第28页。

辩证法不过是关于自然界、人类社会和思维的运动和发展的普遍规律的科学。

> 恩格斯：《反杜林论》（1876年9月—1878年6月），见《马克思恩格斯文集》第9卷第149页。

……对于现今的自然科学来说，辩证法恰好是最重要的思维形式，因为只有辩证法才为自然界中出现的发展过程，为各种普遍的联系，为一个研究领域向另一个研究领域过渡提供类比，从而提供说明方法。

> 恩格斯：《自然辩证法》（1873—1882年），见《马克思恩格斯文集》第9卷第436页。

蔑视辩证法是不能不受惩罚的。

> 恩格斯：《自然辩证法》（1873—1882年），见《马克思恩格斯文集》第9卷第452页。

我们在这里不打算写辩证法的手册，而只想说明辩证法规律是自然界的实在的发展规律，因而对于理论自然研究也是有效的。

> 恩格斯：《自然辩证法》（1873—1882年），见《马克思恩格斯文集》第9卷第464页。

所谓的**客观**辩证法是在整个自然界中起支配作用的，而所谓的主观辩证法，即辩证的思维，不过是在自然界中到处发生作用的、对立中的运动的反映，这些对立通过自身的不断的斗争和最终的互相转化或向更高形式的转化，来制约自然界的生活。

> 恩格斯：《自然辩证法》（1873—1882年），见《马克思恩格斯文集》第9卷第470页。

思维规律和自然规律，只要它们被正确地认识，必然是互相一致的。

> 恩格斯：《自然辩证法》（1873—1882年），见《马克思恩格斯文集》第9卷第489页。

在本书①中，辩证法被看做关于**一切**运动的最普遍的规律的科学。这就是说，辩证法的规律无论对自然界中和人类历史中的运动，还是对思维的运动，都必定是同样适用的。

> 恩格斯：《自然辩证法》（1873—1882年），见《马克思恩格斯文集》第9卷第539页。

我们重新唯物地把我们头脑中的概念看做现实事物的反映，而不是把

---

① 《反杜林论》。——本书编者注

现实事物看作绝对概念的某一阶段的反映。这样,辩证法就归结为关于外部世界和人类思维的运动的一般规律的科学,⋯⋯这样,概念的辩证法本身就变成只是现实世界的辩证运动的自觉的反映,⋯⋯

> 恩格斯:《路德维希·费尔巴哈和德国古典哲学的终结》(1886年初),见《马克思恩格斯文集》第4卷第298页。

(四) 自然、社会、思维联系和发展的规律

自然界中的普遍性的形式就是**规律**,而关于**自然规律的永恒性**,谁也没有自然科学家谈得多。

> 恩格斯:《自然辩证法》(1873—1882年),见《马克思恩格斯文集》第9卷第499页。

1. 规律的客观性

在自然界里,正是那些在历史上支配着似乎是偶然事变的辩证运动规律,也在无数错综复杂的变化中发生作用;这些规律也同样地贯串于人类思维的发展史中,它们逐渐被思维着的人所意识到。

> 恩格斯:《反杜林论》(1876年9月—1878年6月),见《马克思恩格斯文集》第9卷第13页。

整个自然界是受规律支配的,绝对排除任何外来的干涉。

> 恩格斯:《〈社会主义从空想到科学的发展〉英文版导言》(1892年4月20日),见《马克思恩格斯文集》第3卷第506页。

我们对自然界的整个支配作用,就在于我们比其他一切生物强,能够认识和正确运用自然规律。

事实上,我们一天天地学会更正确地理解自然规律,学会认识我们对

自然界习常过程的干预所造成的较近或较远的后果。

<blockquote>
恩格斯:《自然辩证法》(1873—1882年),见《马克思恩格斯文集》第9卷第560页。
</blockquote>

自由不在于幻想中摆脱自然规律而独立,而在于认识这些规律,从而能够有计划地使自然规律为一定的目的服务。这无论对外部自然的规律,或对支配人本身的肉体存在和精神存在的规律来说,都是一样的。

<blockquote>
恩格斯:《反杜林论》(1876年9月—1878年6月),见《马克思恩格斯文集》第9卷第120页。
</blockquote>

2. 规律的相对性

永恒的自然规律也越来越变成历史的自然规律。水在0℃和100℃之间是液体,这是一个永恒的自然规律,但是要使这个规律成为有效的,就必须有:(1) 水,(2) 一定的温度,(3) 正常压力。月球上没有水,太阳上只有构成水的元素,对这两个天体来说,这个规律是不存在的。——气象学的规律也是永恒的,但是,只适用于地球,或者只适用于一个具有地球的大小、密度、星轴倾斜、温度,并且具有由氧和氮的同样混合体构成的大气以及正在蒸发和凝结的同量水蒸气的天体。月球上没有大气,太阳上只有由炽热的金属蒸气构成的大气;所以月球没有气象学,而太阳的气象学则和我们的完全不同。——我们的整个的公认的物理学、化学、生物学都是绝对地**以地球为中心的**,都只是适用于地球的。太阳、恒星、星云上的,甚至密度不同的行星上的电和磁的强度的情况,我们还根本不知道。元素的化学化合规律,在太阳上由于高温而失去了效力,或者只是在太阳大气层边缘暂时有效,而这些化合物一接近太阳便又分解了。太阳化学正在生成中,而且必然和地球上的化学完全不同,它不是推翻地球上的化学,而是同它毫不相干。在星云上面,也许连65种元素中的那些本身可能也是化合而成的元素都不存在。因此,如果我们要谈论对于从星云到人的**一切物体都同样适用的普遍的自然规律**,那么留给我们的也就只有重力,也许还有能量转化理论的最一般的说法,即通常所说的力学的热理论。但是,如果把这个理论普遍地彻底地应用到一切自然现象上去,那么这个理论本身就会变成一个宇宙体系从产生到消逝的过程中相继发生的变化的历史表现，也就是说变成一部历史，在这部历史中，每个阶段都有不同的规律，即同一普遍运动的不同的表现形式起支配作用，从而作为始终具有普遍效力的东西留下来的就只有**运动**了。

> 恩格斯：《自然辩证法》（1873—1882年），见《马克思恩格斯文集》第9卷第495—496页。

3. 社会发展规律的特殊性

动物所能做到的最多是**采集**，而人则**从事生产**，人制造最广义的生活资料，这些生活资料是自然界离开了人便不能生产出来的。因此，把动物界的生活规律直接搬到人类社会中来是不行的。

> 恩格斯：《自然辩证法》（1873—1882年），见《马克思恩格斯文集》第9卷第548页。

人类社会和动物界的本质区别在于，动物最多是**采集**，而人则**从事生产**。仅仅由于这个唯一的然而是基本的区别，就不可能把动物界的规律直接搬到人类社会中来。

> 恩格斯：《致彼得·拉甫罗维奇·拉甫罗夫》（1875年11月），见《马克思恩格斯文集》第10卷第412页。

但是，社会发展史却有一点是和自然发展史根本不相同的。在自然界中（如果我们把人对自然界的反作用撇开不谈）全是没有意识的、盲目的动力，这些动力彼此发生作用，而一般规律就表现在这些动力的相互作用中。在所发生的任何事情中，无论在外表上看得出的无数表面的偶然性中，或者在可以证实这些偶然性内部的规律性的最终结果中，都没有任何事情是作为预期的自觉的目的发生的。相反，在社会历史领域内进行活动的，是具有意识的、经过思虑或凭激情行动的、追求某种目的的人；任何事情的发生都不是没有自觉的意图，没有预期的目的的。

> 恩格斯：《路德维希·费尔巴哈和德国古典哲学的终结》（1886年初），见《马克思恩格斯文集》第4卷第301—302页。

（五）辩证法的三个基本规律

辩证法的规律是从自然界的历史和人类社会的历史中抽象出来的。辩证法的规律无非是历史发展的这两个方面和思维本身的最一般的规律。它们实质上可归结为下面三个规律：

量转化为质和质转化为量的规律；

对立的相互渗透的规律；

否定的否定的规律。

恩格斯：《自然辩证法》（1873—1882年），见《马克思恩格斯文集》第9卷第463页。

1. 质量互变规律

量转化为质和质转化为量的规律。为了我们的目的，我们可以把这个规律表述如下：在自然界中，质的变化——在每一个别场合都是按照各自的严格确定的方式进行的——只有通过物质或运动（所谓能）的量的增加或减少才能发生。

自然界中一切质的差别，或是基于不同的化学构成，或是基于运动（能）的不同的量或不同的形式，或是——差不多总是这样——同时基于这两者。所以，没有物质或运动的增加或减少，即没有有关物体的量的变化，是不可能改变这个物体的质的。……

……

如果我们设想，将任何一个无生命的物体分割成越来越小的部分，那么开头是不会发生任何质的变化的。但是这里有一个极限：如果我们能够（如在蒸发的情况下）得出一个个的自由状态的分子，那么我们虽然在大多数场合下还可以把这些分子进一步分割，但这一点只有在质完全发生变化的条件下才能做到。分子分解为它的各个原子，而这些原子具有和分子完全不同的性质。……

……

这样，我们看到，纯粹的量的分割是有一个极限的，到了这个极限，量的分割就转化为质的差别：物体纯粹由分子构成，但它是本质上不同于分子的东西，正如分子又不同于原子一样。

第一章 论自然·人类·社会

> 恩格斯:《自然辩证法》(1873—1882年),见《马克思恩格斯文集》第 9 卷第 464、465、466 页。

每种气体都有其临界点,在这一点上压力和冷却能使气体变成液体。一句话,物理学的所谓常数,大多不外是这样一些关节点的标志,在这些关节点上,运动的量的增加或减少会引起相应物体的状态的质变,所以在这些关节点上,量转化为质。

> 恩格斯:《自然辩证法》(1873—1882年),见《马克思恩格斯文集》第 9 卷第 466—467 页。

化学可以说是研究物体由于量的构成的变化而发生的质变的科学。……拿氧来说:如果结合为一个分子的是三个原子,而不是像通常那样只是两个原子,那么我们就得到臭氧,一种在气味和作用上与普通氧很不相同的物体。更不待说,如果把氧同氮或硫按不同的比例化合起来,那么其中每一种化合都会产生出一种质上与其他一切物体不同的物体!

> 恩格斯:《自然辩证法》(1873—1882年),见《马克思恩格斯文集》第 9 卷第 467 页。

这完全是黑格尔的度量关系的关节线,在这里纯粹量的增多或减少在一定的关节点上引起**质的飞跃**,例如,把水加热或冷却,沸点和冰点就是这种关节点,在这种关节点上——在标准压力下——完成了进入新的聚集状态的飞跃,就是说,在这里量就转变为质。

> 恩格斯:《反杜林论》(1876 年 9 月—1878 年 6 月),见《马克思恩格斯文集》第 9 卷第 49 页。

我们已经看到,由于黑格尔的度量关系的关节线——在这里,在量变的一定点上骤然发生质变——,……水在标准气压下,在 0℃时从液态转变为固态,在 100℃时从液态转变为气态,可见,在这两个转折点上,仅仅是温度的单纯的量变就可以引起水的状态的质变。

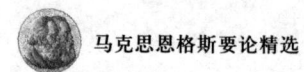

我们还可以从自然界和人类社会中举出几百个这样的事实来证明这一规律。例如，……许多人协作，许多力量融合为一个总的力量，用马克思的话来说，就产生"新力量"，这种力量和它的单个力量的总和有本质的差别。

恩格斯：《反杜林论》（1876 年 9 月—1878 年 6 月），见《马克思恩格斯文集》第 9 卷第 133—134 页。

2. 对立统一规律

两个相互矛盾方面的共存、斗争以及融合成一个新范畴，就是辩证运动。

马克思：《哲学的贫困》（1847 年 4 月），见《马克思恩格斯文集》第 1 卷第 605 页。

分工产生出密集、结合、协作、私人利益的对立、阶级利益的对立、竞争、资本积聚、垄断、股份公司——全都是对立的统一形式，而统一又引起对立本身——，……

马克思：《政治经济学批判》（1857 年底—1858 年 5 月），见《马克思恩格斯文集》第 8 卷第 53 页。

在进行较精确的考察时，我们也发现，某种对立的两极，例如正和负，既是彼此对立的，又是彼此不可分离的，而且不管它们如何对立，它们总是互相渗透的；……

恩格斯：《反杜林论》（1876 年 9 月—1878 年 6 月），见《马克思恩格斯文集》第 9 卷第 25 页。

既然简单的机械的位移本身已经包含着矛盾，那么物质的更高级的运动形式，特别是有机生命及其发展，就更加包含着矛盾。我们在上面已经看到，生命首先正是在于：生物在每一瞬间是它自身，同时又是别的东西。所以，生命也是存在于物体和过程本身中的不断地自行产生并自行解决的

第一章　论自然·人类·社会

矛盾；矛盾一停止，生命也就停止，死亡就到来。同样，我们已经看到，在思维的领域中我们也不能避免矛盾，……

> 恩格斯：《反杜林论》（1876 年 9 月—1878 年 6 月），见《马克思恩格斯文集》第 9 卷第 127 页。

深入人民意识的辩证法有一个古老的命题：两极相联。

> 恩格斯：《自然辩证法》（1873—1882 年），见《马克思恩格斯文集》第 9 卷第 442 页。

同一和差异——必然性和偶然性——原因和结果——这是两个主要的对立①，当它们被分开来考察时，都互相转化。

> 恩格斯：《自然辩证法》（1873—1882 年），见《马克思恩格斯文集》第 9 卷第 475 页。

辩证法根据我们直到目前为止的自然经验的结果，已经证明了：所有的两极对立，都以对立的两极的相互作用为条件；这两极的分离和对立，只存在于它们的相互依存和联结之中，反过来说，它们的联结，只存在于它们的分离之中，它们的相互依存，只存在于它们的对立之中；……

> 恩格斯：《自然辩证法》（1873—1882 年），见《马克思恩格斯文集》第 9 卷第 516 页。

3. 否定之否定规律

正题：竞争前的封建垄断。
反题：竞争。
合题：现代垄断；它既然以竞争的统治为前提，所以它就是封建垄断

---

① "两个主要的对立"是指同一和差异，原因和结果。"必然性和偶然性"是恩格斯后来加进去的。——编者注

的否定,同时,它既然是垄断,所以就是竞争的否定。

因此,现代垄断,资产阶级的垄断就是综合的垄断,是否定的否定,是对立面的统一。

马克思:《哲学的贫困》(1847 年 4 月),
见《马克思恩格斯文集》第 1 卷第 636 页。

从资本主义生产方式产生的资本主义占有方式,从而资本主义的私有制,是对个人的、以自己劳动为基础的私有制的第一个否定。但资本主义生产由于自然过程的必然性,造成了对自身的否定。这是否定的否定。这种否定不是重新建立私有制,而是在资本主义时代的成就的基础上,也就是说,在协作和对土地及靠劳动本身生产的生产资料的共同占有的基础上,重新建立个人所有制。

马克思:《资本论》第 1 卷(1867 年),见
《马克思恩格斯文集》第 5 卷第 874 页。

一切东西都有好的一面和坏的一面,重要的是,好的一面应当吸收,而坏的一面则应抛弃。但是由于每件事物,每个人,每种理论都有这种好的一面和坏的一面,因此从这种意义上说,每件事物,每个人,每种理论差不多既是好的,又是坏的,就像任何别的东西一样,因而从这个观点看来,着急去肯定或否定这一事物或那一事物是蠢举。

恩格斯:《流亡者文献》(1874 年 5 月—
1875 年 4 月),见《马克思恩格斯文集》
第 3 卷第 366 页。

否定的否定究竟是什么呢?它是自然界、历史和思维的一个极其普遍的、因而极其广泛地起作用的、重要的发展规律;这一规律,正如我们已经看到的,在动物界和植物界中,在地质学、数学、历史和哲学中起着作用;……

恩格斯:《反杜林论》(1876 年 9 月—
1878 年 6 月),见《马克思恩格斯文集》
第 9 卷第 148 页。

在辩证法中,否定不是简单地说不,或宣布某一事物不存在,或用随便一种方法把它毁掉。斯宾诺莎早已说过：……即任何限定或规定同时就是否定。

恩格斯：《反杜林论》（1876年9月—1878年6月），见《马克思恩格斯文集》第9卷第149页。

否定的方式在这里首先取决于过程的一般性质，其次取决于过程的特殊性质。……因此，每一种事物都有它的特殊的否定方式，经过这样的否定，它同时就获得发展，每一种观念和概念也是如此。

恩格斯：《反杜林论》（1876年9月—1878年6月），见《马克思恩格斯文集》第9卷第149页。

否定的否定这个规律在自然界和历史中起着作用，而在它被认识以前，它也在我们头脑中不自觉地起着作用，它只是被黑格尔第一次明确地表述出来而已。

恩格斯：《反杜林论》（1876年9月—1878年6月），见《马克思恩格斯文集》第9卷第150页。

（六）事物联系和发展的几对范畴

1. 原因和结果

原因和结果这两个概念，只有应用于个别场合时才有其本来的意义；可是，只要我们把这种个别的场合放到它同宇宙的总联系中来考察，这两个概念就交汇起来，融合在普遍相互作用的看法中，而在这种相互作用中，原因和结果经常交换位置；在此时或此地是结果，在彼时或彼地就成了原因，反之亦然。

恩格斯：《反杜林论》（1876年9月—1878年6月），见《马克思恩格斯文集》第9卷第25页。

黑格尔从存在进到本质,进到辩证法。在这里他研究反思的规定,它们的内在**对立**和矛盾,例如正和负,然后就进到**因果性**或原因和结果的关系,并以**必然性**作结束。

恩格斯:《反杜林论》(1876年9月—1878年6月),见《马克思恩格斯文集》第9卷第49—50页。

因果性。我们在观察运动着的物质时,首先引起我们注意的是单个物体的单个运动间的相互联系,它们的相互**制约**。但是,我们不仅发现某一个运动后面跟随着另一个运动,而且我们也发现,只要我们造成某个运动在自然界中发生时所必需的那些条件,我们就能引起这个运动,甚至我们还能引起自然界中根本不发生的运动(工业),至少不是以这种方式发生的运动,并且我们能赋予这些运动以预先规定的方向和范围。**因此**,由于**人的活动**,**因果**观念即一个运动是另一个运动的**原因**这样一种观念得到确证。的确,单是某些自然现象的有规则的前后相继,就能造成因果观念;热和光随太阳而来;……

恩格斯:《自然辩证法》(1873—1882年),见《马克思恩格斯文集》第9卷第482页。

我们看到一系列的运动形式,机械运动、热、光、电、磁、化合和分解、聚集状态的转化、有机的生命,如果我们**暂且**把有机的生命排除在外,那么,这一切都是互相转化、互相制约的,在这里是原因,在那里就是结果,运动尽管有种种不断变换的形式,但是运动的总和始终不变。机械运动转化为热、电、磁、光等等,反之亦然。……相互作用是事物的真正的终极原因。……只有从这种普遍的相互作用出发,我们才能认识现实的因果关系。为了了解单个的现象,我们必须把它们从普遍的联系中抽出来,孤立地考察它们,而**在这里**出现的就是不断变换的运动,一个表现为原因,**另一**个表现为结果。

恩格斯:《自然辩证法》(1873—1882年),见《马克思恩格斯文集》第9卷第481—482页。

第一章 论自然·人类·社会

一种历史因素一旦被其他的、归根到底是经济的原因造成了，它也就起作用，就能够对它的环境，甚至对产生它的原因发生反作用。

恩格斯：《致弗兰茨·梅林》（1893 年 7 月 14 日），见《马克思恩格斯文集》第 10 卷第 659 页。

政治、法、哲学、宗教、文学、艺术等等的发展是以经济发展为基础的。但是，它们又都互相作用并对经济基础发生作用。这并不是说，只有经济状况才是**原因**，**才是积极的**，其余一切都不过是消极的结果，而是说，这是在**归根到底**不断为自己开辟道路的经济必然性的基础上的相互作用。

恩格斯：《致瓦尔特·博尔吉乌斯》（1894 年 1 月 25 日），见《马克思恩格斯文集》第 10 卷第 668 页。

2. 必然性和偶然性

如果"偶然性"不起任何作用的话，那么世界历史就会带有非常神秘的性质。这些偶然性本身自然纳入总的发展过程中，并且为其他偶然性所补偿。但是，发展的加速和延缓在很大程度上是取决于这些"偶然性"的，其中也包括一开始就站在运动最前面的那些人物的性格这样一种"偶然情况"。

马克思：《致路德维希·库格曼》（1871 年 4 月 17 日），见《马克思恩格斯文集》第 10 卷第 354 页。

在历史的发展中，偶然性发挥着作用，而在辩证的思维中就像在胚胎的发展中一样，这种偶然性**融合在必然性中**。

恩格斯：《自然辩证法》（1873—1882 年），见《马克思恩格斯文集》第 9 卷第 485—486 页。

偶然性只是相互依存性的一极，它的另一极叫做必然性。在似乎也是受偶然性支配的自然界中，我们早就证实，在每一个领域内，都有在这种偶然性中去实现自身的内在的必然性和规律性。而适用于自然界的，也适用于社会。一种社会活动，一系列社会过程，越是超出人们的自觉的控制，越是超出他们支配的范围，越是显得受纯粹的偶然性的摆布，它所固有的内在规律就越是以自然的必然性在这种偶然性中去实现自身。这些规律也支配着商品生产和商品交换的偶然性：……

恩格斯：《家庭、私有制和国家的起源》（1884年3—5月），见《马克思恩格斯文集》第4卷第194页。

……被断定为必然的东西，是由纯粹的偶然性构成的，而所谓偶然的东西，是一种有必然性隐藏在里面的形式，如此等等。

恩格斯：《路德维希·费尔巴哈和德国古典哲学的终结》（1886年初），见《马克思恩格斯文集》第4卷第299页。

历史事件似乎总的说来同样是由偶然性支配着的。但是，在表面上是偶然性在起作用的地方，这种偶然性始终是受内部的隐蔽着的规律支配的，而问题只是在于发现这些规律。

恩格斯：《路德维希·费尔巴哈和德国古典哲学的终结》（1886年初），见《马克思恩格斯文集》第4卷第302页。

人们自己创造自己的历史，但是到现在为止，他们并不是按照共同的意志，根据一个共同的计划，甚至不是在一个有明确界限的既定社会内来创造自己的历史。他们的意向是相互交错的，正因为如此，在所有这样的社会里，都是那种以**偶然性**为其补充和表现形式的**必然性**占统治地位。在这里通过各种偶然性来为自己开辟道路的必然性，归根到底仍然是经济的必然性。

恩格斯：《致瓦尔特·博尔吉乌斯》（1894年1月25日），见《马克思恩格斯文集》第10卷第669页。

恰巧某个伟大人物在一定时间出现于某一国家，这当然纯粹是一种偶然现象。但是，如果我们把这个人去掉，那时就会需要有另外一个人来代替他，并且这个代替者是会出现的，不论好一些或差一些，但是最终总是会出现的。

> 恩格斯：《致瓦尔特·博尔吉乌斯》(1894年1月25日)，见《马克思恩格斯文集》第10卷第669页。

3. 内容和形式

如果审判程序只归结为一种毫无内容的形式，那末这样空洞的形式就没有任何独立的价值了。

> 马克思：《第六届莱茵省议会的辩论（第三篇论文）》(1842年10月)，见《马克思恩格斯全集》1956年版第1卷第178页。

劳动作为生产劳动的特性只表现一定的社会生产关系。我们在这里指的劳动的这种规定性，不是从劳动的内容或劳动的结果产生的，而是从劳动的一定的社会形式产生的。

> 马克思：《政治经济学批判》(1861—1863年手稿)，见《马克思恩格斯文集》第8卷第219页。

对无产阶级来说，共和国和君主国不同的地方仅仅在于，共和国是无产阶级将来进行统治的**现成的**政治形式。……但是，共和国像其他任何政体一样，是由它的内容决定的；只要它是**资产阶级**的统治形式，它就同任何君主国一样敌视我们（撇开敌视的**形式**不谈）。

> 恩格斯：《致保尔·拉法格》(1894年3月6日)，见《马克思恩格斯文集》第10卷第671页。

4. 现象和本质

在它们的现实存在中它们的**运动的**本质是隐蔽的。这种本质只是在思维中、在哲学中才表露、显示出来；……

> 马克思：《1844年经济学哲学手稿》（1844年4—8月）(1844年4—8月)，见《马克思恩格斯文集》第1卷第215页。

当庸俗经济学家不去揭示事物的内部联系却傲慢地鼓吹事物从现象上看是另外的样子的时候，他们自以为这是作出了伟大的发现。实际上，他们所鼓吹的是他们紧紧抓住了外表，并且把它当做最终的东西。这样一来，科学究竟有什么用处呢？

> 马克思：《致路德维希·库格曼》（1868年7月11日），见《马克思恩格斯文集》第10卷第290页。

……思维的任务现在就是要透过一切迷乱现象探索这一过程的逐步发展的阶段，并且透过一切表面的偶然性揭示这一过程的内在规律性。

> 恩格斯：《社会主义从空想到科学的发展》（1880年1—3月），见《马克思恩格斯文集》第3卷第542页。

如果事物的表现形式和事物的本质会直接合而为一，一切科学就都成为多余的了——……

> 马克思：《资本论》第3卷（1894年），见《马克思恩格斯文集》第7卷第925页。

六、关于人类对自然、社会的认识和改造

（一）存在与思维、物质与意识

甚至人们头脑中的模糊幻象也是他们的可以通过经验来确认的、与物质前提相联系的物质生活过程的必然升华物。

> 马克思和恩格斯：《德意志意识形态》（1845年秋—1846年5月），见《马克思恩格斯文集》第1卷第525页。

第一章 论自然·人类·社会

我们判断一个人不能以他对自己的看法为根据,同样,我们判断这样一个变革时代也不能以它的意识为根据;相反,这个意识必须从物质生活的矛盾中,从社会生产力和生产关系之间的现存冲突中去解释。

> 马克思:《〈政治经济学批判〉序言》(1859年1月),见《马克思恩格斯文集》第2卷第592页。

我的辩证方法,从根本上来说,不仅和黑格尔的辩证方法不同,而且和它截然相反。在黑格尔看来,思维过程,即甚至被他在观念这一名称下转化为独立主体的思维过程,是现实事物的创造主,而现实事物只是思维过程的外部表现。我的看法则相反,观念的东西不外是移入人的头脑并在人的头脑中改造过的物质的东西而已。

……在他那里,辩证法是倒立着的。必须把它倒过来,以便发现神秘外壳中的合理内核。

> 马克思:《〈资本论〉第1卷1872年第二版跋》(1873年1月24日),见《马克思恩格斯文集》第5卷第22页。

黑格尔是唯心主义者,就是说,在他看来,他头脑中的思想不是现实的事物和过程的或多或少抽象的反映,相反,在他看来,事物及其发展只是在世界出现以前已经在某个地方存在着的"观念"的现实化的反映。这样,一切都被头足倒置了,世界的现实联系完全被颠倒了。

> 恩格斯:《反杜林论》(1876年9月—1878年6月),见《马克思恩格斯文集》第9卷第27页。

究竟什么是思维和意识,它们是从哪里来的,那么就会发现,它们都是人脑的产物,而人本身是自然界的产物,是在自己所处的环境中并且和这个环境一起发展起来的;这里不言而喻,归根到底也是自然界产物的人脑的产物,并不同自然界的其他联系相矛盾,而是相适应的。

> 恩格斯：《反杜林论》（1876 年 9 月—
> 1878 年 6 月），见《马克思恩格斯文集》
> 第 9 卷第 38—39 页。

思维对存在、精神对自然界的关系问题，全部哲学的最高问题，像一切宗教一样，其根源在于蒙昧时代的愚昧无知的观念。……什么是本原的，是精神，还是自然界？——这个问题以尖锐的形式针对着教会提了出来：世界是神创造的呢，还是从来就有的？

哲学家依照他们如何回答这个问题而分成了两大阵营。凡是断定精神对自然界说来是本原的，从而归根到底承认某种创世说的人……组成唯心主义阵营。凡是认为自然界是本原的，则属于唯物主义的各种学派。

> 恩格斯：《路德维希·费尔巴哈和德国古典哲学的终结》（1886 年初），见《马克思恩格斯文集》第 4 卷第 278 页。

思维和存在的关系问题还有另一个方面：我们关于我们周围世界的思想对这个世界本身的关系是怎样的？我们的思维能不能认识现实世界？我们能不能在我们关于现实世界的表象和概念中正确地反映现实？用哲学的语言来说，这个问题叫做思维和存在的同一性问题，绝大多数哲学家对这个问题都作了肯定的回答。……

但是，此外，还有其他一些哲学家否认认识世界的可能性，或者至少是否认彻底认识世界的可能性。在近代哲学家中，……对这些以及其他一切哲学上的怪论的最令人信服的驳斥是实践，即实验和工业。既然我们自己能够制造出某一自然过程，按照它的条件把它生产出来，并使它为我们的目的服务，从而证明我们对这一过程的理解是正确的，那么康德的不可捉摸的"自在之物"就完结了。

> 恩格斯：《路德维希·费尔哈巴和德国古典哲学的终结》（1886 年初），见《马克思恩格斯文集》第 4 卷第 278—279 页。

我们自己所属的物质的、可以感知的世界，是唯一现实的；而我们的意识和思维，不论它看起来是多么超感觉的，总是物质的、肉体的器官即人脑的产物。物质不是精神的产物，而精神本身只是物质的最高产物。这自然是纯粹的唯物主义。

> 恩格斯:《路德维希·费尔巴哈和德国古典哲学的终结》(1886年初),见《马克思恩格斯文集》第4卷第281页。

这种意识形态上的颠倒是应该消除的。我们重新唯物地把我们头脑中的概念看做现实事物的反映,而不是把现实事物看做绝对概念的某一阶段的反映。

> 恩格斯:《路德维希·费尔巴哈和德国古典哲学的终结》(1886年初),见《马克思恩格斯文集》第4卷第298页。

(二) 认识与实践

1. 实践是认识的基础

科学是**经验的科学**,科学就在于把**理性方法**运用于感性材料。归纳、分析、比较、观察和实验是理性方法的主要条件。

> 马克思和恩格斯:《神圣家族》(1844年9—11月),见《马克思恩格斯文集》第1卷331页。

环境的改变和人的活动或自我改变的一致,只能被看做是并合理地理解为**革命的实践**。

> 马克思:《关于费尔巴哈的提纲》(1845年春),见《马克思恩格斯文集》第1卷第500页。

全部社会生活在本质上是**实践的**。凡是把理论引向神秘主义的神秘东西,都能在人的实践中以及对这种实践的理解中得到合理的解决。

> 马克思:《关于费尔巴哈的提纲》(1845年春),见《马克思恩格斯文集》第1卷第501页。

共产党人的理论原理,决不是以这个或那个世界改革家所发明或发现

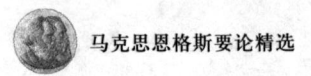

的思想、原则为根据的。

这些原理不过是现存的阶级斗争、我们眼前的历史运动的真实关系的一般表述。

马克思和恩格斯:《共产党宣言》(1847年12月—1848年1月),见《马克思恩格斯文集》第2卷第44—45页。

理论的方案需要通过实际经验的大量积累才臻于完善。

马克思:《资本论》第1卷(1867年),见《马克思恩格斯文集》第5卷第437页。

科学的产生和发展一开始就是由生产决定的。

恩格斯:《自然辩证法》(1873—1882年),见《马克思恩格斯文集》第9卷第427页。

数和形的概念不是从其他任何地方,而是从现实世界中得来的。……和数的概念一样,形的概念也完全是从外部世界得来的,而不是在头脑中由纯思维产生出来的。必须先存在具有一定形状的物体,把这些形状加以比较,然后才能构成形的概念。纯数学是以现实世界的空间形式和数量关系,也就是说,以非常现实的材料为对象的。这种材料以极度抽象的形式出现,这只能在表面上掩盖它起源于外部世界。

恩格斯:《反杜林论》(1876年9月—1878年6月),见《马克思恩格斯文集》第9卷第41页。

2. 认识对实践的能动作用

批判的武器当然不能代替武器的批判,物质力量只能用物质力量来摧毁;但是理论一经掌握群众,也会变成物质力量。

马克思:《〈黑格尔法哲学批判〉导言》(1843年10—12月),见《马克思恩格斯文集》第1卷第11页。

第一章 论自然·人类·社会

一个民族要想站在科学的最高峰，就一刻也不能没有理论思维。

恩格斯：《自然辩证法》（1873—1882年），见《马克思恩格斯文集》第9卷第437页。

蔑视辩证法是不能不受惩罚的。对一切理论思维尽可以表示那么多的轻视，可是没有理论思维，的确无法使自然界中的两件事实联系起来，或者洞察二者之间的既有的联系。……所以，经验主义者蔑视辩证法便受到惩罚：连某些最清醒的经验主义者也陷入最荒唐的迷信中，陷入现代唯灵论中去了。

恩格斯：《自然辩证法》（1873—1882年），见《马克思恩格斯文集》第9卷第452页。

3. 人类认识的有限性和无限性

可认识的物质的无限性，是由各种纯粹的有限性组成的，同样，绝对地认识着的思维的无限性，也是由无限多的有限的人脑所组成的，而人脑是彼此并列和前后相继地从事这种无限的认识的，会在实践上和理论上出差错，从歪曲的、片面的、错误的前提出发，循着错误的、弯曲的、不可靠的道路行进，往往当正确的东西碰到鼻子尖的时候还是没有得到它。因此，对无限的东西的认识受到双重困难的困扰，并且按其本性来说，只能通过一个无限的渐近的前进过程而实现。这使我们有足够的理由说：无限的东西既是可以认识的，又是不可以认识的，而这就是我们所需要的一切。

恩格斯：《自然辩证法》（1873—1882年），见《马克思恩格斯文集》第9卷第499页。

人的思维是至上的吗？在我们回答"是"或"不是"以前，我们必须先研究一下：什么是人的思维。它是单个人的思维吗？不是。但是，它只是作为无数亿过去、现在和未来的人的个人思维而存在。如果我现在说，这种概括于我的观念中的所有这些人（包括未来的人）的思维是**至上的**，是能够认识现存世界的，只要人类足够长久地延续下去……很可能我们还差不多处在人类历史的开端,而将来会纠正我们错误的后代,大概比**我们**的有可能经常以十分轻蔑的态度纠正其认识错误的前代要多得多。

……但是,至于说到每一个人的思维所达到的认识的至上意义,那么我们大家都知道,它是根本谈不上的,而且根据到目前为止的一切经验看来,这些认识所包含的需要改善的东西,无例外地总是要比不需要改善的或正确的东西多得多。

换句话说,思维的至上性是在一系列非常不至上地思维着的人中实现的;拥有无条件的真理权的认识是在一系列相对的谬误中实现的;二者都只有通过人类生活的无限延续才能完全实现。

恩格斯:《反杜林论》(1876 年 9 月—1878 年 6 月),见《马克思恩格斯文集》第 9 卷第 91 页。

在这里,我们又遇到了在上面已经遇到过的矛盾①:一方面,人的思维的性质必然被看做是绝对的,另一方面,人的思维又是在完全有限地思维着的个人中实现的。这个矛盾只有在无限的前进过程中,在至少对我们来说实际上是无止境的人类世代更迭中才能得到解决。从这个意义来说,人的思维是至上的,同样又是不至上的,它的认识能力是无限的,同样又是有限的。按它的本性、使命、可能和历史的终极目的来说,是至上的和无限的;按它的个别实现情况和每次的现实来说,又是不至上的和有限的。

恩格斯:《反杜林论》(1876 年 9 月—1878 年 6 月),见《马克思恩格斯文集》第 9 卷第 92 页。

……认识就其本性而言,或者对漫长的世代系列来说是相对的而且必然是逐步趋于完善的,或者就像在天体演化学、地质学和人类历史中一样,由于历史材料不足,甚至永远是有缺陷的和不完善的,而谁要以真正的、不变的、最后的终极的真理的标准来衡量认识,那么,他只是证明他自己的无知和荒谬,即使真正的动机并不像在这里那样是要求个人不犯错误。

---

① 这个矛盾是指:人们一方面需要毫无遗漏地从所有联系中去认识世界体系;另一方面,无论从人们的本性或世界体系的本性来说,这个任务是永远不能完全解决的。——本书编者注

真理和谬误，正如一切在两极对立中运动的逻辑范畴一样，只是在非常有限的领域内才具有绝对的意义；……

恩格斯：《反杜林论》（1876 年 9 月—1878 年 6 月），见《马克思恩格斯文集》第 9 卷，第 96 页。

人的内部无限的认识能力和这种认识能力仅仅在外部受限制的而且认识上也受限制的各个人身上的实际存在这二者之间的矛盾，是在至少对我们来说实际上是无穷无尽的、连绵不断的世代中解决的，是在无穷无尽的前进运动中解决的。

恩格斯：《反杜林论》（1876 年 9 月—1878 年 6 月），见《马克思恩格斯文集》第 9 卷第 128 页。

4．真理的绝对性与相对性

我们只能在我们时代的条件下去认识，而且**这些条件达到什么程度，我们就认识到什么程度**。

恩格斯：《自然辩证法》（1873—1882 年），见《马克思恩格斯文集》第 9 卷第 494 页。

事实上，世界体系的每一个思想映象，总是在客观上受到历史状况的限制，在主观上受到得出该思想映象的人的肉体状况和精神状况的限制。

恩格斯：《反杜林论》（1876 年 9 月—1878 年 6 月），见《马克思恩格斯文集》第 9 卷第 40 页。

整个人类历史还多么年轻，硬说我们现在的观点具有某种绝对的意义，那是多么可笑，……

恩格斯：《反杜林论》（1876 年 9 月—1878 年 6 月），见《马克思恩格斯文集》第 9 卷第 121 页。

人们就始终会意识到他们所获得的一切知识必然具有的局限性，意识到他们在获得知识时所处的环境对这些知识的制约性；……今天被认为是合乎真理的认识都有它隐蔽着的、以后会显露出来的错误的方面，同样，今天已经被认为是错误的认识也有它合乎真理的方面，因而它从前才能被认为是合乎真理的；……

恩格斯：《路德维希·费尔巴哈和德国古典哲学的终结》（1886 年初），见《马克思恩格斯文集》第 4 卷第 299 页。

思维和存在的同一性（用黑格尔的话来说）完全符合于您举的圆和多边形的例子。换句话说，这两者，即一个事物的概念和它的现实，就像两条渐近线一样，一齐向前延伸，彼此不断接近，但是永远不会相交。

恩格斯：《致康拉德·施密特》（1895 年 3 月 12 日），见《马克思恩格斯文集》第 10 卷第 693 页。

5. 实践是检验真理的标准

人的思维是否具有客观的真理性，这不是一个理论的问题，而是一个**实践**的问题。人应该在实践中证明自己思维的真理性，即自己思维的现实性和力量，自己思维的此岸性。关于思维——离开实践的思维——的现实性或非现实性的争论，是一个纯粹**经院哲学**的问题。

恩格斯：《关于费尔巴哈的提纲》（1845 年春），见《马克思恩格斯文集》第 1 卷第 500 页。

全部社会生活在本质上是**实践的**。凡是把理论引向神秘主义的神秘东西，都能在人的实践中以及对这种实践的理解中得到合理的解决。

恩格斯：《关于费尔巴哈的提纲》（1845 年春），见《马克思恩格斯文集》第 1 卷第 501 页。

对这些以及其他一切哲学上的怪论的最令人信服的驳斥是实践，即实验和工业。既然我们自己能够制造出某一自然过程,按照它的条件把它生产出来,并使它为我们的目的服务,从而证明我们对这一过程的理解是正确的,那么康德的不可捉摸的"自在之物"就完结了。

恩格斯:《路德维希·费尔巴哈和德国古典哲学的终结》(1886 年初),见《马克思恩格斯文集》第 4 卷第 279 页。

6. 坚持理论与实践的统一,反对教条主义与经验主义

理论在一个国家实现的程度,总是取决于理论满足这个国家的需要的程度。……理论需要是否会直接成为实践需要呢?光是思想力求成为现实是不够的,现实本身应当力求趋向思想。

马克思:《〈黑格尔法哲学批判〉导言》(1843 年 10—12 月),见《马克思恩格斯文集》第 1 卷第 12—13 页。

马克思的历史理论是任何**坚定不移**和**始终一贯**的革命策略的基本条件;为了找到这种策略,需要的只是把这一理论应用于本国的经济条件和政治条件。

恩格斯:《致维拉·伊万诺夫娜·查苏利奇》(1885 年 4 月 23 日),见《马克思恩格斯文集》第 10 卷第 532 页。

日常经验只能抓住事物诱人的外观,如果根据这种经验来判断,科学的真理就总会是奇谈怪论了。

马克思:《工资、价格和利润》(1865 年 5—6 月),见《马克思恩格斯文集》第 3 卷第 53 页。

不管最近 25 年来的情况发生了多大的变化,这个《宣言》中所阐述的一般原理整个说来直到现在还是完全正确的。某些地方本来可以作一些修改。这些原理的实际运用,正如《宣言》中所说的,随时随地都要以当时的历史条件为转移,……

> 马克思和恩格斯：《〈共产党宣言〉1872年德文版序言》（1872年6月24日），见《马克思恩格斯文集》第2卷第5页。

我们的理论是发展着的理论，而不是必须背得烂熟并机械地加以重复的教条。

> 恩格斯：《致弗洛伦斯·凯利-威士涅威茨基》（1887年1月27日），见《马克思恩格斯文集》第10卷第562页。

如果不把唯物主义方法当做研究历史的指南，而把它当做现成的公式，按照它来剪裁各种历史事实，那它就会转变为自己的对立物。

> 恩格斯：《致保尔·恩斯特》（1890年6月5日），见《马克思恩格斯文集》第10卷第583页。

……马克思的整个世界观不是教义，而是方法。它提供的不是现成的教条，而是进一步研究的出发点和**供**这种研究**使用**的方法。

> 恩格斯：《致韦尔纳·桑巴特》（1895年3月11日），见《马克思恩格斯文集》第10卷第691页。

（三）认识世界与改造世界

1. 人类认识世界的目的在于改造世界

哲学家们只是用不同的方式**解释**世界，问题在于**改变**世界。

> 马克思：《关于费尔巴哈的提纲》（1845年春），见《马克思恩格斯文集》第1卷第502页。

实际上，而且对**实践的**唯物主义者即**共产主义者**来说，全部问题都在于使现存世界革命化，实际地反对并改变现存的事物。

> 马克思和恩格斯：《德意志意识形态》（1845年秋—1846年5月），见《马克思恩格斯文集》第1卷第527页。

自然主义的历史观……是片面的，它认为只是自然界作用于人，只是自然条件到处决定人的历史发展，它忘记了人也反作用于自然界，改变自然界，为自己创造新的生存条件。

> 恩格斯：《自然辩证法》（1873—1882年），见《马克思恩格斯文集》第9卷第483—484页。

2. 人在改造自然和社会中也改造自身

……人类活动的一个方面——人**改造自然**。另一方面，是**人改造人**……①

> 马克思和恩格斯：《德意志意识形态》（1845年秋—1846年5月），见《马克思恩格斯文集》第1卷第540页。

人创造环境，同样，环境也创造人。

> 马克思和恩格斯：《德意志意识形态》（1845年秋—1846年5月），见《马克思恩格斯文集》第1卷第545页。

我们的出发点是从事实际活动的人，……在改变自己的这个现实的同时也改变着自己的思维和思维的产物。

> 马克思和恩格斯：《德意志意识形态》（1845年秋—1846年5月），见《马克思恩格斯文集》第1卷第525页。

……生产者也改变着，他炼出新的品质，通过生产而发展和改造着自身，造成新的力量和新的观念，造成新的交往方式，新的需要和新的语言。

---

① 马克思加了边注："交往和生产力"。——编者注

马克思:《〈政治经济学批判(1857—1858年手稿)〉摘选》(1857年底—1858年5月),见《马克思恩格斯文集》第8卷第145页。

人自身作为一种自然力与自然物质相对立。为了在对自身生活有用的形式上占有自然物质,人就使他身上的自然力——臂和腿、头和手运动起来。当他通过这种运动作用于他身外的自然并改变自然时,也就同时改变他自身的自然。

马克思:《资本论》第1卷(1867年),见《马克思恩格斯文集》第5卷第208页。

人的思维的最本质的和最切近的基础,正是**人所引起的自然界的变化**,而不仅仅是自然界本身;人在怎样的程度上学会改变自然界,人的智力就在怎样的程度上发展起来。

恩格斯:《自然辩证法》(1873—1882年),见《马克思恩格斯文集》第9卷第483页。

马克思恩格斯要论精选
增订本

第二章
论社会结构

一 关于社会经济结构

二 关于社会群体结构

三 关于社会政治结构

四 关于社会意识结构

五 关于经济基础和上层建筑结构

每一历史时代主要的经济生产方式和交换方式以及必然由此产生的社会结构，是该时代政治的和精神的历史所赖以确立的基础，并且只有从这一基础出发，这一历史才能得到说明；……

恩格斯：《〈共产党宣言〉1888年英文版序言》(1888年1月30日)，见《马克思恩格斯文集》第2卷第14页。

第二章　论社会结构

一、关于社会经济结构

(一) 社会生产、生产力和生产关系结构

1. 社会物质生产

(1) 物质生产是人类生存和发展的前提

我们首先应当确定一切人类生存的第一个前提,① 也就是一切历史的第一个前提,这个前提是：人们为了能够"创造历史",必须能够生活。② 但是为了生活,首先就需要吃喝住穿以及其他一些东西。因此第一个历史活动就是生产满足这些需要的资料,即生产物质生活本身,而且,这是人们从几千年前直到今天单是为了维持生活就必须每日每时从事的历史活动,是一切历史的基本条件。

马克思和恩格斯：《德意志意识形态》(1845年秋—1846年5月),见《马克思恩格斯文集》第1卷第531页。

任何一个民族,如果停止劳动,不用说一年,就是几个星期,也要灭亡,这是每一个小孩子都知道的。

马克思：《致路德维希·库格曼》(1868年7月11日),见《马克思恩格斯文集》第10卷第289页。

唯物主义历史观从下述原理出发：生产以及随生产而来的产品交换是一切社会制度的基础；在每个历史地出现的社会中,产品分配以及和它相伴随的社会之划分为阶级或等级,是由生产什么、怎样生产以及怎样交换产品来决定的。

恩格斯：《社会主义从空想到科学的发展》(1880年1月—3月上半月),见《马克思恩格斯文集》第3卷第547页。

---

① 马克思加了边注："历史"。——编者注
② 马克思加了边注："黑格尔。地质、水文、等等的条件。人体。需要,劳动"。——编者注

(2) 农业生产是社会生产的基础

最文明的民族也同最不发达的未开化民族一样，必须先保证自己有食物，然后才能去照顾其他事情；财富的增长和文明的进步，通常都与生产食品所需要的劳动和费用的减少成相等的比例。

马克思：《政治动态。——欧洲缺粮》（1853年9月13日），见《马克思恩格斯全集》1961年版第9卷第347页。

……农业劳动是其他一切劳动得以独立存在的自然基础和前提。

马克思：《剩余价值理论》（1862年春—1862年底），见《马克思恩格斯全集》1972年版第26卷（Ⅰ）第28—29页。

……从事加工工业等等而完全脱离农业的工人（斯图亚特①称之为"自由人手"）的数目，取决于农业劳动者所生产的超过自己消费的农产品的数量。

马克思：《剩余价值理论》（1862年春—1862年底），见《马克思恩格斯全集》1972年版第26卷（Ⅰ）第22页。

农业是整个古代世界的决定性的生产部门，现在它更是这样了。

恩格斯：《家庭、私有制和国家的起源》（1884年3月底—5月底），见《马克思恩格斯文集》第4卷第168页。

(3) 生产力及其构成要素

①生产力概述

一定的生产方式或一定的工业阶段始终是与一定的共同活动方式或一定的社会阶段联系着的，而这种共同活动方式本身就是"生产力"；……

---

① 指詹姆斯·斯图亚特（1772—1780），英国资产阶级经济学家，重商主义的最后代表之一。——本书编者注

第二章 论社会结构

> 马克思和恩格斯：《德意志意识形态》（1845年秋—1846年5月），见《马克思恩格斯文集》第1卷第532—533页。

人们不能自由选择**自己的生产力**——这是他们的全部历史的基础，因为任何生产力都是一种既得的力量，是以往的活动的产物。可见，生产力是人们应用能力的结果，但是这种能力本身决定于人们所处的条件，决定于先前已经获得的生产力，决定于在他们以前已经存在、不是由他们创立而是由前一代人创立的社会形式。

> 马克思：《致帕维尔·瓦西里耶维奇·安年科夫》（1846年12月28日），见《马克思恩格斯文集》第10卷第43页。

［提高劳动生产力的］主要形式是：**协作、分工和机器**或**科学的力量**的应用等等。

> 马克思：《经济学手稿》（1861—1863年），见《马克思恩格斯全集》1979年版第47卷第290页。

劳动生产力越高，消耗在一定量产品上的劳动就越少，因而产品的价值也越小。劳动生产力越低，消耗在同量产品上的劳动就越多，因而产品的价值也越高。因此，作为一般的规律，我们可以这样说：
商品的价值与生产这些商品所耗费的劳动时间成正比，而与所耗费的劳动的生产力成反比。

> 马克思：《工资、价格和利润》（1865年5月20日—6月24日之间），见《马克思恩格斯文集》第3卷第51页。

劳动生产力是由多种情况决定的，其中包括：工人的平均熟练程度，科学的发展水平和它在工艺上应用的程度，生产过程的社会结合，生产资料的规模和效能，以及自然条件。

> 马克思：《资本论》第1卷（1867年），见《马克思恩格斯文集》第5卷第53页。

②生产力的基本要素

劳动包括资本,并且除资本之外还包括经济学家没有想到的第三要素,我指的是简单劳动这一肉体要素以外的发明和思想这一精神要素。……

这样,我们就有了两个生产要素——自然和人,而后者还包括他的肉体活动和精神活动。

恩格斯:《国民经济学批判大纲》(1843年9月底或10月初—1844年1月中),见《马克思恩格斯文集》第1卷第67页。

劳动过程的所有这三个要素:过程的主体即劳动,劳动的要素即作为劳动作用对象的劳动材料和劳动借以作用的劳动资料,共同组成一个中性结果——**产品**。

马克思:《经济学手稿》(1861—1863年),见《马克思恩格斯全集》1979年版第47卷第60页。

劳动过程的简单要素是:有目的的活动或劳动本身,劳动对象和劳动资料。

马克思:《资本论》第1卷(1867年),见《马克思恩格斯文集》第5卷第208页。

如果整个过程从其结果的角度,从产品的角度加以考察,那么劳动资料和劳动对象二者表现为生产资料,劳动本身则表现为生产劳动。

马克思:《资本论》第1卷(1867年),见《马克思恩格斯文集》第5卷第211页。

单个人如果不在自己的头脑的支配下使自己的肌肉活动起来,就不能对自然发生作用。正如在自然机体中头和手组成一体一样,劳动过程把脑力劳动和体力劳动结合在一起了。

马克思:《资本论》第1卷(1867年),见《马克思恩格斯文集》第5卷第582页。

第二章　论社会结构

不论生产的社会的形式如何，劳动者和生产资料始终是生产的因素。但是，二者在彼此分离的情况下只在可能性上是生产因素。凡要进行生产，它们就必须结合起来。

马克思：《资本论》第 2 卷（1885 年），见《马克思恩格斯文集》第 6 卷第 44 页。

③人是主要生产力
在一切生产工具中，最强大的一种生产力是革命阶级本身。

马克思：《哲学的贫困》（1847 年上半年），见《马克思恩格斯文集》第 1 卷第 655 页。

……主要生产力，即人本身……

马克思：《经济学手稿》（1857—1858 年），见《马克思恩格斯全集》1979 年版第 46 卷（上册）第 410 页。

无论不从事生产的社会上层发生什么变化，没有一个生产者阶级，社会就不能生存。

恩格斯：《必要的和多余的社会阶级》（1881 年 8 月 1—2 日），见《马克思恩格斯全集》1963 年版第 19 卷第 315 页。

④科学技术是重要生产力
现代自然科学和现代工业一起变革了整个自然界，结束了人们对于自然界的幼稚态度和其他的幼稚行为，……

马克思和恩格斯：《〈新莱茵报。政治经济评论〉第 2 期上发表的书评》（1850 年 2 月），见《马克思恩格斯全集》1959 年版第 7 卷第 241 页。

在这些生产力中也包括科学……

> 马克思:《政治经济学批判(1857—1858年手稿)》(1857年底—1858年5月),见《马克思恩格斯文集》第8卷第188页。

科学在直接生产上的应用本身就成为对科学具有决定性的和推动作用的着眼点。

> 马克思:《政治经济学批判(1857—1858年手稿)》(1857年底—1858年5月),见《马克思恩格斯文集》第8卷第195页。

随着大工业的发展,现实财富的创造较少地取决于劳动时间和已耗费的劳动量,较多地取决于在劳动时间内所运用的作用物的力量,而这种作用物自身——它们的巨大效率——又和生产它们所花费的直接劳动时间不成比例,而是取决于科学的一般水平和技术进步,或者说取决于这种科学在生产上的应用。

> 马克思:《政治经济学批判(1857—1858年手稿)》(1857年底—1858年5月),见《马克思恩格斯文集》第8卷第195—196页。

另一种不费资本分文的生产力,是科学力量。

> 马克思:《经济学手稿》(1857—1858年),见《马克思恩格斯全集》1980年版第46卷(下册)第287页。

科学的应用一方面表现为靠经验传下来的知识、观察和职业秘方的集中,另一方面表现为把它们发展为科学,用以分析生产过程,把自然科学应用于物质生产过程,……

> 马克思:《政治经济学批判(1861—1863年手稿)》(1861年8月—1863年7月),见《马克思恩格斯文集》第8卷第358页。

由于自然科学被资本用做致富手段,从而科学本身也成为那些发展科

第二章　论社会结构

学的人的致富手段，所以，搞科学的人为了探索科学的**实际应用**而互相竞争。另一方面，**发明**成了一种特殊的职业。因此，随着资本主义生产的扩展，**科学因素**第一次被有意识地和广泛地加以发展、应用并体现在生活中，其规模是以往的时代根本想象不到的。

马克思：《政治经济学批判（1861—1863年手稿）》（1861 年 8 月—1863 年 7 月），见《马克思恩格斯文集》第 8 卷第 359 页。

劳动生产力是随着科学和技术的不断进步而不断发展的……

马克思：《资本论》第 1 卷（1867 年），见《马克思恩格斯文集》第 5 卷第 698 页。

化学的每一个进步不仅增加有用物质的数量和已知物质的用途，从而随着资本的增长扩大投资领域。同时，它还教人们把生产过程和消费过程中的废料投回到再生产过程的循环中去，从而无须预先支出资本，就能创造新的资本材料。正像只要提高劳动力的紧张程度就能加强对自然财富的利用一样，科学和技术使执行职能的资本具有一种不以它的一定量为转移的扩张能力。

马克思：《资本论》第 1 卷（1867 年），见《马克思恩格斯文集》第 5 卷第 698—699 页。

⑤协作创造新的生产力

许多人在同一生产过程中，或在不同的但互相联系的生产过程中，有计划地一起协同劳动，这种劳动形式叫做协作。

……单个劳动者的力量的机械总和，与许多人手同时共同完成同一不可分割的操作（例如举起重物、转绞车、清除道路上的障碍物等）所发挥的社会力量有本质的差别。在这里，结合劳动的效果要么是单个人劳动根本不可能达到的，要么只能在长得多的时间内，或者只能在很小的规模上达到。这里的问题不仅是通过协作提高了个人生产力，而且是创造了一种生产力，这种生产力本身必然是集体力。

> 马克思:《资本论》第 1 卷（1867 年），见《马克思恩格斯文集》第 5 卷第 378—379 页。

由协作和分工产生的生产力，不费资本分文。

> 马克思:《资本论》第 1 卷（1867 年），见《马克思恩格斯文集》第 5 卷第 443 页。

许多人协作，许多力量融合为一个总的力量，用马克思的话来说，就产生"新力量"，这种力量和它的单个力量的总和有本质的差别。

> 恩格斯:《反杜林论》（1876 年 9 月—1878 年 6 月），见《马克思恩格斯文集》第 9 卷第 133—134 页。

（4）生产关系结构
①生产关系概述
每一个社会中的生产关系都形成一个统一的整体。

> 马克思:《哲学的贫困》（1847 年上半年），见《马克思恩格斯文集》第 1 卷第 603 页。

人们在生产中不仅仅影响自然界，而且也互相影响[①]。他们只有以一定的方式共同活动和互相交换其活动，才能进行生产。为了进行生产，人们相互之间便发生一定的联系和关系；只有在这些社会联系和社会关系的范围内，才会有他们对自然界的影响[②]，才会有生产。

> 马克思:《雇佣资本与劳动》（1847 年 12 月下半月），见《马克思恩格斯文集》第 1 卷第 724 页。

---

① 在《新莱茵报》上发表时不是"不仅仅影响自然界，而且也相互影响"，而是"不仅仅同自然界发生关系"。——编者注
② 在《新莱茵报》上发表时不是"对自然界的影响"，而是"对自然界的关系"。——编者注

第二章 论社会结构

人们的生活自古以来就建立在生产上面，建立在这种或那种**社会**生产上面，这种社会生产的关系，我们恰恰就称之为经济关系。

> 马克思：《政治经济学批判（1957—1958年手稿）》摘选（1857年底—1858年5月），见《马克思恩格斯文集》第8卷第139页。

②生产资料所有制关系是生产关系的基础

……劳动者同土地和土地所有权的分离是资本主义生产和资本的生产的基本条件。

> 马克思：《剩余价值理论》（1861年8月—1863年7月），见《马克思恩格斯全集》1972年版第26卷（I）第25页。

在原始积累的历史中，对正在形成的资本家阶级起过推动作用的一切变革，都是历史上划时代的事情；但是首要的因素是：大量的人突然被强制地同自己的生存资料分离，被当做不受法律保护的无产者抛向劳动市场。对农业生产者即农民的土地的剥夺，形成全部过程的基础。

> 马克思：《资本论》第1卷（1867年），见《马克思恩格斯文集》第5卷第823页。

要强迫人们从事任何形式的奴隶的劳役，强迫者就必须拥有劳动资料，他只有借助这些劳动资料才能使用被奴役者；而在实行奴隶制的情况下，除此以外，他还必须拥有用来维持奴隶生活所必需的生活资料。这样，在任何情况下，他都必须拥有一定的超过平均水平的财产。

> 恩格斯：《反杜林论》（1876年9月—1878年6月），见《马克思恩格斯文集》第9卷第168—169页。

③生产过程中人和人的关系决定于生产资料所有制关系

凡是社会上一部分人享有生产资料垄断权的地方，劳动者，无论是自由的或不自由的，都必须在维持自身生活所必需的劳动时间以外，追加超额的劳动时间来为生产资料的所有者生产生活资料,不论这些所有者是雅典的贵族,伊特鲁里亚的神权政治首领,罗马的市民,诺曼的男爵,美国的奴隶主,瓦拉几亚的领主,现代的地主,还是资本家。

马克思:《资本论》第1卷(1867年),见《马克思恩格斯文集》第5卷第272页。

正是由于劳动的自然制约性产生出如下的情况:一个除自己的劳动力以外没有任何其他财产的人,在任何社会的和文化的状态中,都不得不为另一些已经成了劳动的物质条件的所有者的人做奴隶。

马克思:《哥达纲领批判》(1875年4月底—5月7日),见《马克思恩格斯文集》第3卷第428页。

买者是资本家,卖者是雇佣工人。而这种关系所以会发生,是因为劳动力实现的条件——生活资料和生产资料——已经作为他人的财产而和劳动力的占有者相分离了。

马克思:《资本论》第2卷(1885年),见《马克思恩格斯文集》第6卷第38页。

④分配关系是生产关系的表现

可见,利润象工资一样,表现为**分配的形式**。……从资本的观点看来,工资是单纯的**生产关系**,而从工人的观点看来,却是分配关系。

这里表明,分配关系本身是由生产关系产生的,并且是从另一个角度代表生产关系本身的。

马克思:《经济学手稿》(1857—1858年),见《马克思恩格斯全集》1980年版第46卷(下册)第279页。

一定的分配形式是以生产条件的一定的社会性质和生产当事人之间的一定的社会关系为前提的。因此,一定的分配关系只是历史地规定的生产关系的表现。

第二章 论社会结构

> 马克思：《资本论》第3卷（1894年），见《马克思恩格斯文集》第7卷第998页。

所谓的分配关系，是同生产过程的历史地规定的特殊社会形式，以及人们在他们的人类生活的再生产过程中相互所处的关系相适应的，并且是由这些形式和关系产生的。这些分配关系的历史性质就是生产关系的历史性质，分配关系不过表现生产关系的一个方面。

> 马克思：《资本论》第3卷（1894年），见《马克思恩格斯文集》第7卷第999—1000页。

（5）社会生产方式

人们用以生产自己的生活资料的方式，首先取决于他们已有的和需要再生产的生活资料本身的特性。这种生产方式不应当只从它是个人肉体存在的再生产这方面加以考察。更确切地说，它是这些个人的一定的活动方式，是他们表现自己生命的一定方式、他们的一定的**生活方式**。个人怎样表现自己的生命，他们自己就是怎样。因此，他们是什么样的，这同他们的生产是一致的——既和他们生产**什么**一致，又和他们**怎样**生产一致。

> 马克思和恩格斯：《德意志意识形态》（1845年秋—1846年5月），见《马克思恩格斯文集》第1卷第519—520页。

物质生活的生产方式制约着整个社会生活、政治生活和精神生活的过程。

> 马克思：（《政治经济学批判》序言）（1859年1月），见《马克思恩格斯文集》第2卷第591页。

因此，我们称为**资本主义生产**的是这样一种社会生产方式，在这种生产方式下，生产过程从属于资本，或者说，这种生产方式以资本和雇佣劳动的关系为基础，而且这种关系是起决定作用的、占支配地位的生产方式。

> 马克思：《经济学手稿》（1861—1863年），见《马克思恩格斯全集》1979 年版第 47 卷第 151 页。

……在资本主义生产方式内部所造成的、它自己不再能驾驭的大量的生产力，正在等待着为有计划地合作而组织起来的社会去占有，以便保证，并且在越来越大的程度上保证社会全体成员都拥有生存和自由发展其才能的手段。

> 恩格斯：《反杜林论》（1876 年 9 月—1878 年 6 月），见《马克思恩格斯文集》第 9 卷第 157 页。

（6）生产力和生产关系的相互作用
①生产力决定生产关系
一定的生产方式或一定的工业阶段始终是与一定的共同活动方式或一定的社会阶段联系着的，而这种共同活动方式本身就是"生产力"；由此可见，人们所达到的生产力的总和决定着社会状况，因而，始终必须把"人类的历史"同工业和交换的历史联系起来研究和探讨。

> 马克思和恩格斯：《德意志意识形态》（1845 年秋—1846 年 5 月），见《马克思恩格斯文集》第 1 卷第 532—533 页。

私有财产是生产力发展一定阶段上必然的交往形式，这种交往形式在私有财产成为新出现的生产力的桎梏以前是不会消灭的，并且是直接的物质生活的生产所必不可少的条件。

> 马克思和恩格斯：《德意志意识形态》（1845 年秋—1846 年 5 月），见《马克思恩格斯全集》1960 年版第 3 卷第 410—411 页。

随着新的生产力的获得，人们便改变自己的生产方式，而随着生产方式的改变，他们便改变所有不过是这一特定生产方式的必然关系的经济关系。

第二章 论社会结构

> 马克思:《致帕维尔·瓦西里耶维奇·安年科夫》(1846 年 12 月 28 日),见《马克思恩格斯文集》第 10 卷第 44 页。

社会关系和生产力密切相联。随着新生产力的获得,人们改变自己的生产方式,随着生产方式即谋生的方式的改变,人们也就会改变自己的一切社会关系。手推磨产生的是封建主的社会,蒸汽磨产生的是工业资本家的社会。

> 马克思:《哲学的贫困》(1847 上半年),见《马克思恩格斯文集》第 1 卷第 602 页。

社会制度中的任何变化,所有制关系中的每一次变革,都是产生了同旧的所有制关系不再相适应的新的生产力的必然结果。

> 恩格斯:《共产主义原理》(1847 年 10 月底—11 月),见《马克思恩格斯文集》第 1 卷第 684 页。

人们在自己生活的社会生产中发生一定的、必然的、不以他们的意志为转移的关系,即同他们的物质生产力的一定发展阶段相适合的生产关系。

> 马克思:《〈政治经济学批判〉序言》(1859 年 1 月),见《马克思恩格斯文集》第 2 卷第 591 页。

社会的物质生产力发展到一定阶段,便同它们一直在其中运动的现存生产关系或财产关系(这只是生产关系的法律用语)发生矛盾。于是这些关系便由生产力的发展形式变成生产力的桎梏。那时社会革命的时代就到来了。

> 马克思:《〈政治经济学批判〉序言》(1859 年 1 月),见《马克思恩格斯文集》第 2 卷第 591—592 页。

②生产关系反作用于生产力
……确实可以证明,**所有人的关系和职能**,不管它们以什么形式和在

什么地方表现出来，都会影响物质生产，并对物质生产发生或多或少是决定的作用。

马克思：《剩余价值理论》（1861 年 8月—1863 年 7 月），见《马克思恩格斯全集》1972 年版第 26 卷（Ⅰ）第 300 页。

历史方面的情形也没有两样。一切文明民族都是从土地公有制开始的。在已经越过某一原始阶段的一切民族那里，这种公有制在农业的发展进程中变成生产的桎梏。它被废除，被否定，经过了或短或长的中间阶段之后转变为私有制。但是，在土地私有制本身所导致的较高的农业发展阶段上，私有制又反过来成为生产的桎梏——目前无论小地产还是大地产方面的情况都是这样。因此就必然地产生出把私有制同样地加以否定并把它重新变为公有制的要求。但是，这一要求并不是要重新建立原始的公有制，而是要建立高级得多、发达得多的共同占有形式，这种占有形式决不会成为生产的束缚，恰恰相反，它会使生产摆脱束缚，并且会使现代的化学发现和机械发明在生产中得到充分的利用。

恩格斯：《反杜林论》（1876 年 9 月—1878 年 6 月），见《马克思恩格斯文集》第 9 卷第 145—146 页。

生产资料的扩张力撑破了资本主义生产方式所加给它的桎梏。把生产资料从这种桎梏下解放出来，是生产力不断地加速发展的唯一先决条件，因而也是生产本身实际上无限增长的唯一先决条件。

恩格斯：《反杜林论》（1876 年 9 月—1878 年 6 月），见《马克思恩格斯文集》第 9 卷第 299 页。

③生产力发展到一定阶段，生产关系迟早要发生变革

生产力和交往形式之间的这种矛盾——正如我们所见到的，它在迄今为止的历史中曾多次发生过，然而并没有威胁交往形式的基础——，每一次都不免要爆发为革命，同时也采取各种附带形式，如冲突的总和，不同阶级之间的冲突，意识的矛盾，思想斗争，政治斗争，等等。

第二章 论社会结构

> 马克思和恩格斯:《德意志意识形态》(1845年秋—1846年5月),见《马克思恩格斯文集》第1卷第567页。

这难道不是说,生产方式,生产力在其中发展的那些关系,并不是永恒的规律,而是同人们及其生产力的一定发展相适应的东西,人们生产力的一切变化必然引起他们的生产关系的变化吗?

> 马克思:《哲学的贫困》(1847年上半年),见《马克思恩格斯文集》第1卷第613页。

社会制度中的任何变化,所有制关系中的每一次变革,都是产生了同旧的所有制关系不再相适应的新的生产力的必然结果。

> 恩格斯:《共产主义原理》(1847年10月底—11月),见《马克思恩格斯文集》第1卷第684页。

(7) 生产管理
①大规模的生产劳动都需要管理
一切规模较大的直接社会劳动或共同劳动,都或多或少地需要指挥,以协调个人的活动,并执行生产总体的运动——不同于这一总体的独立器官的运动——所产生的各种一般职能。一个单独的提琴手是自己指挥自己,一个乐队就需要一个乐队指挥。

> 马克思:《资本论》第1卷(1867年),见《马克思恩格斯文集》第5卷第384页。

凡是直接生产过程具有社会结合过程的形态,而不是表现为独立生产者的孤立劳动的地方,都必然会产生监督和指挥的劳动。

> 马克思:《资本论》第3卷(1894年),见《马克思恩格斯文集》第7卷第431页。

②生产管理必须有权威
巴枯宁派对什么一不如意,他们就说,这是**权威**的,以为这样一来他

们就作出了永远的判决。如果他们是工人，而不是资产者、新闻记者等等，或者，如果他们哪怕是稍微研究一下经济问题和现代工业的条件，他们就会知道，不强迫某些人接受别人的意志，也就是说没有权威，就不可能有任何的一致行动。不论这是多数表决人的意志，还是作为领导机构的委员会的意志，或是某一个人的意志，它总是一种要强迫有不同意见的人接受的意志；而没有这种统一的和指导性的意志，要进行任何合作都是不可能的。

> 恩格斯：《致保尔·拉法格》（1871年12月30日），见《马克思恩格斯文集》第10卷第372页。

如果说人靠科学和创造性天才征服了自然力，那么自然力也对人进行报复，按人利用自然力的程度使人服从一种真正的专制，而不管社会组织怎样。想消灭大工业中的权威，就等于想消灭工业本身，即想消灭蒸汽纺纱机而恢复手纺车。

> 恩格斯：《论权威》（1872年10月—1873年3月），见《马克思恩格斯文集》第3卷第336页。

但是，能最清楚地说明需要权威，而且是需要专断的权威的，要算是在汪洋大海上航行的船了。那里，在危急关头，大家的生命能否得救，就要看所有的人能否立即绝对服从一个人的意志。

> 恩格斯：《论权威》（1872年10月—1873年3月），见《马克思恩格斯文集》第3卷第337页。

这样，我们看到，一方面是一定的权威，不管它是怎样形成的，另一方面是一定的服从，这两者都是我们不得不接受的，而不管社会组织以及生产和产品流通赖以进行的物质条件是怎样的。

> 恩格斯：《论权威》（1872年10月—1873年3月），见《马克思恩格斯文集》第3卷第337页。

第二章 论社会结构

③生产管理的目标归结为时间的节约

时间的节约,以及劳动时间在不同的生产部门之间有计划的分配,在共同生产的基础上仍然是首要的经济规律。这甚至在更加高得多的程度上成为规律。

马克思:《政治经济学批判(1857—1858年手稿)》(1857年底—1858年5月),见《马克思恩格斯文集》第8卷第67页。

真正的财富在于用尽量少的价值创造出尽量多的使用价值,换句话说,就是在尽量少的劳动时间里创造出尽量丰富的物质财富。

马克思:《剩余价值理论》第3册(1861—1863年),见《马克思恩格斯全集》1974年版第26卷(Ⅲ)第281页。

真正的节约(经济)=劳动时间的节约=生产力的发展。

马克思:《经济学手稿》(1857—1858年),见《马克思恩格斯全集》1980年版第46卷(下册)第533页。

在今天,时间即金钱。

恩格斯:《暴力在历史中的作用》(1887年12月底—1888年3月),见《马克思恩格斯全集》1965年版第21卷第466页。

2. 社会人口生产

(1) 两种社会生产

一开始就进入历史发展过程的第三种关系是:每日都在重新生产自己生命的人们开始生产另外一些人,即繁殖。……

马克思和恩格斯:《德意志意识形态》(1845年秋—1846年5月),见《马克思恩格斯文集》第1卷第532页。

根据唯物主义观点，历史中的决定性因素，归根结底是直接生活的生产和再生产。但是，生产本身又有两种。一方面是生活资料即食物、衣服、住房以及为此所必需的工具的生产；另一方面是人自身的生产，即种的繁衍。

> 恩格斯：《家庭、私有制和国家的起源（1884年第一版序言）》（1884年3月底—5月26日），见《马克思恩格斯文集》第4卷第15—16页。

（2）人口生产在社会发展中的作用

生产力的逐渐提高，以及随之而来的人口的逐渐增多，同样也提供了征集数量更为众多的兵员的可能性。……在这两种情况下，文明国家的实力与野蛮国家的相比，都相应地增强了。只有文明国家才有庞大的铁路网，那里的人口增长迅速，比如与俄国相比要快一倍。所以说，所有这一切计算都证明：西欧对俄国的**长期**臣服是完全不可能的，而且越来越不可能。

> 恩格斯：《1852年神圣同盟对法战争的条件与前景》（1851年4月），见《马克思恩格斯文集》第2卷第333页。

在古代国家，在希腊和罗马，采取周期性地建立殖民地形式的强迫移民是社会制度的一个固定的环节。这两个国家的整个制度都是建立在人口的一定限度上的，超过这个限度，古代文明就有毁灭的危险。为什么会这样呢？因为这些国家完全不知道在物质生产方面运用科学。为了保存自己的文明，它们就只能有为数不多的公民，否则，它们就得遭受那种把自由民变为奴隶的沉重体力劳动的折磨。由于生产力不够发展，……唯一的出路就是强迫移民。

> 马克思：《强迫移民。——科苏特和马志尼。——流亡者问题》（1853年3月4日），见《马克思恩格斯全集》1961年版8卷第618页。

……人口的增加会使劳动生产力增长，因为这会使劳动的更广泛的分工和结合等等成为可能。人口的增加是劳动的一种不用支付报酬的**自然力**。从这个观点出发我们把**社会力量**叫做**自然力**。

第二章　论社会结构

> 马克思：《政治经济学批判（1857年—1858年手稿）》（1857年底—1858年5月），见《马克思恩格斯文集》第8卷第85页。

人口数量和人口密度是社会内部分工的物质前提，……

> 马克思：《资本论》第1卷（1867年），见《马克思恩格斯文集》第5卷第408页。

（3）人口生产的规律

不同的社会生产方式，有不同的人口增长规律和过剩人口增长规律；过剩人口同赤贫是一回事。

> 马克思：《经济学手稿》（1857—1858年），见《马克思恩格斯全集》1980年版第46卷（下册）第104页。

只有在以资本为基础的生产方式下，赤贫才表现为劳动自身的结果，表现为劳动生产力发展的结果。因此，在一个社会生产阶段上可能是过剩人口的情况，在另一个阶段上却不是这样，而且过剩人口的作用可能是不同的。

> 马克思：《经济学手稿》（1857—1858年），见《马克思恩格斯全集》1980年版第46卷（下册）第105页。

工人人口本身在生产出资本积累的同时，也以日益扩大的规模生产出使他们自身成为相对过剩人口的手段。这就是资本主义生产方式所特有的人口规律……

> 马克思：《资本论》第1卷（1867年），见《马克思恩格斯文集》第5卷第727—728页。

事实上，每一种特殊的、历史的生产方式都有其特殊的、历史地发生作用的人口规律。抽象的人口规律只存在于历史上还没有受过人干涉的动植物界。

马克思：《资本论》第 1 卷（1867 年），见
《马克思恩格斯文集》第 5 卷第 728 页。

社会的财富即执行职能的资本越大，它的增长的规模和能力越大，从而无产阶级的绝对数量和他们的劳动生产力越大，产业后备军也就越大。可供支配的劳动力同资本的膨胀力一样，是由同一些原因发展起来的。因此，产业后备军的相对量和财富的力量一同增长。但是同现役劳动军相比，这种后备军越大，常备的过剩人口也就越多，他们的贫困同他们所受的劳动折磨成反比①。最后，工人阶级中贫苦阶层和产业后备军越大，官方认为需要救济的贫民也就越多。**这就是资本主义积累的绝对的、一般的规律。**

马克思：《资本论》第 1 卷（1867 年），见
《马克思恩格斯文集》第 5 卷第 742 页。

（4）对马尔萨斯人口论的批判

这种学说的创始人马尔萨斯断言，人口总是威胁着生活资料，一当生产增加，人口也以同样比例增加，人口固有的那种其繁衍超过可支配的生活资料的倾向，是一切贫困和罪恶的原因。因此，在人太多的地方，就应当用某种方法把他们消灭掉：或者用暴力将他们杀死，或者让他们饿死。

恩格斯：《国民经济学批判大纲》（1843
年 9 月底或 10 月初—1844 年 1 月中），见
《马克思恩格斯文集》第 1 卷第 78 页。

如果马尔萨斯不这样片面地看问题，那么他必定会看到，人口过剩或劳动力过剩是始终与财富过剩、资本过剩和地产过剩联系着的。只有在整个生产力过大的地方，人口才会过多。从马尔萨斯写作时起，任何人口过剩的国家的情况，尤其是英国的情况，都极其明显地证实了这一点。这是马尔萨斯应当从总体上加以考察的事实，而对这些事实的考察必然会得出正确的结论；他没有这样做，而是只选出一个事实，对其他事实不予考虑，因而得出荒谬的结论。

---

① 在经马克思审定的法文版中是："成正比"。——编者注

第二章　论社会结构

> 恩格斯：《国民经济学批判大纲》（1843年9月底或10月初—1844年1月中），见《马克思恩格斯文集》第1卷第80页。

马尔萨斯把自己的整个体系建立在下面这种计算上：人口按几何级数1+2+4+8+16+32……增加，而土地的生产力按算术级数1+2+3+4+5+6增加。差额是明显的、触目惊心的，但这是否对呢？在什么地方证明过土地的生产能力是按算术级数增加的呢？土地的扩大是受限制的。好吧。在这个面积上使用的劳动力随着人口的增加而增加。即使我们假定，由于增加劳动而增加的收获量，并不总是与劳动成比例地增加，这时仍然还有一个第三要素，一个对经济学家来说当然是无足轻重的要素——科学，它的进步与人口的增长一样，是永无止境的，至少也是与人口的增长一样快。仅仅一门化学，……就使本世纪的农业获得了怎样的成就？可见科学发展的速度至少也是与人口增长的速度一样的；人口与前一代人的人数成比例地增长，而科学则与前一代人遗留的知识量成比例地发展，因此，在最普通的情况下，科学也是按几何级数发展的。而对科学来说，又有什么是做不到的呢？

> 恩格斯：《国民经济学批判大纲》（1843年9月底或10月初—1844年1月中），见《马克思恩格斯文集》第1卷第82页。

（5）共产主义社会将自觉调节人口生产

人类数量增多到必须为其增长规定一个限度的这种抽象可能性当然是存在的。但是，如果说共产主义社会在将来某个时候不得不像已经对物的生产进行调节那样，同时也对人的生产进行调节，那么正是这个社会，而且只有这个社会才能无困难地做到这点。

> 恩格斯：《致卡尔·考茨基》（1881年2月1日），见《马克思恩格斯文集》第10卷第455页。

3. 社会精神生产

（1）社会生产包括精神生产

思想、观念、意识的生产最初是直接与人们的物质活动，与人们的物质交往，与现实生活的语言交织在一起的。人们的想象、思维、精神交往在这里还是人们物质行动的直接产物。表现在某一民族的政治、法律、道德、宗教、形而上学等的语言中的精神生产也是这样。

<blockquote>马克思和恩格斯：《德意志意识形态》（1845 年秋—1846 年 6 月），见《马克思恩格斯文集》第 1 卷第 524 页。</blockquote>

（2）精神生产与物质生产交织在一起

资产阶级，由于开拓了世界市场，使一切国家的生产和消费都成为世界性的了。……过去那种地方的和民族的自给自足和闭关自守状态，被各民族的各方面的互相往来和各方面的互相依赖所代替了。物质的生产是如此，精神的生产也是如此。

<blockquote>马克思和恩格斯：《共产党宣言》（1847 年 12 月—1848 年 1 月底），见《马克思恩格斯文集》第 2 卷第 35 页。</blockquote>

思想的历史除了证明精神生产随着物质生产的改造而改造，还证明了什么呢？

<blockquote>马克思和恩格斯：《共产党宣言》（1847 年 12 月—1848 年 1 月底），见《马克思恩格斯文集》第 2 卷第 51 页。</blockquote>

（3）物质生产的性质决定精神生产的性质

统治阶级的思想在每一时代都是占统治地位的思想。这就是说，一个阶级是社会上占统治地位的**物质**力量，同时也是社会上占统治地位的**精神**力量。支配着物质生产资料的阶级，同时也支配着精神生产资料，因此，那些没有精神生产资料的人的思想，一般地是隶属于这个阶级的。

<blockquote>马克思和恩格斯：《德意志意识形态》（1845 年秋—1846 年 6 月），见《马克思恩格斯文集》第 1 卷第 550 页。</blockquote>

从物质生产的一定形式产生：第一，一定的社会结构；第二，人对自

然的一定关系。人们的国家制度和人们的精神方式由这两者决定,因而人们的精神生产的性质也由这两者决定。

> 马克思:《剩余价值理论》(1861 年 8 月—1863 年 7 月),见《马克思恩格斯全集》1972 年版第 26 卷(I)第 296 页。

(二) 社会经济关系、经济形式和经济规律

1. 社会经济关系是利益关系

(1) 经济关系首先表现为利益

人们奋斗所争取的一切,都同他们的利益有关。

> 马克思:《第六届莱茵省议会的辩论(第一篇论文)》(1842 年 4 月),见《马克思恩格斯全集》1956 年版第 1 卷第 82 页。

每一既定社会的经济关系首先表现为**利益**。

> 恩格斯:《论住宅问题》(1872 年 5 月—1873 年 1 月),见《马克思恩格斯文集》第 3 卷第 320 页。

土地占有制和资产阶级之间的斗争,正如资产阶级和无产阶级之间的斗争一样,首先是为了经济利益而进行的,政治权力不过是用来实现经济利益的手段。

> 恩格斯:《路德维希·费尔巴哈和德国古典哲学的终结》(1886 年初),见《马克思恩格斯文集》第 4 卷第 305 页。

(2) 个人利益与共同利益

市民社会是个人私利的战场,是一切人反对一切人的战场,同样,市民社会也是私人利益跟特殊公共事务冲突的舞台,并且是它们二者共同跟国家的最高观点和制度冲突的舞台。

马克思:《黑格尔法哲学批判》(1843年3月中—9月底),见《马克思恩格斯全集》1956年版第1卷第295页。

既然正确理解的利益是全部道德的原则,那就必须使人们的私人利益符合于人类的利益。

马克思和恩格斯:《神圣家族》(1844年9—11月),见《马克思恩格斯文集》第1卷第335页。

个人利益必须服从公众利益。

马克思和恩格斯:《神圣家族》(1844年9—11月),见《马克思恩格斯文集》第1卷第338页。

随着分工的发展也产生了单个人的利益或单个家庭的利益与所有互相交往的个人的共同利益之间的矛盾;而且这种共同利益不是仅仅作为一种"普遍的东西"存在于观念之中,而首先是作为彼此有了分工的个人之间的相互依存关系存在于现实之中。

马克思和恩格斯:《德意志意识形态》(1845年秋—1846年5月),见《马克思恩格斯文集》第1卷第536页。

从上述一切可以看出,某一阶级的各个人所结成的、受他们的与另一阶级相对立的那种共同利益所制约的共同关系,总是这样一种共同体,这些个人只是作为一般化的个人隶属于这种共同体,只是由于他们还处在本阶级的生存条件下才隶属于这种共同体;他们不是作为个人而是作为阶级的成员处于这种共同关系中的。

马克思和恩格斯:《德意志意识形态》(1845年秋—1846年5月),见《马克思恩格斯文集》第1卷第573页。

个人利益总是违反个人的意志而发展为阶级利益,发展为共同利益,

第二章 论社会结构

后者脱离单独的个人而获得独立性,并在独立化过程中取得**普遍**利益的形式,作为普遍利益又与真正的个人发生矛盾,……

> 马克思和恩格斯:《德意志意识形态》(1845年秋—1846年5月),见《马克思恩格斯全集》1960年版第3卷第273页。

没有共同的利益,也就不会有统一的目的,更谈不上统一的行动。

> 恩格斯:《德国的革命和反革命》(1851年8月17日—1852年9月23日),见《马克思恩格斯文集》第2卷第359页。

2. 社会经济形式

(1) 自然经济

在中世纪的社会里,特别是在最初几世纪,生产基本上是为了供自己消费。它主要只是满足生产者及其家属的需要。在那些有人身依附关系的地方,例如在农村中,生产还满足封建主的需要。因此,在这里没有交换,产品也不具有商品的性质。农民家庭差不多生产了自己所需要的一切:食物、用具和衣服。

> 恩格斯:《社会主义从空想到科学的发展》(1880年1月—3月上半月),见《马克思恩格斯文集》第3卷第552页。

货币在中世纪早期的典型封建经济中几乎是没有地位的。封建主或者是以劳役形式,或者是以实物形式,从他的农奴那里取得他所需要的一切。妇女纺织亚麻和羊毛,缝制衣服;男人耕田;儿童放牧主人的牲口,给主人采集林果、鸟窝和垫圈草;此外,全家还要交纳谷物、水果、蛋类、奶油、干酪、家禽、幼畜以及其他许多东西。每一座封建庄园都自给自足,甚至军役也是征收实物。没有商业来往和交换,用不着货币。

> 恩格斯:《论封建制度的瓦解和民族国家的产生》(1884年底),见《马克思恩格斯文集》第4卷第216页。

(2) 商品经济

①商品

A. 什么是商品

什么是商品？商品是在一个或多或少互相分离的私人生产者的社会中所生产的产品，就是说，首先是私人产品。但是，只有这些私人产品不是为自己的消费，而是为他人的消费，即为社会的消费而生产时，它们才成为商品；它们通过交换进入社会的消费。

恩格斯：《反杜林论》（1876 年 9 月—1878 年 6 月），见《马克思恩格斯文集》第 9 卷第 323 页。

一个人生产一个物品要是为自己直接使用，供自己消费，他创造的就是**产品**而不是**商品**。

马克思：《工资、价格和利润》（1865 年 5 月 20 日—6 月 24 日之间），见《马克思恩格斯文集》第 3 卷第 47 页。

B. 商品经济产生和存在的条件

这种分工①是商品生产存在的条件，……

马克思：《资本论》第 1 卷（1867 年），见《马克思恩格斯文集》第 5 卷第 55 页。

分工使劳动产品转化为商品，因而使它转化为货币成为必然的事情。

马克思：《资本论》第 1 卷（1867 年），见《马克思恩格斯文集》第 5 卷 129 页。

随着生产分为农业和手工业这两大主要部门，便出现了直接以交换为目的的生产，即商品生产；随之而来的是贸易，不仅有部落内部和部落边境的贸易，而且海外贸易也有了。

---

① 这里的分工是指社会分工。——本书编者注

第二章 论社会结构

> 恩格斯:《家庭、私有制和国家的起源》(1884年3月底—5月底),见《马克思恩格斯文集》第4卷第182—183页。

它①创造了一个不再从事生产而只从事产品交换的阶级——**商人**。

> 恩格斯:《家庭、私有制和国家的起源》(1884年3月底—5月底),见《马克思恩格斯文集》第4卷第185页。

C. 商品的二重性和体现在商品中的劳动的二重性

……商品是一种二重的东西,即使用价值和交换价值。

> 马克思:《资本论》第1卷(1867年),见《马克思恩格斯文集》第5卷第54页。

说商品有使用价值,无非就是说它能满足某种社会需要。

> 马克思:《资本论》第3卷(1894年),见《马克思恩格斯文集》第7卷第206页。

商品的使用价值是商品的交换价值的前提,从而也是商品的价值的前提。

> 马克思:《资本论》第3卷(1894年),见《马克思恩格斯文集》第7卷第716页。

交换价值首先表现为一种使用价值同另一种使用价值相交换的量的关系或比例,这个比例随着时间和地点的不同而不断改变。

> 马克思:《资本论》第1卷(1867年),见《马克思恩格斯文集》第5卷第49页。

……一个商品的价值是通过它表现为"交换价值"而得到独立的表现的。……一个商品,只要它的价值取得一个特别的、不同于它的自然形式的表现形式,即交换价值形式,它就表现为这样的二重物。

---

① 这里是指第三次分工。——本书编者注

> 马克思:《资本论》第 1 卷（1867 年），见《马克思恩格斯文集》第 5 卷第 75—76 页。

在我们当代的资本主义社会里，劳动力是商品，是跟任何其他的商品一样的商品，但却是一种完全特殊的商品。这就是说，这个商品具有一种独特的特性：它是创造价值的力量，是价值的源泉，并且——在适当使用的时候——是比自己具有的价值更多的价值的源泉。

> 恩格斯:《马克思〈雇佣劳动与资本〉1891 年单行本导言》（1891 年 4 月 30 日），见《马克思恩格斯文集》第 1 卷第 708 页。

D. 商品的价值和价格

讲到价值，讲到某一个商品的交换价值，我们指的是这一个商品与其他一切商品交换时的比例量。

> 马克思:《工资、价格和利润》（1865 年 5 月 20 日—6 月 24 日之间），见《马克思恩格斯文集》第 3 卷第 46 页。

使用价值或财物具有价值，只是因为有抽象人类劳动对象化或物化在里面。那么，它的价值量是怎样计量的呢？是用它所包含的"形成价值的实体"即劳动的量来计量。劳动本身的量是用劳动的持续时间来计量，而劳动时间又是用一定的时间单位如小时、日等做尺度。

> 马克思:《资本论》第 1 卷（1867 年），见《马克思恩格斯文集》第 5 卷第 51 页。

我们知道，每个商品的价值都是由物化在该商品的使用价值中的劳动的量决定的，是由生产该商品的社会必要劳动时间决定的。

> 马克思:《资本论》第 1 卷（1867 年），见《马克思文集》第 5 卷第 218 页。

同任何其他商品的价值一样，劳动力的价值也是由生产从而再生产这

第二章 论社会结构

种独特物品所必要的劳动时间决定的。

> 马克思:《资本论》第 1 卷（1867年），见《马克思恩格斯文集》第 5 卷第 198 页。

劳动力价值的最低限度或最小限度，是劳动力的承担者即人每天得不到就不能更新他的生命过程的那个商品量的价值，也就是维持身体所必不可少的生活资料的价值。

> 马克思:《资本论》第 1 卷（1867年），见《马克思恩格斯文集》第 5 卷第 201 页。

……**劳动力的价值**，是由生产、发展、维持和延续劳动力所必需的**生活必需品的价值**决定的。

> 马克思:《工资、价格和利润》（1865 年 5 月 20 日—6 月 24 日之间），见《马克思恩格斯文集》第 3 卷第 56 页。

能同别的产品交换的产品就是**商品**。这些产品按照一定比例进行交换，而这一定比例就构成它们的**交换价值**，或者用货币来表示，就构成它们的**价格**。

> 马克思:《雇佣劳动与资本》（1847 年 12 月下半月），见《马克思恩格斯文集》第 1 卷第 725 页。

价格本身不过是**价值的货币表现**。

> 马克思:《工资、价格和利润》（1865 年 5 月 20 日—6 月 24 日之间），见《马克思恩格斯文集》第 3 卷第 51 页。

……一切同类商品的**市场价格**总是**一样的**，尽管生产条件因各个生产者而会有所不同。市场价格只是表现在平均的生产条件下供给市场以某种数量的某种物品所必需的**平均社会劳动量**。

>马克思:《工资、价格和利润》(1865年5月20日—6月24日之间),见《马克思恩格斯文集》第3卷第51—52页。

……市场价格的波动,它们的背离价值,它们的上涨和下落,都是互相抵消和互相补偿的;……

>马克思:《工资、价格和利润》(1865年5月20日—6月24日之间),见《马克思恩格斯文集》第3卷第52页。

商品的价格是由什么决定的?
它是由买者和卖者之间的竞争即需求和供给的关系决定的。

>马克思:《雇佣劳动与资本》(1847年12月下半月),见《马克思恩格斯文集》第1卷717页。

这样平均起来的价格把社会剩余价值按资本量大小的比例平均分配于资本量之间,这种价格就是商品的**生产价格**,是市场价格围绕着摆动的中心。

>马克思:《致恩格斯》(1868年4月30日),见《马克思恩格斯全集》1875年版第32卷第74页。

②货币
A. 货币的起源和本质
物物交换的逐步扩大,交换次数的增加,进入物物交换的商品种类的增多,发展了作为交换价值的商品,促进了货币的形成,从而对物物交换起着瓦解的作用。

>马克思:《政治经济学批判》(1858年8月—1859年1月),见《马克思恩格斯全集》1962版第13卷第39—40页。

交换过程同时就是货币的形成过程。

第二章 论社会结构

> 马克思：《政治经济学批判》（1858年8月—1859年1月），见《马克思恩格斯全集》1962版第13卷第41页。

……其他一切商品的社会的行动使一个特定的商品分离出来，通过这个商品来全面表现它们的价值。于是这个商品的自然形式就成为社会公认的等价形式。由于这种社会过程，充当一般等价物就成为被分离出来的商品的独特的社会职能。这个商品就成为货币。

> 马克思：《资本论》第1卷（1867年），见《马克思恩格斯文集》第5卷第105—106页。

随着商品交换日益突破地方的限制，从而商品价值日益发展成为一般人类劳动的化身，货币形式也就日益转到那些天然适于执行一般等价物这种社会职能的商品身上，即转到贵金属身上。

"金银天然不是货币，但货币天然是金银"，……

> 马克思：《资本论》第1卷（1867年），见《马克思恩格斯文集》第5卷第108页。

B. 货币的职能

固然，商品的实际价格始终不是高于生产费用，就是低于生产费用；但是，上涨和下降是相互补充的，……

> 马克思：《雇佣劳动与资本》（1847年12月下半月），见《马克思恩格斯文集》第1卷第720页。

……货币在执行价值尺度的职能时，只是想象的或观念的货币。

> 马克思：《资本论》第1卷（1867年），见《马克思恩格斯文集》第5卷第116页。

作为价值尺度和作为价格标准，货币执行着两种完全不同的职能。作为人类劳动的社会化身，它是价值尺度；作为规定的金属重量，它是价格标准。作为价值尺度，它用来使形形色色的商品的价值转化为价格，转化

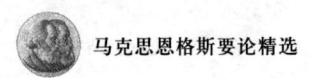 马克思恩格斯要论精选

为想象的金量；作为价格标准，它计量这些金量。

马克思：《资本论》第1卷（1867年），见
《马克思恩格斯文集》第5卷第118页。

作为商品流通的中介，货币取得了流通手段的职能。

马克思：《资本论》第1卷（1867年），见
《马克思恩格斯文集》第5卷第136页。

商品的转换形态受到阻碍，不能再作为商品的绝对可以让渡的形态或作为只是转瞬即逝的货币形式而起作用。于是货币硬化为贮藏货币，商品出售者成为货币贮藏者。

马克思：《资本论》第1卷（1867年），见
《马克思恩格斯文集》第5卷第153页。

一个商品占有者出售他现有的商品，而另一个商品占有者却只是作为货币的代表或作为未来货币的代表来购买这种商品。卖者成为债权人，买者成为债务人。由于商品的形态变化或商品的价值形式的发展在这里起了变化，货币也就取得了另一种职能。货币成了支付手段。

马克思：《资本论》第1卷（1867年），见
《马克思恩格斯文集》第5卷第159页。

在世界贸易中，商品普遍地展开自己的价值。因此，在这里，商品独立的价值形态，也作为世界货币与商品相对立。……

世界货币作为一般支付手段、一般购买手段和一般财富的绝对社会化身执行职能。它的最主要的职能，是作为支付手段平衡国际贸易差额。

马克思：《资本论》第1卷（1867年），
见《马克思恩格斯文集》第5卷第166—
168页。

③资本主义商品经济的历史作用
A. 社会关系商品化，社会生产力空前大发展
资产阶级在它已经取得了统治的地方把一切封建的、宗法的和田园诗

第二章 论社会结构

般的关系都破坏了。它无情地斩断了把人们束缚于天然尊长的形形色色的封建羁绊，它使人和人之间除了赤裸裸的利害关系，除了冷酷无情的"现金交易"，就再也没有任何别的联系了。它把宗教虔诚、骑士热忱、小市民伤感这些情感的神圣发作，淹没在利己主义打算的冰水之中。它把人的尊严变成了交换价值，用一种没有良心的贸易自由代替了无数特许的和自力挣得的自由。总而言之，它用公开的、无耻的、直接的、露骨的剥削代替了由宗教幻想和政治幻想掩盖着的剥削。

……

资产阶级除非对生产工具，从而对生产关系，从而对全部社会关系不断地进行革命，……一切固定的僵化的关系以及与之相适应的素被尊崇的观念和见解都被消除了，一切新形成的关系等不到固定下来就陈旧了。一切等级的和固定的东西都烟消云散了，一切神圣的东西都被亵渎了。人们终于不得不用冷静的眼光来看他们的生活地位、他们的相互关系。

> 马克思：《共产党宣言》（1847年12月—1848年1月底），见《马克思恩格斯文集》第2卷第33—35页。

资产阶级在它的不到一百年的阶级统治中所创造的生产力，比过去一切世代创造的全部生产力还要多，还要大。自然力的征服，机器的采用，化学在工业和农业中的应用，轮船的行驶，铁路的通行，电报的使用，整个整个大陆的开垦，河川的通航，仿佛用法术从地下呼唤出来的大量人口——过去哪一个世纪料想到在社会劳动里蕴藏有这样的生产力呢？

> 马克思：《共产党宣言》（1847年12月—1848年1月底），见《马克思恩格斯文集》第2卷第36页。

资本越发展，从而资本借以流通的市场，构成资本流通空间道路的市场越扩大，资本同时也就越是力求在空间上更加扩大市场，力求用时间去更多地消灭空间。

> 马克思：《政治经济学批判（1857—1858年手稿）》摘选（1857年底—1858年5月），见《马克思恩格斯文集》第8卷169页。

B. 市场国际化及其对资本主义发展的作用

……大工业便把世界各国人民互相联系起来,把所有地方性的小市场联合成为一个世界市场,到处为文明和进步做好了准备,使各文明国家里发生的一切必然影响到其余各国。

恩格斯:《共产主义原理》(1847年10月底—11月),见《马克思恩格斯文集》第1卷第680页。

美洲的发现、绕过非洲的航行,给新兴的资产阶级开辟了新天地。东印度和中国的市场、美洲的殖民化、对殖民地的贸易、交换手段和一般商品的增加,使商业、航海业和工业空前高涨,因而使正在崩溃的封建社会内部的革命因素迅速发展。

……

大工业建立了由美洲的发现所准备好的世界市场。世界市场使商业、航海业和陆路交通得到了巨大的发展。这种发展又反过来促进了工业的扩展,同时,随着工业、商业、航海业和铁路的扩展,资产阶级也在同一程度上发展起来,增加自己的资本,把中世纪遗留下来的一切阶级排挤到后面去。

马克思:《共产党宣言》(1847年12月—1848年1月底),见《马克思恩格斯文集》第2卷第32—33页。

不断扩大产品销路的需要,驱使资产阶级奔走于全球各地。它必须到处落户,到处开发,到处建立联系。

资产阶级,由于开拓了世界市场,使一切国家的生产和消费都成为世界性的了。……过去那种地方的和民族的自给自足和闭关自守状态,被各民族的各方面的互相往来和各方面的互相依赖所代替了。物质的生产是如此,精神的生产也是如此。各民族的精神产品成了公共的财产。民族的片面性和局限性日益成为不可能,于是由许多种民族的和地方的文学形成了一种世界的文学①。

---

① "文学"一词德文是"Literatur",这里泛指科学、艺术、哲学、政治等等方面的著作。——编者注

第二章 论社会结构

马克思:《共产党宣言》(1847年12月—
1848年1月底),见《马克思恩格斯文
集》第2卷第35页。

如果从一方面说,随着资本主义生产的进步,交通运输工具的发展会缩短一定量商品的流通时间,那么反过来说,这种进步以及由于交通运输工具发展而提供的可能性,又引起了开拓越来越远的市场,简言之,开拓世界市场的必要性。

马克思:《资本论》第2卷(1885年),
见《马克思恩格斯文集》第6卷279页。

对外贸易的扩大,虽然在资本主义生产方式的幼年时期是这种生产方式的基础,但在资本主义生产方式的发展中,由于这种生产方式的内在必然性,由于这种生产方式要求不断扩大市场,它成为这种生产方式本身的产物。

马克思:《资本论》(第3卷)(1894年),
见《马克思恩格斯文集》第7卷264页。

(三)社会经济普遍规律和资本主义生产内在规律

政治经济学本质上是一门**历史的**科学。它所涉及的是历史性的即经常变化的材料;它首先研究生产和交换的每个个别发展阶段的特殊规律,而且只有在完成这种研究以后,它才能确立为数不多的、适用于生产一般和交换一般的、完全普遍的规律。同时,不言而喻,适用于一定的生产方式和交换形式的规律,对于具有这种生产方式和交换形式的一切历史时期也是适用的。

恩格斯:《反杜林论》(1876年9月—
1878年6月),见《马克思恩格斯文集》
第9卷第153—154页。

1. 在一切社会经济形态中起作用的经济规律

(1) 生产关系一定要适合生产力水平和发展状况的规律

在人们的生产力发展的一定状况下,就会有一定的交换 [commerce]

和消费形式。在生产、交换和消费发展的一定阶段上，就会有相应的社会制度形式、相应的家庭、等级或阶级组织，一句话，就会有相应的市民社会。

> 马克思：《致帕维尔·瓦西里耶维奇·安年科夫》（1846年12月28日），见《马克思恩格斯文集》第10卷第42—43页。

人们借以进行生产、消费和交换的经济形式是**暂时的和历史性的**形式。随着新的生产力的获得，人们便改变自己的生产方式，而随着生产方式的改变，他们便改变所有不过是这一特定生产方式的必然关系的经济关系。

> 马克思：《致帕维尔·瓦西里耶维奇·安年科夫（1846年12月28日）》，见《马克思恩格斯文集》第10卷第44页。

人们在自己生活的社会生产中发生一定的、必然的、不以他们的意志为转移的关系，即同他们的物质生产力的一定发展阶段相适合的生产关系。

> 马克思：《〈政治经济学批判〉序言》（1859年1月），见《马克思恩格斯文集》第2卷第591页。

随着新生产力的获得，人们改变自己的生产方式，随着生产方式即谋生方式的改变，人们改变自己的一切社会关系。

> 马克思：《〈政治经济学批判〉序言》（1859年1月），见《马克思恩格斯文集》第2卷第591页。

(2) 按比例分配社会劳动的规律

要想得到与各种不同的需要量相适应的产品量，就要付出各种不同的和一定量的社会总劳动量。这种按一定比例**分配**社会劳动的**必要性**，决不可能被社会生产的**一定形式**所取消，而可能改变的只是**它的表现方式**，这是不言而喻的。自然规律是根本不能取消的。在不同的历史条件下能够发生变化的，只是这些规律借以实现的**形式**。

第二章 论社会结构

> 马克思：《致路德维希·库格曼》（1868年7月11日），见《马克思恩格斯文集》第10卷第289页。

2. 商品生产的经济规律

（1）商品生产的一般经济规律

商品的价值与生产这些商品所耗费的劳动时间成正比，而与所耗费的劳动的生产力成反比。

> 马克思：《工资、价格和利润》（1865年5月20日—6月24日之间），见《马克思恩格斯文集》第3卷第51页。

价值由劳动时间决定这同一规律，既会使采用新方法的资本家感觉到，他必须低于商品的社会价值来出售自己的商品，又会作为竞争的强制规律，迫使他的竞争者也采用新的生产方式。

> 马克思：《资本论》第1卷（1867年），见《马克思恩格斯文集》第5卷第370—371页。

交换规律只要求彼此出让的商品的交换价值相等。

> 马克思：《资本论》第1卷（1867年），见《马克思恩格斯文集》第5卷第675页。

商品生产的一般规律是：劳动生产率和劳动的价值创造成反比。这个规律，像适用于其他任何产业一样，也适用于运输业。

> 马克思：《资本论》第2卷（1885年），见《马克思恩格斯文集》第6卷第168页。

（2）商品生产的基本规律：价值规律

我们知道，每个商品的价值都是由物化在该商品的使用价值中的劳动的量决定的，是由生产该商品的社会必要劳动时间决定的。

> 马克思：《资本论》第1卷（1867年），见《马克思恩格斯文集》第5卷第218页。

一切人类劳动由于而且只是由于都是一般人类劳动而具有的等同性和同等意义，在现代资产阶级经济学的价值规律中得到了自己的不自觉的，但最强烈的表现，根据这一规律，商品的价值是由其中所包含的社会必要劳动来计量的①。

恩格斯：《反杜林论》（1876 年 9 月—1878 年 6 月），见《马克思恩格斯文集》第 9 卷第 111 页。

"劳动和劳动根据平等估价的原则相交换"——这句话如果还有某种意义的话——就是说，等量社会劳动的产品可以相互交换，这也就是价值规律，正是商品生产的基本规律，也就是商品生产的最高形式即资本主义生产的基本规律。

恩格斯：《反杜林论》（1876 年 9 月—1878 年 6 月），见《马克思恩格斯文集》第 9 卷第 329 页。

3. 资本主义生产的经济规律

价值由劳动时间决定这同一规律，既会使采用新方法的资本家感觉到，他必须低于商品的社会价值来出售自己的商品，又会作为竞争的强制规律，迫使他的竞争者也采用新的生产方式。

马克思：《资本论》第 1 卷（1867 年），见《马克思恩格斯文集》第 5 卷第 370—371 页。

生产剩余价值或赚钱，是这个生产方式②的绝对规律。

马克思：《资本论》第 1 卷（1867 年），见《马克思恩格斯文集》第 5 卷第 714 页。

---

① 从资产阶级社会的经济条件中这样推导出现代平等观念，首先是由马克思在《资本论》中作出的。

② 指资本主义生产方式。——编者注

第二章　论社会结构

工人阶级中贫苦阶层和产业后备军越大，官方认为需要救济的贫民也就越多。**这就是资本主义积累的绝对的、一般的规律。**……

……这一规律制约着同资本积累相适应的贫困积累。因此，在一极是财富的积累，同时在另一极，即在把自己的产品作为资本来生产的阶级方面，是贫困、劳动折磨、受奴役、无知、粗野和道德堕落的积累。

马克思：《资本论》第1卷（1867年），见《马克思恩格斯文集》第5卷第742—744页。

在马克思看来，资本主义生产的内在规律在资本的外部运动中作为竞争的强制规律发生作用，并且以这种形式成为单个资本家意识中的动机；……

恩格斯：《反杜林论》（1876年9月—1878年6月），见《马克思恩格斯文集》第9卷第222—223页。

……随着资本主义生产方式的发展，可变资本同不变资本相比，从而同被推动的总资本相比，会相对减少，这是资本主义生产方式的规律。

马克思：《资本论》第3卷（1894年），见《马克思恩格斯文集》第7卷第236页。

利润率不断下降的规律，或者说，所占有的剩余劳动同活劳动所推动的对象化劳动的量相比相对减少的规律，决不排斥这样的情况：社会资本所推动和所剥削的劳动的绝对量在增大，因而社会资本所占有的剩余劳动的绝对量也在增大；同样也决不排斥这样的情况：单个资本家所支配的资本支配着日益增加的劳动量，从而支配着日益增加的剩余劳动量，甚至在他们所支配的工人人数并不增加的时候，也支配着日益增加的剩余劳动量。

马克思：《资本论》第3卷（1894年），见《马克思恩格斯文集》第7卷第241页。

资本主义生产方式的经常趋势和发展规律，是使生产资料越来越同劳动分离，使分散的生产资料越来越大量积聚在一起，从而，使劳动转化为雇佣劳动，使生产资料转化为资本。另一方面，适应于这种趋势，土地所有权同资本和劳动相分离而独立，换句话说，一切土地所有权都转化为同资本主义生产方式的土地所有权形式。

马克思：《资本论》第3卷（1894年），见《马克思恩格斯文集》第7卷第1001—1002页。

二、关于社会群体结构

（一）家庭

1. 家庭的形成及其演变

最古是：过着杂交的原始群的生活；没有家庭……

马克思：《路易斯·亨·摩尔根〈古代社会〉一书摘要》（1880年底—1881年3月初），见《马克思恩格斯全集》1985年版第45卷第337页。

在这种血缘家庭中，**丈夫**过着**多妻**的生活，而**妻子**则过着**多夫**的生活。**想在原始时代找出其他任何可能有的家庭雏型都是困难的**。

马克思：《路易斯·亨·摩尔根〈古代社会〉一书摘要》（1880年底—1881年3月初），见《马克思恩格斯全集》1985年版第45卷第346页。

Ⅰ 血缘家庭——这是家庭的第一个阶段。在这里，婚姻集团是按照辈分来划分的：在家庭范围以内的所有祖父和祖母，都互为夫妻；他们的子女，即父亲和母亲，也是如此；同样，后者的子女，构成第三个共同夫妻圈子。而他们的子女，即第一个集团的曾孙子女们，又构成第四个圈子。这样，这一家庭形式中，仅仅排斥了祖先和子孙之间、双亲和子女之间互

第二章　论社会结构

为夫妻的权利和义务（用现代的说法）。同胞兄弟姊妹、从（表）兄弟姊妹、再从（表）兄弟姊妹和血统更远一些的从（表）兄弟姊妹，都互为兄弟姊妹，**正因为如此**，也一概互为夫妻。兄弟姊妹的关系，在家庭的这一阶段上，也自然而然地包括相互的性关系。

恩格斯：《家庭、私有制和国家的起源》（1884年3月底—5月底），见《马克思恩格斯文集》第4卷第47—48页。

Ⅱ **普那路亚**①**家庭**。如果说家庭组织上的第一个进步在于排除了父母和子女之间相互的性关系，那么，第二个进步就在于对于姊妹和兄弟也排除了这种关系。

恩格斯：《家庭、私有制和国家的起源》（1884年3月底—5月底），见《马克思恩格斯文集》第4卷第49页。

Ⅲ **对偶制家庭**。某种或长或短时期内的成对配偶制，在群婚②制度下，或者更早的时候，就已经发生了；一个男子在许多妻子中有一个主妻（还不能称为爱妻），而他对于这个女子来说是她的许多丈夫中的最主要的丈夫。……群婚就被**对偶制家庭**排挤了。在这一阶段上，一个男子和一个女子共同生活；……然而，婚姻关系是很容易由任何一方解除的，而子女像以前一样仍然只属于母亲。

恩格斯：《家庭、私有制和国家的起源》（1884年3月底—5月底），见《马克思恩格斯文集》第4卷第57—58页。

母权制的被推翻，乃是**女性的具有世界历史意义的失败**。丈夫在家中也掌握了权柄，而妻子则被贬低，被奴役，变成丈夫淫欲的奴隶，变成单纯的生孩子的工具了。

---

① "普那路亚"为夏威夷语，意为"亲密的同伴"。——本书编者注
② 在1884年版中不是"群婚"，而是"普那路亚家庭"。——编者注

> 恩格斯:《家庭、私有制和国家的起源》(1884 年 3 月底—5 月底),见《马克思恩格斯文集》第 4 卷第 68 页。

随着家长制家庭的出现,我们便进入成文史的领域,从而也进入比较法学能给我们以很大帮助的领域了。

> 恩格斯:《家庭、私有制和国家的起源》(1884 年 3 月底—5 月底),见《马克思恩格斯文集》第 4 卷第 70 页。

Ⅳ **专偶制**①**家庭**。如上所述,它是在野蛮时代的中级阶段和高级阶段交替的时期从对偶制家庭中产生的;它的最后胜利乃是文明时代开始的标志之一。

> 恩格斯:《家庭、私有制和国家的起源》(1884 年 3 月底—5 月底),见《马克思恩格斯文集》第 4 卷第 73 页。

随着家长制家庭,尤其是随着专偶制个体家庭的产生,情况就改变了。料理家务失去了它的公共的性质。它与社会不再相干了。它变成了一种**私人的服务**;妻子成为主要的家庭女仆,被排斥在社会生产之外。

> 恩格斯:《家庭、私有制和国家的起源》(1884 年 3 月底—5 月底),见《马克思恩格斯文集》第 4 卷第 87 页。

2. 现代家庭

现代各文明国家的法律体系越来越承认,第一,为了使婚姻有效,它必须是一种双方自愿缔结的契约;第二,在结婚同居期间,双方在相互关系上必须具有平等的权利和义务。

> 恩格斯:《家庭、私有制和国家的起源》(1884 年 3 月底—5 月底),见《马克思恩格斯文集》第 4 卷第 86 页。

---

① 在第 1 版中"专偶制"译为"一夫一妻制"。——本书编者注

第二章 论社会结构

现代的个体家庭建立在公开的或隐蔽的妇女的家务奴隶制之上,而现代社会则是纯粹以个体家庭为分子而构成的一个总体。现今在大多数情形之下,丈夫都必须是挣钱的人,赡养家庭的人,至少在有产阶级中间是如此,这就使丈夫占据一种无须任何特别的法律特权加以保证的统治地位。在家庭中,丈夫是资产者,妻子则相当于无产阶级。

恩格斯:《家庭、私有制和国家的起源》(1884年3月底—5月底),见《马克思恩格斯文集》第4卷第87页。

在现代家庭中丈夫对妻子的统治的独特性质,以及确立双方的真正社会平等的必要性和方法,只有当双方在法律上完全平等的时候,才会充分表现出来。那时就可以看出,妇女解放的第一个先决条件就是一切女性重新回到公共的事业中去;而要达到这一点,又要求消除个体家庭作为社会的经济单位的属性。

恩格斯:《家庭、私有制和国家的起源》(1884年3月底—5月底),见《马克思恩格斯文集》第4卷第88页。

(二)氏族

1. 氏族的形成和发展

……这种按母权制建立的氏族,就是后来按父权制建立的氏族——即我们在古希腊罗马时代文明民族中可以看到的氏族——所由以发展起来的原始形式。

恩格斯:《家庭、私有制和国家的起源》(1884年3月底—5月底),见《马克思恩格斯文集》第4卷第28页。

正如几个氏族组成一个胞族一样,几个胞族就古典形式来说则组成一个部落;而那些大大衰微的部落则往往没有胞族这种中间环节。

恩格斯:《家庭、私有制和国家的起源》(1884年3月底—5月底),见《马克思恩格斯文集》第4卷第105页。

氏族在蒙昧时代中级阶段发生，在高级阶段继续发展起来，就我们现有的资料来判断，到了野蛮时代低级阶段，它便达到了全盛时代。

恩格斯：《家庭、私有制和国家的起源》（1884年3月底—5月底），见《马克思恩格斯文集》第4卷第177页。

2. 氏族制度

每个氏族①内都盛行以下的习俗：

1. 氏族选举一个酋长（平时的首脑）和一个酋帅（军事领袖）。……
2. 氏族可以任意罢免酋长和酋帅。……
3. 氏族的任何成员都不得在氏族内部通婚。……
4. 死者的财产转归同氏族其余的人所有，它必须留在氏族中。……
5. 同氏族人必须互相援助、保护，特别是在受到外族人伤害时，要帮助报仇。……

……

9. 氏族有着共同的墓地。……
10. 氏族有议事会，它是氏族的一切成年男女享有平等表决权的民主集会。……

恩格斯：《家庭、私有制和国家的起源》（1884年3月底—5月底），见《马克思恩格斯文集》第4卷第99—102页。

而这种十分单纯质朴的氏族制度是一种多么美妙的制度呵！没有士兵、宪兵和警察，没有贵族、国王、总督、地方官和法官，没有监狱，没有诉讼，而一切都是有条有理的。一切争端和纠纷，都由当事人的全体即氏族或部落来解决，或者由各个氏族相互解决；血族复仇仅仅当作一种极端的、很少应用的威胁手段；我们今日的死刑，只是这种复仇的文明形式，而带有文明的一切好处与弊害。

恩格斯：《家庭、私有制和国家的起源》（1884年3月底—5月底），见《马克思恩格斯文集》第4卷第111页。

---

① 是指易洛魁人的氏族。——本书编者注

第二章 论社会结构

3. 氏族的瓦解

一句话,氏族制度已经走到了尽头。社会一天天成长,越来越超出氏族制度的范围;即使是最严重的坏事在它眼前发生,它也既不能阻止,又不能铲除了。但在这时,国家已经不知不觉地发展起来。最初在城市和乡村间,然后在各种城市劳动部门间实行的分工所造成的新集团,创立了新的机关以保护自己的利益;各种公职都设置起来了。这时,年轻的国家首先就需要一支自己的军事力量,……

> 恩格斯:《家庭、私有制和国家的起源》(1884年3月底—5月底),见《马克思恩格斯文集》第4卷第131页。

随着男子在家中的实际统治的确立,实行男子独裁的最后障碍便崩毁了。这种独裁,由于母权制的倾覆、父权制的实行、对偶婚制向专偶制的逐步过渡而被确认,并且永久化了。但是这样一来,在古代的氏族制度中就出现了一个裂口:个体家庭已经成为一种力量,并且以威胁的姿态起来与氏族对抗了。

> 恩格斯:《家庭、私有制和国家的起源》(1884年3月底—5月底),见《马克思恩格斯文集》第4卷第181—182页。

氏族制度的前提,是一个氏族或部落的成员共同生活在纯粹由他们居住的同一地区中。这种情况早已不存在了。氏族和部落到处都杂居在一起,到处都有奴隶、被保护民和外地人在公民中间居住着。……——同时,在每个氏族团体中,也表现出利益的冲突,这种冲突由于富人和穷人、高利贷者和债务人结合于同一氏族和同一部落中而达到最尖锐的地步。……——最后,氏族制度是从那种没有任何内部对立的社会中生长出来的,而且只适合于这种社会。……它由于自己的全部经济生活条件而必然分裂为自由民和奴隶,进行剥削的富人和被剥削的穷人,而这个社会不仅再也不能调和这种对立,反而必然使这些对立日益尖锐化。……氏族制度已经过时了。它被分工及其后果即社会之分裂为阶级所炸毁。它被**国家**代替了。

> 恩格斯：《家庭、私有制和国家的起源》（1884年3月底—5月底），见《马克思恩格斯文集》第4卷第187—188页。

（三）民族

1. 民族的形成和发展

（1）民族的形成

劳动本身经过一代又一代变得更加不同、更加完善和更加多方面了。除打猎和畜牧外，又有了农业，农业之后又有了纺纱、织布、冶金、制陶和航海。伴随着商业和手工业，最后出现了艺术和科学；从部落发展成了民族和国家。

> 恩格斯：《自然辩证法》（1873—1882年），见《马克思恩格斯文集》第9卷第557页。

在荷马的诗中，我们可以看到希腊的各部落大多数已联合成为一些小民族［kleine Völkeraschaften］；在这种小民族内部，氏族、胞族和部落仍然完全保持着它们的独立性。……各个小民族［Völkchen］，为了占有最好的土地，也为了掠夺战利品，进行着不断的战争；以俘虏充做奴隶，已成为公认的制度。

> 恩格斯：《家庭、私有制和国家的起源》（1884年3月底—5月底），见《马克思恩格斯文集》第4卷第120页。

……雅典人比美洲任何土著民族都前进了一步：相邻的各部落的单纯的联盟，已经由这些部落融合为单一的民族［Volk］所代替了。

> 恩格斯：《家庭、私有制和国家的起源》（1884年3月底—5月底），见《马克思恩格斯文集》第4卷第127页。

住得日益稠密的居民，对内和对外都不得不更紧密地团结起来。亲属部落的联盟，到处都成为必要的了；不久，各亲属部落的融合，从而分开

第二章　论社会结构

的各个部落领土融合为一个民族［Volk］的整个领土，也成为必要的了。

恩格斯:《家庭、私有制和国家的起源》（1884年3月底—5月底），见《马克思恩格斯文集》第4卷第183页。

（2）民族的发展

意大利是第一个资本主义民族。封建的中世纪的终结和现代资本主义纪元的开端，是以一位大人物为标志的。这位人物就是意大利人但丁，他是中世纪的最后一位诗人，同时又是新时代的最初一位诗人。

马克思和恩格斯:《共产党宣言》（1893年意大利文版序言），见《马克思恩格斯文集》第2卷第26页。

资产阶级，由于开拓了世界市场，使一切国家的生产和消费都成为世界性的了。……过去那种地方的和民族的自给自足和闭关自守状态，被各民族的各方面的互相往来和各方面的互相依赖所代替了。物质的生产是如此，精神的生产也是如此。各民族的精神产品成了公共的财产。民族的片面性和局限性日益成为不可能，于是由许多种民族的和地方的文学形成了一种世界的文学。

资产阶级，由于一切生产工具的迅速改进，由于交通的极其便利，把一切民族甚至最野蛮的民族都卷到文明中来了。

马克思和恩格斯:《共产党宣言》（1847年12月—1848年1月底），见《马克思恩格斯文集》第2卷第35页。

资产阶级日甚一日地消灭生产资料、财产和人口的分散状态。它使人口密集起来，使生产资料集中起来，使财产聚集在少数人的手里。由此必然产生的结果就是政治的集中。各自独立的、几乎只有同盟关系的、各有不同利益、不同法律、不同政府、不同关税的各个地区，现在已经结合为**一个拥有统一的政府**、**统一的法律**、**统一的**民族阶级利益和**统一的关税的统一的民族**。

>马克思和恩格斯:《共产党宣言》(1847年12月—1848年1月底),见《马克思恩格斯文集》第2卷第36页。

2. 民族问题与阶级问题

民族内部的阶级对立一消失,民族之间的敌对关系就会随之消失。

>马克思和恩格斯:《共产党宣言》(1847年12月—1848年1月底),见《马克思恩格斯文集》第2卷第50页。

(1) 同一个民族内有不同的阶级

……法兰西民族分裂为两个民族即有产民族和工人民族。

>马克思:《六月革命》(1848年6月28日),见《马克思恩格斯全集》1958年版第5卷第153页。

整个民族分裂为两大营垒的情形,在法国第一次革命爆发时曾经出现过,目前在最进步的国家中正在更高的发展阶段上出现,……今天的德意志民族是由封建贵族、资产阶级、小资产阶级、农民和无产阶级构成的,这种状况远不像当时那样复杂。

>恩格斯:《德国农民战争》(1850年夏秋),见《马克思恩格斯文集》第2卷第232—233页。

(2) 民族斗争实质上是阶级斗争

即使俄罗斯的地主不再压迫波兰的地主,骑在波兰农民脖子上的依旧是地主,诚然,这是自由的地主而不是被奴役的地主。这种政治上的变化丝毫也不会改变波兰农民的社会地位。

克拉柯夫革命①把民族问题和民主问题以及被压迫阶级的解放看作一回事,这就给整个欧洲作出了光辉的榜样。

---

① 是指1848年2月波兰克拉科夫城爆发的反对俄、奥、普占领者的民族民主革命。——本书编者注

第二章 论社会结构

> 马克思和恩格斯：《论波兰问题》（1848年2月22日），见《马克思恩格斯全集》1958年版第4卷第537页。

自古以来，一切统治者及其外交家玩弄手腕和进行活动的目的可以归结为一点：为了延长专制政权的寿命，唆使各民族互相残杀，利用一个民族压迫另一个民族。在德国这一点表现得特别明显。

> 恩格斯：《德国的对外政策》（1848年7月2日），见《马克思恩格斯全集》1958年版第5卷第177页。

旧社会中身居高位的人物和统治阶级只有靠**民族**斗争和**民族**矛盾才能继续执掌政权和剥削从事生产劳动的人民群众，很自然，他们都把**国际工人协会**看作自己共同的敌人。

> 马克思：《致保尔·拉法格》（1871年3月23日），见《马克思恩格斯全集》1973年版第33卷第198页。

在英国，爱尔兰工人和英国工人的对抗，始终是英国的阶级统治赖以维持的最有力的手段之一。

> 恩格斯：《关于各爱尔兰支部和不列颠联合会委员会的相互关系》（1872年5月14日），见《马克思恩格斯全集》1964年版第18卷第87页。

……所有这些民族纠纷只是在大封建主和大资本家统治时期才有的，民族纠纷只是为永远保持这种统治服务的，捷克工人和德意志工人有着共同一致的利益，当工人阶级一取得政治统治地位，一切引起民族不和的借口就会消灭。因为工人阶级就其本性来说是国际主义的，**它将在即将来临的五一节这一天再一次证实这一点**。

> 恩格斯：《五一节致捷克同志们》（1893年4月8日），见《马克思恩格斯全集》1965年版第22卷第472页。

3. 压迫其他民族的民族是不能获得解放的

一个民族当它还在压迫其他民族的时候,是不可能获得自由的。

> 恩格斯:《关于波兰的演说》(1847 年 11 月 29 日),见《马克思恩格斯文集》第 1 卷第 696 页。

从爱尔兰历史的例子中就可以看到,如果一个民族奴役其他民族,那对它自己来说该是多么的不幸。

> 恩格斯:《致马克思》(1869 年 10 月 24 日),见《马克思恩格斯全集》1975 年版第 32 卷第 359 页。

奴役其他民族的民族是在为自身锻造镣铐。

> 马克思:《机密通知》(1870 年 3 月 28 日左右),见《马克思恩格斯全集》1964 年版第 16 卷第 474 页。

压迫其他民族的民族是不能获得解放的。它用来压迫其他民族的力量,最后总是要反过来反对它自己的。只要俄国士兵还侵占着波兰,俄国人民就既不能获得政治解放,也不能获得社会解放。

> 恩格斯:《流亡者文献》(1874 年 5 月中—1875 年 4 月),见《马克思恩格斯文集》第 3 卷第 355 页。

谁也不能奴役一个民族而不受惩罚。

> 恩格斯:《支持波兰》(1875 年 3 月 24 日),见《马克思恩格斯全集》1964 年版第 18 卷第 629 页。

4. 消灭民族压迫,实现民族解放

(1) 进行民族革命,实现民族独立

一个想争取自身独立的民族,不应该仅限于用**一般**的作战方法。群众起义,革命战争,到处组织游击队——这才是小民族制胜大民族,不够强

第二章 论社会结构

大的军队抵抗比较强大和组织良好的军队的唯一方法。

> 恩格斯：《皮蒙特军队的失败》（1849年3月30日—4月3日），见《马克思恩格斯全集》1961年版第6卷第461页。

（2）实行国际无产阶级和被压迫民族的联合

可是全世界的无产者却有共同的利益，有共同的敌人，面临着同样的斗争；所有的无产者生来就没有民族的偏见，……只有无产者才能够消灭各民族的隔离状态，只有觉醒的无产阶级才能够建立各民族的兄弟友爱。

> 恩格斯：《在伦敦举行的各族人民庆祝大会》（1845年底），见《马克思恩格斯全集》1957年版第2卷第666页。

既然各国工人的生活水平是相同的，既然他们的利益是相同的，他们的敌人也是相同的，那么他们就应当共同战斗，就应当以各国工人的兄弟联盟来对抗各国资产者的兄弟联盟。

> 恩格斯：《关于波兰的演说》（1847年11月29日），见《马克思恩格斯文集》第1卷第697页。

从今以后，德国人民和波兰人民便紧密地联结在一起。我们有着共同的敌人，共同的压迫者，因为俄罗斯政府也象压迫波兰人一样地压迫着我们。

> 马克思和恩格斯：《论波兰问题》（1848年2月22日），见《马克思恩格斯全集》1958年版第4卷第540页。

三、关于社会政治结构

随着城市的出现，必然要有行政机关、警察、赋税等等，一句话，必然要有公共机构，从而也就必然要有一般政治。

> 马克思和恩格斯：《德意志意识形态》（1845年秋—1846年5月），见《马克思恩格斯文集》第1卷第556页。

（一）阶级

1. 阶级的起源和发展

（1）剩余产品的出现是阶级产生的经济基础

社会分裂为剥削阶级和被剥削阶级、统治阶级和被压迫阶级，是以前生产不大发展的必然结果。只要社会总劳动所提供的产品除了满足社会全体成员最起码的生活需要以外只有少量剩余，就是说，只要劳动还占去社会大多数成员的全部或几乎全部时间，这个社会就必然划分为阶级。

> 恩格斯：《反杜林论》（1876年9月—1878年6月），见《马克思恩格斯文集》第9卷第298页。

一切部门——畜牧业、农业、家庭手工业——中生产的增加，使人的劳动力能够生产出超过维持劳动力所必需的产品。同时，这也增加了氏族、家庭公社或个体家庭的每个成员所担负的每日的劳动量。吸收新的劳动力成为人们向往的事情了。战争提供了新的劳动力：俘虏变成了奴隶。

> 恩格斯：《家庭、私有制和国家的起源》（1884年3月底—5月底），见《马克思恩格斯文集》第4卷第180页。

随着在文明时代获得最充分发展的奴隶制的出现，就发生了社会分成剥削阶级和被剥削阶级的第一次大分裂。这种分裂继续存在于整个文明期。

> 恩格斯：《家庭、私有制和国家的起源》（1884年3月底—5月底），见《马克思恩格斯文集》第4卷第195页。

（2）社会分工是阶级产生的重要条件

物质劳动和精神劳动的最大的一次分工，就是城市和乡村的分离。……——随着城市的出现，必然要有行政机关、警察、赋税等等，一句话，必然要有公共机构，从而也就必然要有一般政治。在这里，居民第一次划分为两大阶级，这种划分直接以分工和生产工具为基础。

第二章　论社会结构

> 马克思和恩格斯：《德意志意识形态》（1845年秋—1846年5月），见《马克思恩格斯文集》第1卷第556页。

有一点是清楚的：当人的劳动的生产率还非常低，除了必要生活资料只能提供很少的剩余的时候，生产力的提高、交往的扩大、国家和法的发展、艺术和科学的创立，都只有通过更大的分工才有可能，这种分工的基础是从事单纯体力劳动的群众同管理劳动、经营商业和掌管国事以及后来从事艺术和科学的少数特权分子之间的大分工。这种分工的最简单的完全自发的形式，正是奴隶制。

> 恩格斯：《反杜林论》（1876年9月—1878年6月），见《马克思恩格斯文集》第9卷第189页。

第一次社会大分工，在使劳动生产率提高，从而使财富增加并且使生产领域扩大的同时，在既定的总的历史条件下，必然地带来了奴隶制。从第一次社会大分工中，也就产生了第一次社会大分裂，分裂为两个阶级：主人和奴隶、剥削者和被剥削者。

> 恩格斯：《家庭、私有制和国家的起源》（1884年3月底—5月底），见《马克思恩格斯文集》第4卷第180页。

（3）阶级是该时代经济关系的产物

新的事实迫使人们对以往的全部历史作一番新的研究，结果发现：以往的**全部**历史，除原始状态外，都是阶级斗争的历史；这些互相斗争的社会阶级在任何时候都是生产关系和交换关系的产物，一句话，都是自己时代的**经济**关系的产物；……

> 恩格斯：《社会主义从空想到科学的发展》（1880年1月—3月上半月），见《马克思恩格斯文集》第3卷第544页。

这些阶级是怎样产生的呢？初看起来，那种从前是封建的大土地占有制的起源，还可以（至少首先可以）归于政治原因，归于暴力掠夺，但是对于资产阶级和无产阶级,这就说不通了。在这里,显而易见,这两大阶级的起源和发展是由于纯粹经济的原因。

恩格斯:《路德维希·费尔巴哈和德国古典哲学的终结》(1886年初),见《马克思恩格斯文集》第4卷第305页。

2. 各个社会的主要阶级

(1) 前资本主义社会各阶级

在不同的社会发展阶段上,劳动阶级的生活条件各不相同,劳动阶级在同有产阶级和统治阶级的关系中所处的地位也各不相同。在古代,劳动者是主人的**奴隶**。直到今天在许多落后国家甚至美国南部他们还是这种奴隶。在中世纪,劳动者是土地贵族的**农奴**,直到今天在匈牙利、波兰和俄国他们还是这种农奴。此外,在中世纪,直到工业革命前,城市里还有在小资产阶级师傅那里做工的手工业帮工,随着工场手工业的发展,也渐渐出现了受较大的资本家雇用的工场手工业工人。

恩格斯:《共产主义原理》(1847年10月底—11月),见《马克思恩格斯文集》第1卷第678页。

在过去的各个历史时代,我们几乎到处都可以看到社会完全划分为各个不同的等级,看到社会地位分成多种多样的层次。在古罗马,有贵族、骑士、平民、奴隶,在中世纪,有封建主、臣仆、行会师傅、帮工、农奴,而且几乎在每一个阶级内部又有一些特殊的阶层。

马克思和恩格斯:《共产党宣言》(1847年12月—1848年1月底),见《马克思恩格斯文集》第2卷第31—32页。

从中世纪的农奴中产生了初期城市的城关市民;从这个市民等级中发展出最初的资产阶级分子。

马克思和恩格斯:《共产党宣言》(1847年12月—1848年1月底),见《马克思恩格斯文集》第2卷第32页。

第二章　论社会结构

（2）资产阶级

资产阶级是指占有社会生产资料并使用雇佣劳动的现代资本家阶级。

> 恩格斯：在 1888 年《共产党宣言》英文版上加的注，见《马克思恩格斯文集》第 2 卷第 31 页注 1。

资产阶级在历史上曾经起过非常革命的作用。

资产阶级在它已经取得了统治的地方把一切封建的、宗法的和田园诗般的关系都破坏了。……

资产阶级，由于开拓了世界市场，使一切国家的生产和消费都成为世界性的了。……过去那种地方的和民族的自给自足和闭关自守状态，被各民族的各方面的互相往来和各方面的互相依赖所代替了。……

资产阶级，由于一切生产工具的迅速改进，由于交通的极其便利，把一切民族甚至最野蛮的民族都卷到文明中来了。……

资产阶级使农村屈服于城市的统治。它创立了巨大的城市，使城市人口比农村人口大大增加起来，因而使很大一部分居民脱离了农村生活的愚昧状态。……

资产阶级在它的不到一百年的阶级统治中所创造的生产力，比过去一切世代创造的全部生产力还要多，还要大。

> 马克思和恩格斯：《共产党宣言》（1847 年 12 月—1848 年 1 月底），见《马克思恩格斯文集》第 2 卷第 33—36 页。

但是，资产阶级不仅锻造了置自身于死地的武器；它还产生了将要运用这种武器的人——现代的工人，即**无产者**。

> 马克思和恩格斯：《共产党宣言》（1847 年 12 月—1848 年 1 月底），见《马克思恩格斯文集》第 2 卷第 38 页。

（3）无产阶级

无产阶级是指没有自己的生产资料，因而不得不靠出卖劳动力来维持生活的现代雇佣工人阶级。

>恩格斯：在 1888 年《共产党宣言》英文版上加的注，见《马克思恩格斯文集》第 2 卷第 31 页注 1。

城市工业无产阶级成了现代一切民主运动的核心；小资产者，尤其是农民，总是跟在他们后面。1789 年的法国革命，英国、法国和美国东部各州的现代历史都证明了这一点。

>恩格斯：《共产主义者和卡尔·海因岑》（1847 年 9 月 27 日前和 10 月 3 日），见《马克思恩格斯文集》第 1 卷第 661 页。

无产阶级是完全靠出卖自己的劳动①而不是靠某一种资本的利润来获得生活资料的社会阶级。

>恩格斯：《共产主义原理》（1847 年 10 月底—11 月），见《马克思恩格斯文集》第 1 卷第 676 页。

随着工业的发展，无产阶级不仅人数增加了，而且结合成更大的集体，它的力量日益增长，而且它越来越感觉到自己的力量。

>马克思和恩格斯：《共产党宣言》（1847 年 12 月—1848 年 1 月底），见《马克思恩格斯文集》第 2 卷第 40 页。

在当前同资产阶级对立的一切阶级中，只有无产阶级是真正革命的阶级。其余的阶级都随着大工业的发展而日趋没落和灭亡，无产阶级却是大工业本身的产物。

>马克思和恩格斯：《共产党宣言》（1847 年 12 月—1848 年 1 月底），见《马克思恩格斯文集》第 2 卷第 41 页。

---

① 马克思在 1891 年对此做了修改：工人出卖的不是"劳动"，而是"劳动力"。——本书编者注

第二章 论社会结构

过去一切阶级在争得统治之后,总是使整个社会服从于它们发财致富的条件,企图以此来巩固它们已经获得的生活地位。无产者只有废除自己的现存的占有方式,从而废除全部现存的占有方式,才能取得社会生产力。无产者没有什么自己的东西必须加以保护,他们必须摧毁至今保护和保障私有财产的一切。

过去的一切运动都是少数人的,或者为少数人谋利益的运动。无产阶级的运动是绝大多数人的,为绝大多数人谋利益的独立的运动。无产阶级,现今社会的最下层,如果不炸毁构成官方社会的整个上层,就不能抬起头来,挺起胸来。

马克思和恩格斯:《共产党宣言》(1847年12月—1848年1月底),见《马克思恩格斯文集》第2卷第42页。

这个阶级的历史使命是推翻资本主义生产方式和最后消灭阶级。这个阶级就是无产阶级。

马克思:《〈资本论〉第1卷第二版跋》(1873年1月24日),见《马克思恩格斯文集》第5卷第18页。

在创立国际[①]时,我们明确地制定了一个战斗口号:工人阶级的解放应当是工人阶级自己的事情。所以,我们不能和那些公开说什么工人太没有教养,不能自己解放自己,因而必须由仁爱的大小资产者从上面来解放的人们一道走。

马克思和恩格斯:《给奥·倍倍尔、威·李卜克内西、威·白拉克等人的通告信》(1879年9月16日—18日之间),见《马克思恩格斯文集》第3卷第484页。

---

① 指1864年创立的国际工人协会,史称"第一国际"。——本书编者注

3. 阶级斗争

（1）有文字记载的历史都是阶级斗争的历史

至今一切社会的历史①都是阶级斗争的历史。

> 马克思和恩格斯：《共产党宣言》（1847年12月—1848年1月底），见《马克思恩格斯文集》第2卷第31页。

以血族团体为基础的旧社会，由于新形成的各社会阶级的冲突而被炸毁；代之而起的是组成为国家的新社会，而国家的基层单位已经不是血族团体，而是地区团体了。在这种社会中，家庭制度完全受所有制的支配，阶级对立和阶级斗争从此自由开展起来，这种阶级对立和阶级斗争构成了直到今日的全部**成文**史的内容。

> 恩格斯：《〈家庭、私有制和国家的起源〉1884年第一版序言》（1884年3月底—5月26日），见《马克思恩格斯文集》第4卷第16页。

由于文明时代的基础是一个阶级对另一个阶级的剥削，所以它的全部发展都是在经常的矛盾中进行的。生产的每一进步，同时也就是被压迫阶级即大多数人的生活状况的一个退步。对一些人是好事，对另一些人必然是坏事，一个阶级的任何新的解放，必然是对另一个阶级的新的压迫。

> 恩格斯：《家庭、私有制和国家的起源》（1884年3月底—5月底），见《马克思恩格斯文集》第4卷第196—197页。

（2）阶级斗争的根源

即使我们停留在**资本和雇佣劳动的关系范围**内，也可以知道**资本的利益和雇佣劳动的利益是截然对立的**。

---

① 恩格斯在1888年英文版上加了一个注："这是指有文字记载的全部历史……"——本书编者注

第二章 论社会结构

> 马克思：《雇佣劳动与资本》（1847年12月下半月），见《马克思恩格斯文集》第1卷第734页。

土地占有制和资产阶级之间的斗争，正如资产阶级和无产阶级之间的斗争一样，首先是为了经济利益而进行的，政治权力不过是用来实现经济利益的手段。

> 恩格斯：《路德维希·费尔巴哈和德国古典哲学的终结》（1886年初），见《马克思恩格斯文集》第4卷第305页。

（3）阶级斗争是阶级社会发展的直接动力

……到现在为止，社会一直是在对立的范围内发展的，在古代是自由民和奴隶之间的对立，在中世纪是贵族和农奴之间的对立，近代是资产阶级和无产阶级之间的对立。

> 马克思和恩格斯：《德意志意识形态》（1845年秋—1846年5月），见《马克思恩格斯全集》1960年版第3卷第507页。

当文明一开始的时候，生产就开始建立在级别、等级和阶级的对抗上，最后建立在积累的劳动和直接的劳动的对抗上。没有对抗就没有进步。这是文明直到今天所遵循的规律。到目前为止，生产力就是由于这种阶级对抗的规律而发展起来的。

> 马克思：《哲学的贫困》（1847年上半年），见《马克思恩格斯全集》1958年版第4卷第104页。

将近40年来，我们一贯强调阶级斗争，认为它是历史的直接动力，特别是一贯强调资产阶级和无产阶级之间的阶级斗争，认为它是现代社会变革的巨大杠杆；所以我们决不能和那些想把这个阶级斗争从运动中勾销的人们一道走。

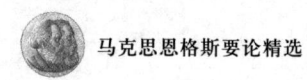

马克思和恩格斯:《给奥·倍倍尔、威·李卜克内西、威·白拉克等人的通告信》(1879年9月16—18日之间),见《马克思恩格斯文集》第3卷第484页。

由于文明时代的基础是一个阶级对另一个阶级的剥削,所以它的全部发展都是在经常的矛盾中进行的。

恩格斯:《家庭、私有制和国家的起源》(1884年3月底—5月底),见《马克思恩格斯文集》第4卷第196—197页。

自从原始公社解体以来,组成为每个社会的各阶级之间的斗争,总是历史发展的伟大动力。这种斗争只有在阶级本身消失之后,即社会主义取得胜利之后才会消失。

恩格斯:《国际社会主义和意大利社会主义》(1894年10月27日),见《马克思恩格斯文集》第4卷第505页。

(4) 阶级斗争的形式

社会上各个阶级之间的斗争事实上仍在继续进行,而且比过去任何时候都更加激烈。这场最近四年来使用火药和炮弹进行的斗争,现在只是采取了另外一种形式。像连年的战争会使甚至是最强大的国家精疲力竭一样,近几年的公开的流血斗争已经使各个阶级疲惫不堪,使它们的军事力量处于暂时的衰竭状态。但是,阶级之间的战争的进行,并不取决于是否采取真正的军事行动,它并不是永远都需要用街垒和刺刀来进行的;只要有利益相互对立、相互冲突和社会地位不同的阶级存在,阶级之间的战争就不会熄灭。

恩格斯:《去年十二月法国无产者相对消极的真正原因》(1852年2月—4月初),见《马克思恩格斯全集》1961年版第8卷第249页。

自从有工人运动以来,斗争是第一次在其所有三个方面——理论方面、

第二章　论社会结构

政治方面和实践经济方面（反抗资本家）互相配合，互相联系，有计划地推进。

恩格斯：《〈德国农民战争〉1870 年第二版序言的补充》（1874 年 7 月 1 日），见《马克思恩格斯文集》第 2 卷第 218 页。

一切政治斗争都是阶级斗争，而一切争取解放的阶级斗争，尽管它必然地具有政治的形式（因为一切阶级斗争都是政治斗争），归根到底都是围绕着**经济**解放进行的。

恩格斯：《路德维希·费尔巴哈和德国古典哲学的终结》（1886 年初），见《马克思恩格斯文集》第 4 卷第 306 页。

（5）阶级斗争必然导致无产阶级专政

……至于讲到我，无论是发现现代社会中有阶级存在或发现各阶级间的斗争，都不是我的功劳。在我以前很久，资产阶级历史编纂学家就已经叙述过阶级斗争的历史发展，资产阶级的经济学家也已经对各个阶级作过经济上的分析。我所加上的新内容就是证明了下列几点：（1）**阶级的存在仅仅同生产发展的一定历史阶段相联系**；（2）**阶级斗争必然导致无产阶级专政**；（3）这个专政不过是达到**消灭一切阶级和进入无阶级社会**的过渡……

马克思：《致约瑟夫·魏德迈》（1852 年 3 月 5 日），见《马克思恩格斯文集》第 10 卷第 106 页。

4．阶级合作

迄今为止，虔诚主义①认为它的对手被分为许多派别是上帝的善行，但愿它终究会感到，在同宗教的黑暗势力进行斗争的任何情况下，我们都应该结成统一战线。

---

① 虔诚主义是 17 世纪德国路德教派中形成的一个神秘主义派别。这个派别提出宗教感情高于宗教教义，并反对唯理论思维和启蒙时代的哲学。

> 恩格斯：《不来梅通讯》（1940年9月），见《马克思恩格斯全集》1982年版第41卷第133页。

资产阶级也是从组织反对封建主的局部性同盟开始进行斗争的。

> 马克思：《哲学的贫困》（1847年上半年），见《马克思恩格斯文集》第1卷第654页。

在德国，只要资产阶级采取革命的行动，共产党就同它一起去反对专制君主制、封建土地所有制和小资产阶级。

> 马克思和恩格斯：《共产党宣言》（1847年12月—1848年1月底），见《马克思恩格斯文集》第2卷第66页。

普鲁士的三月革命①既不应该和1648年的**英国**革命混为一谈，也不应该和1789年的**法国**革命混为一谈。

1648年，资产阶级和新贵族结成同盟反对君主制，反对封建贵族，反对居于统治地位的教会。

1789年，资产阶级和人民结成同盟反对君主制、贵族和居于统治地位的教会。

> 马克思：《资产阶级和反革命》（1848年12月11日），见《马克思恩格斯文集》第2卷第73页。

在联合的反革命资产阶级面前，小资产阶级和农民阶级中一切已经革命化的成分，自然必定要与享有盛誉的革命利益代表者，即与革命无产阶级联合起来。

---

① 指柏林群众反对普鲁士政府的三月革命。1848年3月初，柏林群众举行集会，要求取消等级特权、召开议会和赦免政治犯。国王弗里德里希·威廉四世调动军队进行镇压，遂发生流血冲突。这是德国1848—1849年资产阶级民主革命的开端。——本书编者注

第二章 论社会结构

> 马克思:《1848年至1850年的法兰西阶级斗争》(1849年底—1850年3月底和1850年10月—11月1日),见《马克思恩格斯文集》第2卷第134页。

德国的这个小资产阶级民主派力量很大。它不但包括居住在城市里的绝大多数市民、小工业品商贩和手工业师傅;跟着它走的还有农民以及尚未得到独立的城市无产阶级支持的农村无产阶级。

革命的工人政党同小资产阶级民主派的关系是:同小资产阶级民主派一起去反对工人政党所要推翻的派别;而在小资产阶级民主派企图为自己而巩固本身地位的一切场合,工人政党都对他们采取反对的态度。

> 马克思和恩格斯:《共产主义者同盟中央委员会告同盟书》(1850年3月24日以前),见《马克思恩格斯文集》第2卷第191页。

工人,首先是共产主义者同盟,不应再度降低自己的地位,去充当资产阶级民主派的随声附和的合唱队,而应该谋求在正式的民主派旁边建立一个秘密的和公开的独立工人政党组织,并且应该使自己的每一个支部都成为工人协会的中心和核心,在这种工人协会中,无产阶级的立场和利益问题应该能够进行独立讨论而不受资产阶级影响。

> 马克思和恩格斯:《共产主义者同盟中央委员会告同盟书》(1850年3月24日以前),见《马克思恩格斯文集》第2卷第193页。

工人阶级政党在一定的条件下完全可以利用其他政党和党派来达到自己的目的,但是它不应当隶属任何其他政党。

> 马克思和恩格斯:《中央委员会告共产主义者同盟书》(1850年6月),见《马克思恩格斯全集》1959年版第7卷第362页。

不同阶级的这种联合,虽然在某种程度上向来是一切革命的必要条件,却不能持久,一切革命的命运都是如此。在战胜共同的敌人之后,战胜者之间就要分成不同的营垒，彼此兵戎相见。

恩格斯：《德国的革命和反革命》（1851年10月），见《马克思恩格斯文集》第2卷第383页。

农民的利益已不像拿破仑统治时期那样同资产阶级的利益、同资本相协调，而是同它们相对立了。因此，农民就把负有推翻资产阶级制度使命的**城市无产阶级**看做自己的天然同盟者和领导者。

马克思：《路易·波拿巴的雾月十八日》（1851年12月中—1852年3月25日），见《马克思恩格斯文集》第2卷第570页。

在政治上为了一定的目的，甚至可以同魔鬼结成联盟，只是必须肯定，是你领着魔鬼走而不是魔鬼领着你走。

马克思：《科苏特、马志尼和路易-拿破仑》（1852年11月16日），见《马克思恩格斯全集》1961年版第8卷第443页。

这些革命措施迫切要求同工人阶级结成联盟，而这种联盟将使英国资产阶级丧失它可以从贸易自由中得到的主要利益，即资本对劳动的无限统治。

马克思：《议会。——11月26日的表决。——迪斯累里的预算案》（1852年12月10日前后），见《马克思恩格斯全集》1961年版第8卷第544页。

而贵族的国民革命只有同城市和农民结成联盟，特别是同后者结成联盟才能实现。

恩格斯：《致斐迪南·拉萨尔》（1859年5月18日），见《马克思恩格斯文集》第10卷第176—177页。

法国农民终于有了充分的觉悟，要去寻找长期贫困的真正原因和消灭

第二章 论社会结构

贫困的实际办法了。而既然他们已开始思考,他们一定很快就会发现,他们得救的唯一办法,就是同那个丝毫不希望农民处在目前这种悲惨境地的唯一阶级,即同城市工人阶级结成联盟。

> 恩格斯:《一八七七年的欧洲工人》(1878年2月中—3月中),见《马克思恩格斯全集》1963年版第19卷第154页。

5. 阶级妥协

应当努力暂时运用合法的斗争手段来应对局面。不仅我们这样做,凡是工人享有某种法定的活动自由的所有国家里的所有工人政党也都在这样做,原因很简单,那就是运用这种办法收效最大。

> 恩格斯:《给〈社会民主党人报〉读者的告别信》(1890年9月12—18日),见《马克思恩格斯文集》第4卷第401页。

在英国,革命以前的制度和革命以后的制度因袭相承,地主和资本家互相妥协,这表现在诉讼上仍然按前例行事,还虔诚地保留着一些封建的法律形式。

> 恩格斯:《〈社会主义从空想到科学的发展〉1892年英文版导言》(1892年4月20日),见《马克思恩格斯文集》第3卷第514页。

我们的党一旦掌握了国家政权,就应该干脆地剥夺大土地占有者,就像剥夺工厂主一样。这一剥夺是否要用赎买来实行,这大半不取决于我们,而取决于我们取得政权时的情况,尤其是也取决于大土地占有者先生们自己的态度。我们决不认为,赎买在任何情况下都是不容许的;马克思曾向我讲过(并且讲过好多次!)他的意见:假如我们能赎买下这整个匪帮,那对于我们最便宜不过了。

> 恩格斯:《法德农民问题》(1894年11月15—22日之间),见《马克思恩格斯文集》第4卷第529页。

世界历史的讽刺把一切都颠倒了过来。我们是"革命者"、"颠覆者",但是我们用合法手段却比用不合法手段和用颠覆的办法获得的成就多得多。

恩格斯:《卡·马克思〈1848 年至 1850 年的法兰西阶级斗争〉一书导言》(1895 年 2 月 14 日—3 月 6 日),见《马克思恩格斯文集》第 4 卷第 552 页。

(二)政党

1. 政党的经济、阶级基础和成功与分裂

……迄今为止在历史著作中根本不起作用或者只起极小作用的经济事实,至少在现代世界中是一个决定性的历史力量;这些经济事实形成了产生现代阶级对立的基础;这些阶级对立,在它们因大工业而得到充分发展的国家里,因而特别是在英国,又是政党形成的基础,党派斗争的基础,因而也是全部政治史的基础。

恩格斯:《关于共产主义者同盟的历史》(1885 年 10 月 8 日),见《马克思恩格斯文集》第 4 卷第 232 页。

任何党的领导都希望看到成功,这也是很好的。但是在某些情况下,需要有勇气为了更重要的事情而牺牲**一时的**成功。尤其是像我们这样的政党,它的最后的成功是绝对不成问题的,它在我们这一生中并且在我们眼前已获得了如此巨大的发展,所以它决不是始终无条件地需要一时的成功。

恩格斯:《致奥古斯特·倍倍尔》(1873 年 6 月 20 日),见《马克思恩格斯文集》第 10 卷第 391 页。

不过,每个大党都会有**一个**首要的阴谋家,即使你们摒弃了这个,仍然会出现另一个。

恩格斯:《致奥古斯特·倍倍尔》(1891 年 10 月 24—26 日),见《马克思恩格斯全集》1972 年版第 38 卷第 182 页。

第二章 论社会结构

如果意大利的社会党人宣布"阶级斗争"是我们生活的社会中压倒一切的因素,如果他们组成为"以夺取政权和领导全国事务为宗旨的政党",那么,他们是在进行名副其实的马克思主义宣传;他们是在严格遵循马克思和我在1848年发表的《共产党宣言》中所指出的路线;他们的活动就同法国、比利时、瑞士①、西班牙,尤其是德国的社会党完全一样。在这些政党中,没有一个党是不想夺取政权的,这正像其他政党,如保守党、自由党、共和党等等也想夺取政权一样。

> 恩格斯:《国际社会主义和意大利社会主义》(1894年10月27日),见《马克思恩格斯文集》第4卷第504—505页。

2. 政党的类型

(1) 资产阶级政党

正是在美国,同在任何其他国家中相比,"政治家们"都构成国民中一个更为特殊的更加富有权势的部分。在这个国家里,轮流执政的两大政党中的每一个政党,又是由这样一些人操纵的,这些人把政治变成一种生意,拿联邦国会和各州议会的议席来投机牟利,或是以替本党鼓动为生,在本党胜利后取得职位作为报酬。

> 恩格斯:《〈法兰西内战〉1891年版导言》(1891年3月18日以前),见《马克思恩格斯文集》第3卷第110页。

几天以前结束的议会选举向两个官方的政党——保守党和自由党——清楚地表明,今后他们对第三个政党即工人政党不能置之不理了。

> 恩格斯:《〈英国工人阶级状况〉1892年德文第二版序言》(1892年7月21日),见《马克思恩格斯文集》第1卷第379页。

自从大资产阶级以及辉格党贵族和大学思想家投向保守党阵营(开始于1848年之后,1867年改革后加强了,地方自治法案时期迈出了决定性的一步)之后,自由党主要成为这个多派别的国家中一切派别和宗派勾当的混合体。

---

① 在手稿中没有"瑞士"一词。——编者注

> 恩格斯：《致维克多·阿德勒》（1895 年 1 月 28 日），见《马克思恩格斯全集》1974 年版第 39 卷第 377 页。

（2）工人阶级政党

工人们在**英国**以**宪章派**为名，在北美以**民族改良派**为名分别形成政党，其战斗口号根本不是以**共和制代替君主制**，而是以**工人阶级的统治代替资产阶级的统治**。

> 马克思：《道德化的批评和批评化的道德》（1847 年 10 月底），见《马克思恩格斯全集》1958 年版第 4 卷第 336—337 页。

共产党人同全体无产者的关系是怎样的呢？

共产党人不是同其他工人政党相对立的特殊政党。

他们没有任何同整个无产阶级的利益不同的利益。

他们不提出任何特殊的①原则，用以塑造无产阶级的运动。

……在无产者不同的民族的斗争中，共产党人强调和坚持整个无产阶级共同的不分民族的利益；……

> 马克思和恩格斯：《共产党宣言》（1847 年 12 月—1848 年 1 月底），见《马克思恩格斯文集》第 2 卷第 44 页。

为了要达到自己的最终胜利，他们首先必须自己努力：他们应该认清自己的阶级利益，尽快采取自己独立政党的立场，一时一刻也不能因为听信民主派小资产者的花言巧语而动摇对无产阶级政党的独立组织的信念。他们的战斗口号应该是：不断革命。

> 马克思和恩格斯：《共产主义者同盟中央委员会告同盟书》（1850 年 3 月 24 日以前），见《马克思恩格斯文集》第 2 卷第 199 页。

---

① "特殊的"在 1888 年英文版中是"宗派的"。——编者注

第二章　论社会结构

夺取政权已成为工人阶级的伟大使命。工人们似乎已经了解到这一点，因为英国、德国、意大利和法国都同时活跃起来了，并且同时都在努力从政治上改组工人政党。

工人的一个成功因素就是他们的人数；但是只有当工人通过组织而联合起来并获得知识的指导时，人数才能起举足轻重的作用。过去的经验证明：忽视在各国工人间应当存在的兄弟团结，忽视那应该鼓励他们在解放斗争中坚定地并肩作战的兄弟团结，就会使他们受到惩罚，——使他们分散的努力遭到共同的失败。

马克思：《国际工人协会成立宣言》（1864年10月21日—27日之间），见《马克思恩格斯文集》第3卷第13—14页。

无产阶级在反对有产阶级联合力量的斗争中，只有把自身组织成为与有产阶级建立的一切旧政党不同的、相对立的政党，才能作为一个阶级来行动。

为保证社会革命获得胜利和实现革命的最高目标——消灭阶级，无产阶级这样组织成为政党是必要的。

马克思：《国际工人协会共同章程》（1871年9月底10月初—11月6日），见《马克思恩格斯文集》第3卷第228页。

德国社会民主工党，正**因为**它是**工人政党**，所以必然推行"阶级政治"，即工人阶级的政治。既然每个政党都力求取得在国家中的统治，所以德国社会民主工党就必然力求争得**自己**的统治，工人阶级的统治，即"阶级统治"。而且，**每个**真正的无产阶级政党，从英国宪章派起，总是把阶级政治，把无产阶级组织成为独立政党当做首要条件，把无产阶级专政当做斗争的最近目的。

恩格斯：《论住宅问题》（1872年5月—1873年1月），见《马克思恩格斯文集》第3卷第312页。

看来，一个大国的**任何**工人政党，只有在内部斗争中才能发展起来，这是符合一般辩证发展规律的。

恩格斯:《致爱德华·伯恩施坦》(1882年10月20日),见《马克思恩格斯文集》第10卷第483页。

无产阶级要在决定关头强大到足以取得胜利,就必须(马克思和我从1847年以来就坚持这种立场)组成一个不同于其他所有政党并与它们对立的特殊政党,一个自觉的阶级政党。

恩格斯:《致格尔松·特里尔》(1889年12月18日),见《马克思恩格斯文集》第10卷第578页。

每一个党的生存和发展通常伴随着党内较为温和的派别和较为极端的派别的发展和相互斗争,谁如果不由分说地开除较为极端的派别,那只会促进这个派别的发展。

恩格斯:《致格尔松·特里尔》(1889年12月18日),见《马克思恩格斯文集》第10卷第580页。

在改革运动中,工人是改革派的激进的一翼;当1832年的法案剥夺工人的选举权的时候,他们就把自己的要求写进人民宪章,并组成一个独立的政党,即宪章派,以对抗强大的资产阶级反谷物法同盟。这是近代第一个工人政党。

恩格斯:《〈社会主义从空想到科学的发展〉1892年英文版导言》(1892年4月20日),见《马克思恩格斯文集》第3卷第516—517页。

我坚决否认任何国家的社会主义工人政党有任务除了吸收农村无产者和小农以外,还将中农和大农,或者甚至将大地产租佃者、资本主义畜牧主以及其他按资本主义方式经营国内土地的人,也都吸收到自己的队伍中来。……我们党内可以有来自任何社会阶级的个人,但是我们绝对不需要任何代表资本家、中等资产阶级或中等农民的利益的集团。

第二章　论社会结构

> 恩格斯:《法德农民问题》(1894 年 11 月 15—22 日之间),见《马克思恩格斯文集》第 4 卷第 519 页。

(三) 国家

1. 国家的起源

随着分工的发展也产生了单个人的利益或单个家庭的利益与所有互相交往的个人的共同利益之间的矛盾;……

正是由于特殊利益和共同利益之间的这种矛盾,共同利益才采取**国家**这种与实际的单个利益和全体利益相脱离的独立形式,同时采取虚幻的共同体的形式,……

> 马克思和恩格斯:《德意志意识形态》(1845 年秋—1846 年 5 月),见《马克思恩格斯文集》第 1 卷第 536 页。

在社会发展的某个很早的阶段,产生了这样一种需要:把每天重复着的产品生产、分配和交换用一个共同规则约束起来,借以使个人服从生产和交换的共同条件。这个规则首先表现为习惯,不久便成了**法律**。随着法律的产生,就必然产生出以维护法律为职责的机关——公共权力,即国家。

> 恩格斯:《论住宅问题》(1872 年 5 月—1873 年 1 月),见《马克思恩格斯文集》第 3 卷第 322 页。

……国家是社会在一定发展阶段上的产物;国家是承认:这个社会陷入了不可解决的自我矛盾,分裂为不可调和的对立面而又无力摆脱这些对立面。而为了使这些对立面,这些经济利益互相冲突的阶级,不致在无谓的斗争中把自己和社会消灭,就需要有一种表面上凌驾于社会之上的力量,这种力量应当缓和冲突,把冲突保持在"秩序"的范围以内;这种从社会中产生但又自居于社会之上并且日益同社会相异化的力量,就是国家。

> 恩格斯:《家庭、私有制和国家的起源》(1884 年 3 月底—5 月底),见《马克思恩格斯文集》第 4 卷第 189 页。

所以，国家并不是从来就有的。曾经有过不需要国家，而且根本不知国家和国家权力为何物的社会。在经济发展到一定阶段而必然使社会分裂为阶级时，国家就由于这种分裂而成为必要了。

恩格斯：《家庭、私有制和国家的起源》
（1884 年 3 月底—5 月底），见《马克思恩
格斯文集》第 4 卷第 193 页。

国家作为第一个支配人的意识形态力量出现在我们面前。社会创立一个机关来保护自己的共同利益，免遭内部和外部的侵犯。这种机关就是国家政权。它刚一产生，对社会来说就是独立的，而且它越是成为某个阶级的机关，越是直接地实现这一阶级的统治，它就越独立。

恩格斯：《路德维希·费尔巴哈和德国古
典哲学的终结》（1886 年初），见《马克
思恩格斯文集》第 4 卷第 307—308 页。

从分工的观点来看问题最容易理解。社会产生它不能缺少的某些共同职能。被指定执行这种职能的人，形成**社会内部**分工的一个新部门。这样，他们也获得了同授权给他们的人相对立的特殊利益，他们同这些人相对立而独立起来，于是就出现了国家。

恩格斯：《致康拉德·施米特》（1890 年
10 月 27 日），见《马克思恩格斯文集》
第 10 卷第 596 页。

2. 国家的形式

国家的最高形式，民主共和国，在我们现代的社会条件下正日益成为一种不可避免的必然性，它是无产阶级和资产阶级之间的最后决定性斗争只能在其中进行到底的国家形式——这种民主共和国已经不再正式讲什么财产差别了。

恩格斯：《家庭、私有制和国家的起源》
（1844 年 3 月底—5 月底），见《马克思恩
格斯文集》第 4 卷第 192 页。

第二章 论社会结构

现代资产阶级社会有其与本身适应的立宪或共和的代议制国家形式。

马克思:《道德化的批评和批评化的道德》（1847年10月底），见《马克思恩格斯全集》1958年版第4卷第337页。

其次，民主派或者将直接力争建立联邦共和国，或者，如果他们无法回避建立一个统一而不可分割的共和国，至少也将设法赋予各乡镇和各省区以尽量大的独立自主权，从而使中央政府陷于瘫痪状态。工人应该反对这种意图，不仅要力求建立统一而不可分割的德意志共和国，而且还要极其坚决地把这个共和国的权力集中在国家政权手中。……目前在德国实行最严格的中央集权制是真正革命党的任务。

马克思和恩格斯:《共产主义者同盟中央委员会告同盟书》（1850年3月24日以前），见《马克思恩格斯文集》第2卷第197页。

3. 国家的本质

有产阶级，即土地贵族和资产者，使劳动人民处于被奴役的地位，这不仅靠他们的财富的力量，不仅靠资本对劳动的剥削，而且还靠国家的力量，靠军队、官僚和法庭。

恩格斯:《致国际工人协会西班牙联合会委员会》（1871年2月13日），见《马克思恩格斯文集》第3卷第92页。

国家是整个社会的正式代表，是社会在一个有形的组织中的集中表现，但是，说国家是这样的，这仅仅是说，它是当时独自代表整个社会的那个阶级的国家：在古代是占有奴隶的公民的国家，在中世纪是封建贵族的国家，在我们的时代是资产阶级的国家。

恩格斯:《反杜林论》（1876年9月—1878年6月），见《马克思恩格斯文集》第9卷第297页。

现代国家，不管它的形式如何，本质上都是资本主义的机器，资本家的国家，理想的总资本家。它越是把更多的生产力据为己有，就越是成为真正的总资本家，越是剥削更多的公民。

恩格斯：《社会主义从空想到科学的发展》（1880年1月—3月上半月），见《马克思恩格斯文集》第3卷第559—560页。

我们已经看到，国家的本质特征，是和人民大众分离的公共权力。

恩格斯：《家庭、私有制和国家的起源》（1884年3月底—5月底），见《马克思恩格斯文集》第4卷第135页。

由于国家是从控制阶级对立的需要中产生的，由于它同时又是在这些阶级的冲突中产生的，所以，它照例是最强大的、在经济上占统治地位的阶级的国家，这个阶级借助于国家而在政治上也成为占统治地位的阶级，因而获得了镇压和剥削被压迫阶级的新手段。因此，古希腊罗马时代的国家首先是奴隶主用来镇压奴隶的国家，封建国家是贵族用来镇压农奴和依附农的机关，现代的代议制的国家是资本剥削雇佣劳动的工具。但也例外地有这样的时期，那时互相斗争的各阶级达到了这样势均力敌的地步，以致国家权力作为表面上的调停人而暂时得到了对于两个阶级的某种独立性。17世纪和18世纪的专制君主制，就是这样，……

恩格斯：《家庭、私有制和国家的起源》（1884年3月底—5月底），见《马克思恩格斯文集》第4卷第191页。

国家是文明社会的概括，它在一切典型的时期毫无例外地都是统治阶级的国家，并且在一切场合在本质上都是镇压被压迫被剥削阶级的机器。

恩格斯：《家庭、私有制和国家的起源》（1884年3月底—5月底），见《马克思恩格斯文集》第4卷第195页。

但是，既然甚至在拥有巨量生产资料和交往手段的现代，国家都不是一个具有独立发展的独立领域，而它的存在和发展归根到底都应该从社会

第二章 论社会结构

的经济生活条件中得到解释,……国家总的说来还只是以集中的形式反映了支配着生产的阶级的经济需要,……

恩格斯:《路德维希·费尔巴哈和德国古典哲学的终结》(1886 年初),见《马克思恩格斯文集》第 4 卷第 306 页。

4. 国家的类型

在古代是占有奴隶的公民的国家,在中世纪是封建贵族的国家,在我们的时代是资产阶级的国家。

恩格斯:《反杜林论》(1876 年 9 月—1878 年 6 月),见《马克思恩格斯文集》第 9 卷第 297 页。

(1) 前资本主义国家

议事会规定由 400 人组成,每一部落为 100 人;因此在这里,部落依然是基础。

恩格斯:《家庭、私有制和国家的起源》(1844 年 3 月底—5 月底),见《马克思恩格斯文集》第 4 卷第 132 页。

结果组成了雅典国家,它是由 10 个部落所选出的 500 名代表组成的议事会来管理的,最后一级的管理权属于人民大会,每个雅典公民都可以参加这个大会并享有投票权;此外,有执政官和其他官员掌管各行政部门和司法事务。在雅典没有总揽执行权力的最高官员。

恩格斯:《家庭、私有制和国家的起源》(1844 年 3 月底—5 月底),见《马克思恩格斯文集》第 4 卷第 135 页。

雅典在当时只有一支国民军和一支直接由人民提供的舰队,它们被用来抵御外敌和压制当时已占人口绝大多数的奴隶。对于公民,这种公共权力起初只不过作为警察而存在,警察和国家一样古老,所以 18 世纪的质朴的法国人就不讲文明民族而讲警察民族(nations policées)。

雅典人国家的产生乃是一般国家形成的一种非常典型的例子，一方面，因为它的形成过程非常纯粹，没有受到任何外来的或内部的暴力干涉⋯⋯，另一方面，因为它使一个具有很高发展形态的国家，民主共和国，直接从氏族社会中产生；⋯⋯

恩格斯：《家庭、私有制和国家的起源》(1844年3月底—5月底)，见《马克思恩格斯文集》第4卷第135页。

恩格斯：《家庭、私有制和国家的起源》(1844年3月底—5月底)，见《马克思恩格斯文集》第4卷第136页。

这样，在罗马也是在所谓王政被废除之前，以个人血缘关系为基础的古代社会制度就已经被炸毁了，代之而起的是一个新的、以地区划分和财产差别为基础的真正的国家制度。

恩格斯：《家庭、私有制和国家的起源》(1844年3月底—5月底)，见《马克思恩格斯文集》第4卷第147页。

古代的公社，在它们继续存在的地方，从印度到俄国，在数千年中曾经是最野蛮的国家形式即东方专制制度的基础。

恩格斯：《反杜林论》(1876年9月—1878年6月)，见《马克思恩格斯文集》第9卷第189页。

(2) 资产阶级国家

资产阶级在社会上上升为第一阶级以后，它也就在政治上宣布自己是第一阶级。它是通过实行代议制而做到这一点的。代议制是以资产阶级的在法律面前平等和法律承认自由竞争为基础的。这种制度在欧洲各国采取立宪君主制的形式。在这种立宪君主制的国家里，只有拥有一定资本的人即资产者，才有选举权。这些资产者选民选出议员，而这些资产者议员可以运用拒绝纳税的权利，选出资产者政府。

第二章 论社会结构

> 恩格斯:《共产主义原理》(1847年10月底—11月),见《马克思恩格斯文集》第1卷第681页。

现代的国家政权不过是管理整个资产阶级的共同事务的委员会罢了。

> 马克思和恩格斯:《共产党宣言》(1847年12月—1848年1月底),见《马克思恩格斯文集》第2卷第33页。

但是,不同的文明国度中的不同的国家,不管它们的形式如何纷繁,却有一个共同点:它们都建立在现代资产阶级社会的基础上,只是这种社会的资本主义发展程度不同罢了。

> 马克思:《哥达纲领批判》(1875年4月底—5月7日),见《马克思恩格斯文集》第3卷第444页。

而现代国家也只是资产阶级社会为了维护资本主义生产方式的一般外部条件使之不受工人和个别资本家的侵犯而建立的组织。现代国家,不管它的形式如何,本质上都是资本主义的机器,资本家的国家,理想的总资本家。它越是把更多的生产力据为己有,就越是成为真正的总资本家,越是剥削更多的公民。

> 恩格斯:《社会主义从空想到科学的发展》(1880年1月—3月上半月),见《马克思恩格斯文集》第3卷第559—560页。

(3) 无产阶级国家

公社必须由各区全民投票选出的市政委员组成(因为巴黎是公社的首倡者和楷模,我们应引为范例),这些市政委员对选民负责,随时可以罢免。其中大多数自然会是工人,或者是公认的工人阶级代表。它不应当是议会式的,而应当是同时兼管行政和立法的工作机关。警察不再是中央政府的工具,而应成为公社的勤务员,像其他所有行政部门的公职人员一样由公社任命,而且随时可以罢免;一切公职人员像公社委员一样,其工作报酬只能相当于工人的工资。法官也应该由选举产生,可以罢免,并且对选民负责。一切有关社会生活事务的创议权都由公社掌握。总之，一切社会公职，甚至原应属于中央政府的为数不多的几项职能，都要由公社的勤务员执行，从而也就处在公社的监督之下。

马克思：《法兰西内战》（1871 年 5 月），见《马克思恩格斯文集》第 3 卷第 222 页。

在资本主义社会和共产主义社会之间，有一个从前者变为后者的革命转变时期。同这个时期相适应的也有一个政治上的过渡时期，这个时期的国家只能是**无产阶级的革命专政**。

马克思：《哥达纲领批判》（1875 年 4 月底—5 月 7 日），见《马克思恩格斯文集》第 3 卷第 445 页。

如果说有什么是毋庸置疑的，那就是，我们的党和工人阶级只有在民主共和国这种形式下，才能取得统治。民主共和国甚至是无产阶级专政的特殊形式，法国大革命已经证明了这一点。

恩格斯：《1891 年社会民主党纲领草案批判》（1891 年 6 月 18—29 日之间），见《马克思恩格斯文集》第 4 卷第 415 页。

5. 国家的职能

现代的**资产阶级**财产关系靠国家权力来"维持"，资产阶级建立国家权力就是为了保卫自己的财产关系。因此，哪里的政权落到资产阶级手里，哪里的无产者就必须将它推翻。

马克思：《道德化的批评和批评化的道德》（1847 年 10 月），见《马克思恩格斯全集》1958 年版第 4 卷第 331 页。

在亚洲，从远古的时候起一般说来就只有三个政府部门：财政部门，或者说，对内进行掠夺的部门；战争部门，或者说，对外进行掠夺的部门；最后是公共工程部门。……所以亚洲的一切政府都不能不执行一种经济职能，即举办公共工程的职能。

> 马克思：《不列颠在印度的统治》（1853年6月7—10日之间），见《马克思恩格斯文集》第2卷第679页。

军队①是国家为了进攻或防御而维持的有组织的武装集团。

> 恩格斯：《军队》（1857年8月—不迟于9月24日），见《马克思恩格斯全集》1964年版第14卷第5页。

……政治统治到处都是以执行某种社会职能为基础，而且政治统治只有在它执行了它的这种社会职能时才能持续下去。

> 恩格斯：《反杜林论》（1876年9月—1878年6月），见《马克思恩格斯文集》第9卷第187页。

无论在任何情况下，无论有或者没有托拉斯，资本主义社会的正式代表——国家终究不得不承担起对生产的管理。

> 恩格斯：《社会主义从空想到科学的发展》（1880年1月—3月上半月），见《马克思恩格斯文集》第3卷第558页。

实际上，国家无非是一个阶级镇压另一个阶级的机器，而且在这一点上民主共和国并不亚于君主国。

> 恩格斯：《〈法兰西内战〉1891年版导言》（1891年3月18日以前），见《马克思恩格斯文集》第3卷第111页。

6. 国家的消亡

［见第七章第四节《关于共产主义高级阶段的预见》中的《（九）阶级

---

① 军队是国家的主要成分。——本书编者注

消灭，国家消亡，私人家务消失，各个民族大融合》]

（四）政治制度

1. 政治制度决定于又反作用于经济制度

由此可见，资产阶级赖以形成的生产资料和交换手段，是在封建社会里造成的。在这些生产资料和交换手段发展的一定阶段上，封建社会的生产和交换在其中进行的关系，封建的农业和工场手工业组织，一句话，封建的所有制关系，就不再适应已经发展的生产力了。这种关系已经在阻碍生产而不是促进生产了。它变成了束缚生产的桎梏。它必须被炸毁，它已经被炸毁了。

起而代之的是自由竞争以及与自由竞争相适应的社会制度和政治制度、资产阶级的经济统治和政治统治。

> 马克思和恩格斯：《共产党宣言》（1847年12月—1848年1月底），见《马克思恩格斯文集》第2卷第36—37页。

政治权力在对社会独立起来并且从公仆变为主人以后，可以朝两个方向起作用。或者它按照合乎规律的经济发展的精神和方向发生作用，在这种情况下，它和经济发展之间没有任何冲突，经济发展加快速度。或者它违反经济发展而发生作用，在这种情况下，除去少数例外，它照例总是在经济发展的压力下陷于崩溃。

> 恩格斯：《反杜林论》（1876年9月—1878年6月），见《马克思恩格斯文集》第9卷第190页。

总的说来，经济运动会为自己开辟道路，但是它也必定要经受它自己所确立的并且具有相对独立性的政治运动的反作用，即国家权力的以及和它同时产生的反对派的运动的反作用。

> 恩格斯：《致康拉德·施米特》（1890年10月27日），见《马克思恩格斯文集》第10卷第597页。

第二章　论社会结构

如果政治权力在经济上是无能为力的,那么我们何必要为无产阶级的政治专政而斗争呢?暴力(即国家权力)也是一种经济力量!

> 恩格斯:《致康拉德·施米特》(1890年10月27日),见《马克思恩格斯文集》第10卷第600—601页。

一切政府,甚至最专制的政府,**归根到底**都不过是本国状况的经济必然性的执行者。它们可以通过各种方式——好的、坏的或不好不坏的——来执行这一任务;它们可以加速或延缓经济发展及其政治和法律的结果,可是最终它们还是要遵循这种发展。

> 恩格斯:《致尼古拉·弗兰策维奇·丹尼尔逊》(1892年6月18日),见《马克思恩格斯文集》第10卷第626页。

2. 君主制度是使人不成其为人的政治制度

民主制是作为类概念的国家制度。君主制则只是国家制度的一种,并且是不好的一种。

> 马克思:《黑格尔法哲学批判》(1843年夏天),见《马克思恩格斯全集》1956年版第1卷第280页。

在君主制中,整体,即人民,从属于他们存在的一种方式,即他们的政治制度。

> 马克思:《黑格尔法哲学批判》(1843年夏天),见《马克思恩格斯全集》1956年版第1卷第281页。

在君主制中是国家制度的人民;在民主制中则是人民的国家制度。

> 马克思:《黑格尔法哲学批判》(1843年夏天),见《马克思恩格斯全集》1956年版第1卷第281页。

专制制度的唯一原则就是轻视人类,使人不成其为人,而这个原则比其他很多原则好的地方,就在于它不单是一个原则,而且还是事实。

马克思:《摘自〈德法年鉴〉的书信》(1843年5月),见《马克思恩格斯全集》1956年版第1卷第411页。

君主政体的原则总的说来就是轻视人,蔑视人,**使人不成其为人**;而孟德斯鸠认为君主政体的原则是荣誉,他完全错了。

马克思:《摘自〈德法年鉴〉的书信》(1843年5月),见《马克思恩格斯全集》1956年版第1卷第411页。

专制制度必然具有兽性,并且和人性是不相容的。兽的关系只能靠兽性来维持。

马克思:《摘自〈德法年鉴〉的书信》(1843年5月),见《马克思恩格斯全集》1956年版第1卷第414页。

3. 资产阶级的政治制度仍然是阶级压迫制度

资产阶级通常十分喜欢分权制,特别是喜欢代议制,但资本在工厂法典中却通过私人立法独断地确立了对工人的专制。

马克思:《资本论》第1卷(1867年),见《马克思恩格斯文集》第5卷第488页。

不应该忘记,资产阶级统治的**彻底的**形式正是民主共和国,虽然这种共和国由于无产阶级已经达到的发展水平而面临严重的危险,但是,像在法国和美国所表明的那样,它作为单纯的资产阶级统治,总还是可能的。……不过无论如何,民主共和国毕竟是资产阶级统治的**最后**形式;资产阶级统治将在这种形式下走向灭亡。

第二章 论社会结构

> 恩格斯:《致爱德华·伯恩施坦》(1884年3月24日),见《马克思恩格斯文集》第10卷第514—515页。

共和国像其他任何政体一样,是由它的内容决定的;只要它是**资产阶级**的统治形式,它就同任何君主国一样敌视我们(撇开敌视的**形式**不谈)。

> 恩格斯:《致保尔·拉法格》(1894年3月6日),见《马克思恩格斯文集》第10卷第671页。

4. 无产阶级的政治制度是人民民主制度

黑格尔从国家出发,把人变成主体化的国家。民主制从人出发,把国家变成客体化的人。正如同不是宗教创造人而是人创造宗教一样,不是国家制度创造人民,而是人民创造国家制度。

> 马克思:《黑格尔法哲学批判》(1843年夏天),见《马克思恩格斯全集》1956年版第1卷第281页。

在民主制中,不是人为法律而存在,而是法律为人而存在;在这里**人的存在**就是法律,而在国家制度的其他形式中,人却是**法律规定的存在**。民主制的基本特点就是这样。

> 马克思:《黑格尔法哲学批判》(1843年夏天),见《马克思恩格斯全集》1956年版第1卷第281页。

……人民是否有权来为自己建立新的国家制度呢?对这个问题的回答应该是绝对肯定的,因为国家制度如果不再真正表现人民的意志,那它就变成有名无实的东西了。

> 马克思:《黑格尔法哲学批判》(1843年夏天),见《马克思恩格斯全集》1956年版第1卷第316页。

首先无产阶级革命将建立**民主的国家制度**,从而直接或间接地建立无产阶级的政治统治。

恩格斯：《共产主义原理》（1847年10月底—11月），见《马克思恩格斯文集》第1卷第685页。

……工人阶级一旦取得统治权，就不能继续运用旧的国家机器来进行管理；工人阶级为了不致失去刚刚争得的统治，一方面应当铲除全部旧的、一直被利用来反对工人阶级的压迫机器，另一方面还应当保证本身能够防范自己的代表和官吏，即宣布他们毫无例外地可以随时撤换。

恩格斯：《〈法兰西内战〉1891年版导言》（1891年3月18日以前），见《马克思恩格斯文集》第3卷第110页。

为了防止国家和国家机关由社会公仆变为社会主人——这种现象在至今所有的国家中都是不可避免的——公社采取了两个可靠的办法。第一，它把行政、司法和国民教育方面的一切职位交给由普选选出的人担任，而且规定选举者可以随时撤换被选举者。第二，它对所有公职人员，不论职位高低，都只付给跟其他工人同样的工资。

恩格斯：《〈法兰西内战〉1891年版导言》（1891年3月18日以前），见《马克思恩格斯文集》第3卷第110—111页。

公社是由巴黎各区通过普选选出的市政委员组成的。这些委员对选民负责，随时可以罢免。其中大多数自然都是工人或公认的工人阶级代表。公社是一个实干的而不是议会式的机构，它既是行政机关，同时也是立法机关。

马克思：《法兰西内战》（1871年5月30日），见《马克思恩格斯文集》第3卷第154页。

法官的虚假的独立性被取消，这种独立性只是他们用来掩盖自己向历届政府奴颜谄媚的假面具，而他们对于那些政府是依次宣誓尽忠，然后又依次背叛的。法官和审判官，也如其他一切公务人员一样，今后均由选举产生，对选民负责，并且可以罢免。

第二章　论社会结构

> 马克思:《法兰西内战》(1871年5月30日),见《马克思恩格斯文集》第3卷第155页。

每一个地区的农村公社,通过设在中心城镇的代表会议来处理它们的共同事务;这些地区的各个代表会议又向设在巴黎的国民代表会议派出代表,每一个代表都可以随时罢免,并受到选民给予他的限权委托书(正式指令)的约束。

> 马克思:《法兰西内战》(1871年5月30日),见《马克思恩格斯文集》第3卷第155页。

普选权不是为了每三年或六年决定一次由统治阶级中什么人在议会里当人民的假代表,而是为了服务于组织在公社里的人民,正如个人选择权服务于任何一个为自己企业招雇工人和管理人员的雇主一样。

> 马克思:《法兰西内战》(1871年5月30日),见《马克思恩格斯文集》第3卷第156页。

公社的真正秘密就在于:它实质上是工人阶级的政府,是生产者阶级同占有者阶级斗争的产物,是终于发现的可以使劳动在经济上获得解放的政治形式。

> 马克思:《法兰西内战》(1871年5月30日),见《马克思恩格斯文集》第3卷第158页。

公社——这是社会把国家政权重新收回,把它从统治社会、压制社会的力量变成社会本身的充满生气的力量;这是人民群众把国家政权重新收回,他们组成自己的力量去代替压迫他们的有组织的力量;这是人民群众获得社会解放的政治形式,这种政治形式代替了被人民群众的敌人用来压迫他们的假托的社会力量(即被人民群众的压迫者所篡夺的力量)(原为人民群众自己的力量,但被组织起来反对和打击他们)。

> 马克思:《法兰西内战》(1871 年 4 月中—5 月上半月),见《马克思恩格斯文集》第 3 卷第 195 页。

普选权在此以前一直被滥用,或者被当做议会批准神圣国家政权的工具,或者被当做统治阶级手中的玩物,只是让人民每隔几年行使一次,来选举议会制下的阶级统治的工具;而现在,普选权已被应用于它的真正目的:由各公社选举它们的行政的和创制法律的公职人员。

> 马克思:《法兰西内战》(1871 年 4 月中—5 月上半月),见《马克思恩格斯文集》第 3 卷第 196 页。

四、关于社会意识结构

(一) 社会意识与社会存在的关系

1. 社会存在决定社会意识

思想、观念、意识的生产最初是直接与人们的物质活动,与人们的物质交往,与现实生活的语言交织在一起的。人们的想象、思维、精神交往在这里还是人们物质行动的直接产物。表现在某一民族的政治、法律、道德、宗教、形而上学等的语言中的精神生产也是这样。

> 马克思和恩格斯:《德意志意识形态》(1845 年秋—1846 年 5 月),见《马克思恩格斯文集》第 1 卷第 524 页。

意识 [das Bewuβtsein] 在任何时候都只能是被意识到了的存在 [das bewuβteSein],而人们的存在就是他们的现实生活过程。

> 马克思和恩格斯:《德意志意识形态》(1845 年秋—1846 年 5 月),见《马克思恩格斯文集》第 1 卷第 525 页。

人们的观念、观点和概念,一句话,人们的意识,随着人们的生活条件、人们的社会关系、人们的社会存在的改变而改变,这难道需要经过深思才能了解吗?

> 马克思和恩格斯:《共产党宣言》(1847年12月—1848年1月底),见《马克思恩格斯文集》第2卷第50—51页。

物质生活的生产方式制约着整个社会生活、政治生活和精神生活的过程。不是人们的意识决定人们的存在,相反,是人们的社会存在决定人们的意识。

> 马克思:《〈政治经济学批判〉序言》(1859年1月),见《马克思恩格斯文集》第2卷第591页。

人们的意识取决于人们的存在而不是相反,这个原理看来很简单,但是仔细考察一下也会立即发现,这个原理的最初结论就给一切唯心主义,甚至给最隐蔽的唯心主义当头一棒。关于一切历史的东西的全部传统的和习惯的观点都被这个原理否定了。

> 恩格斯:《卡尔·马克思〈政治经济学批判。第一分册〉》(1859年8月3—15日),见《马克思恩格斯文集》第2卷第598页。

2. 社会意识对社会存在的反作用

……物质存在方式虽然是始因,但是这并不排斥思想领域也反过来对物质存在方式起作用,……

> 恩格斯:《致康拉德·施米特》(1890年8月5日),见《马克思恩格斯文集》第10卷第586页。

与此有关的还有意识形态家们的一个愚蠢观念。这就是:因为我们否认在历史中起作用的各种意识形态领域有独立的历史发展,所以我们也否认它们对**历史**有任何**影响**。这是由于通常把原因和结果非辩证地看做僵硬对立的两极，完全忘记了相互作用。这些先生们常常几乎是故意地忘记，一种历史因素一旦被其他的、归根到底是经济的原因造成了，它也就起作用，就能够对它的环境，甚至对产生它的原因发生反作用。

恩格斯:《致弗兰茨·梅林》(1893 年 7 月 14 日)，见《马克思恩格斯文集》第 10 卷第 659 页。

政治、法、哲学、宗教、文学、艺术等等的发展是以经济发展为基础的。但是，它们又都互相作用并对经济基础发生作用。这并不是说，只有经济状况才是**原因**，**才是积极**的，其余一切都不过是消极的结果，而是说，这是在**归根到底**不断为自己开辟道路的经济必然性的基础上的相互作用。

恩格斯:《致瓦尔特·博尔吉乌斯》(1894 年 1 月 25 日)，见《马克思恩格斯文集》第 10 卷第 668 页。

3. 阶级社会的社会意识具有阶级性

统治阶级的思想在每一时代都是占统治地位的思想。

马克思和恩格斯:《德意志意识形态》(1845 年秋—1846 年 5 月)，见《马克思恩格斯文集》第 1 卷第 550 页。

在不同的财产形式上，在社会生存条件上，耸立着由各种不同的，表现独特的情感、幻想、思想方式和人生观构成的整个上层建筑。整个阶级在其物质条件和相应的社会关系的基础上创造和构成这一切。

马克思:《路易·波拿巴的雾月十八日》(1851 年 12 月中—1852 年 3 月 25 日)，见《马克思恩格斯文集》第 2 卷第 498 页。

使他们成为小资产者代表人物的是下面这样一种情况：他们的思想不能越出小资产者的生活所越不出的界限，因此他们在理论上得出的任务和解决办法，也就是小资产者的物质利益和社会地位在实际生活上引导他们得出的任务和解决办法。一般说来，一个阶级的**政治代表**和**著作界代表**同

第二章 论社会结构

他们所代表的阶级之间的关系，都是这样。

> 马克思：《路易·波拿巴的雾月十八日》（1851年12月中—1852年3月25日），见《马克思恩格斯文集》第2卷第501页。

4. 社会意识对社会存在的相对独立性

旧氏族时代的道德影响、传统的观点和思想方式，还保存了很久才逐渐消亡下去。

> 恩格斯：《家庭、私有制和国家的起源》（1844年3月底—5月底），见《马克思恩格斯文集》第4卷第135页。

毫不奇怪，各个世纪的社会意识，尽管形形色色、千差万别，总是在某些共同的形式中运动的，这些形式，这些意识形式，只有当阶级对立完全消失的时候才会完全消失。

> 马克思和恩格斯：《共产党宣言》（1847年12月—1848年1月底），见《马克思恩格斯文集》第2卷第51—52页。

一切已死的先辈们的传统，像梦魇一样纠缠着活人的头脑。

> 马克思：《路易·波拿巴的雾月十八日》（1851年12月中—1852年3月25日），见《马克思恩格斯文集》第2卷第471页。

过时的东西总是力图在新生的形式中得到恢复和巩固。

> 马克思：《致弗里德里希·波尔特》（1871年11月23日），见《马克思恩格斯文集》第10卷第367页。

传统是一种巨大的阻力，是历史的惯性力，但是它是消极的，所以一定要被摧毁；……

>恩格斯：《〈社会主义从空想到科学的发展〉1892年英文版导言》（1892年4月20日），见《马克思恩格斯文集》第3卷第521页。

（二）社会意识形式的类别

1. 政治思想和法律思想

（1）政治法律思想根源于物质生活关系

你们的观念本身是资产阶级的生产关系和所有制关系的产物，正像你们的法不过是被奉为法律的你们这个阶级的意志一样，而这种意志的内容是由你们这个阶级的物质生活条件来决定的。

>马克思恩格斯：《共产党宣言》（1847年12月—1848年1月底），见《马克思恩格斯文集》第2卷第48页。

我的研究得出这样一个结果：法的关系正像国家的形式一样，既不能从它们本身来理解，也不能从所谓人类精神的一般发展来理解，相反，它们根源于物质的生活关系，……现存生产关系或财产关系（这只是生产关系的法律用语）……

>马克思：《〈政治经济学批判〉序言》（1959年1月），见《马克思恩格斯文集》第2卷第591页。

这种具有契约形式的（不管这种契约是不是用法律固定下来的）法的关系，是一种反映着经济关系的意志关系。这种法的关系或意志关系的内容是由这种经济关系本身决定的。

>马克思：《资本论》第1卷（1867年），见《马克思恩格斯文集》第5卷第103页。

随着法律的产生，就必然产生出以维护法律为职责的机关——公共权力，即国家。随着社会的进一步发展，法律进一步发展为或多或少广泛

第二章　论社会结构

的立法。

> 恩格斯：《论住宅问题》（1872年5月—1873年1月），见《马克思恩格斯文集》第3卷第322页。

（2）政治思想和法律思想随着社会经济制度的改变而改变

旧法律是从这些旧社会关系中产生出来的，它们也必然同旧社会关系一起消亡。它们不可避免地要随着生活条件的变化而变化。

> 马克思：《对民主主义者莱茵区域委员会的审判》（1849年2月8日），见《马克思恩格斯全集》1961年版第6卷第292页。

这一法典一旦不再适应社会关系，它就会变成一叠不值钱的废纸。

> 马克思：《对民主主义者莱茵区域委员会的审判》（1849年2月8日），见《马克思恩格斯全集》1961年版第6卷第292页。

（3）政治法律思想的社会作用

经济关系反映为法的原则，同样必然是一种头足倒置的反映。

……而这种颠倒——在它没有被认识的时候构成我们称之为**意识形态观点**的那种东西——又对经济基础发生反作用，并且能在某种限度内改变经济基础，我认为这是不言而喻的。

> 恩格斯：《致康拉德·施米特》（1890年10月27日），见《马克思恩格斯文集》第10卷第598页。

政治、法、哲学、宗教、文学、艺术等等的发展是以经济发展为基础的。但是，它们又都互相作用并对经济基础发生作用。

> 恩格斯：《致瓦尔特·博尔吉乌斯》（1894年1月25日），见《马克思恩格斯文集》第10卷第668页。

2. 道德

(1) 道德是当时社会经济状况的产物

现代社会的三个阶级即封建贵族、资产阶级和无产阶级都各有自己的特殊的道德，那么我们由此只能得出这样的结论：人们自觉地或不自觉地，归根到底总是从他们阶级地位所依据的实际关系中——从他们进行生产和交换的经济关系中，获得自己的伦理观念。

恩格斯：《反杜林论》（1876 年 9 月—1878 年 6 月），见《马克思恩格斯文集》第 9 卷第 99 页。

我们拒绝想把任何道德教条当做永恒的、终极的、从此不变的伦理规律强加给我们的一切无理要求，这种要求的借口是，道德世界也有凌驾于历史和民族差别之上的不变的原则。相反，我们断定，一切以往的道德论归根到底都是当时的社会经济状况的产物。

恩格斯：《反杜林论》（1876 年 9 月—1878 年 6 月），见《马克思恩格斯文集》第 9 卷第 99 页。

(2) 道德的阶级性和继承性

而社会直到现在是在阶级对立中运动的，所以道德始终是阶级的道德；它或者为统治阶级的统治和利益辩护，或者当被压迫阶级变得足够强大时，代表被压迫者对这个统治的反抗和他们的未来利益。……只有在不仅消灭了阶级对立，而且在实际生活中也忘却了这种对立的社会发展阶段上，超越阶级对立和超越这种对立的回忆的、真正人的道德才成为可能。

恩格斯：《反杜林论》（1876 年 9 月—1878 年 6 月），见《马克思恩格斯文集》第 9 卷第 99—100 页。

……费尔巴哈的道德论是和它的一切前驱者一样的。它是为一切时代、一切民族、一切情况而设计出来的；……实际上，每一个阶级，甚至每一个行业，都各有各的道德，并且，只要它能破坏这种道德而不受惩罚，它就加以破坏。

第二章 论社会结构

> 恩格斯:《路德维希·费尔巴哈和德国古典哲学的终结》(1886年初),见《马克思恩格斯文集》第4卷第294页。

您知道,每个社会集团都有它自己的荣辱观,我们社会民主党人现在考虑的也是这个问题。

> 恩格斯:《致奥托·瓦克斯》(1894年6月底—7月初),见《马克思恩格斯全集》1974年版第39卷第251页。

3. 文艺

(1)艺术起源与发展

劳动生产了宫殿,……劳动生产了美,……

> 马克思:《1844年经济学哲学手稿》(1844年4—8月),见《马克思恩格斯文集》第1卷第158—159页。

关于艺术,大家知道,它的一定的繁盛时期决不是同社会的一般发展成比例的,因而也决不是同仿佛是社会组织的骨骼的物质基础的一般发展成比例的。……当艺术生产一旦作为艺术生产出现,它们就再不能以那种在世界史上划时代的、古典的形式创造出来;因此,在艺术本身的领域内,某些有重大意义的艺术形式只有在艺术发展的不发达阶段上才是可能的。

> 马克思:《1857—1858年经济学手稿摘选导言》(1857年8月下旬),见《马克思恩格斯文集》第8卷第34页。

……希腊神话不只是希腊艺术的武库,而且是它的土壤。……任何神话都是用想象和借助想象以征服自然力,支配自然力,把自然力加以形象化;因而,随着这些自然力实际上被支配,神话也就消失了。……希腊艺术的前提是希腊神话,也就是已经通过人民的幻想用一种不自觉的艺术方式加工过的自然和社会形式本身。

马克思：《1857—1858年经济学手稿摘选导言》（1857年8月下旬），见《马克思恩格斯文集》第8卷第35页。

只有奴隶制才使农业和工业之间的更大规模的分工成为可能，从而使古代世界的繁荣，使希腊文化成为可能。没有奴隶制，就没有希腊国家，就没有希腊的艺术和科学；……

恩格斯：《反杜林论》（1876年9月—1878年6月），见《马克思恩格斯文集》第9卷第188页。

如果说在文明时代的怀抱中科学曾经日益发展，艺术高度繁荣的时期一再出现，那也不过是因为现代的一切积聚财富的成就不这样就不可能获得罢了。

恩格斯：《家庭、私有制和国家的起源》（1884年3月底—5月底），见《马克思恩格斯文集》第4卷第196页。

(2) 文学艺术的现实性

希腊……的艺术对我们所产生的魅力，同这种艺术在其中生长的那个不发达的社会阶段并不矛盾。这种艺术倒是这个社会阶段的结果，并且是同这种艺术在其中产生而且只能在其中产生的那些未成熟的社会条件永远不能复返这一点分不开的。

马克思：《1857—1858年经济学手稿摘选导言》（1857年8月下旬），见《马克思恩格斯文集》第8卷第36页。

据我看来，现实主义的意思是，除细节的真实外，还要真实地再现典型环境中的典型人物。您的人物，就他们本身而言，是够典型的；但是环绕着这些人物并促使他们行动的环境，也许就不是那样典型了。

恩格斯：《致玛格丽特·哈克奈斯》（1888年4月初），见《马克思恩格斯文集》第10卷第570页。

第二章　论社会结构

……巴尔扎克在政治上是一个正统派；他的伟大作品是对上流社会无可阻挡的衰落的一曲无尽的挽歌；他对注定要灭亡的那个阶级寄予了全部的同情。……这一切我认为是现实主义的最伟大的胜利之一，是老巴尔扎克最大的特点之一。

> 恩格斯：《致玛格丽特·哈克奈斯》（1888年4月初），见《马克思恩格斯文集》第10卷第571页。

（3）　文艺应反映人民、鼓舞人民

艺术对象创造出懂得艺术和具有审美能力的大众，……

> 马克思：《政治经济学批判（1857—1858年手稿）导言》（1857年8月下旬），见《马克思恩格斯文集》第8卷第16页。

——那个时代的城市和诸侯的态度在许多场合也都描写得非常清楚，这样，那时的运动中的所谓**官方**分子差不多被您描写得淋漓尽致了。但是，我认为对非官方的平民分子和农民分子，以及他们的随之而来的理论上的代表人物没有给予应有的注意。

> 恩格斯：《致斐迪南·拉萨尔》（1859年5月18日），见《马克思恩格斯文集》第10卷第175—176页。

首先请回忆一下织工的那支歌吧！这是一个勇敢的战斗的**呼声**。在这支歌中根本没有提到家庭、工厂、地区，相反地，无产阶级在这支歌中一下子就毫不含糊地、尖锐地、直截了当地、威风凛凛地厉声宣布，它反对私有制社会。

> 马克思：《评"普鲁士人"的"普鲁士国王和社会改革"一文》（1844年7月31日），见《马克思恩格斯全集》1956年版第1卷第483页。

因此请允许我提一下优秀的德国画家许布纳尔的一幅画；从宣传社会主义这个角度来看，这幅画所起的作用要比一百本小册子大得多。它画的是一群向厂主交亚麻布的西里西亚织工，画面异常有力地把冷酷的富有和绝望的穷困作了鲜明的对比。厂主胖得像一只猪，红铜色的脸上露出一副冷酷相，他轻蔑地把一个妇人的一块麻布抛在一边，那妇人眼看出售无望，便昏倒了；她旁边围着两个小孩，一个老头吃力地扶着她；管事的在检验另外一块麻布，这块布的主人正在焦灼地等候检验的结果；……这幅画在德国好几个城市里展览过，当然给不少人灌输了社会的思想。

恩格斯：《共产主义在德国的迅速进展》（1844 年 11 月 9 日左右），见《马克思恩格斯全集》1957 年版第 2 卷第 589—590 页。

巴尔扎克①，我认为他是比过去、现在和未来的一切左拉都要伟大得多的现实主义大师，他在《人间喜剧》里给我们提供了一部法国"社会"，特别是巴黎上流社会的无比精彩的现实主义历史，他用编年史的方式几乎逐年地把上升的资产阶级在 1816—1848 年这一时期对贵族社会日甚一日的冲击描写出来，……围绕着这幅中心图画，他汇编了一部完整的法国社会的历史，我从这里，甚至在经济细节方面（诸如革命以后动产和不动产的重新分配）所学到的东西，也要比从当时所有职业的史学家、经济学家和统计学家那里学到的全部东西还要多。

恩格斯：《致玛格丽特·哈克奈斯》（1888 年 4 月初），见《马克思恩格斯文集》第 10 卷第 570—571 页。

4. 科学

（1）科学的实质和分类

科学是**实验的科学**，科学就在于用**理性方法**去整理感性材料。

马克思恩格斯：《神圣家族》（1844 年 9—11 月），见《马克思恩格斯全集》1957 年版第 2 卷第 163 页。

科学这种既是观念的财富同时又是实际的**财富的发展**，只不过是**人的**

---

① 巴尔扎克（1799—1859）和左拉（1840—1902）均为法国作家。——本书编者注

第二章 论社会结构

生产力的发展即财富的发展所表现的一个方面，一种形式。

> 马克思：《政治经济学批判（1857—1858年手稿）摘选》（1857年底—1858年5月），见《马克思恩格斯文集》第8卷第170页。

但是在科学的入口处，正像在地狱的入口处一样，必须提出这样的要求：
"这里必须根绝一切犹豫；
这里任何怯懦都无济于事。"

> 马克思：《〈政治经济学批判〉序言》（1859年1月），见《马克思恩格斯文集》第2卷第594页。

……自然科学是一切知识的基础……

> 马克思：《政治经济学批判（1861—1863年手稿）》摘选（1861年8月—1863年7月），见《马克思恩格斯文集》第8卷第358页。

在科学上没有平坦的大道，只有不畏劳苦沿着陡峭山路攀登的人，才有希望达到光辉的顶点。

> 马克思：《〈资本论〉第1卷法文版序言和跋》（1872年3月18日），见《马克思恩格斯文集》第5卷第24页。

科学分类。每一门科学都是分析某一个别的运动形式或一系列互相关联和互相转化的运动形式的，因此，科学分类就是这些运动形式本身依其内在序列所进行的分类、排序，科学分类的重要性也正在于此。

> 恩格斯：《自然辩证法》（1873—1882年），见《马克思恩格斯文集》第9卷第504页。

我们可以按照早已知道的方法把整个认识领域分成三大部分。第一个部分包括所有研究非生物界的并且或多或少能用数学方法处理的科学，即数学、天文学、力学、物理学、化学。……

第二类科学是研究活的有机体的科学。在这一领域中，展现出如此错综复杂的相互关系和因果联系，以致不仅每个已经解决的问题都引起无数的新问题，而且每一个问题也多半都只能一点一点地、通过一系列常常需要花几百年时间的研究才能得到解决；……

但是，在第三类科学中，即在按历史顺序和现今结果来研究人的生活条件、社会关系、法的形式和国家形式及其由哲学、宗教、艺术等等组成的观念上层建筑的历史科学中，永恒真理的情况还更糟。……

我们本来在上面还可以举出研究人的思维规律的科学，即逻辑学和辩证法。

恩格斯：《反杜林论》（1876 年 9 月—1878 年 6 月），见《马克思恩格斯文集》第 9 卷第 92—95 页。

科学越是毫无顾忌和大公无私，它就越符合工人的利益和愿望。

恩格斯：《路德维希·费尔巴哈和德国古典哲学的终结》（1886 年初），见《马克思恩格斯文集》第 4 卷第 313 页。

（2）科学的产生和发展是由生产决定的

可见科学发展的速度至少也是与人口增长的速度一样的；人口与前一代人的人数成比例地增长，而科学则与前一代人遗留的知识量成比例地发展，因此，在最普通的情况下，科学也是按几何级数发展的。

恩格斯：《国民经济学批判大纲》（1843 年 9 月底或 10 月初—1844 年 1 月中），见《马克思恩格斯文集》第 1 卷第 82 页。

……大工业的真正科学的基础——力学，在十八世纪已经在一定程度上臻于完善；那些更**直接地**（与工业相比）成为农业的专门基础的科学——化学、地质学和生理学，只是在十九世纪，特别是在十九世纪的近

第二章　论社会结构

几十年①，才发展起来。

> 马克思：《剩余价值理论》（1861 年 1 月—1863 年 7 月），见《马克思恩格斯全集》1973 年版第 26 卷（Ⅱ）第 116 页。

计算尼罗河水的涨落期的需要，产生了埃及的天文学，……

> 马克思：《资本论》第 1 卷（1867 年），见《马克思恩格斯全集》1972 年版第 23 卷第 562 页脚注（5）。

在政治经济学领域内，自由的科学研究遇到的敌人，不只是它在一切其他领域内遇到的敌人。政治经济学所研究的材料的特殊性质，把人们心中最激烈、最卑鄙、最恶劣的感情，把代表私人利益的复仇女神召唤到战场上来反对自由的科学研究。

> 马克思：《〈资本论〉第 1 卷第一版序言》（1867 年 7 月 25 日），见《马克思恩格斯文集》第 5 卷第 10 页。

必须研究自然科学各个部门的**循序发展**。首先是**天文学**——游牧民族和农业民族为了定季节，就已经绝对需要它。天文学只有借助于**数学**才能发展。因此数学也开始发展。——后来，在农业的某一阶段上和在某些地区（埃及的提水灌溉），特别是随着城市和大型建筑物的出现以及手工业的发展，有了**力学**。不久，力学又成为**航海**和**战争**的需要。——力学也需要数学的帮助，因而它又推动了数学的发展。可见，科学的产生和发展一开始就是由生产决定的。

> 恩格斯：《自然辩证法》（1873—1882 年），见《马克思恩格斯文集》第 9 卷第 427 页。

如果说，在中世纪的黑夜之后，科学以意想不到的力量一下子重新兴起，

---

① 即 40 年代和 50 年代。——编者注

并且以神奇的速度发展起来,那么,我们要再次把这个奇迹归功于生产。

恩格斯:《自然辩证法》(1873—1882年),
见《马克思恩格斯文集》第9卷第427页。

在自然科学的历史发展中,最先产生的是关于简单的位置变动的理论,即天体和地上物体的力学,随后是关于分子运动的理论,即物理学,紧接着、几乎同时而且在有些方面还先于物理学而产生的,是关于原子运动的科学,即化学。只有在这些关于支配着非生物界的运动形式的不同知识部门达到高度的发展以后,才能成功地阐明各种显示生命过程的运动进程。对这些运动进程的阐明,是随着力学、物理学和化学的进步而取得相应的进步的。

恩格斯:《自然辩证法》(1873—1882年),见《马克思恩格斯文集》第9卷第513页。

和其他各门科学一样,数学是从人的**需要**中产生的,如丈量土地和测量容积,计算时间和制造器械。

恩格斯:《反杜林论》(1876年9月—1878年6月),见《马克思恩格斯文集》第9卷第42页。

如果像您所说的,技术在很大程度上依赖于科学状况,那么,科学则在更大得多的程度上依赖于技术的**状况**和**需要**。社会一旦有技术上的需要,这种需要就会比十所大学更能把科学推向前进。

恩格斯:《致瓦尔特·博尔吉乌斯》(1894年1月25日),见《马克思恩格斯文集》第10卷第668页。

(3)科学的作用

各门科学在18世纪已经具有自己的科学形式,因此它们终于一方面和哲学,另一方面和实践结合起来了。科学和哲学结合的结果就是唯物主义(牛顿的学说和洛克的学说同样是唯物主义的前提)、启蒙运动和法国的政

第二章　论社会结构

治革命。科学和实践结合的结果就是英国的社会革命。

> 恩格斯：《英国状况》（1844年1月初—2月初），见《马克思恩格斯文集》第1卷第97页。

火药、指南针、印刷术——这是预告资产阶级社会到来的三大发明。火药把骑士阶层炸得粉碎，指南针打开了世界市场并建立了殖民地，而印刷术则变成新教的工具，总的来说变成科学复兴的手段，变成对精神发展创造必要前提的最强大的杠杆。

> 马克思：《政治经济学批判（1861—1863年手稿）》（1861年8月—1863年7月），见《马克思恩格斯文集》第8卷第338页。

只有工人阶级能够……把科学从阶级统治的工具变为人民的力量，把科学家本人从阶级偏见的兜售者、追逐名利的国家寄生虫、资本的同盟者，变成自由的思想家！只有在劳动共和国里面，科学才能起它的真正的作用。

> 马克思：《法兰西内战（初稿）》（1871年4月中—5月上半月），见《马克思恩格斯文集》第3卷第204页。

在马克思看来，科学是一种在历史上起推动作用的、革命的力量。任何一门理论科学中的每一个新发现——它的实际应用也许还根本无法预见——都使马克思感到衷心喜悦，而当他看到那种对工业、对一般历史发展立即产生革命性影响的发现的时候，他的喜悦就非同寻常了。

> 恩格斯：《在马克思墓前的讲话》（1883年3月18日前后），见《马克思恩格斯文集》第3卷第602页。

（4）科学技术是生产力

［见本章第一节第（一）目第1条第（3）款《生产力及其构成要素》中的《④科学技术是生产力》］

5. 哲学

（1）哲学的概述

因为任何真正的哲学都是自己时代精神的精华，……

> 马克思：《第179号〈科隆日报〉社论》（1842年6月29日—7月4日期间），见《马克思恩格斯全集》1956年版第1卷第121页。

哲学是问：什么是真理？而不是问：什么被看做真理？它所关心的是大家的真理，而不是某几个人的真理；……

> 马克思：《第179号〈科隆日报〉社论》（1842年6月29日—7月4日期间），见《马克思恩格斯全集》1956年版第1卷第116页。

……哲学谈论宗教问题和哲学问题和你们不一样。你们没有经过研究就谈论这些问题，而哲学是在研究之后才谈论的；你们求助于感觉，哲学则求助于理性；你们是在咒骂，哲学是在教导；你们许诺人们天堂和人间，哲学只许诺真理；你们要求人们信仰你们的信仰，哲学并不要求人们信仰它的结论，而只要求检验疑团；你们在恐吓，哲学在安慰。的确，哲学非常懂得生活，它知道，自己的结论无论对天堂的或人间的贪求享受和利己主义，都不会纵容姑息。

> 马克思：《第179号〈科隆日报〉社论》（1842年6月29日—7月4日期间），见《马克思恩格斯全集》1956年版第1卷第123页。

更高的即更远离物质经济基础的意识形态，采取了哲学和宗教的形式。

> 恩格斯：《路德维希·费尔巴哈和德国古典哲学的终结》（1886年初），见《马克思恩格斯文集》第4卷第308页。

第二章　论社会结构

(2) 哲学的基本问题

全部哲学，特别是近代哲学的重大的基本问题，是思维和存在的关系问题。

> 恩格斯：《路德维希·费尔巴哈和德国古典哲学的终结》（1886 年初），见《马克思恩格斯文集》第 4 卷第 277 页。

哲学家依照他们如何回答这个问题而分成了两大阵营。凡是断定精神对自然界说来是本原的，从而归根到底承认某种创世说的人（而创世说在哲学家那里，例如在黑格尔那里，往往比在基督教那里还要繁杂和荒唐得多），组成唯心主义阵营。凡是认为自然界是本原的，则属于唯物主义的各种学派。

> 恩格斯：《路德维希·费尔巴哈和德国古典哲学的终结》（1886 年初），见《马克思恩格斯文集》第 4 卷第 278 页。

……思维和存在的关系问题还有另外一个方面：我们关于我们周围世界的思想对这个世界本身的关系是怎样的？我们的思维能不能认识现实世界？……这个问题叫做思维和存在的同一性问题，绝大多数哲学家对这个问题都做了肯定的回答，例如在黑格尔那里……

但是，此外，还有其他一些哲学家否认认识世界的可能性，或者至少是否认彻底认识世界的可能性。在近代哲学家中，休谟和康德就属于这一类，……

> 恩格斯：《路德维希·费尔巴哈和德国古典哲学的终结》（1886 年初），见《马克思恩格斯文集》第 4 卷第 278—279 页。

(3) 哲学是无产阶级解放的精神武器

哲学把无产阶级当做自己的**物质**武器，同样，无产阶级也把哲学当做自己的**精神**武器；……

> 马克思：《〈黑格尔法哲学批判〉导言》（1843 年 10 月中—12 月中）《马克思恩格斯文集》第 1 卷第 17 页。

德国人的解放就是**人的解放**。这个解放的**头脑**是**哲学**，它的**心脏**是**无产阶级**。哲学不消灭无产阶级，就不能成为现实；无产阶级不把哲学变成现实，就不可能消灭自身。

马克思：《〈黑格尔法哲学批判〉导言》（1843年10月中—12月中），见《马克思恩格斯文集》第1卷第18页。

……而且对**实践的**唯物主义者即**共产主义者**来说，全部问题都在于使现存世界革命化，实际地反对并改变现存的事物。

马克思和恩格斯：《德意志意识形态》（1845年秋—1846年5月），见《马克思恩格斯文集》第1卷第527页。

辩证法，在其合理形态上，引起资产阶级及其空论主义的代言人的恼怒和恐怖，因为辩证法在对现存事物的肯定的理解中同时包含对现存事物的否定的理解，即对现存事物的必然灭亡的理解；辩证法对每一种既成的形式都是从不断的运动中，因而也是从它的暂时性方面去理解；辩证法不崇拜任何东西，按其本质来说，它是批判的和革命的。

马克思：《〈资本论〉第1卷1872年第二版跋》（1873年1月24日），见《马克思恩格斯文集》第5卷第22页。

6．宗教

（1）宗教的本质

……**人创造了宗教**，而不是宗教创造人。就是说，宗教是还没有获得自身或已经再度丧失自身的人的自我意识和自我感觉。但是，**人不是抽象**的蛰居于世界之外的存在物。人就是**人的世界**，就是国家，社会。这个国家、这个社会产生了宗教，一种**颠倒的世界意识**，因为它们就是**颠倒的世界**。

马克思：《〈黑格尔法哲学批判〉导言》（1843年10月中—12月中），见《马克思恩格斯文集》第1卷第3页。

第二章　论社会结构

宗教里的苦难既是现实的苦难的**表现**，又是对这种现实的苦难的**抗议**。宗教是被压迫生灵的叹息，是无情世界的情感，正像它是无精神活力的制度的精神一样。宗教是人民的**鸦片**①。

> 马克思：《〈黑格尔法哲学批判〉导言》(1843 年 10 月中—12 月中)，见《马克思恩格斯文集》第 1 卷第 4 页。

其实神不过是由于人在自己不发达的意识的混乱材料中的反映而创造出来的。

> 恩格斯：《英国状况——评托马斯·卡莱尔的〈过去和现在〉》(1844 年 1 月)，见《马克思恩格斯全集》1956 年版第 1 卷第 650 页。

一切宗教都不过是支配着人们日常生活的外部力量在人们头脑中的幻想的反映，在这种反映中，人间的力量采取了超人间的力量的形式。

> 恩格斯：《反杜林论》(1876 年 9 月—1878 年 6 月)，见《马克思恩格斯文集》第 9 卷第 333 页。

……在自然界和人以外不存在任何东西，我们的宗教幻想所创造出来的那些最高存在物只是我们自己的本质的虚幻反映。

> 恩格斯：《路德维希·费尔巴哈和德国古典哲学的终结》(1886 年初)，见《马克思恩格斯文集》第 4 卷第 275 页。

（2）宗教产生的根源

在原始人看来，自然力是某种异己的、神秘的、压倒一切的东西。在所有文明民族所经历的一定阶段上，他们用人格化的方法来同化自然力。正是这种人格化的欲望，到处创造了许多神；……

---

① 鸦片，英文"opium"的译音，又称"阿片"，是 19 世纪欧洲医药上的镇痛剂，并非毒品。意即宗教信仰可以缓解其信徒的心灵痛苦。——本书编者注

恩格斯:《〈反杜林论〉的准备材料》(1876—1877年),见《马克思恩格斯文集》第9卷第356页。

全盛时期的氏族制度,如我们在美洲所见的,其前提是生产极不发展,因而广大地区内人口极度稀少;因此,人类差不多完全受着同他异己地对立着的、不可理解的外部大自然的支配,这也就反映在幼稚的宗教观念中。

恩格斯:《家庭、私有制和国家的起源》(1884年3月底—5月底),见《马克思恩格斯文集》第4卷第112页。

在远古时代,人们还完全不知道自己身体的构造,并且受梦中景象的影响,于是就产生一种观念:他们的思维和感觉不是他们身体的活动,而是一种独特的、寓于这个身体之中而在人死亡时就离开身体的灵魂的活动。从这个时候起,人们不得不思考这种灵魂对外部世界的关系。如果灵魂在人死时离开肉体而继续活着,那就没有理由去设想它本身还会死亡;这样就产生了灵魂不死的观念,这种观念在那个发展阶段出现决不是一种安慰,而是一种不可抗拒的命运,并且往往是一种真正的不幸,例如在希腊人那里就是这样。……

因此,思维对存在、精神对自然界的关系问题,全部哲学的最高问题,像一切宗教一样,其根源在于蒙昧时代的愚昧无知的观念。

恩格斯:《路德维希·费尔巴哈和德国古典哲学的终结》(1886年初),见《马克思恩格斯文集》第4卷第277—278页。

(3) 早期基督教与现代工人运动的四个共同点

在早期基督教的历史里,有些值得注意的与现代工人运动相同之点。基督教和后者一样,在其产生时也是被压迫者的运动:它最初是奴隶和被释放的奴隶、穷人和无权者、被罗马征服或驱散的人们的宗教。基督教和工人的社会主义都宣传将来会解脱奴役和贫困;基督教是在死后的彼岸生活中,在天国寻求这种解脱,而社会主义则是在这个世界里,在社会改造中寻求这种解脱。基督教和工人的社会主义都遭受过迫害和排挤,它们的信从者被放逐,被待之以非常法:一种人被当做人类的敌人,另一种人被当做国家、宗教、家庭、社会秩序的敌人。可是不管这一切迫害，甚至时常还直接由于这些迫害，基督教和社会主义都胜利地、势不可挡地给自己开辟前进的道路。基督教在它产生三百年以后成了罗马世界帝国的公认的国教，而社会主义则在六十来年中争得了一个可以绝对保证它取得胜利的地位。

> 恩格斯：《论早期基督教的历史》（1894年6—7月），见《马克思恩格斯全集》1965年版第22卷第525页。

（4）宗教的消亡

因为宗教本身是没有内容的，它的根源不是在天上，而是在人间，随着以宗教为**理论**的被歪曲了的现实的消失，宗教也将自行消亡。

> 马克思：《致阿尔诺德·卢格》（1842年11月30日），见《马克思恩格斯文集》第10卷第4页。

对宗教的批判最后归结为**人是人的最高本质**这样一个学说，从而也归结为这样的**绝对命令：必须推翻**使人成为被侮辱、被奴役、被遗弃和被蔑视的东西的**一切关系**，……

> 马克思：《〈黑格尔法哲学批判〉导言》（1843年10月中—12月中），见《马克思恩格斯文集》第1卷第11页。

任何神话都是用想象和借助想象以征服自然力，支配自然力，把自然力加以形象化；因而，随着这些自然力实际上被支配，神话也就消失了。

> 马克思：《政治经济学批判（1857—1858年手稿摘选）导言》（1857年8月下旬），见《马克思恩格斯文集》第8卷第35页。

……当社会通过占有和有计划地使用全部生产资料而使自己和一切社会成员摆脱奴役状态的时候，……当谋事在人，成事也在人的时候，现在还在宗教中反映出来的最后的异己力量才会消失，因而宗教反映本身也就随着消失。

>恩格斯：《反杜林论》（1876 年 9 月—1878 年 6 月），见《马克思恩格斯文集》第 9 卷第 334 页。

（三）世界观、人生观、价值观

1. 辩证唯物主义世界观区别于形而上学唯心主义世界观

本书①所批判的杜林先生的"体系"涉及非常广泛的理论领域，这使我不能不跟着他到处跑，并以自己的见解去反驳他的见解。因此消极的批判成了积极的批判；论战转变成对马克思和我所主张的辩证方法和共产主义世界观的比较连贯的阐述，而这一阐述包括了相当多的领域。我们的这一世界观，首先在马克思的《哲学的贫困》和《共产主义宣言》中问世，经过足足 20 年的潜伏阶段，到《资本论》出版以后，就越来越迅速地为日益广泛的各界人士所接受。现在，它已远远越出欧洲的范围，在一切有无产者和无畏的科学理论家的国家里，都受到了重视和拥护。……

顺便指出：本书所阐述的世界观，绝大部分是由马克思确立和阐发的，而只有极小的部分是属于我的，……

>恩格斯：《反杜林论》三个版本的序言（1885 年 9 月 23 日），见《马克思恩格斯文集》第 9 卷第 10—11 页。

马克思和我，可以说是唯一把自觉的辩证法从德国唯心主义哲学中拯救出来并运用于唯物主义的自然观和历史观的人。

>恩格斯：《反杜林论》三个版本的序言（1885 年 9 月 23 日），见《马克思恩格斯文集》第 9 卷第 13 页。

可是我在马克思的一本旧笔记中找到了十一条关于费尔巴哈的提纲，现在作为本书附录刊印出来。这是匆匆写成的供以后研究用的笔记，根本没有打算付印。但是它作为包含着新世界观的天才萌芽的第一个文献，是非常宝贵的。

---

① 指《反杜林论》。——本书编者注

第二章 论社会结构

> 恩格斯:《〈路德维希·费尔巴哈和德国古典哲学的终结〉1888 年单行本序言》(1888 年 2 月 21 日),见《马克思恩格斯文集》第 4 卷第 266 页。

(1) 辩证唯物主义自然观

[见第一章第一节《关于自然》和第五节《关于自然、社会的联系和发展》]

(2) 辩证唯物主义历史观

……这种历史观就在于:从直接生活的物质生产出发阐述现实的生产过程,把同这种生产方式相联系的、它所产生的交往形式即各个不同阶段上的市民社会理解为整个历史的基础,从市民社会作为国家的活动描述市民社会,同时从市民社会出发阐明意识的所有各种不同的理论产物和形式,如宗教、哲学、道德等等,而且追溯它们产生的过程。这样做当然就能够完整地描述事物了(因而也能够描述事物的这些不同方面之间的相互作用)。这种历史观和唯心主义历史观不同,它不是在每个时代中寻找某种范畴,而是始终站在现实历史的**基础**上,不是从观念出发来解释实践,而是从物质实践出发来解释各种观念形态,……

> 马克思和恩格斯:《德意志意识形态》(1845 年秋—1846 年 5 月),见《马克思恩格斯文集》第 1 卷第 544 页。

……人们在自己生活的社会生产中发生一定的、必然的、不以他们的意志为转移的关系,即同他们的物质生产力的一定发展阶段相适合的生产关系。这些生产关系的总和构成社会的经济结构,即有法律的和政治的上层建筑竖立其上并有一定的社会意识形式与之相适应的现实基础。物质生活的生产方式制约着整个社会生活、政治生活和精神生活的过程。不是人们的意识决定人们的存在,相反,是人们的社会存在决定人们的意识。

> 马克思:《〈政治经济学批判〉序言》(1859 年 1 月),见《马克思恩格斯文集》第 2 卷第 591 页。

德国的唯物史观是以一定历史时期的物质经济生活条件来说明一切历史事件和观念，一切政治、哲学和宗教的。

恩格斯：《论住宅问题》（1872 年 5 月—1873 年 1 月），见《马克思恩格斯文集》第 3 卷第 320 页。

唯物主义历史观从下述原理出发：生产以及随生产而来的产品交换是一切社会制度的基础；在每个历史地出现的社会中，产品分配以及和它相伴随的社会之划分为阶级或等级，是由生产什么、怎样生产以及怎样交换产品来决定的。所以，一切社会变迁和政治变革的终极原因，不应当到人们的头脑中，到人们对永恒的真理和正义的日益增进的认识中去寻找，而应当到生产方式和交换方式的变更中去寻找；不应当到有关时代的**哲学**中去寻找，而应当到有关时代的**经济**中去寻找。……同时这还说明，用来消除已经发现的弊病的手段，也必然以或多或少发展了的形式存在于已经发生变化的生产关系本身中。这些手段不应当从头脑中**发明出来**，而应当通过头脑从生产的现成物质事实中**发现出来**。

恩格斯：《反杜林论》（1876 年 9 月—1878 年 6 月），见《马克思恩格斯文集》第 9 卷第 283—284 页。

……根据唯物史观，历史过程中的决定性因素**归根到底**是现实生活的生产和再生产。无论马克思或我都从来没有肯定过比这更多的东西。

恩格斯：《致约瑟夫·布洛赫》（1890 年 9 月 21 日），见《马克思恩格斯文集》第 10 卷第 591 页。

（3）对唯心主义和形而上学世界观的批判

迄今为止的一切历史观不是完全忽视了历史的这一现实基础，就是把它仅仅看成与历史进程没有任何联系的附带因素。因此，历史总是遵照在它之外的某种尺度来编写的；现实的生活生产被看成是某种非历史的东西，而历史的东西则被看成是某种脱离日常生活的东西，某种处于世界之外和超乎世界之上的东西。这样，就把人对自然界的关系从历史中排除出去了，因而造成了自然界和历史之间的对立。

第二章　论社会结构

> 马克思和恩格斯:《德意志意识形态》(1845年秋—1846年5月),见《马克思恩格斯文集》第1卷第545页。

一切唯心主义者,不论是哲学上的还是宗教上的,不论是旧的还是新的,都相信灵感、启示、救世主、奇迹创造者,至于这种信仰是采取粗野的、宗教的形式还是文明的哲学的形式,这仅仅取决于他们的教育程度,……

> 马克思和恩格斯:《德意志意识形态》(1845年秋—1846年5月),见《马克思恩格斯全集》1960年版第3卷第630页。

在形而上学者看来,事物及其在思想上的反映即概念,是孤立的、应当逐个地和分别地加以考察的、固定的、僵硬的、一成不变的研究对象。他们在绝对不相容的对立中思维;他们的说法是:"是就是,不是就不是;除此以外,都是鬼话。"在他们看来,一个事物要么存在,要么就不存在;同样,一个事物不能同时是自身又是别的东西。正和负是绝对互相排斥的;原因和结果也同样是处于僵硬的相互对立中。初看起来,这种思维方式对我们来说似乎是极为可信的,因为它是合乎所谓常识的。然而,常识在日常应用的范围内虽然是极可尊敬的东西,但它一跨入广阔的研究领域,就会碰到极为惊人的变故。形而上学的考察方式,虽然在相当广泛的、各依对象性质而大小不同的领域中是合理的,甚至必要的,可是它每一次迟早都要达到一个界限,一超过这个界限,它就会变成片面的、狭隘的、抽象的,并且陷入无法解决的矛盾,因为它看到一个一个的事物,忘记它们互相间的联系;看到它们的存在,忘记它们的生成和消逝;看到它们的静止,忘记它们的运动;因为它只见树木,不见森林。

> 恩格斯:《反杜林论》(1876年9月—1878年6月),见《马克思恩格斯文集》第9卷第24页。

黑格尔是唯心主义者,就是说,在他看来,他头脑中的思想不是现实的事物和过程的或多或少抽象的反映,相反,在他看来,事物及其发展只是在世界出现以前已经在某个地方存在着的"观念"的现实化的反映。这样,一切都被头足倒置了,世界的现实联系完全被颠倒了。

恩格斯：《反杜林论》(1876年9月—1878年6月)，见《马克思恩格斯文集》第9卷第27页。

　　无论在18世纪的法国人那里，还是在黑格尔那里，占统治地位的自然观都认为，自然界是一个沿着狭小的圆圈循环运动的、永远不变的整体，牛顿所说的永恒的天体和林耐所说的不变的有机物种也包含在其中。同这种自然观相反，现代唯物主义概括了自然科学的新近的进步，从这些进步来看，自然界同样也有自己的时间上的历史，天体和在适宜条件下生存在天体上的有机物种都是有生有灭的；至于循环，即使能够存在，其规模也要大得无比。

恩格斯：《反杜林论》(1876年9月—1878年6月)，见《马克思恩格斯文集》第9卷第28页。

　　如果世界曾经处于一种绝对不发生任何变化的状态，那么，它怎么能从这一状态转到变化呢？绝对没有变化的、而且从来就处于这种状态的东西，不能靠它自己走出这种状态而转入运动和变化的状态。因此，必须有一个从外部、从世界之外来的第一推动，它使世界运动起来。可是大家知道，"第一推动"只是代表上帝的另一种说法。

恩格斯：《反杜林论》(1876年9月—1878年6月)，见《马克思恩格斯文集》第9卷第57页。

　　以前所有的历史观，都以下述观念为基础：一切历史变动的最终原因，应当到人们变动着的思想中去寻求，并且在一切历史变动中，最重要的、支配全部历史的又是政治变动。可是，人的思想是从哪里来的，政治变动的动因是什么——关于这一点，没有人发问过。……现在马克思则证明，至今的全部历史都是阶级斗争的历史，在全部纷繁复杂的政治斗争中，问题的中心仅仅是社会阶级的社会的和政治的统治，即旧的阶级要保持统治，新兴的阶级要争得统治。可是，这些阶级又是由于什么而产生和存在的呢？是由于当时存在的基本的物质条件，即各个时代社会借以生产和交换必要生活资料的那些条件。

第二章 论社会结构

> 恩格斯:《卡尔·马克思》(1877年6月中),见《马克思恩格斯文集》第3卷第457—458页。

2. 无产阶级人生观与资产阶级人生观的截然不同

……每个社会集团都有它自己的荣辱观,……

> 恩格斯:《致奥托·瓦克斯》(1894年6月底—7月初),见《马克思恩格斯全集》1974年版第39卷第251页。

(1) 无产阶级的人生观

在选择职业时,我们应该遵循的主要指针是人类的幸福和我们自身的完美。不应认为,这两种利益是敌对的,互相冲突的,一种利益必须消灭另一种的;人类的天性本来就是这样的:人们只有为同时代人的完美、为他们的幸福而工作,才能使自己也达到完美。

> 马克思:《青年在选择职业时的考虑》(1835年8月12日),见《马克思恩格斯全集》1982年版第40卷第7页。

如果一个人只为自己劳动,他也许能够成为著名学者、大哲人、卓越诗人,然而他永远不能成为完美无疵的伟大人物。

历史承认那些为共同目标劳动因而自己变得高尚的人是伟大人物;经验赞美那些为大多数人带来幸福的人是最幸福的人;……

> 马克思:《青年在选择职业时的考虑》(1835年8月12日),见《马克思恩格斯全集》1982年版第40卷第7页。

如果我们选择了最能为人类福利而劳动的职业,那么,重担就不能把我们压倒,因为这是为大家而献身;那时我们所感到的就不是可怜的、有限的、自私的乐趣,我们的幸福将属于千百万人,我们的事业将默默地、但是永恒发挥作用地存在下去,而面对我们的骨灰,高尚的人们将洒下热泪。

> 马克思：《青年在选择职业时的考虑》(1835年8月12日)，见《马克思恩格斯全集》1982年版第40卷第7页。

作家当然必须挣钱才能生活，写作，但是他决不应该为了挣钱而生活，写作。

> 马克思：《第六届莱茵省议会的辩论（第一篇论文）》(1842年4月)，见《马克思恩格斯全集》1956年版第1卷第87页。

社会的肮脏事使一个坚强的人不可能为私事而烦恼，这是真正的幸事。

> 马克思：《致阿尔诺德·卢格》(1842年7月9日)，见《马克思恩格斯全集》1972年版第27卷第428—429页。

我的劳动是**自由的生命表现**，因此是**生活的乐趣**。

> 马克思：《詹姆斯·穆勒〈政治经济原理〉一书摘要》(1844年上半年)，见《马克思恩格斯全集》1979年版第42卷第38页。

吃、喝、生殖等等，固然也是真正的人的机能。但是，如果加以抽象，使这些机能脱离人的其他活动领域并成为最后的和唯一的终极目的，那它们就是动物的机能。

> 马克思：《1844年经济学手稿》(1844年4—8月)，见《马克思恩格斯文集》第1卷第160页。

所以工人是比较和气比较可亲的，虽然他们比有产者更迫切地需要钱，但他们并不那样贪财，因为对他们来说，金钱的价值只在于能用它来买东西，而对资产者来说，金钱却具有一种固有的特殊的价值，即神的价值，这样，它就使资产者变成了卑鄙龌龊的"拜金者"。因此，对金钱没有这种敬畏感的工人，不像资产者那样贪婪，资产者为了赚钱不惜采取任何手段，

第二章 论社会结构

认为自己生活的目的就是装满钱袋。所以工人比资产者偏见少得多,对事实看得清楚得多,不是戴着自私的眼镜来看一切。

> 恩格斯:《英国工人阶级状况》(1844 年 9 月—1845 年 3 月),见《马克思恩格斯文集》第 1 卷第 438—439 页。

哲学家们只是用不同的方式**解释**世界,而问题在于**改变**世界。

> 马克思:《关于费尔巴哈的提纲》(1845 年春),见《马克思恩格斯文集》第 1 卷第 502 页。

共产主义者不向人们提出道德上的要求,例如你们应该彼此互爱呀,不要做利己主义者呀等等;相反,他们清楚地知道,无论利己主义还是自我牺牲,**都是**一定条件下个人自我实现的一种必要形式。

> 马克思和恩格斯《德意志意识形态》(1845 年秋—1846 年 5 月),见《马克思恩格斯全集》1960 年版第 3 卷第 275 页。

过去的一切运动都是少数人的,或者为少数人谋利益的运动。无产阶级的运动是绝大多数人的,为绝大多数人谋利益的独立的运动。

> 马克思和恩格斯:《共产党宣言》(1847 年 12 月—1848 年 1 月底),见《马克思恩格斯文集》第 2 卷第 42 页。

我已经把我的全部财产献给了革命斗争。我对此一点不感到懊悔。相反地,要是我重新开始生命的历程,我仍然会这样做,只是我不再结婚了。

> 马克思:《致保尔·拉法格》(1866 年 8 月 13 日),见《马克思恩格斯全集》1972 年版第 31 卷第 521 页。

我不得不利用我还能工作的**每**时**每**刻来完成我的著作,为了它,我已经牺牲了我的健康、幸福和家庭。我希望,这样解释就够了。我嘲笑那些所谓"实际的"人和他们的聪明。如果一个人愿意变成一头牛,那他当然可以不管人类的痛苦,而只顾自己身上的皮。但是,如果我没有全部完成我的这部书(至少是写成草稿)就死去的话,那我的确会认为自己是**不实际的**。

马克思:《致齐格弗里德·迈耶尔》(1867年4月30日),见《马克思恩格斯文集》第10卷第253页。

马克思认为自己的最好的东西对工人来说也还不够好,他认为给工人提供的东西比最好的稍差一点,那就是犯罪!

恩格斯:《致康拉德·施米特》(1890年8月5日),见《马克思恩格斯文集》第10卷第588页。

……我将以我还余下的有限岁月,和我还保有的全部精力,一如既往地完全献给我为之服务已近五十年的伟大事业——国际无产阶级的事业。

恩格斯:《致伦敦德意志工人共产主义教育协会歌咏团》(1891年11月28日),见《马克思恩格斯全集》1965年版第22卷第309—310页。

(2)资产阶级的人生观

另外还有一种更坏的享乐主义福音,它使政府无所事事,使人不做一点正事,使他们心甘情愿地丢掉人的本性,而去一味追求"幸福",只想吃得好,喝得好;它把丑恶的物质享受提到了至高无上的地位,毁掉了一切精神内容。

恩格斯:《英国状况——评托马斯·卡莱尔的"过去和现在"》(1844年1月),见《马克思恩格斯全集》1956年版第1卷第636页。

资产者为了赚钱不惜采取任何手段,认为自己生活的目的就是装满钱袋。

第二章　论社会结构

> 恩格斯：《英国工人阶级状况》(1844年9月—1845年3月)，见《马克思恩格斯文集》第1卷第439页。

享乐哲学一直只是享有享乐特权的社会知名人士的巧妙说法。至于他们享乐的方式和内容始终是由社会的整个制度决定的，而且要受社会的一切矛盾的影响，则已经不用说了；一旦享乐哲学开始妄图具有普遍意义并且宣布自己是整个社会的人生观，它就变成了**空话**。

> 马克思和恩格斯：《德意志意识形态》(1845年秋—1846年5月)，见《马克思恩格斯全集》1960年版第3卷第489页。

在近代，享乐哲学是随同封建主义崩溃以及封建地主贵族变成君主专制时期贪图享乐和挥金如土的宫廷贵族而产生的。在宫廷贵族那里，享乐哲学还保持着那种反映在回忆录、诗歌、小说等等中的直接的素朴的人生观的形式。只有在革命资产阶级的某些著作家那里，它才成为真正的哲学。

> 马克思和恩格斯：《德意志意识形态》(1845年秋—1846年5月)，见《马克思恩格斯全集》1960年版第3卷第489页。

我们这位庸俗的满口仁义道德的桑乔①，当然会像我们在他的整本"圣书"里所看到的那样认为：问题仅仅在于新道德，在于他所谓的新人生观，……这一章的全部新颖的地方只是在于：他把任何一种享乐都**捧到天上**，并且从哲学上加以德国化，把它称作"**自我享乐**"。

> 马克思和恩格斯：《德意志意识形态》(1845年秋—1846年5月)，见《马克思恩格斯全集》1960年版第3卷第490—491页。

---

① 桑乔，施蒂纳·麦克斯(1806—1856)德国哲学家，资产阶级个人主义和无政府主义著作家。——本书编者注

3. 无产阶级价值观与资产阶级价值观的根本区别

（1）无产阶级的价值观

每一滴露水在太阳的照耀下都闪耀着无穷无尽的色彩。……精神的太阳……精神的最主要的表现形式是**欢乐**、**光明**……**精神**的实质就是**真理本身**。

> 马克思：《评普鲁士最近的书报检查令》（1842年1月末），见《马克思恩格斯全集》1956年版第1卷第7页。

代替那存在着阶级和阶级对立的资产阶级旧社会的，将是这样一个联合体，在那里，每个人的自由发展是一切人的自由发展的条件。

> 马克思和恩格斯：《共产党宣言》（1847年12月—1848年1月底），见《马克思恩格斯文集》第2卷第53页。

共产党人不屑于隐瞒自己的观点和意图。

> 马克思和恩格斯：《共产党宣言》（1847年12月—1848年1月底），见《马克思恩格斯文集》第2卷第66页。

判断一个人当然不是看他的声明，而是看他的行为；不是看他自称如何如何，而是看他做些什么和实际是怎样一个人。

> 恩格斯：《德国的革命和反革命》（1852年7月），见《马克思恩格斯文集》第2卷第438页。

……生命总是和它的必然结果，即始终作为种子存在于生命中的死亡联系起来考虑的。辩证的生命观无非就是这样。但是，无论什么人一旦懂得了这一点，便会摈弃关于灵魂不死的任何说法。死亡或者是有机体的解体，除了组成有机体实体的各种化学元素，什么东西也没有留下；……

第二章 论社会结构

> 恩格斯:《自然辩证法》(1873—1883年),见《马克思恩格斯全集》1971年版第20卷第639页。

……"价值"这个普遍的概念是从人们对待满足他们需要的外界物的关系中产生的,……

> 马克思:《评阿·瓦格纳的"政治经济学教科书"》(1879年下半年—1880年11月),见《马克思恩格斯全集》1963年版第19卷第406页。

要获得明确的理论认识,最好的道路就是从本身的错误中学习,"吃一堑,长一智"。

> 恩格斯:《致弗洛伦斯·凯利-威士涅维茨基》(1886年12月28日),见《马克思恩格斯文集》第10卷第560页。

(2) 资产阶级的价值观

因为货币作为现存的和起作用的价值概念把一切事物都混淆了、替换了,所以它是一切事物的普遍的**混淆**和**替换**,从而是颠倒的世界,是一切自然的品质和人的品质的混淆和替换。

谁能买到勇气,谁就是勇敢的,即使他是胆小鬼。……所以,从货币占有者的观点看来,货币能把任何特性和任何对象同其他任何即使与它相矛盾的特性和对象相交换,货币能使冰炭化为胶漆,能迫使仇敌互相亲吻。

> 马克思:《1844年经济学哲学手稿》(1844年4—8月),见《马克思恩格斯文集》第1卷第247页。

在资产阶级看来,世界上没有一样东西不是为了金钱而存在的,连他们本身也不例外,因为他们活着就是为了赚钱,除了快快发财,他们不知道还有别的幸福,除了金钱的损失,不知道有别的痛苦。

> 恩格斯：《英国工人阶级状况》（1844年9—1845年3月），见《马克思恩格斯文集》第1卷第476页。

厂主对工人的关系不是人和人的关系，而是纯粹的经济关系。厂主是"资本"，工人是"劳动"。当工人不愿意让别人把自己当做这样一种抽象的东西的时候，当他断言自己不是"劳动"而是人（这个人的确除了其他特性，也还具有劳动的特性）的时候，当他认为自己决不能被当做"劳动"、当做商品在市场上买卖的时候，资产者就想不通了。他不能理解，他和工人之间除了买卖关系还有别的关系；他不把工人看做人，而是看做"手"（hands），他经常这样当面称呼工人；正如卡莱尔①所说的，除了现金交易，资产者不承认人和人之间还有其他任何联系。甚至他和自己妻子之间的联系99%也只是"现金交易"。由于资产阶级的统治，金钱使资产者所处的那种可怜的奴隶状态甚至在语言上都留下了痕迹。金钱确定人的价值：这个人值一万英镑（he is worth ten thousand pounds），就是说，他拥有这样一笔钱。谁有钱，谁就"值得尊敬"，就属于"上等人"（the better sort of people），就"有势力"（influential），而他所做的，在他那个圈子里就是举足轻重的。

> 恩格斯：《英国工人阶级状况》（1844年9月—1845年3月），见《马克思恩格斯文集》第1卷第477—478页。

英国资产者对自己的工人是否挨饿，是毫不在乎的，只要他自己能赚钱就行。一切生活关系都以能否赚钱来衡量，凡是不赚钱的都是蠢事，都是不切实际的，都是幻想。

> 恩格斯：《英国工人阶级状况》（1844年9月—1845年3月），见《马克思恩格斯文集》第1卷第477页。

对资产者来说，只有**一种**关系——剥削关系——才具有独立自在的意义；对资产者来说，其他一切关系都只有在他能够把这些关系归结到这种唯一的关系中去时才有意义，甚至在他发现了有不能直接从属于剥削关系

---

① 托·卡莱尔（1795—1881），英国作家、历史学家。——本书编者注

第二章 论社会结构

的关系时,他最少也要在自己的想像中使这些关系从属于剥削关系。这种利益的物质表现就是金钱,它代表一切事物,人们和社会关系的价值。

> 马克思和恩格斯:《德意志意识形态》(1845年秋—1846年5月),见《马克思恩格斯全集》1960年版第3卷第480页。

资产阶级的力量全部取决于金钱,所以他们要取得政权就只有使金钱成为人在立法上的行为能力的唯一标准。

> 恩格斯:《德国状况》(1846年2月20日),见《马克思恩格斯全集》1957年版第2卷第647页。

资产阶级在它已经取得了统治的地方把一切封建的、宗法的和田园诗般的关系都破坏了。……它使人和人之间除了赤裸裸的利害关系,除了冷酷无情的"现金交易",就再也没有任何别的联系了。……它把人的尊严变成了交换价值,用一种没有良心的贸易自由代替了无数特许的和自力挣得的自由。……

资产阶级撕下了罩在家庭关系上的温情脉脉的面纱,把这种关系变成了纯粹的金钱关系。

> 马克思和恩格斯:《共产党宣言》(1847年12月—1848年1月底),见《马克思恩格斯文集》第2卷第33—34页。

在资产阶级眼界内,满脑袋都是生意经。

> 马克思:《资本论》第2卷(1885年),见《马克思恩格斯文集》第6卷第133页。

(四)先进的社会意识

1. 社会主义和共产主义意识

共产主义者不向人们提出道德上的要求,例如你们应该彼此互爱呀,不要做利己主义者呀等等;相反,他们清楚地知道,无论利己主义还是自我牺牲，**都是**一定条件下个人自我实现的一种必要形式。因此，共产主义者并不像圣麦克斯所想像的……那样，是要为了"普遍的"、肯牺牲自己的人而扬弃"私人"，——这是纯粹荒诞的想法，……"共同利益"在历史上任何时候都是由作为"私人"的个人造成的。他们知道，这种对立只是**表面的**，因为这种对立的一面即所谓"普遍的"一面总是不断地由另一面即私人利益的一面产生，它决不是作为一种具有独立历史的独立力量而与私人利益相对抗，……

马克思和恩格斯：《德意志意识形态》（1845 年秋—1846 年 5 月），见《马克思恩格斯全集》1960 年版第 3 卷第 275—276 页。

共产主义革命就是同传统的所有制关系实行最彻底的决裂；毫不奇怪，它在自己的发展进程中要同传统的观念实行最彻底的决裂。

马克思和恩格斯：《共产党宣言》（1847 年 12 月—1848 年 1 月底），见《马克思恩格斯文集》第 2 卷第 52 页。

只有在不仅消灭了阶级对立，而且在实际生活中也忘却了这种对立的社会发展阶段上，超越阶级对立和超越对这种对立的回忆的、真正人的道德才成为可能。

恩格斯：《反杜林论》（1876 年 9 月—1878 年 6 月），见《马克思恩格斯文集》第 9 卷第 100 页。

2. 集体主义意识

如果一个人只为自己劳动，他也许能够成为著名的学者、伟大的哲人、卓越的诗人，然而他永远不能成为完美的、真正伟大的人物。

历史把那些为共同目标工作因而自己变得高尚的人称为最伟大的人物；经验赞美那些为大多数人带来幸福的人是最幸福的人；……

马克思：《青年在选择职业时的考虑》（1835 年 8 月 12 日），见《马克思恩格斯全集》1995 年版第 1 卷第 459 页。

第二章 论社会结构

既然正确理解的利益是全部道德的原则,那就必须使人们的私人利益符合于人类的利益。

> 马克思和恩格斯:《神圣家族》(1844年9—11月),见《马克思恩格斯文集》第1卷第335页。

个人力量(关系)由于分工转化为物的力量这一现象,不能靠人们从头脑里抛开关于这一现象的一般观念的办法来消灭,而只能靠个人重新驾驭这些物的力量,靠消灭分工的办法来消灭。没有共同体,这是不可能实现的。只有在共同体中,个人才能获得全面发展其才能的手段,也就是说,只有在共同体中才可能有个人自由。

> 马克思:《德意志意识形态》(1845年秋—1846年5月),见《马克思恩格斯文集》第1卷第570—571页。

从前各个人联合而成的虚假的共同体,总是相对于各个人而独立的;由于这种共同体是一个阶级反对另一个阶级的联合,因此对于被统治的阶级来说,它不仅是完全虚幻的共同体,而且是新的桎梏。在真正的共同体的条件下,各个人在自己的联合中并通过这种联合获得自己的自由。

> 马克思:《德意志意识形态》(1845年秋—1846年5月),见《马克思恩格斯文集》第1卷第571页。

在这个共同体中各个人都是作为个人参加的。它是各个人的这样一种联合(自然是以当时发达的生产力为前提的),这种联合把个人的自由发展和运动的条件置于他们的控制之下。

> 马克思:《德意志意识形态》(1845年秋—1846年5月),见《马克思恩格斯文集》第1卷第573页。

没有共同的利益,也就不会有统一的目的,更谈不上统一的行动。

> 恩格斯：《德国的革命和反革命》(1851年8月17日—1852年9月23日)，见《马克思恩格斯文集》第2卷第359页。

如果一个人只同自己打交道，他追求幸福的欲望只有在非常罕见的情况下才能得到满足，而且决不会对己对人都有利。

> 恩格斯：《路德维希·费尔巴哈和德国古典哲学的终结》(1886年初)，见《马克思恩格斯文集》第4卷第292页。

3. 爱国主义意识

……要使每一个适于作战的社会成员，为了保卫国家而不是为了参加检阅，在自己的本行职业之外学会掌握武器，是一件容易的事情。同时请你们注意一下，一旦发生战争（当然这种战争只能是对付那些反对共产主义的国家的），这个社会的成员一定会保卫真正的祖国、真正的家园，因此他们将精神焕发、坚毅勇敢地作战，使受过机械化训练的现代化军队也要望风披靡。

> 恩格斯：《在爱北斐特的演说》(1845年2月8日)，见《马克思恩格斯全集》1957年第2卷第609—610页。

工人没有祖国①。决不能剥夺他们所没有的东西。因为无产阶级首先必须取得政治统治，上升为民族的阶级，把自身组织成为民族，所以它本身还是民族的……

> 马克思和恩格斯：《共产党宣言》(1847年12月—1848年1月底)，见《马克思恩格斯文集》第2卷第50页。

---

① 应该理解或改译为"工人没有国家"。祖国是祖籍之国，任何人生来都有祖籍之国，在资本主义社会国家是资本家阶级统治、压迫工人的政权机关，不是工人自己的国家，同时任何工人都可以到任何国家当劳工，工人打工的国家也不是自己的国家，所以工人没有国家。——本书编者注

第二章 论社会结构

当一个富有生命力的民族受外国侵略者压迫的时候,它就必须把自己的全部力量、自己的全部心血、自己的全部精力用来反对外来的敌人;当它的内部生活因此陷于瘫痪的时候,它是不能为争取社会解放而斗争的。

恩格斯:《支持波兰》(1875 年 3 月 24 日),见《马克思恩格斯全集》1964 年版第 18 卷第 630 页。

一个大民族,只要还没有实现民族独立,历史地看,就甚至不能比较严肃地讨论任何内政问题。

恩格斯:《致卡尔·考茨基》(1882 年 2 月 7 日),见《马克思恩格斯文集》第 10 卷第 471 页。

排除民族压迫是一切健康而自由的发展的基本条件。

恩格斯:《致卡尔·考茨基》(1882 年 2 月 7 日),见《马克思恩格斯文集》第 10 卷第 472 页。

工人党对"爱国主义"采取的新立场就其本身而言,是很有道理的。……假如爱国主义者施加的压力,迟早定会招致这样一类的声明[①],……

恩格斯:《致劳拉·拉法格》(1893 年 6 月 20 日),见《马克思恩格斯全集》1974 年版第 39 卷第 84 页。

4. 国际主义意识

……各民族的兄弟友爱现在比过去任何时候都更具有纯粹的社会意义。……当所有这类多情善感的幻想完全不中用的时候,各国的无产者就开始不声不响地在共产主义民主的旗帜下**真正地结成兄弟**。……只有无产者才能够消灭各民族的隔离状态,只有觉醒的无产阶级才能够建立各民族的兄

[①] 指法国工人党准备在众议院议员选举中表明该党既坚持国际主义又信奉爱国主义,要捍卫法国领土主权的完整。可是这个声明却被保皇派诽谤为假爱国主义。——本书编者注

弟友爱。

<blockquote>
恩格斯：《在伦敦举行的各族人民庆祝大会》（1845年底），见《马克思恩格斯全集》1957年版第2卷第665—666页。
</blockquote>

要使各国真正团结起来，它们就必须有一致的利益。要使它们利益一致，就必须消灭现存的所有制关系，因为现存的所有制关系是一些国家剥削另一些国家的条件……

<blockquote>
马克思和恩格斯：《关于波兰的演说》（1847年11月29日），见《马克思恩格斯文集》第1卷第694页。
</blockquote>

既然各国工人的生活水平是相同的，既然他们的利益是相同的，他们的敌人也是相同的，那么他们就应当共同战斗，就应当以各国工人的兄弟联盟来对抗各国资产者的兄弟联盟。

<blockquote>
马克思和恩格斯：《关于波兰的演说》（1847年11月29日），见《马克思恩格斯文集》第1卷第697页
</blockquote>

全世界无产者，联合起来！

<blockquote>
马克思和恩格斯：《共产党宣言》（1847年12月—1848年1月），见《马克思恩格斯文集》第2卷第66页。
</blockquote>

联合的行动，至少是各文明国家的联合的行动，是无产阶级获得解放的首要条件之一。

<blockquote>
马克思和恩格斯：《共产党宣言》（1847年12月—1848年1月底），见《马克思恩格斯文集》第2卷第50页。
</blockquote>

……胜利了的无产阶级不能强迫他国人民接受任何替他们造福的办法，否则就会断送自己的胜利。当然，这决不排除各种各样的自卫战争。

第二章 论社会结构

> 恩格斯:《致卡尔·考茨基》(1882 年 9
> 月 12 日),见《马克思恩格斯文集》第
> 10 卷第 481 页。

无产阶级的解放只能是国际的事业。

> 恩格斯:《致保尔·拉法格》(1893 年 6
> 月 27 日),见《马克思恩格斯文集》第
> 10 卷第 656 页。

五、关于经济基础和上层建筑结构

(一) 经济基础的内涵

人们在自己生活的社会生产中发生一定的、必然的、不以他们的意志为转移的关系,即同他们的物质生产力的一定发展阶段相适合的生产关系。这些生产关系的总和构成社会的经济结构,即有法律的和政治的上层建筑竖立其上并有一定的社会意识形式与之相适应的现实基础。

> 马克思:《〈政治经济学批判〉序言》
> (1859 年 1 月),见《马克思恩格斯文集》
> 第 2 卷第 591 页。

每一历史时代主要的经济生产方式和交换方式以及必然由此产生的社会结构,是该时代政治的和精神的历史所赖以确立的基础……

> 恩格斯:《〈共产党宣言〉1888 年英文版
> 序言》(1888 年 1 月 30 日),见《马克思
> 恩格斯文集》第 2 卷第 14 页。

[关于经济基础其他论述,见本章第一节第(一)目第 1 条《社会的物质生产》中的《(4) 关于生产关系结构》]

(二) 上层建筑的内涵

思想的历史除了证明精神生产随着物质生产的改造而改造……任何一个时代的统治思想始终都不过是统治阶级的思想。

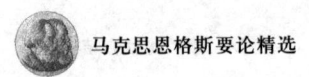

……

……这些意识形式,只有当阶级对立完全消失的时候才会完全消失。

马克思和恩格斯《共产党宣言》(1847年12月—1848年1月底),见《马克思恩格斯文集》第2卷第50—52页。

在不同的财产形式上,在社会生存条件上,耸立着由各种不同的、表现独特的情感、幻想、思想方式和人生观构成的整个上层建筑。整个阶级在其物质条件和相应的社会关系的基础上创造和构成这一切。

马克思:《路易·波拿巴的雾月十八日》(1851年12月中—1852年3月25日),见《马克思恩格斯文集》第2卷第498页。

这种公共权力在每一个国家里都存在。构成这种权力的,不仅有武装的人,而且还有物质的附属物,如监狱和各种强制设施……

恩格斯:《家庭、私有制和国家的起源》(1884年3月底—5月底),见《马克思恩格斯文集》第4卷第190页。

[关于政治上层建筑其他论述,见本章第三节《关于社会政治结构》中的《(二)政党》、《(三)国家》、《(四)政治制度》;关于思想上层建筑,见本章第四节《关于社会意识结构》中的《(二)社会意识形式的类别》]

(三)经济基础和上层建筑的相互关系

统治阶级的思想在每一时代都是占统治地位的思想。这就是说,一个阶级是社会上占统治地位的**物质**力量,同时也是社会上占统治地位的**精神**力量。支配着物质生产资料的阶级,同时也支配着精神生产资料,因此,那些没有精神生产资料的人的思想,一般地是隶属于这个阶级的。占统治地位的思想不过是占统治地位的物质关系在观念上的表现,不过是以思想的形式表现出来的占统治地位的物质关系;因而,这就是那些使某一个阶级成为统治阶级的关系在观念上的表现,因而这也就是这个阶级的统治的思想。

第二章　论社会结构

> 马克思和恩格斯：《德意志意识形态》（1845年秋—1846年5月），见《马克思恩格斯文集》第1卷第550—551页。

物质生活的生产方式制约着整个社会生活、政治生活和精神生活的过程。

> 马克思：《〈政治经济学批判〉序言》（1859年1月），见《马克思恩格斯文集》第2卷第591页。

在历史上出现的一切社会关系和国家关系，一切宗教制度和法律制度，一切理论观点，只有理解了每一个与之相应的时代的物质条件，并且从这些物质生活条件中被引申出来的时候，才能理解。……随着经济基础的变革，全部庞大的上层建筑也或慢或快地发生变更……

> 恩格斯：《马克思〈政治经济学批判。第一分册〉》（1859年8月3—15日），见《马克思恩格斯文集》第2卷第597页。

因而每一时代的社会经济结构形成现实基础，每一个历史时期的由法的设施和政治设施以及宗教的、哲学的和其他的观念形式所构成的全部上层建筑，归根到底都应由这个基础来说明。

> 恩格斯：《反杜林论》（1876年9月—1878年6月），见《马克思恩格斯文集》第9卷第29页。

以往的**全部**历史，除原始状态外，都是阶级斗争的历史；这些互相斗争的社会阶级在任何时候都是生产关系和交换关系的产物，一句话，都是自己时代的**经济**关系的产物；因而每一时代的社会经济结构形成现实基础，每一个历史时期的由法的设施和政治设施以及宗教的、哲学的和其他的观念形式所构成的全部上层建筑，归根到底都应由这个基础来说明。

> 恩格斯：《社会主义从空想到科学的发展》（1880年1月—3月上半月），见《马克思恩格斯文集》第3卷第544页。

我们自己创造着我们的历史,但是第一,我们是在十分确定的前提和条件下创造的。其中经济的前提和条件归根到底是决定性的。但是政治等等的前提和条件,甚至那些萦回于人们头脑中的传统,也起着一定的作用,虽然不是决定性的作用。

恩格斯:《致约瑟夫·布洛赫》(1890年9月21—22日),见《马克思恩格斯文集》第10卷第592页。

国家权力对于经济发展的反作用可以有三种:它可以沿着同一方向起作用,在这种情况下就会发展得比较快;它可以沿着相反方向起作用,在这种情况下,像现在每个大民族的情况那样,它经过一定的时期都要崩溃;或者是它可以阻止经济发展沿着某些方向走,而给它规定另外的方向——这种情况归根到底还是归结为前两种情况中的一种。

恩格斯:《致康拉德·施米特》(1890年10月27日),见《马克思恩格斯文集》第10卷第597页。

马克思恩格斯要论精选
增订本

第三章
论社会变革

一 关于社会基本矛盾运动是社会变革的基本动力
二 关于阶级斗争是阶级社会变革的直接动力
三 关于社会革命是社会变革的"火车头"
四 关于人民群众是推动社会变革的决定力量
五 关于社会发展规律

唯物主义历史观从下述原理出发：生产以及随生产而来的产品交换是一切社会制度的基础；在每个历史地出现的社会中，产品分配以及和它相伴随的社会之划分为阶级或等级，是由生产什么、怎样生产以及怎样交换产品来决定的。所以，一切社会变迁和政治变革的终极原因，不应当到人们的头脑中，到人们对永恒的真理和正义的日益增进的认识中去寻找，而应当到生产方式和交换方式的变更中去寻找；不应当到有关时代的**哲学**中去寻找，而应当到有关时代的**经济**中去寻找。

恩格斯：《社会主义从空想到科学的发展》（1880年1月—3月上半月），见《马克思恩格斯文集》第3卷第547页。

第三章 论社会变革

一、关于社会基本矛盾运动是社会变革的基本动力

（一）生产力和生产关系的矛盾运动是社会变革的根本动力

［见第二章第一节第（一）目第 1 条《社会物质生产》中的《（6）生产力和生产关系的相互作用》］

（二）经济基础和上层建筑的矛盾运动

［见第二章《论社会结构》中的《五、关于经济基础和上层建筑结构》］

二、关于阶级斗争是阶级社会变革的直接动力

［见第二章第三节《关于社会政治结构》中的《（一）阶级》］

三、关于社会革命是社会变革的"火车头"

革命就是一部分人用枪杆、刺刀、大炮，即用非常权威的手段强迫另一部分人接受自己的意志。

> 恩格斯：《论权威》（1872 年 10 月—1873 年 3 月），见《马克思恩格斯文集》第 3 卷第 338 页。

任何一次真正的革命都是社会革命，因为它使新阶级占据统治地位并且让这个阶级有可能按照自己的面貌来改造社会。

> 恩格斯：《流亡者文献》（1874 年 5 月中—1875 年 4 月），见《马克思恩格斯文集》第 3 卷第 393 页。

（一）社会革命的根源

革命是一种与其说受平时决定社会发展的法则支配，不如说在更大程

度上受物理定律支配的纯自然现象。或者更确切地说，这些法则在革命时期具有大得多的物理性质，必然性的物质力量表现得更加强烈。

恩格斯：《致马克思》（1851年2月13日），见《马克思恩格斯全集》1972年版第27卷第210页。

把革命的发生归咎于少数煽动者的恶意那种迷信的时代，早已过去了。现在每个人都知道，任何地方发生革命动荡，其背后必然有某种社会要求，而腐朽的制度阻碍这种要求得到满足。这种要求也许还未被人强烈地、普遍地感觉到，因此还不能保证立即获得成功；但是，任何人企图用暴力来压制这种要求，那只能使它越来越强烈，直到它把自己的枷锁打碎。

恩格斯：《德国的革命和反革命》（1851年8月17日—1852年9月23日），见《马克思恩格斯文集》第2卷第351—352页。

社会的物质生产力发展到一定阶段，便同它们一直在其中运动的现存生产关系或财产关系（这只是生产关系的法律用语）发生矛盾。于是这些关系便由生产力的发展形式变成生产力的桎梏。那时社会革命的时代就到来了。

马克思：《〈政治经济学批判〉序言》（1859年1月），见《马克思恩格斯文集》第2卷第591—592页。

彻底的社会革命是同经济发展的一定历史条件联系着的；这些条件是社会革命的前提。

马克思：《巴枯宁〈国家制度和无政府状态〉一书摘要》（1874—1875年初），见《马克思恩格斯文集》第3卷第404页。

一切社会变迁和政治变革的终极原因，不应当到人们的头脑中，到人们对永恒的真理和正义的日益增进的认识中去寻找，而应当到生产方式和

第三章 论社会变革

交换方式的变更中去寻找；不应当到有关时代的**哲学**中去寻找，而应当到有关时代的**经济**中去寻找。

> 恩格斯：《反杜林论》（1876 年 9 月—1878 年 6 月），见《马克思恩格斯文集》第 9 卷第 284 页。

（二）社会革命的目的

……每一个力图取得统治的阶级，即使它的统治要求消灭整个旧的社会形式和一切统治，就像无产阶级那样，都必须首先夺取政权，以便把自己的利益又说成是普遍的利益，而这是它在初期不得不如此做的。

> 马克思和恩格斯：《德意志意识形态》（1845 年秋—1846 年 5 月），见《马克思恩格斯文集》第 1 卷第 536—537 页。

……我把共产主义者的宗旨规定如下：（1）实现同资产者利益相反的无产者的利益；（2）用消灭私有制而代之以财产公有的手段来实现这一点；（3）除了进行暴力的民主的革命以外，不承认有实现这些目的的其他手段。

> 恩格斯：《致布鲁塞尔共产主义通讯委员会》（1846 年 10 月 23 日），见《马克思恩格斯文集》第 10 卷第 40 页。

现代的**资产阶级**财产关系靠国家权力来"维持"，资产阶级建立国家权力就是为了保卫自己的财产关系。因此，哪里的政权落到资产阶级手里，哪里的无产者就必须将它推翻。无产者本身必须成为权力，而且首先是革命的权力。

> 马克思：《道德化的批评和批评化的道德》（1847 年 10 月底），见《马克思恩格斯全集》1958 年版第 4 卷第 331 页。

过去一切阶级在争得统治之后，总是使整个社会服从于它们发财致富的条件，企图以此来巩固它们已经获得的生活地位。无产者只有废除自

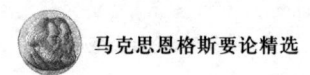

己的现存的占有方式,从而废除全部现存的占有方式,才能取得社会生产力。

马克思和恩格斯:《共产党宣言》(1847年12月—1848年1月),见《马克思恩格斯文集》第2卷第42页。

共产党人到处都支持一切反对现存的社会制度和政治制度的革命运动。
在所有这些运动中,他们都强调所有制问题是运动的基本问题,不管这个问题的发展程度怎样。

马克思和恩格斯:《共产党宣言》(1847年12月—1848年1月),见《马克思恩格斯文集》第2卷第66页。

工人阶级根据自己的经验深深地相信,**他们的地位要得到任何可靠的改善,不能够依靠别人,而应当亲自争取,首先应当采取的办法是夺取政权。**

恩格斯:《10小时工作制问题》(1850年2月中旬),见《马克思恩格斯全集》1959年版第7卷第274页。

同时我们始终认为,为了达到未来社会革命的这一目的以及其他更重要得多的目的,工人阶级应当首先掌握有组织的国家政权并依靠这个政权镇压资本家阶级的反抗和按新的方式组织社会。

恩格斯:《致菲力浦·范派顿》(1883年4月18日),见《马克思恩格斯文集》第10卷第506页。

迄今的一切革命,都是为了保护一种所有制而反对另一种所有制的革命。它们如果不侵犯另一种所有制,便不能保护这一种所有制。

恩格斯:《家庭、私有制和国家的起源》(1884年3月底—5月底),见《马克思恩格斯文集》第4卷第132页。

第三章　论社会变革

一切所谓政治革命，从头一个起到末一个止，都是为了保护**某种**财产而实行的，都是通过没收（或者也叫做盗窃）**另一种**财产而进行的。

恩格斯：《家庭、私有制和国家的起源》（1884年3月底—5月底），见《马克思恩格斯文集》第4卷第132页。

（三）社会革命的作用

……在许许多多国家里，制度改变的方式总是新的要求逐渐产生，旧的东西瓦解等等，但是要建立**新的**国家制度，总要经过真正的革命。

马克思：《黑格尔法哲学批判》（1843年夏天），见《马克思恩格斯全集》1956年版第1卷第315页。

革命是历史的火车头。

马克思：《1848年至1850年的法兰西阶级斗争》（1849年底—1850年3月底和1850年10月—11月1日），见《马克思恩格斯文集》第2卷第161页。

正是旧的复杂的社会机体中阶级对抗的这种迅速而剧烈的发展，使革命成为社会进步和政治进步的强大推动力；……

恩格斯：《德国的革命和反革命》（1851年8月17日—1852年9月23日），见《马克思恩格斯文集》第2卷第383页。

随着时间的推移，就是最昏愦的庸人也应该懂得，没有革命，任何问题也不能解决。

恩格斯：《致马克思》（1853年3月9日），见《马克思恩格斯全集》1973年版第28卷第223页。

……在这种伟大的发展中，二十年比一天长，殊不知以后可能又会有一天等于二十年的时期。

> 马克思:《致恩格斯》(1863 年 4 月 9 日),见《马克思恩格斯文集》第 10 卷第 203 页。

(四) 社会革命的类型

1. 古代奴隶革命

这样说来,在斯巴达克①和奴隶起义之前,是基督教没有使"人束缚于机器式的劳动就等于奴隶制";而在斯巴达克时代,是"人"这一概念消灭了这种关系并最先产生了奴隶制。

> 马克思和恩格斯:《德意志意识形态》(1845 年秋—1846 年 5 月),见《马克思恩格斯全集》1960 年版第 3 卷第 242 页。

历史上只有两个事件可以和现在大概还在巴黎进行的这个斗争相比拟,这就是古罗马的奴隶战争和 1834 年的里昂起义。里昂的旧口号"活着没有工作,不如战斗而死",在 14 年之后又突然出现了,这个口号现在又被写在旗帜上面了。

> 恩格斯:《6 月 23 日》(1848 年 6 月 27 日),见《马克思恩格斯全集》1958 年版第 5 卷第 138 页。

……斯巴达克是整个古代历史上最辉煌的人物。一位伟大的统帅(不

---

① 斯巴达克(公元前?—公元前 71 年),色雷斯人,在抗击罗马侵略的作战中被俘,被卖到角斗场充任角斗奴。公元前 73 年夏,斯巴达克组织角斗奴起义成功,并被推为领袖。他带领逃出的角斗奴在山上安营扎寨,不断袭击奴隶主庄园,保护劳动者利益,不干扰小农。因而奴隶们和自由民也纷纷前往投归,使起义队伍迅速发展到一万多人;到公元前 72 年,队伍扩大到 12 万人,占据了意大利南部的大部地区。意大利统治者大为震恐,募集大军全力应付起义军。斯巴达克率领起义军与敌军进行了殊死决战,并取得了多次胜利。公元前 71 年秋,在一次战斗中,斯巴达克英勇牺牲,起义失败。斯巴达克起义给罗马奴隶主阶级以最沉重的打击。——本书编者注

第三章 论社会变革

像加里波第①），高尚的品格，古代无产阶级的真正代表。

马克思：《致恩格斯》（1861 年 2 月 27 日），见《马克思恩格斯全集》1957 年版第 30 卷第 159 页。

最后是奴隶，他们没有权利，没有自由，而斯巴达克的失败，也证明他们不可能解放自己，可是其中大部分原是自由人或自由人的后裔。所以在他们中间，大部分人当然对自己的生活状况怀有强烈的（虽然表面上并不显露的）怨恨。

恩格斯：《布鲁诺·鲍威尔和早期基督教》（1882 年 4 月下半月），见《马克思恩格斯全集》1963 年版第 19 卷第 332 页。

……在奴隶制下，只能有单个人不经过过渡状态而立即获得释放（古代是没有用胜利的起义来消灭奴隶制的事情的），而中世纪的农奴实际上却作为阶级而逐渐实现了自己的解放……

恩格斯：《家庭、私有制和国家的起源》（1884 年 3 月底—5 月底），见《马克思恩格斯文集》第 4 卷第 176 页。

2. 中世纪农民革命

中世纪所有的大规模的起义都是从乡村中爆发的，但是由于农民的分散性以及由此而来的极端落后性，这些起义也毫无结果。

马克思和恩格斯：《德意志意识形态》（1845 年秋—1846 年 5 月），见《马克思恩格斯全集》1960 年版第 3 卷第 59 页。

反封建的革命反对派活跃于整个中世纪。随着时代条件的不同，他们或者是以神秘主义的形式出现，或者是以公开的异教的形式出现，或者是

---

① 朱·加里波第（1807—1882），意大利民族解放运动领袖，从 1848 年至 1866 年曾多次领导意大利人民开展武装斗争，终使意大利获得独立。——本书编者注

以武装起义的形式出现。

> 恩格斯:《德国的农民战争》(1850 年夏秋),见《马克思恩格斯文集》第 2 卷第 236 页。

这些起义同中世纪的所有群众运动一样,总是穿着宗教的外衣,采取为复兴日益蜕化的原始基督教而斗争的形式;但是在宗教狂热的背后,每次都隐藏有实实在在的现世利益。

> 恩格斯:《论原始基督教的历史》(1894 年 6 月 19 日—7 月 16 日之间),见《马克思恩格斯文集》第 4 卷第 476 页。

3. 近代资产阶级革命

我们应当把资产阶级的历史分为两个阶段:第一是资产阶级在封建主义和专制君主制的统治下形成为阶级;第二是形成阶级之后,推翻封建主义和君主制度,把社会改造成资产阶级社会。

> 马克思:《哲学的贫困》(1847 年上半年),见《马克思恩格斯文集》第 1 卷第 654 页。

1789 年革命仅仅以 1648 年革命作为自己的榜样(至少就欧洲来说是如此),而 1648 年革命则仅仅以尼德兰人反对西班牙的起义作为自己的榜样。这两次革命都比自己的榜样前进了一个世纪;不仅在时间上是如此,而且在内容上也是如此。

> 马克思:《资产阶级和反革命》(1848 年 12 月 11 日)《马克思恩格斯文集》第 2 卷第 73 页。

1648 年革命和 1789 年革命,并不是**英国**的革命和**法国**的革命,而是**欧洲**的革命。它们不是社会中**某一**阶级对旧**政治制度**的胜利;它们**宣告了欧洲新社会的政治制度**。资产阶级在这两次革命中获得了胜利;然而,当时**资产阶级的胜利**意味着**新社会制度的胜利**,资产阶级所有制对封建所有制的胜利,民族对地方主义的胜利,竞争对行会制度的胜利,遗产分割制对

第三章　论社会变革

长子继承制的胜利，土地所有者支配土地对土地所有者隶属于土地的胜利，启蒙运动对迷信的胜利，家庭对宗族的胜利，勤劳对游手好闲的胜利，资产阶级权利对中世纪特权的胜利。

> 马克思：《资产阶级和反革命》（1848年12月11日），见《马克思恩格斯文集》第2卷第74页。

德国资产阶级发展得如此迟钝、畏缩、缓慢，以致当它以威逼的气势同封建制度和专制制度对抗的那一刻，它发现无产阶级以及市民等级中所有那些在利益和思想上跟无产阶级相近的集团也以威逼的气势同它自己形成了对抗。它看到，不仅有一个阶级在它**后面**对它采取敌视态度，而且整个欧洲都在它**前面**对它采取敌视态度。……它一开始就蓄意背叛人民，而与旧社会的戴皇冠的代表人物妥协，因为它本身已经从属于旧社会了；它不是代表新社会的利益去反对旧社会，而是代表已经陈腐的社会内部重新出现的那些利益；它操纵革命的舵轮，并不是因为它有人民作为后盾，而是因为人民在后面迫使它前进；它居于领导地位，并不是因为它代表新社会时代的首创精神，而只是因为它反映旧社会时代的怨恨情绪；它……不相信自己，不相信人民，在上层面前嘟囔，在下层面前战栗，对两者都持利己主义态度，并且意识到自己的这种利己主义；对于保守派来说是革命的，对于革命派来说却是保守的；不相信自己的口号，用空谈代替思想，害怕世界风暴，同时又利用这个风暴来谋私利；……这就是**普鲁士资产阶级**在三月革命后执掌普鲁士国家权柄时的形象。

> 马克思：《资产阶级和反革命》（1848年12月11日），见《马克思恩格斯文集》第2卷第75—76页。

因此，当前南部与北部之间的斗争不是别的，而是两种社会制度即奴隶制度与自由劳动制度之间的斗争。这个斗争之所以爆发，是因为这两种制度再也不能在北美大陆上一起和平相处。它只能以其中一个制度的胜利而结束。

> 马克思：《美国内战》（1861年10月底），见《马克思恩格斯全集》1963年版第15卷第365页。

在1848年和1849年，德国、罗马尼亚、匈牙利、意大利的革命大军都有很多波兰人。他们无论是普通士兵还是指挥官，都表现得出类拔萃。尽管这一时期的社会主义趋向被淹没在六月日子的血泊中，然而1848年革命——决不可以忘记这一点——的熊熊火焰几乎燃遍了整个欧洲，有个时期曾把整个欧洲变成一个共同体，从而为国际工人协会奠定了基础。

马克思和恩格斯：《致日内瓦一八三〇年波兰革命五十周年纪念大会》（1880年11月27日），见《马克思恩格斯全集》1963年版第19卷第266页。

资产阶级的第二次大起义，发现加尔文教就是现成的战斗理论。这次起义是在英国发生的。发动者是城市中间阶级，完成者是农村地区的自耕农。很奇怪的是：在资产阶级的这三次大起义中，农民提供了战斗大军，可是农民这个阶级在胜利后由于胜利带来的经济结果反而免不了破产。

恩格斯：《〈社会主义从空想到科学的发展〉英文版导言》（1892年4月20日），见《马克思恩格斯选集》1995年版第3卷第707页。

法国大革命是资产阶级的第三次起义，然而这是完全抛开宗教外衣、在毫不掩饰的政治战线上作战的首次起义；这也是真正把斗争进行到底，直到交战的一方即贵族被彻底消灭而另一方即资产阶级完全胜利的首次起义。在英国，革命以前的制度和革命以后的制度因袭相承，地主和资本家互相妥协，这表现在诉讼上仍然按前例行事，还虔诚地保留着一些封建的法律形式。

恩格斯：《〈社会主义从空想到科学的发展〉英文版导言》（1892年4月20日），见《马克思恩格斯选集》1995年版第3卷第710页。

4. 现代无产阶级革命

［见本章第三节《关于社会革命是社会变革的"火车头"》中的《（五）

现代无产阶级社会主义革命》]

（五）现代无产阶级社会主义革命

1. 无产阶级社会主义革命的必然性、条件和根本任务

（1）无产阶级社会主义革命的必然性

一般的革命——**推翻**现政权和**破坏**旧关系——是**政治**行为。而**社会主义**不通过**革命**是不可能实现的。社会主义需要这种**政治**行为，因为它需要**消灭**和**破坏**旧的东西。

马克思：《评"普鲁士人"的"普鲁士国王和社会改革"一文》（1844年7月31日），见《马克思恩格斯全集》1956年版第1卷第488页。

但是总有一天无产阶级的力量会强大起来，觉悟会提高起来，他们再也不愿载负着一直压在他们肩上的整个社会大厦的重担，他们会要求更公平地分配社会的负担和权利。那时，如果人的本性还不改变的话，社会革命就不可避免了。

恩格斯：《在爱北斐特的演说》（1845年2月15日），见《马克思恩格斯全集》1957年版第2卷第618—619页。

资产阶级生存和统治的根本条件，是财富在私人手里的积累，是资本的形成和增殖；资本的条件是雇佣劳动。雇佣劳动完全是建立在工人的自相竞争之上的。资产阶级无意中造成而又无力抵抗的工业进步，使工人通过结社而达到的革命联合代替了他们由于竞争而造成的分散状态。于是，随着大工业的发展，资产阶级赖以生产和占有产品的基础本身也就从它的脚下被挖掉了。它首先生产的是它自身的掘墓人。资产阶级的灭亡和无产阶级的胜利是同样不可避免的。

马克思和恩格斯：《共产党宣言》（1847年12月—1848年1月底），见《马克思恩格斯文集》第2卷第43页。

新的革命,只有在新的危机之后才可能发生。但新的革命正如新的危机一样肯定会来临。

> 马克思:《1848 年至 1850 年的法兰西阶级斗争》(1849 年底—1850 年 3 月底和 1850 年 10 月—11 月 1 日),见《马克思恩格斯文集》第 2 卷第 176 页。

资本的垄断成了与这种垄断一起并在这种垄断之下繁盛起来的生产方式的桎梏。生产资料的集中和劳动的社会化,达到了同它们的资本主义外壳不能相容的地步。这个外壳就要炸毁了。资本主义私有制的丧钟就要响了。剥夺者就要被剥夺了。

> 马克思:《资本论》第 1 卷(1867 年),见《马克思恩格斯文集》第 5 卷第 874 页。

(2)无产阶级社会主义革命的条件

过去的工人起义的形式都是与劳动发展的每一个阶段以及由此决定的所有制形式联系在一起的;直接或间接的共产主义起义则是与大工业联系在一起的。

> 马克思和恩格斯:《德意志意识形态》(1845 年秋—1846 年 5 月),见《马克思恩格斯全集》1960 年版第 3 卷第 242 页。

在无产阶级尚未发展到足以确立为一个阶级,因而无产阶级同资产阶级的斗争尚未带政治性以前,在生产力在资产阶级本身的怀抱里尚未发展到足以使人看到解放无产阶级和建立新社会必备的物质条件以前,这些理论家不过是一些空想主义者,……

> 马克思:《哲学的贫困》(1847 年上半年),见《马克思恩格斯文集》第 1 卷第 616 页。

……革命不能故意地、随心所欲地制造,革命在任何地方和任何时候都是完全不以单个政党和整个阶级的意志和领导为转移的各种情况的必然结果。

第三章　论社会变革

> 恩格斯：《共产主义原理》（1847年10月底—11月），见《马克思恩格斯文集》第1卷第685页。

在这种普遍繁荣的情况下，即在资产阶级社会的生产力正以在整个资产阶级关系范围内所能达到的速度蓬勃发展的时候，也就谈不到什么真正的革命。只有在**现代生产力**和**资产阶级生产方式**这两个要素**互相矛盾**的时候，这种革命才有可能。

> 马克思：《1848年至1850年的法兰西阶级斗争》（1849年底—1850年3月底和1850年10月—11月1日），见《马克思恩格斯文集》第2卷第176页。

大不列颠的千百万工人第一个奠定了新社会的真实基础——把自然界的破坏力变成了人类的生产力的现代工业。英国工人阶级以不懈的毅力、流血流汗、绞尽脑汁，为使劳动变成高尚的事业并把劳动生产率提高到能造成产品普遍丰富的水平创造了物质前提。

英国工人阶级既然创造了现代工业的无穷无尽的生产力，也就实现了解放劳动的第一个条件。现在它应当实现解放劳动的第二个条件。它应当把这些生产财富的力量从垄断组织的无耻的枷锁下解放出来，使它们受生产者的集体监督，这些生产者直到今天还在听任自己劳动的产品本身转过来反对自己，变成压迫他们自己的工具。

工人阶级征服了自然，而现在它应当去征服人了。

> 马克思：《给工人议会的信》（1854年3月9日），见《马克思恩格斯全集》1965年版第10卷第134页。

无论哪一个社会形态，在它所能容纳的全部生产力发挥出来以前，是决不会灭亡的；而新的更高的生产关系，在它的物质存在条件在旧社会的胎胞里成熟以前，是决不会出现的。所以人类始终只提出自己能够解决的任务，因为只要仔细考察就可以发现，任务本身，只有在解决它的物质条件已经存在或者至少是在生成过程中的时候，才会产生。

马克思：《〈政治经济学批判〉序言》
（1859年1月），见《马克思恩格斯文集》
第2卷第592页。

因此，谁竟然断言在一个**虽然**没有无产阶级**然而**也没有资产阶级的国家里更容易进行这种革命，那就只不过证明，他还需要学一学关于社会主义的初步知识。

恩格斯：《流亡者文献》（1874年5月
中—1875年4月），见《马克思恩格斯文
集》第3卷第390页。

彻底的社会革命是同经济发展的一定历史条件联系着的；这些条件是社会革命的前提。因此，只有在工业无产阶级随着资本主义生产的发展，在人民群众中至少占有重要地位的地方，社会革命才有可能。

马克思：《巴枯宁〈国家制度和无政府状
态〉一书摘要》（1874—1875年初），见
《马克思恩格斯文集》第3卷第404页。

《共产主义宣言》①的任务，是宣告现代资产阶级所有制必然灭亡。但是在俄国，我们看见，除了迅速盛行起来的资本主义狂热和刚开始发展的资产阶级土地所有制外，大半土地仍归农民公共占有。那么试问：俄国公社，这一固然已经大遭破坏的原始土地公共占有形式，是能够直接过渡到高级的共产主义的公共占有形式呢？或者相反，它还必须先经历西方的历史发展所经历的那个瓦解过程呢？

对于这个问题，目前唯一可能的答复是：假如俄国革命将成为西方无产阶级革命的信号而双方互相补充的话，那么现今的俄国土地公有制便能成为共产主义发展的起点。

马克思和恩格斯：《〈共产党宣言〉1882
年俄文版序言》（1882年1月21日），见
《马克思恩格斯文集》第2卷第8页。

---

① 即《共产党宣言》。——编者注

第三章 论社会变革

危机是政治变革的最强有力的杠杆之一,关于这点在《共产党宣言》中就已经讲了,在《新莱茵报评论》上也根据到 1848 年为止的资料指出过,而除此之外,还指出过,繁荣的恢复会破坏革命,会为反动派的胜利创造条件。

> 恩格斯:《致爱德华·伯恩施坦》(1882年1月25、31日),见《马克思恩格斯全集》1971年版第35卷第258—259页。

……较低的经济发展阶段解决只有高得多的发展阶段才产生了的和才能产生的问题和冲突,这在历史上是不可能的。……

然而,不仅可能而且毋庸置疑的是,当西欧各国人民的无产阶级取得胜利和生产资料转归公有之后,那些刚刚进入资本主义生产而仍然保全了氏族制度或氏族制度残余的国家,可以利用公有制的残余和与之相适应的人民风尚作为强大的手段,来大大缩短自己向社会主义社会发展的过程,并避免我们在西欧开辟道路时所不得不经历的大部分苦难和斗争。但这方面的必不可少的条件是:目前还是资本主义的西方作出榜样和积极支持。只有当资本主义经济在自己故乡和在它兴盛的国家里被克服的时候,只有当落后国家从这个榜样上看到"这是怎么回事",看到怎样把现代工业的生产力作为社会财产来为整个社会服务的时候——只有到那个时候,这些落后的国家才能开始这种缩短的发展过程。然而那时它们的成功也是有保证的。这不仅适用于俄国,而且适用于处在资本主义以前的阶段的一切国家。

> 恩格斯:《〈论俄国的社会问题〉跋》(1894年1月上半月),见《马克思恩格斯文集》第4卷第458—459页。

(3) 无产阶级社会主义革命的根本任务
① 夺取政权
……人民只要不掌握政权就不可能改善自己的处境。

> 恩格斯:《共产主义者和卡尔·海因岑》(1847年9月27日前和10月3日),见《马克思恩格斯文集》第1卷第661页。

现代的**资产阶级**财产关系,靠国家权力来"维持",资产阶级建立国家政权就是为了保卫自己的财产关系。因此,哪里的政权落到资产阶级手里,哪里的无产者就必须将它推翻。无产者本身必须成为权力,而且首先是革命的权力。

马克思:《道德化的批判和批评化的道德》(1847年10月底),见《马克思恩格斯选集》1972年版第1卷第171页。

共产党人的最近目的是和其他一切无产阶级政党的最近目的一样的:使无产阶级形成为阶级,推翻资产阶级的统治,由无产阶级夺取政权。

马克思和恩格斯:《共产党宣言》(1847年12月—1848年1月底),见《马克思恩格斯文集》第2卷第44页。

无产阶级中有一部分人醉心于**教条的实验**,醉心于**成立交换银行和工人团体**,换句话说,醉心于这样一种运动,即不去利用旧世界自身所具有的一切强大手段来推翻旧世界,却企图躲在社会背后,用私人的办法,在自身的有限的生存条件的范围内实现自身的解救,因此必然是要失败的。

马克思:《路易·波拿巴的雾月十八日》(1851年12月中—1852年3月25日),见《马克思恩格斯文集》第2卷第478页。

……而国际①从一开始,就把工人阶级夺取政权是社会解放的手段这一口号写在自己的旗帜上②,……

恩格斯:《致路易·皮奥》(1872年3月7日),见《马克思恩格斯全集》1973年版第33卷第417页。

……如果政治权力在经济上是无能为力的,那么我们何必要为无产阶级的政治专政而斗争呢?暴力(即国家权力)也是一种经济力量!

---

① 指国际工人协会。——本书编者注
② 卡·马克思《国际工人协会成立宣言》。——编者注

第三章 论社会变革

> 恩格斯:《致康拉德·施米特》(1890年10月27日),见《马克思恩格斯文集》第10卷第600—601页。

社会党人总是积极参加无产阶级和资产阶级斗争经历的每个发展阶段,而且,一时一刻也不忘记,这些阶段只不过是达到首要的伟大目标的阶梯。这个目标就是:由无产阶级夺取政权作为改造社会的手段。

> 恩格斯:《未来的意大利革命和社会党》(1894年1月26日),见《马克思恩格斯文集》第4卷470页。

②剥夺剥夺者,消灭私有制

第十六个问题:能不能用和平的办法废除私有制?
答:但愿如此,共产主义者当然是最不反对这种办法的人。

> 恩格斯:《共产主义原理》(1847年10月底—11月),见《马克思恩格斯文集》第1卷第684页。

第十七个问题:能不能一下子就把私有制废除?
答:不,不能,正像不能一下子就把现有的生产力扩大到为实行财产公有所必要的程度一样。因此,很可能就要来临的无产阶级革命,只能逐步改造现今社会,只有创造了所必需的大量生产资料之后,才能废除私有制。

> 恩格斯:《共产主义原理》(1847年10月底—11月),见《马克思恩格斯文集》第1卷第685页。

……共产党人可以把自己的理论概括为一句话:消灭私有制。

> 马克思和恩格斯:《共产党宣言》(1847年12月—1848年1月底),见《马克思恩格斯文集》第2卷第45页。

……工人革命的第一步就是使无产阶级上升为统治阶级,争得民主。

无产阶级将利用自己的政治统治,一步一步地夺取资产阶级的全部资本,把一切生产工具集中在国家即组织成为统治阶级的无产阶级手里,并且尽可能快地增加生产力的总量。

马克思和恩格斯:《共产党宣言》(1847年12月—1848年1月底),见《马克思恩格斯文集》第2卷第52页。

总之,共产党人到处都支持一切反对现存的社会制度和政治制度的革命运动。

在所有这些运动中,他们都强调所有制问题是运动的基本问题,不管这个问题的发展程度怎样。

马克思和恩格斯:《共产党宣言》(1847年12月—1848年1月底),见《马克思恩格斯文集》第2卷第66页。

劳动者在经济上受劳动资料即生活源泉的垄断者的支配,是一切形式的奴役的基础,是一切社会贫困、精神沉沦和政治依附的基础;

因而工人阶级的经济解放是伟大的目标,一切政治运动都应该作为手段服从于这一目标;

马克思:《国际工人协会共同章程》(1871年9月底10月初—大约11月6日),见《马克思恩格斯文集》第3卷第226页。

2. 无产阶级革命与工人运动

(1) 工人运动的发展历程

罢工是工人的军事学校,他们在这里为投入已经不可避免的伟大的斗争中做好准备;罢工是各个劳动部门关于自己参加伟大的工人运动的宣言。……作为军事学校,罢工起着无与伦比的作用。

恩格斯:《英国工人阶级状况》(1844年9月—1845年3月),见《马克思恩格斯文集》第1卷第459—460页。

第三章 论社会变革

在工会的活动和罢工中,这种反抗总是分散的,是个别的工人或个别部门的工人同个别的资产者作斗争。即使斗争普遍化了,这多半也不是由于工人的自觉;当工人自觉地这样做的时候,这种自觉的基础就是宪章运动。在宪章运动旗帜下起来反对资产阶级的是整个工人阶级,他们首先向资产阶级的政权进攻,向资产阶级用来保护自己的法律围墙进攻。

恩格斯:《英国工人阶级状况》(1844年9月—1845年3月),见《马克思恩格斯文集》第1卷第463页。

……随着工业的发展,无产阶级不仅人数增加了,而且结合成更大的集体,它的力量日益增长,而且它越来越感觉到自己的力量。……单个工人和单个资产者之间的冲突越来越具有两个阶级的冲突的性质。工人开始成立反对资产者的同盟;他们联合起来保卫自己的工资。他们甚至建立了经常性的团体,以便为可能发生的反抗准备食品。有些地方,斗争爆发为起义。

马克思和恩格斯:《共产党宣言》(1847年12月—1848年1月底),见《马克思恩格斯文集》第2卷第40页。

工人有时也得到胜利,但这种胜利只是暂时的。他们斗争的真正成果并不是直接取得的成功,而是工人的越来越扩大的联合。这种联合由于大工业所造成的日益发达的交通工具而得到发展,这种交通工具把各地的工人彼此联系起来。只要有了这种联系,就能把许多性质相同的地方性的斗争汇合成全国性的斗争,汇合成阶级斗争。

马克思和恩格斯:《共产党宣言》(1847年12月—1848年1月底),见《马克思恩格斯文集》第2卷第40页。

在英国,工人们就不限于组织一些除临时罢工外别无其他目的并和罢工一起结束的局部性同盟。他们还建立经常性的同盟——**工联**,作为工人同企业主进行斗争的堡垒。现在,所有这些地方工联已组成为全国职工联合会,拥有会员8万人,中央委员会设在伦敦。这些罢工、同盟、工联是与工人的政治斗争同时并进的，现在工人们正在**宪章派**的名义下形成一个巨大的政党。

劳动者最初企图**联合**时总是采取同盟的形式。

大工业把大批互不相识的人们聚集在一个地方。竞争使他们的利益分裂。但是维护工资这一对付老板的共同利益，使他们在一个共同的思想（反抗、组织**同盟**）下联合起来。因此，同盟总是具有双重目的：消灭工人之间的竞争，以便同心协力地同资本家竞争。反抗的最初目的只是为了维护工资，后来，随着资本家为了压制工人而逐渐联合起来，原来孤立的同盟就组成为集团，……一旦达到这一点，联盟就具有政治性质。

马克思：《哲学的贫困》（1847年上半年），见《马克思恩格斯文集》第1卷第653—654页。

无产阶级经历了各个不同的发展阶段。它反对资产阶级的斗争是和它的存在同时开始的。

最初是单个的工人，然后是某一工厂的工人，然后是某一地方的某一劳动部门的工人，同直接剥削他们的单个资产者作斗争。他们不仅仅攻击资产阶级的生产关系，而且攻击生产工具本身；他们毁坏那些来竞争的外国商品，捣毁机器，烧毁工厂，力图恢复已经失去的中世纪工人的地位。

马克思和恩格斯：《共产党宣言》（1847年12月—1848年1月底），见《马克思恩格斯文集》第2卷第39页。

无产阶级在反对有产阶级联合力量的斗争中，只有把自身组织成为与有产阶级建立的一切旧政党不同的、相对立的政党，才能作为一个阶级来行动。

马克思：《国际工人协会共同章程》（1871年9月底10月初—大约11月6日），见《马克思恩格斯文集》第3卷第228页。

最近几个星期的事件，无可辩驳地证明，工人阶级为自身的解放必须进行斗争。

第三章 论社会变革

> 马克思：《纪念国际成立七周年》（1871年9月24日），见《马克思恩格斯文集》第3卷第618页。

（2）工人运动的大联合

经济条件首先把大批的居民变成劳动者。资本的统治为这批人创造了同等的地位和共同的利害关系。所以，这批人对资本说来已经形成一个阶级，但还不是自为的阶级。在斗争（我们仅仅谈到它的某些阶段）中，这批人联合起来，形成一个自为的阶级。他们所维护的利益变成阶级的利益。而阶级同阶级的斗争就是政治斗争。

> 马克思：《哲学的贫困》（1847年上半年），见《马克思恩格斯文集》第1卷第654页。

……既然各国工人的生活水平是相同的，既然他们的利益是相同的，他们的敌人也是相同的，那么他们就应当共同战斗，就应当以各国工人的兄弟联盟来对抗各国资产者的兄弟联盟。

> 恩格斯：《关于波兰的演说》（1847年11月29日），见《马克思恩格斯文集》第1卷第696—697页。

如果不就内容而就形式来说，无产阶级反对资产阶级的斗争首先是一国范围内的斗争。每一个国家的无产阶级当然首先应该打倒本国的资产阶级。

> 马克思和恩格斯：《共产党宣言》（1847年12月—1848年1月底），见《马克思恩格斯文集》第2卷第43页。

国际从未提出任何特殊的信条教义。它的任务就是组织劳动力量，团结各种各样的工人运动，使它们联合起来。

> 马克思：《纪念国际成立七周年》（1871年9月24日），见《马克思恩格斯文集》第3卷第618页。

当欧洲工人阶级重新聚集了足以对统治阶级发动另一次进攻的力量的时候,产生了国际工人协会。但是,这个协会成立的明确目的是要把欧美正在进行战斗的整个无产阶级团结为一个整体,因此,它不能立刻宣布《宣言》中所提出的那些原则。国际必须有一个充分广泛的纲领,使英国工联,法国、比利时、意大利和西班牙的蒲鲁东派以及德国的拉萨尔派都能接受。马克思起草了这个能使一切党派都满意的纲领,他对共同行动和共同讨论必然会产生的工人阶级的精神发展充满信心。

恩格斯:《〈共产党宣言〉1888年英文版序言》(1888年1月30日),见《马克思恩格斯文集》第2卷第12页。

(3) 工人运动是政治运动

……每一次都不免要爆发为革命,同时也采取各种附带形式,如冲突的总和,不同阶级之间的冲突,意识的矛盾,思想斗争,政治斗争,等等。

马克思和恩格斯:《德意志意识形态》(1845年秋—1846年5月),见《马克思恩格斯文集》第1卷第567页。

……工人革命的第一步就是使无产阶级上升为统治阶级,争得民主。

无产阶级将利用自己的政治统治,一步一步地夺取资产阶级的全部资本,把一切生产工具集中在国家即组织成为统治阶级的无产阶级手里,并且尽可能快地增加生产力的总量。

马克思和恩格斯:《共产党宣言》(1847年12月—1848年1月底),见《马克思恩格斯文集》第2卷第52页。

绝对放弃政治是不可能的;因为主张放弃政治的一切报纸都在从事政治。问题只在于怎样从事政治和从事什么样的政治。并且对于我们说来,放弃政治是不可能的。工人的党作为政党已经在大多数国家存在着。鼓吹放弃政治去破坏它的不应该是我们。现实生活的经验,现存政府不管是为了政治的目的或社会的目的对工人施加的政治压迫,无论工人愿意与否,都迫使他们从事政治。向工人鼓吹放弃政治,就等于把他们推入资产阶级政治的怀抱。

第三章 论社会变革

> 恩格斯：《关于工人阶级的政治行动》（1871年9月21日），见《马克思恩格斯文集》第3卷第224页。

可是，德国社会民主工党，正**因为**它是**工人政党**，所以必然推行"阶级政治"，即工人阶级的政治。既然每个政党都力求取得在国家中的统治，所以德国社会民主工党就必然力求争得**自己的**统治，工人阶级的统治，即"阶级统治"。而且，**每个**真正的无产阶级政党，从英国宪章派起，总是把阶级政治，把无产阶级组织成为独立政党当作首要条件，把无产阶级专政当作斗争的最近目的。

> 恩格斯：《论住宅问题》（1872年5月—1873年1月），见《马克思恩格斯文集》第3卷第312页。

……这个阶级的历史使命是推翻资本主义生产方式和最后消灭阶级。这个阶级就是无产阶级。

> 马克思：《〈资本论〉第1卷第二版跋》（1873年1月24日），见《马克思恩格斯文集》第5卷第18页。

……两大社会阶级之间的斗争，必然会成为政治斗争。中等阶级即资本家阶级同土地贵族之间的长期斗争就是这样，工人阶级同上述这些资本家之间的斗争也是这样。在阶级反对阶级的任何斗争中，斗争的直接目的是政治权力；……

> 恩格斯：《工联》（1881年5月20日左右），见《马克思恩格斯全集》1963年版第19卷第284页。

（4）工人阶级运动的根本大计

共产党人的最近目的是和其他一切无产阶级政党的最近目的一样的：使无产阶级形成为阶级，推翻资产阶级的统治，由无产阶级夺取政权。

> 马克思和恩格斯：《共产党宣言》（1847年12月—1848年1月底），见《马克思恩格斯文集》第2卷第44页。

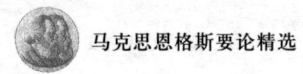

共产党人为工人阶级的最近的目的和利益而斗争，但是他们在当前的运动中同时代表运动的未来。

> 马克思和恩格斯：《共产党宣言》（1847年12月—1848年1月底），见《马克思恩格斯文集》第2卷第65页。

……即使不谈雇佣劳动制度中所包含的一般奴隶状态，工人阶级也不应夸大这一日常斗争的最终效果。他们不应当忘记：在日常斗争中他们反对的只是结果，而不是产生这种结果的原因；他们延缓下降的趋势，而不改变它的方向；他们服用止痛剂，而不祛除病根。……他们应当屏弃"做一天公平的工作，得一天公平的工资！"这种保守的格言，要在自己的旗帜写上革命的口号："消灭雇佣劳动制度！"

> 马克思：《工资、价格和利润》（1865年5月20日—6月24日之间），见《马克思恩格斯文集》第3卷第77—78页。

但要记住一条老规矩：不要只看到运动和斗争的现状，而忘记运动的未来。而未来是属于我们的。

> 恩格斯：《致爱德华·伯恩施坦》（1885年5月15日），见《马克思恩格斯全集》1974年版第36卷第310页。

为了眼前暂时的利益而忘记根本大计，只图一时的成就而不顾后果，为了运动的现在而牺牲运动的未来，这种做法可能也是出于"真诚的"动机。但这是机会主义，始终是机会主义，而且"真诚的"机会主义也许比其他一切机会主义更危险。

> 恩格斯：《1891年社会民主党纲领草案批判》（1891年6月18—29日之间），见《马克思恩格斯文集》第4卷第414—415页。

第三章　论社会变革

3．无产阶级革命与无产阶级政党
（1）无产阶级要取得革命胜利，必须组织自己的政党
　　各地的经验都证明，要使工人摆脱旧政党的这种支配，最好的办法就是在每一个国家里建立一个无产阶级的政党，这个政党要有它自己的政策，这种政策显然与其他政党的政策不同，因为它必须表现出工人阶级解放的条件。这种政策的细节可以根据每一个国家的特殊情况而有所不同；……

恩格斯《致国际工人协会西班牙联合会委员会》（1871年2月13日），见《马克思恩格斯文集》第3卷第92页。

　　无产阶级在反对有产阶级联合力量的斗争中，只有把自身组织成为与有产阶级建立的一切旧政党不同的、相对立的政党，才能作为一个阶级来行动。
　　为保证社会革命获得胜利和实现革命的最高目标——消灭阶级，无产阶级这样组织成为政党是必要的。

马克思：《国际工人协会共同章程》（1871年9月底10月初—大约11月6日），见《马克思恩格斯文集》第3卷第228页。

　　工人本身如果像莫斯特先生那帮人一样放弃劳动而成为**职业文人**，就会不断制造"理论上的"灾难，并且随时准备加入所谓"有学问的"阶层中的糊涂虫行列。

马克思：《致弗里德里希·阿道夫·左尔格》（1877年10月19日），见《马克思恩格斯文集》第10卷第420—421页。

　　……如果其他阶级出身的这种人参加无产阶级运动，那么首先就要求他们不要把资产阶级、小资产阶级等等的偏见的任何残余带进来，而要无条件地掌握无产阶级世界观。

马克思和恩格斯：《给奥·倍倍尔、威·李卜克内西、威·白拉克等人的通告信》（1879年9月16—18日之间），见《马克思恩格斯文集》第3卷第484页。

目前，在阶级反对阶级的政治斗争中，组织是最重要的武器。

> 恩格斯：《工联》（1881 年 5 月 20 日左右），见《马克思恩格斯全集》1963 年版第 19 卷第 284 页。

每一个新参加运动的国家所应采取的第一个步骤，始终是把工人组织成独立的政党，不管怎样组织起来，只要它是一个真正的工人政党就行。

> 恩格斯：《致弗里德里希·阿道夫·左尔格》（1886 年 11 月 29 日），见《马克思恩格斯文集》第 10 卷第 558 页。

无产阶级要在决定关头强大到足以取得胜利，就必须（马克思和我从 1847 年以来就坚持这种立场）组成一个不同于其他所有政党并与它们对立的特殊政党，一个自觉的阶级政党。

> 恩格斯：《致格尔松·特里尔》（1889 年 12 月 18 日），见《马克思恩格斯文集》第 10 卷第 578 页。

对一切现代国家来说，无论在任何时候，我们的策略有一点是确定不移的：引导工人建立一个同一切资产阶级政党对立的、自己的、独立的政党。

> 恩格斯：《致卡尔·考茨基》（1892 年 9 月 4 日），见《马克思恩格斯文集》第 10 卷第 632 页。

我们党内可以有来自任何社会阶级的个人，但是我们绝对不需要任何代表资本家、中等资产阶级或中等农民的利益的集团。

> 恩格斯：《法德农民问题》（1894 年 11 月 15—22 日之间），见《马克思恩格斯文集》第 4 卷第 519 页。

(2) 关于无产阶级政党的理论和纲领

因此，在实践方面，共产党人是各国工人政党中最坚决的、始终起推动作用的部分；在理论方面，他们胜过其余无产阶级群众的地方在于他们

第三章 论社会变革

了解无产阶级运动的条件、进程和一般结果。

> 马克思和恩格斯:《共产党宣言》(1847年12月—1848年1月底),见《马克思恩格斯文集》第2卷第44页。

我们党有个很大的优点,就是有一个新的科学的世界观作为理论的基础,……

> 恩格斯:《卡尔·马克思〈政治经济学批判。第一分册〉》(1859年8月3—15日),见《马克思恩格斯文集》第2卷第599页。

一般说来,一个政党的正式纲领没有它的实际行动那样重要。但是,一个**新的**纲领毕竟总是一面公开树立起来的旗帜,而外界就根据它来判断这个党。

> 恩格斯:《给奥·倍倍尔的信》(1875年3月18—28日),见《马克思恩格斯文集》第3卷第415页。

一步实际运动比一打纲领更重要。

> 马克思:《哥达纲领批判》(1875年5月5日),见《马克思恩格斯文集》第3卷第426页。

……因为德国党从一开始就是以我们的理论为依据而发展起来的。但是,正因为这个缘故,所以我们认为特别重要的是,德国党的实践,特别是党的领导所发表的公开言论要符合总的理论。

> 恩格斯:《致奥古斯特·倍倍尔》(1879年11月14日),见《马克思恩格斯全集》1972年版第34卷第398—399页。

……如果建立一个没有纲领的党,一个谁都可以参加的党,那末这就不成其为党了。

>恩格斯：《致爱德华·伯恩施坦》（1882年11月28日），见《马克思恩格斯全集》1971年版第35卷第401页。

暂时处于少数——在组织上——而有正确的纲领，总比没有纲领而只是表面上拥有一大批虚假的拥护者要强得多。

>恩格斯：《致爱德华·伯恩施坦》（1882年11月28日），见《马克思恩格斯文集》第10卷492页。

一个新的党必须有一个明确的积极的纲领，这个纲领在细节上可以因环境的改变和党本身的发展而改动，但是在每一个时期都必须为全党所赞同。只要这种纲领还没有制定出来或者还处于萌芽状态，新的党也将处于萌芽状态；……

>恩格斯：《美国工人运动》（1887年1月26日），见《马克思恩格斯文集》第4卷第318页。

（3）关于无产阶级政党的团结和统一

各国民主主义者的团结并不排斥相互间的批评。没有这种批评就不可能达到团结。没有批评就不能互相了解，因而也就谈不到团结。

>恩格斯：《路易·勃朗在第戎宴会上的演说》（1847年12月），见《马克思恩格斯全集》1958年版第4卷第423页。

是的，几年来，**在我们中间**，为了党本身的利益，批评必然是尽可能坦率的；……

>恩格斯：《致斐迪南·拉萨尔》（1859年5月18日），《马克思恩格斯文集》第10卷177—178页。

我们现在必须绝对保持党的纪律，否则将一事无成。

第三章　论社会变革

> 马克思:《致恩格斯》(1859 年 5 月 18 日),见《马克思恩格斯全集》1972 年版第 29 卷第 413 页。

但是,为了进行斗争,我们必须把我们的一切力量捏在一起,并使这些力量集中在同一个攻击点上。

> 恩格斯:《致卡洛·特尔察吉》(1872 年 1 月 14—15 日),见《马克思恩格斯文集》第 10 卷第 375 页。

公民们,让我们回忆一下国际的一个基本原则——团结。如果我们能够在一切国家的一切工人中间牢牢地巩固这个富有生气的原则,我们就一定会达到我们所向往的伟大目标。革命应当是团结的,巴黎公社的伟大经验这样教导我们。

> 马克思:《关于海牙代表大会》(1872 年 9 月 8 日),见《马克思恩格斯全集》1964 年版第 18 卷第 180 页。

为了保证革命的成功,必须有**思想和行动的统一**。

> 马克思和恩格斯:《社会主义民主同盟和国际工人协会》(1873 年 4—7 月),见《马克思恩格斯全集》1964 年版第 18 卷第 385 页。

看来,一个大国的**任何**工人政党,只有在内部斗争中才能发展起来,这是符合一般辩证发展规律的。

> 恩格斯:《致爱德华·伯恩施坦》(1882 年 10 月 20 日),见《马克思恩格斯文集》第 10 卷第 483 页。

……单靠那种认识到阶级地位的共同性为基础的团结感,就足以使一切国家和操各种语言的工人建立同样的伟大无产阶级政党并使它保持团结。

> 恩格斯：《关于共产主义者同盟的历史》(1885年10月8日)，见《马克思恩格斯文集》第4卷第246页。

此外，甚至罗阿讷派也很需要经常的尖锐的批评。他们常常醉心于革命的词句和软弱无力的行动要求……

> 恩格斯：《致爱德华·伯恩施坦》(1882年10月20日)，见《马克思恩格斯文集》第10卷483页。

工人运动的基础是最尖锐地批评现存社会，批评是工人运动的生命要素，工人运动本身怎么能逃避批评，禁止争论呢？难道我们要求别人给自己以言论自由，仅仅是为了在我们自己队伍中又消灭言论自由吗？

> 恩格斯：《致格尔松·特里尔》(1889年12月18日)，见《马克思恩格斯文集》第10卷580页。

……不要再总是过分客气地对待党内的官吏——自己的仆人，不要再总是把他们当做完美无缺的官僚，百依百顺地服从他们，而不进行批评。

> 恩格斯：《致卡尔·考茨基》(1891年2月11日)，见《马克思恩格斯全集》1972年版第38卷第33页。

……党内的分歧并不怎么使我不安；偶尔发生这类事情而且人们都公开发表意见，比暮气沉沉要好得多。

> 恩格斯：《致保尔·施土姆普弗》(1895年1月3日)，见《马克思恩格斯文集》第10卷第683页。

(4) 关于无产阶级政党的党内斗争

紧紧地纠集在一起和进行阴谋活动是一切宗派的特点……

第三章 论社会变革

> 恩格斯:《致泰奥多尔·库诺》（1872年1月24日），见《马克思恩格斯文集》第10卷第383页。

要对付这一切阴谋诡计，只有一个办法，然而是具有毁灭性力量的办法，这就是把它彻底公开。把这些阴谋诡计彻头彻尾地加以揭穿，就是使它们失去任何力量。

> 马克思和恩格斯:《社会主义民主同盟和国际工人协会》（1873年4—7月），见《马克思恩格斯全集》1964年版第18卷第372页。

不要让"团结"的叫喊把自己弄糊涂了。那些口头上喊这个口号喊得最多的人，恰好是煽动不和的罪魁；现在瑞士汝拉的巴枯宁派正是如此：他们是一切分裂的制造者，可是叫喊团结叫喊得最响。……正因为如此，最大的宗派主义者、争论成性者和恶徒，在一定的时机会比一切人都更响亮地叫喊团结。在我们的一生中，这些大嚷团结的人给我们造成的麻烦和捣的鬼，比任何人都多。

> 恩格斯:《致奥古斯特·倍倍尔》（1873年6月20日），见《马克思恩格斯文集》第10卷第391页。

……老黑格尔早就说过：一个党如果**分裂**了并且经得起这种分裂，这就证明自己是胜利的党。

> 恩格斯:《致奥古斯特·倍倍尔》（1873年6月20日），见《马克思恩格斯文集》第10卷第393页。

看来，一个大国的**任何**工人政党，只有在内部斗争中才能发展起来，这是符合一般辩证发展规律的。

> 恩格斯:《致爱德华·伯恩施坦》（1882年10月20日），见《马克思恩格斯文集》第10卷第483页。

无产阶级的发展,无论在什么地方总是在内部斗争中实现的,而现在第一次建立工人政党的法国也不例外。……在可能团结一致的时候,团结一致是很好的,但还有高于团结一致的东西。

恩格斯:《致奥古斯特·倍倍尔》(1882年10月28日),见《马克思恩格斯文集》第10卷第486页。

当马克思发现有人对他搞秘密阴谋时,他正是采用这个最强有力的而且是他最经常采用的手段之一:把他的对手拉到光天化日之下,公开对他们展开进攻。

恩格斯:《致维拉·伊万诺夫娜·查苏利奇》(1890年4月17日),见《马克思恩格斯全集》1971年版第37卷第388—389页。

每一个多少有点国际运动经验的人都知道,一旦发生分裂,制造分裂的人或被公认为制造分裂的人始终是工人心目中的罪人。

恩格斯:《1891年国际工人代表大会》(1890年9月9日和15日之间),见《马克思恩格斯全集》1965年版第22卷第84页。

不过,每个大党都会有**一个**首要的阴谋家,即使你们摒弃了这个,仍然会出现另一个。

恩格斯:《致奥古斯特·倍倍尔》(1891年10月24—26日),见《马克思恩格斯全集》1972年版第38卷第182页。

(5) 关于无产阶级政党的思想方法和工作方法

全部社会生活在本质上是**实践的**。凡是把理论引向神秘主义的神秘东西,都能在人的实践中以及对这种实践的理解中得到合理的解决。

第三章 论社会变革

> 马克思：《关于费尔巴哈的提纲》（1845年春），见《马克思恩格斯文集》第1卷第501页。

历史是不能靠公式来创造的。

> 马克思：《哲学的贫困》（1847年上半年），见《马克思恩格斯文集》第1卷第624页。

共产主义不是教义，而是**运动**。它不是从原则出发，而是从**事实**出发。

> 恩格斯：《共产主义者和卡尔·海因岑》（1847年9月27日前和10月3日），见《马克思恩格斯文集》第1卷第672页。

这个《宣言》中所阐述的一般原理整个说来直到现在还是完全正确的。某些地方本来可以做一些修改。这些原理的实际运用，正如《宣言》中所说的，随时随地都要以当时的历史条件为转移，所以第二章末尾提出的那些革命措施根本没有特别的意义。

> 马克思和恩格斯：《〈共产党宣言〉1872德文版序言》（1872年6月24日），见《马克思恩格斯文集》第2卷第5页。

……理论的方案需要通过实际经验的大量积累才臻于完善。

> 马克思：《资本论》第1卷（1867年），见《马克思恩格斯文集》第5卷第437页。

研究必须充分地占有材料，分析它的各种发展形式，探寻这些形式的内在联系。只有这项工作完成以后，现实的运动才能适当地叙述出来。

> 马克思：《〈资本论〉第一卷第二版跋》（1873年1月24日），见《马克思恩格斯文集》第5卷第21—22页。

实际上，蔑视辩证法是不能不受惩罚的。对一切理论思维尽可以表示那么多的轻视，可是没有理论思维，的确无法使自然界中的两件事实联系起来，或者洞察二者之间的既有的联系。在这里，问题只在于思维正确或不正确，而轻视理论显然是自然主义地进行思维，因而是错误地进行思维的最可靠的道路。但是，根据一个自古就为人们所熟知的辩证法规律，错误的思维贯彻到底，必然走向原出发点的反面。所以，经验主义者蔑视辩证法便受到惩罚：连某些最清醒的经验主义者也陷入最荒唐的迷信中，陷入现代唯灵论中去了。

> 恩格斯：《自然辩证法》（1873—1882年），见《马克思恩格斯文集》第9卷第452页。

在我看来，马克思的历史理论是任何**坚定不移**和**始终一贯**的革命策略的基本条件；为了找到这种策略，需要的只是把这一理论应用于本国的经济条件和政治条件。

> 恩格斯：《致维拉·伊万诺夫娜·查苏利奇》（1885年4月23日），见《马克思恩格斯文集》第10卷第532页。

……今天已经被认为是错误的认识也有它合乎真理的方面，因而它从前才能被认为是合乎真理的；被断定为必然的东西，是由纯粹的偶然性构成的，而所谓偶然的东西，是一种有必然性隐藏在里面的形式，如此等等。

> 恩格斯：《路德维希·费尔巴哈和德国古典哲学的终结》（1886年初），见《马克思恩格斯文集》第4卷第299页。

要获取明确的理论认识，最好的道路就是从本身的错误中学习，"吃一堑，长一智"。

> 恩格斯：《致弗洛伦斯·凯利-威士涅威茨基》（1886年12月28日），见《马克思恩格斯文集》第10卷第560页。

我们的理论是发展着的理论，而不是必须背得烂熟并机械地加以重复

第三章 论社会变革

的教条。

> 恩格斯:《致弗洛伦斯·凯利-威士涅威茨基》(1887年1月27日),见《马克思恩格斯文集》第10卷第562页。

……对于我这个革命者来说,一切达到目的的手段都是可以使用的,不论是最强硬的,还是看起来最温和的。

> 恩格斯:《致格尔松·特里尔》(1889年12月18日),见《马克思恩格斯文集》第10卷第579页。

必须重新研究全部历史,必须详细研究各种社会形态的存在条件,然后设法从这些条件中找出相应的政治、私法、美学、哲学、宗教等等的观点。

> 恩格斯:《致康拉德·施米特》(1890年8月5日),见《马克思恩格斯文集》第10卷第587页。

……如果不把唯物主义方法当成研究历史的指南,而把它当作现成的公式,按照它来剪裁各种历史事实,那末它就会转变为自己的对立物。

> 恩格斯:《答保尔·恩斯特先生》(1890年10月5日),见《马克思恩格斯全集》第22卷第94页。

伟大的阶级,正如伟大的民族一样,无论从哪方面学习都不如从自己所犯错误的后果中学习来得快。虽然过去和现在他们犯过各种各样的错误,而且将来还会犯错误,……

> 恩格斯:《〈英国工人阶级状况〉1892年德文第二版序言》(1892年7月21日),见《马克思恩格斯文集》第1卷第379页。

但遗憾的是,许多人为了图省事,为了不费脑筋,想永久地采用一种只适宜于某一个时期的策略。其实,我们的策略不是凭空臆造的,而是根据经常变化的条件制定的；在目前我们所处的环境下，我们往往不得不采用敌人强加于我们的策略。

恩格斯：《致维克多·阿德勒》（1892 年 8 月 30 日），见《马克思恩格斯文集》第 10 卷第 630 页。

但是，马克思的整个世界观不是教义，而是方法。它提供的不是现成的教条，而是进一步研究的出发点和**供**这种研究**使用**的方法。

恩格斯：《致韦尔纳·桑巴特》（1895 年 3 月 11 日），见《马克思恩格斯文集》第 10 卷第 691 页。

4. 无产阶级革命的道路和方法

（1）暴力革命

只有在没有阶级和阶级对抗的情况下，**社会进化**将不再是**政治革命**。而在这以前，在每一次社会全盘改造的前夜，社会科学的结论总是："不是战斗，就是死亡；不是血战，就是毁灭。问题的提法必然如此。"（乔治·桑）①

马克思：《哲学的贫困》（1847 年上半年），见《马克思恩格斯文集》第 1 卷第 655—656 页。

共产党人不屑于隐瞒自己的观点和意图。他们公开宣布：他们的目的只有用暴力推翻全部现存的社会制度才能达到。

马克思和恩格斯：《共产党宣言》（1847 年 12 月—1848 年 1 月底），见《马克思恩格斯文集》第 2 卷第 66 页。

凡是反革命当局用暴力手段阻挠这些安全委员会成立和活动的地方，**都应当用一切暴力手段来还击暴力**。消极反抗应当以**积极反抗**为后盾。否

---

① 见乔治·桑《扬·杰士卡》。——编者注

第三章 论社会变革

则这种反抗就像被屠夫拉去屠宰的牛犊的反抗一样。

> 马克思：《艾希曼的命令》（1848年11月18日），见《马克思恩格斯全集》1961年版第6卷第38页。

因为历史事实证明，对于暴力反革命或者根本不能战胜，或者只有用革命来战胜。

> 马克思：《柏林"国民报"致初选人》（1849年1月25—27日），见《马克思恩格斯全集》1961年版第6卷第243页。

一种暴力行动只能用另一种暴力行动来铲除。

> 马克思：《对民主主义者莱茵区域委员会的审判》（1849年2月8日），见《马克思恩格斯全集》1961年版第6卷第287页。

对付政府的叛变和怯懦，只有一种手段：革命。

> 恩格斯：《在意大利和匈牙利的战争》（1849年3月27日）《马克思恩格斯全集》1961年版第6卷第457页。

……工人应该武装起来和组织起来。必须立刻把整个无产阶级用步枪、马枪、大炮和弹药武装起来；……武器和弹药不得以任何借口交出去；对任何解除工人武装的企图在必要时都应予以武装回击。

> 马克思和恩格斯：《共产主义者同盟中央委员会告同盟书》（1850年3月24日以前），见《马克思恩格斯文集》第2卷第195页。

的确，要解放被压迫阶级而不损害靠压迫它过活的阶级，而不同时摧毁建立在这种阴暗社会基础上的国家全部上层建筑，是不可能的。

> 马克思：《关于俄国废除农奴制的问题》（1858 年 10 月 1 日），见《马克思恩格斯全集》1962 年版第 12 卷第 628 页。

暴力是每一个孕育着新社会的旧社会的助产婆。

> 马克思：《资本论》第 1 卷（1867 年），见《马克思恩格斯文集》第 5 卷第 861 页。

……如果你查阅一下我的《雾月十八日》的最后一章，你就会看到，我认为法国革命的下一次尝试不应该再像以前那样把官僚军事机器从一些人的手里转到另一些人的手里，而应该把它**打碎**，这正是大陆上任何一次真正的人民革命的先决条件。

> 马克思：《致路德维希·库格曼》（1871 年 4 月 12 日），见《马克思恩格斯文集》第 10 卷第 352 页。

但是，无产阶级不能像统治阶级及其互相倾轧的各党各派在历次胜利的时刻所做的那样，简单地掌握现存的国家机体并运用这个现成的工具来达到自己的目的。掌握政权的第一个条件是改造传统的国家工作机器，把它作为阶级统治的工具加以摧毁。

> 马克思：《〈法兰西内战〉二稿》（1871 年 5 月），见《马克思恩格斯文集》第 3 卷第 218 页。

但是，工人阶级不能简单地掌握现成的国家机器，并运用它来达到自己的目的。奴役他们的政治工具不能当成解放他们的政治工具来使用。

> 马克思：《〈法兰西内战〉二稿》（1871 年 5 月），见《马克思恩格斯文集》第 3 卷第 218 页。

工人阶级必须在战场上赢得自身解放的权利。

第三章 论社会变革

> 马克思：《纪念国际成立七周年》（1871年9月24日），见《马克思恩格斯文集》第3卷第619页。

无产阶级不通过暴力革命就不可能夺取自己的政治统治，即通往新社会的唯一大门，在这一点上，我们的意见是一致的。

> 恩格斯：《致格尔松·特里尔》（1889年12月18日），见《马克思恩格斯文集》第10卷第578页。

……你那样愤慨地反对任何形式的和任何情况下的暴力，我认为是不恰当的。

> 恩格斯：《致威廉·李卜克内西》（1890年3月9日），见《马克思恩格斯文集》第10卷第582页。

（2）和平实现

英国人则认为政治只是为资产阶级社会的利益而存在的，他们不是同政府而是直接同资产阶级作斗争，这种斗争暂时只有用和平方式进行才能生效。

> 恩格斯：《英国工人阶级状况》（1844年9月—1845年3月），见《马克思恩格斯文集》第1卷第460页。

……如果社会革命和共产主义的实现是我们的现存关系的必然结果，那么我们首先就得采取措施，使我们能够在实现社会关系的变革的时候避免使用暴力和流血。要达到这个目的只有**一种**办法，就是和平实现共产主义，或者至少是和平准备共产主义。

> 恩格斯：《在爱北斐特的演说》（1845年2月15日），见《马克思恩格斯全集》1957年版第2卷第625页。

第十六个问题：能不能用和平的办法废除私有制？
答：但愿如此，共产主义者当然是最不反对这种办法的人。

恩格斯：《共产主义原理》（1847年10月底—11月），见《马克思恩格斯文集》第1卷第684页。

毫无疑问，在这样的时刻，应当倾听这样一个人①的声音，这个人的全部理论是他毕生研究英国的经济史和经济状况的结果，他从这种研究中得出这样的结论：至少在欧洲，英国是唯一可以完全通过和平的和合法的手段来实现不可避免的社会革命的国家。

恩格斯：《〈资本论〉第1卷英文版序言》（1886年11月5日），见《马克思恩格斯文集》第5卷第35页。

应当努力暂时运用合法的斗争手段来应对局面。不仅我们这样做，凡是工人享有某种法定的活动自由的所有国家里的所有工人政党也都在这样做，原因很简单，那就是运用这种办法收效最大。

恩格斯：《给〈社会民主党人报〉读者的告别信》（1890年9月12—18日），见《马克思恩格斯文集》第4卷第401页。

相反，我强调过，十有八九的前景是，统治者早在这个时候到来以前，就会使用暴力来对付我们了；而这将使我们从议会斗争的舞台转到革命的舞台，让我们往下看。

恩格斯：《答可尊敬的乔万尼·博维奥》（1892年2月6日），见《马克思恩格斯文集》第4卷第443页。

世界历史的讽刺把一切都颠倒了过来。我们是"革命者"、"颠覆者"，但是我们用合法手段却比用不合法手段和用颠覆的办法获得的成就多得多。

---

① 指马克思。——本书编者注

第三章　论社会变革

> 恩格斯：《卡·马克思〈1848年至1850年的法兰西阶级斗争〉一书导言》(1895年2月14日—3月6日)，见《马克思恩格斯文集》第4卷第552页。

（3）无产阶级政党要积极参加议会活动，争取在议会中取得更多席位

然而，普选权虽不是共和主义庸人所想象的那种法力无边的魔杖，却具有另一种高超无比的功绩；它发动阶级斗争，使资产阶级社会各中间阶层迅速地产生幻想又迅速地陷入失望；它一下子就把剥削阶级所有集团提到国家高层，从而揭去他们骗人的假面具，而有选举资格限制的君主制度则只是让资产阶级中的某些集团丧失声誉，使其余的集团得以隐藏在幕后并且罩上共同反对派的神圣光环。

> 马克思：《1848年至1850年的法兰西阶级斗争》(1849年底—1850年3月底和1950年10月—11月1日)，见《马克思恩格斯文集》第2卷第99页。

各地都要尽可能从同盟盟员中提出工人候选人来与资产阶级民主派候选人相抗衡，并且要用一切可能的手段使工人候选人当选。甚至在工人毫无当选希望的地方，工人也一定要提出自己的候选人，以保持自己的独立性，计算自己的力量，并公开表明自己的革命立场和本党的观点。

> 马克思和恩格斯：《共产主义者同盟中央委员会告同盟书》(1850年3月24日以前)，见《马克思恩格斯文集》第2卷第196页。

这里的宪章运动的兴起就曾得到资产阶级激进派的赞同和协助；当然，果真有所成就，那只会对工人阶级有利。英国是唯一的这样一个国家：它的工人阶级的发展和组织程度，使这个阶级能够利用普选权来为自己谋利益。

> 马克思：《〈纪念国际成立七周年〉摘自关于1871年9月24日伦敦庆祝大会的报道》（载于1871年10月15日《世界报》），见《马克思恩格斯文集》第3卷第618—619页。

的确，在英国，工人的选举权是受到限制的，然而工人阶级却占大城市和工业区人口的多数。因此只要愿意，这个潜在的多数就会变成国家中的现实力量，变成工人人口集中的一切地区中的力量。如果工人能在议会中、在市议会中、在地方济贫委员会中得到应有的席位，那末不久就会有工人出身的国家活动家，他们将给那些经常欺压人民群众的洋洋自得的愚蠢的官吏带来种种障碍。

> 恩格斯：《两个模范地方议会》（1881 年 6 月下半月），见《马克思恩格斯全集》1963 年版第 19 卷第 295 页。

然而，在英国，从来没有像现在这样普遍地感到，老的政党注定要灭亡，老的套语变得没有意义了，老的口号已被推翻，老的万应灵丹已经失效了。各个阶级的有思想的人，开始看到必须开辟一条新的道路，而这条道路只能是走向民主制的道路。但是在英国，工业和农业的工人阶级占人民的绝大多数，民主制恰恰意味着工人阶级的统治。

> 恩格斯：《工人党》（1881 年 7 月中），见《马克思恩格斯全集》1963 年版第 19 卷第 305 页。

……无产阶级为了夺取政权也需要民主的**形式**，然而对于无产阶级来说，这种形式和一切政治形式一样，只是一种手段。在今天，如果有人要把民主看成**目的**，那他就必然要依靠农民和小资产者，也就是要依靠那些正在灭亡的阶级，而这些阶级只要想人为地保全自己，那他们对无产阶级说来就是**反动的**。

> 恩格斯：《致爱德华·伯恩施坦》（1884 年 3 月 24 日），见《马克思恩格斯文集》第 10 卷第 514 页。

只要被压迫阶级——在我们这里就是无产阶级——还没有成熟到能够自己解放自己，这个阶级的大多数人就仍将承认现存的社会秩序是唯一可行的秩序，而在政治上成为资本家阶级的尾巴，构成它的极左翼。但是，随着被压迫阶级成熟到能够自己解放自己，它就作为独立的党派结合起来，选举自己的代表，而不是选举资本家的代表了。因此，普选制是测量工人

第三章 论社会变革

阶级成熟性的标尺。

恩格斯:《家庭、私有制和国家的起源》（1884 年 3 月底—5 月底），见《马克思恩格斯文集》第 4 卷第 192—193 页。

……而主要的是选举表明，运动正以迅速而又坚定的步伐向前发展，席卷一个又一个选区，削弱着其他政党在这些选区的阵地。我们的工人真是好样的！他们不顾政府和资产阶级的一切诡计、威胁和暴力，夺回一个又一个阵地，表现得那么顽强，那么坚决，主要的是，又那么达观！

恩格斯:《致奥古斯特·倍倍尔》（1884 年 10 月 29 日），见《马克思恩格斯全集》1974 年版第 36 卷第 227 页。

总而言之，选举已经表明：对敌对者采取顺从和让步的办法，我们什么也得不到。只有通过顽强的抵抗，我们才能迫使人们尊重我们，才能成为一支力量。只有力量才能赢得尊重，只有当我们有力量时，庸人们才会尊重我们。向庸人让步的人，庸人是瞧不起的，这种人在庸人看来不是一支力量。

恩格斯:《致奥古斯特·倍倍尔》（1884 年 11 月 18 日），见《马克思恩格斯文集》第 10 卷第 529 页。

可以设想，在人民代议机关把一切权力集中在自己手里、只要取得大多数人民的支持就能够按照宪法随意办事的国家里，旧社会有可能和平长入新社会，比如在法国和美国那样的民主共和国，在英国那样的君主国。

恩格斯:《1891 年社会民主党纲领草案批判》（1891 年 6 月 18—29 日之间），见《马克思恩格斯文集》第 4 卷第 414 页。

你们现在可以看到，四十年来，只要善于使用，普选权在法国是多么好的武器！这要比号召革命缓慢而枯燥，但是要可靠十倍，而且更好的是，能最确切地指明哪一天应当号召武装革命。甚至可以十拿九稳地肯定，只要工人们合理地使用普选权，就能够迫使当权者破坏法制，就是说，使我

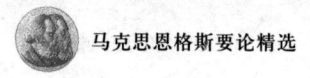

们处于进行革命的最有利的地位。

恩格斯:《致保尔·拉法格》(1892年11月12日),见《马克思恩格斯全集》1972年版第38卷第513—514页。

由于德国工人善于利用1866年开始实行的普选权,党的惊人的成长就以无可争辩的数字展现在全世界面前:社会民主党所得的选票1871年为102000张,1874年为352000张,1877年为493000张。接着就是当局以实行反社会党人法的方式承认了这些成就;党暂时被打散了,所得选票在1881年降到了312000张。但是这种状况很快就被克服了,当时正是在受非常法压迫、没有报刊、没有合法组织、没有结社集会权利的情况下,真正开始了迅速的增长:1884年为550000张,1887年为763000张,1890年为1427000张。这时,国家的手就软了。反社会党人法废除了,社会党人的选票增到了1787000张,即超过总票数的四分之一。政府和统治阶级使尽了一切手段,可是毫无用处,毫无成效,毫无结果。

恩格斯:《卡·马克思〈1848年至1850年的法兰西阶级斗争〉一书导言》(1895年2月14日—3月6日),见《马克思恩格斯文集》第4卷第543—544页。

德国工人仅仅以自己作为最强有力、最守纪律并且增长最快的社会主义政党的存在,就已经对工人阶级事业作出了头一个重大贡献,而除此以外,他们还对这个事业作出了第二个重大贡献。他们给了世界各国的同志们一件新的武器——最锐利的武器中的一件武器,向他们表明了应该怎样使用普选权。

恩格斯:《卡·马克思〈1848年至1850年的法兰西阶级斗争〉一书导言》(1895年2月14日—3月6日),见《马克思恩格斯文集》第4卷第544页。

并且,即使普选权再没有提供什么别的好处,只是使我们能够每三年计算一次自己的力量;只是通过定期确认的选票数目的意外迅速的增长,既加强工人的胜利信心,同样又增加对手的恐惧,因而成为我们最好的宣

第三章 论社会变革

传手段；只是给我们提供了关于我们自身力量和各个敌对党派力量的精确情报，从而给了我们一把衡量我们的行动是否适度的独一无二的尺子，使我们既可避免不适时的畏缩，又可避免不适时的蛮勇——即使这是选举权所给予我们的唯一的好处，那也就够多了。但是它的好处还要多得多。

> 恩格斯：《卡·马克思〈1848 年至 1850 年的法兰西阶级斗争〉一书导言》（1895 年 2 月 14 日—3 月 6 日），见《马克思恩格斯文集》第 4 卷第 545 页。

而由于这样有成效地利用普选权，无产阶级的一种崭新的斗争方式就开始发挥作用，并且迅速获得进一步的发展。人们发现，在资产阶级用来组织其统治的国家机构中，也有一些东西是工人阶级能够用来对这些机构本身作斗争的。工人参加各邦议会、市镇委员会以及工商业仲裁法庭的选举；他们同资产阶级争夺每一个职位，只要在确定该职位的人选时有足够的工人票数参加表决。结果弄得资产阶级和政府害怕工人政党的合法活动更甚于害怕它的不合法活动，害怕选举成就更甚于害怕起义成就。

> 恩格斯：《卡·马克思〈1848 年至 1850 年的法兰西阶级斗争〉一书导言》（1895 年 2 月 14 日—3 月 6 日），见《马克思恩格斯文集》第 4 卷第 545 页。

但是，不管别国发生什么情况，德国社会民主党总是占有一个特殊的地位，所以它至少在最近的将来就负有一个特殊的任务。由它派去参加投票的 200 万选民，以及虽非选民却拥护他们的那些男青年和妇女，共同构成为一个最广大的、坚不可摧的人群，构成国际无产阶级大军的决定性的"突击队"。这个人群现在就已经占总票数的四分之一以上，并且时刻都在增加，帝国国会的补充选举以及各邦议会、市镇委员会和工商业仲裁法庭的选举都证明了这一点。它的增长过程是自发的，经常不断的，不可遏止的，并且是平稳的，正如自然界中发生的某种过程一样。政府对此进行的一切干预都毫无成效。我们现在就已经能指望拥有 225 万选民。如果这样继续下去，我们在本世纪末就能夺得社会中间阶层的大部分，小资产阶级和小农，发展成为国内的起决定作用的力量，其他一切势力不管愿意与否，都得向它低头。

> 恩格斯：《卡·马克思〈1848年至1850年的法兰西阶级斗争〉一书导言》（1895年2月14日—3月6日），见《马克思恩格斯文集》第4卷第551页。

（4）是否走和平实现的道路，依据客观情况而定

我们内部产生了一个集团，它宣称要工人放弃政治活动。我们认为有义务声明：这种原则对我们的事业是极其危险和有害的。工人总有一天必须夺取政权，以便建立一个新的劳动组织；他们如果不愿意像轻视和摒弃政治的早期基督徒那样，永远失去自己在尘世的天国，就应该推翻维护旧制度的旧政治。

但是，我们从来没有断言，为了达到这一目的，到处都应该采取同样的手段。

我们知道，必须考虑到各国的制度、风俗和传统；我们也不否认，有些国家，像美国、英国，——如果我对你们的制度有更好的了解，也许还可以加上荷兰，——工人可能用和平手段达到自己的目的。但是，即使如此，我们也必须承认，在大陆上的大多数国家中，暴力应当是我们革命的杠杆；为了最终地建立劳动的统治，总有一天正是必须采取暴力。①

> 马克思：《关于海牙代表大会》（1872年9月8日），见《马克思恩格斯全集》1964年版第18卷第179页。

这样，在发展进程中，以前一切现实的东西都会成为不现实的，都会丧失自己的必然性、自己存在的权利、自己的合理性；一种新的、富有生命力的现实的东西就会代替正在衰亡的现实的东西——如果旧的东西足够理智，不加抵抗即行死亡，那就和平地代替；如果旧的东西抗拒这种必然性，那就通过暴力来代替。

> 恩格斯：《路德维希·费尔巴哈和德国古典哲学的终结》（1886年初），见《马克思恩格斯文集》第4卷第269页。

---

① 在《人民国家报》上不是这句话，而是"然而，并不是在一切国家中情况都是这样的。"——编者注

第三章 论社会变革

我没有说过"社会党将取得多数,然后就将取得政权"。相反,我强调过,十有八九的前景是,统治者早在这个时候到来以前,就会使用暴力来对付我们了;而这将使我们从议会斗争的舞台转到革命的舞台,……

恩格斯:《答可尊敬的乔万尼·博维奥》(1892年2月6日),见《马克思恩格斯文集》第4卷第443页。

……李卜克内西刚刚和我开了一个很妙的玩笑。他从我给马克思关于1848—1850年的法国的几篇文章写的导言中,摘引了所有能为他的、无论如何是和平的和反对使用暴力的策略进行辩护的东西。近来,特别是目前柏林正在准备非常法的时候,他喜欢宣传这个策略。但我谈的这个策略仅仅是针对**今天的德国,而且还有重要的附带条件**。对法国、比利时、意大利、奥地利来说,这个策略就不能整个采用。就是对德国,明天它也可能就不适用了。

恩格斯:《致保尔·拉法格》(1895年4月3日),见《马克思恩格斯文集》第10卷第700页。

5. 无产阶级革命的战略和策略

(1) 组成巩固的工农联盟

在联合的反革命资产阶级面前,小资产阶级和农民阶级中一切已经革命化的成分,自然必定要与享有盛誉的革命利益代表者,即与革命无产阶级联合起来。

马克思:《1848年至1850年的法兰西阶级斗争》(1849年底—1850年3月底和1850年10月—11月1日),见《马克思恩格斯文集》第2卷第134页。

法国农民一旦对拿破仑帝制复辟感到失望,就会把对于自己小块土地的信念抛弃;那时建立在这种小块土地上面的全部国家建筑物都将会倒塌下来,于是**无产阶级革命就会形成一种合唱,若没有这种合唱,它在一切农民国度中的独唱是不免要变成孤鸿哀鸣的**。

马克思:《路易·波拿巴的雾月十八日》(1851年12月中—1852年3月25日),见《马克思恩格斯文集》第2卷第573页脚注①。

凡是中等地产和大地产占统治地位的地方,**农业短工**是农村中人数最多的阶级。德国整个北部和东部地区的情况就是如此,而城市工业工人就**在这里找到自己人数最多的天然同盟者**。

恩格斯:《〈德国农民战争〉1870年第二版序言》(1870年2月11日),见《马克思恩格斯文集》第2卷第211页。

无产阶级要想有任何胜利的可能性,至少应当善于变通,直接为农民做很多的事情,就像法国资产阶级在进行革命时为当时法国农民所做的那样。

马克思:《巴枯宁〈国家制度和无政府状态〉一书摘要》(1874—1875年初),见《马克思恩格斯文集》第3卷第404页。

(2)实行正确的战略和策略

这些**民主主义的社会主义者**,或者是还不够了解本阶级解放条件的无产者,或者是小资产阶级的代表,这个阶级直到争得民主和实行由此产生的社会主义措施为止,在许多方面都和无产者有共同的利益。因此,共产主义者在行动的时候,只要民主主义的社会主义者不为占统治地位的资产阶级效劳和不攻击共产主义者,就应当和这些社会主义者达成协议,同时尽可能和他们采取共同的政策。当然,共同行动并不排除讨论存在于他们和共产主义者之间的分歧意见。

恩格斯:《共产主义原理》(1847年10月底—11月),见《马克思恩格斯文集》第1卷第691—692页。

共产党人为工人阶级的最近的目的和利益而斗争,但是他们在当前的运动中同时代表运动的未来。

第三章　论社会变革

> 马克思和恩格斯：《共产党宣言》（1847年12月—1848年1月底），见《马克思恩格斯文集》第2卷第65页。

总之，共产党人到处都支持一切反对现存的社会制度和政治制度的革命运动。

> 马克思和恩格斯：《共产党宣言》（1847年12月—1848年1月底），见《马克思恩格斯文集》第2卷第66页。

最后，共产党人到处都努力争取全世界民主政党之间的团结和协调。

> 马克思和恩格斯：《共产党宣言》（1847年12月—1848年1月底），见《马克思恩格斯文集》第2卷第66页。

……当问题在于同**现存政府**作斗争的时候，我们甚至同我们的敌人结成联盟。

> 马克思：《施泰因》（1849年2月16日），见《马克思恩格斯全集》1961年版第6卷第355页。

革命的工人政党同小资产阶级民主派的关系是：同小资产阶级民主派一起去反对工人政党所要推翻的派别；而在小资产阶级民主派企图为自己而巩固本身地位的一切场合，工人政党都对他们采取反对的态度。

> 马克思和恩格斯：《共产主义者同盟中央委员会告同盟书》（1850年3月24日以前），见《马克思恩格斯文集》第2卷第191页。

工人阶级政党在一定的条件下完全可以利用其他政党和党派来达到自己的目的，但是它不应当隶属其他政党。

> 马克思和恩格斯：《中央委员会告共产主义者同盟书》（1850年6月），见《马克思恩格斯全集》1959年版第7卷第362页。

在政治上为了一定的目的，甚至可以同魔鬼结成联盟，只是必须肯定，是你领着魔鬼走而不是魔鬼领着你走。

> 马克思：《科苏特、马志尼和路易-拿破仑》（1852年11月16日），见《马克思恩格斯全集》1961年版第8卷第443页。

各地的经验都证明，要使工人摆脱旧政党的这种支配，最好的办法就是在每一个国家里建立一个无产阶级的政党，这个政党要有它自己的政策，这种政策显然与其他政党的政策不同，因为它必须表现出工人阶级解放的条件。这种政策的细节可以根据每一个国家的特殊情况而有所不同；……

> 恩格斯《致国际工人协会西班联合委员会》（1871年2月13日），见《马克思恩格斯文集》第3卷第92页。

自然，任何党的领导都希望看到成功，这也是很好的。但是在某些情况下，需要有勇气为了更重要的事情而牺牲**一时**的成功。尤其是像我们这样的政党，它的最后的成功是绝对不成问题的，它在我们这一生中并且在我们眼前已获得了如此巨大的发展，所以它决不是始终无条件地需要一时的成功。

> 恩格斯：《致奥古斯特·倍倍尔》（1873年6月20日），见《马克思恩格斯文集》第10卷第391页。

不要像许多人还在做的那样，一遇到敌人的打击就逃避、退让，不要哀号，不要呜咽，不要低声下气地求饶，说什么我们并没有任何恶意。我们要以牙还牙，要以两倍、三倍的打击来还击敌人对我们的每一个打击。我们的策略从来就是这样，而且到现在为止，我认为，我们已经相当成功地战胜了一切敌人。

第三章　论社会变革

> 恩格斯:《致爱德华·伯恩施坦》(1883年1月18日),见《马克思恩格斯文集》第10卷第495页。

在我看来,马克思的历史理论是任何**坚定不移**和**始终一贯**的**革命策略**的基本条件;为了找到这种策略,需要的只是把这一理论应用于本国的经济条件和政治条件。

> 恩格斯:《致维拉·伊万诺夫娜·查苏利奇》(1885年4月23日),见《马克思恩格斯文集》第10卷第532页。

如果我们德国的进步党或者你们丹麦的农民党是真正激进的资产阶级政党,而不仅仅是一些一受到俾斯麦或埃斯特鲁普的威胁就溜之大吉的可怜的说大话的英雄,那么,我决不会**无条件地**反对同他们一起采取任何暂时的共同行动,来达到特定的目的。……对我们的直接的好处或对国家朝着经济革命和政治革命的方向前进的历史发展的好处是无可争辩的、值得争取的。而所有这一切又必须以党的无产阶级性质不致因此发生问题为前提。

> 恩格斯:《致格尔松·特里尔》(1889年12月18日),见《马克思恩格斯文集》第10卷第578页。

……对于我这个革命者来说,一切达到目的的手段都是可以使用的,不论是最强硬的,还是看起来最温和的。

> 恩格斯:《致格尔松·特里尔》(1889年12月18日),见《马克思恩格斯文集》第10卷第579页。

但遗憾的是,许多人为了图省事,为了不费脑筋,想永久地采用一种只适宜于某一个时期的策略。其实,我们的策略不是凭空臆造的,而是根据经常变化的条件制定的;在目前我们所处的环境下,我们往往不得不采用敌人强加于我们的策略。

> 恩格斯：《致维克多·阿德勒》（1892年8月30日），见《马克思恩格斯文集》第10卷第630页。

依我看，对每一个国家说来，能最快、最有把握地实现目标的策略，就是最好的策略。

> 恩格斯：《致弗·维森》（1893年3月14日），见《马克思恩格斯文集》第10卷第652页。

（3）关于无产阶级国际联合和世界革命

不恢复每个民族的独立和统一，那就既不可能有无产阶级的国际联合，也不可能有各民族为达到共同目的而必须实行的和睦的与自觉的合作。试想想看，在1848年以前的政治条件下，哪能有意大利工人、匈牙利工人、德意志工人、波兰工人、俄罗斯工人的共同国际行动！

> 恩格斯：《〈共产党宣言〉1893年意大利文版序言》（1893年2月1日），见《马克思恩格斯文集》第2卷第26页。

6. 改良与革命的关系

只有在没有阶级和阶级对抗的情况下，**社会进化**将不再是**政治革命**①。

> 马克思：《哲学的贫困》（1847年上半年），见《马克思恩格斯文集》第1卷第655页。

然而海因岑先生也答应进行社会改革。当然，这是由于人民对他的号召表示冷淡才慢慢使他不得不这样做。这又是些什么改革呢？就是**共产主义者**提出的那些废除私有制的准备步骤。在海因岑先生那里唯一可以认为是正确的东西，却又是他从他所激烈抨击的共产主义者那里剽窃来的。就是这些东西一到他的手里，也成了荒谬绝伦、虚无缥缈的东西。一切旨在

---

① 社会主义社会是"**没有阶级对抗**"的社会，因此，"**社会进化**将不再是**政治革命**"，只能是改革（或改良）。——本书编者注

第三章 论社会变革

限制竞争和限制大资本聚积在个别人手里的措施,一切限制或废除继承权的办法,以及一切通过国家来对劳动进行组织的办法等等,所有这些措施作为革命的措施不仅是可能实行的,甚至是必须实行的。这些措施之所以有可能实行,是因为整个奋起反抗的无产阶级赞同这些措施并用武力支持这些措施。尽管经济学家借口一些困难和弊端来反对这些措施,这些措施还是有可能实行的,因为正是这些困难和弊端将迫使无产阶级为了不致失掉自己的胜利果实而勇往直前,直到完全废除私有制。这些措施作为废除私有制的准备措施和过渡的中间阶段是有可能实行的,而且它们也只能是这样一种措施。

可是海因岑先生却要把所有这些措施都当做确定不移的最终的措施。他认为这些措施不应当是为实现任何目标而采取的准备步骤,而应该是最终的措施。在他看来,这些措施不是手段,而是目的。这些措施不是要导向革命的社会状态,而是要导向宁静的资产阶级的社会状态。这样一来,这些措施就成为不能实现的,而且是反动的了。与海因岑相反,资产阶级经济学家认为这些措施与自由竞争比较起来是反动的,他们这种看法完全正确。自由竞争是私有制最后的、最高的、最发达的存在形式。因此一切从私有制的基础出发而同时又反对自由竞争的措施都是反动的,都力图恢复私有制的低级发展阶段,因此,这种措施最终必将在竞争面前遭到失败,使目前这种社会状态重新恢复。只要我们把上述社会改革看成单纯的社会福利措施,看成革命的过渡的措施,资产者的这些反对意见就会显得毫无力量,而这些反对意见却会使海因岑先生的农业的、社会主义的、黑红黄色的共和国彻底破产。

<blockquote>
恩格斯:《共产主义者和卡尔·海因岑》(1847年9月27日前和10月3日),见《马克思恩格斯文集》第1卷第661—663页。
</blockquote>

成立国家银行来代替所有的私人银行,国家银行发行的纸币具有法定的比价。

实行这一措施就能按照**全体**人民的利益来调节信用事业,从而破坏大金融资本家的统治。实行这一措施就能逐渐以纸币代替黄金和白银,使资产阶级流通的必要工具,即一般的交换工具减价,因而就有可能把黄金和白银用到对外贸易上去。最后,为了把保守的资产者的利益和政府的存在

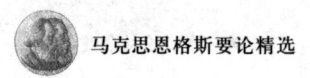

联系起来,这个措施也是必要的。

马克思和恩格斯:《共产党在德国的要求》(1848年3月21—29日之间),见《马克思恩格斯全集》1958年版第5卷第4页。

我们已经说过,在下次运动中,民主派将取得统治,他们将不得不提出一些多少带点社会主义性质的措施。试问:工人对此应该提出一些什么措施呢?当然,在运动初期,工人还不可能提出直接的共产主义的措施。但是他们可以采取如下两个措施:

1. 迫使民主派尽可能多方面地触动现存的社会制度,干扰现存社会制度的正常运行,使它自己丧失威信,并把尽可能多的生产力、运输工具、工厂、铁路等等集中在国家手里。

2. 工人应当极力将那些肯定不会采取革命手段而只会采取改良手段的民主派所提出的主张加以提升,把这些主张变成对私有制的直接攻击。例如,假若小资产者主张赎买铁路和工厂,工人就应该要求把这些铁路和工厂作为反动派财产干脆由国家没收,不给任何补偿;假若民主派主张施行比例税,工人就应该要求实行累进税;假若民主派自己提议施行适度的累进税,工人就应该坚持征收税率逐级大幅度提高的捐税,从而使大资本走向覆灭;假若民主派要求调整国债,工人就应该要求宣布国家破产。这就是说,工人的要求到处都必须针对民主派的让步和措施来决定。

马克思和恩格斯:《共产主义者同盟中央委员会告同盟书》(1850年3月24日以前),见《马克思恩格斯文集》第2卷第198页。

最后,谈谈我们自己对这个问题的意见。我们所最热烈希望的是内阁失败,因为这个内阁的对内政策反动而诡诈,同它的畏首畏尾的和阿谀逢迎的对外政策一样,都应该受到鄙视。而且我们认为,我们完全有权利这样做,因为这样的事件无疑将符合人民的利益。有一点很清楚:在贵族的联合内阁还能按照厂主和商人阶级的要求办事的时候,厂主和商人本身就不会做出任何政治上的努力,也不会允许工人阶级展开自己的政治运动。但是,如果土地占有者的党再一次占了上风,资产阶级不改革腐朽的寡头议会就不能摆脱它的控制了。而到那时,资产阶级就不能只限于宣传局部

第三章 论社会变革

改革了；那时它就会被迫对人民群众的要求给予充分的活动余地。当然，人民只要不放弃自己的原则和利益，是决不会附和资产阶级或者投靠资产阶级的，但是对资产阶级来说，不得不依靠人民的支持已经不是第一次了。而这种情况就会引起目前财政制度极其彻底的革命。现在就已经看得很清楚，甚至资产阶级社会也不能不要求用单一的直接所得税来代替传统的财政 olla podrida［大杂烩］。直接征税的原则早已为曼彻斯特学派所接受；这个原则也得到了迪斯累里的承认，甚至得到了寡头联合内阁的确认。一旦征收直接所得税的机构建立起来并且安排就绪，把政权掌握到自己手中的人民就将充分使它动作起来，以便建立**工人阶级的预算**。

马克思：《人民得肥皂，"泰晤日报"得贿赂。——联合内阁的预算》（1853 年 4 月 25 日），见《马克思恩格斯全集》1961 年版第 9 卷第 94—95 页。

自从世界历史上第一个工人党即宪章派的政党瓦解以来，激进党人的欺骗不幸是够多的了。是的，但是宪章派毕竟瓦解了，而且毫无成就。真是这样吗？在人民宪章的六点中，有两点，即秘密投票和取消财产资格限制，现在已经成为国家的法律了。第三点即普选权，在户主选举法的形式下至少是已经接近实现了；第四点即平等的选区，显然即将见诸实现，因为这是现政府答应的一项改革。所以，宪章运动瓦解的结果却足足实现了宪章派纲领的一半。既然，仅仅对于一个过去的工人阶级政治组织的回忆，就能导致这些政治改革，而且除此以外还导致了一系列社会改革，那末，一个有四五十个议会代表支持的工人党的实际存在，又会做出怎样的事来呢？我们生活在一个人人必须照顾他自己的世界里。但是英国工人阶级却让大地主、资本家、小商人等阶级及其走狗——律师、新闻记者等等来照顾它的利益。难怪有利于工人的改革，是这样缓慢、这样可怜地一点点地实现。英国工人只要愿意，它是有力量实现他们的处境所要求的各项社会改革和政治改革的。那末，为什么不作这种努力呢？

恩格斯：《工人党》（1881 年 7 月中），见《马克思恩格斯全集》1963 年版第 19 卷第 306—307 页。

所以，尽管我们和"纽约人民报"一起为德国的侨民们悲伤，尽管我们相信德国的侨民首先引起美国工人境况的大大恶化,尽管我们和上述报纸一起希望德国工人集中全部注意力来专门改善自己在德国的境况,我们仍旧不能同意该报的悲观主义。我们毕竟应当重视环境,而由于我们的反对者的近视和贪婪,环境愈来愈排除采取真正改革的发展道路的可能性,因此我们应当看到自己的任务就是不顾任何懦夫而使人们对事变的革命进程做好精神准备。

这一冲突的证明就是:一方面资本大规模积聚,另一方面群众日益贫困。结局只有一个,这就是**社会革命**!

恩格斯:《论美国资本的积聚》(1882年5月3日),见《马克思恩格斯全集》1963年版第19卷第339页。

随着1849年巴黎的六月十三日,随着德国五月起义的失败和俄国人对匈牙利革命的镇压,1848年革命的整个伟大时期便结束了。但是,反动派的胜利这时还决不是最后的胜利。必须把分散的革命力量以及同盟的力量重新组织起来。像1848年以前一样,形势使得无产阶级任何公开组织都不可能;因此,不得不重新秘密地组织起来。

恩格斯:《关于共产主义者同盟的历史》(1885年10月8日),见《马克思恩格斯全集》1965年版第21卷第256页。

我认为,所谓"社会主义社会"不是一种一成不变的东西,而应当和任何其他社会制度一样,把它看成是经常变化和改革的社会。

恩格斯:《致奥托·冯·伯尼克》(1890年8月21日),见《马克思恩格斯文集》第10卷第588页。

7. 镇压革命者充当革命遗嘱执行人

反动派正在实现革命的纲领。这个似乎是矛盾的现象,说明了至今仍在扮演1789年革命遗嘱执行人角色的拿破仑主义具有力量的原因,说明了集中起1848年关于统一的朦胧幻想并赋予这种幻想以明确的和实际的形式的奥地利施瓦尔岑堡政策获得胜利的原因,而且也正是这个似乎是矛盾的现象给德意志联邦议会改革的怪影增加了力量;承蒙普鲁士的恩典,这个

第三章 论社会变革

怪影如今正在小德意志的道路上游荡，并同公民雅科布·费奈迭和蔡斯一起，在 1848 年革命的坟墓上跳着离奇的幽灵舞。的确，这个革命的纲领在反动派的手中就变成对相应的革命意图的讽刺，从而成为不共戴天的敌人手中的最厉害的杀人武器。要知道反动派是照路易·波拿巴实现意大利民族派的要求那样来实现革命的要求的。这个过程中的悲喜剧因素就在于，那些由于说空话和愚蠢而要被绞死的不幸的罪人在拼命喝采："做得好！"而当刽子手已经在拉紧他们脖子上的绞索的时候，他们还为他们自己被处死而热烈鼓掌。

> 马克思：《一八五九年的爱尔福特精神》（1859 年 7 月 9 日左右），见《马克思恩格斯全集》1962 年版第 13 卷 462 页。

1848 年革命在无产阶级的旗帜下使无产阶级战士归根到底只做了资产阶级的工作，这次革命也通过自己的遗嘱执行人路易·波拿马和俾斯麦实现了意大利、德国和匈牙利的独立。

> 恩格斯：《〈共产党宣言〉1892 年波兰文版序言》（1892 年 2 月 10 日），见《马克思恩格斯文集》第 2 卷第 24 页。

1848 年 3 月 18 日的结果使意大利和德国免除了这种耻辱；如果说，这两个伟大民族在 1848—1871 年期间得到复兴并以这种或那种形式重新获得独立，那么，这是因为，正如马克思所说，那些镇压 1848 年革命的人违反自己的意志充当了这次革命的遗嘱执行人。

> 恩格斯：《〈共产党宣言〉1893 年意大利文版序言》（1893 年 2 月 1 日），见《马克思恩格斯文集》第 2 卷第 25 页。

四、关于人民群众是推动社会变革的决定力量

（一）人民群众是历史的创造者

1. 人民群众的范畴

资产阶级抹去了一切向来受人尊崇和令人敬畏的职业的神圣光环。它

把医生、律师、教士、诗人和学者变成了它出钱招雇的雇佣劳动者。

马克思和恩格斯：《共产党宣言》（1847年12月—1848年1月底），见《马克思恩格斯文集》第2卷第34页。

在当前同资产阶级对立的一切阶级中，只有无产阶级是真正革命的阶级。其余的阶级都随着大工业的发展而日趋没落和灭亡，无产阶级却是大工业本身的产物。

马克思和恩格斯：《共产党宣言》（1847年12月—1848年1月底），见《马克思恩格斯文集》第2卷第41页。

最后，在阶级斗争接近决战的时期，统治阶级内部的、整个旧社会内部的瓦解过程，就达到非常强烈、非常尖锐的程度，甚至使得统治阶级中的一小部分人脱离统治阶级而归附于革命的阶级，即掌握着未来的阶级。所以，正像过去贵族中有一部分人转到资产阶级方面一样，现在资产阶级中也有一部分人，特别是已经提高到能从理论上认识整个历史运动的一部分资产阶级思想家，转到无产阶级方面来了。

马克思和恩格斯：《共产党宣言》（1847年12月—1848年1月底），见《马克思恩格斯文集》第2卷第41页。

中间等级，即小工业家、小商人、手工业者、农民，他们同资产阶级作斗争，都是为了维护他们这种中间等级的生存，以免于灭亡。

马克思和恩格斯：《共产党宣言》（1847年12月—1848年1月底），见《马克思恩格斯文集》第2卷第42页。

2. 劳动群众是物质财富的创造者

在一切生产工具中，最强大的一种生产力是革命阶级本身。

第三章 论社会变革

> 马克思:《哲学的贫困》(1847年上半年),见《马克思恩格斯文集》第1卷第655页。

但是,自从阶级产生以来,从来没有过一个时期社会上可以没有劳动阶级而存在的。这个阶级的名称、社会地位改变了,农奴代替了奴隶,而他自己又被自由工人所代替,所谓自由,是摆脱了奴隶地位的自由,但也是除了他自己的劳动力以外一无所有的自由。但是有一件事是很明显的,无论不从事生产的社会上层发生什么变化,没有一个生产者阶级,社会就不能生存。

> 恩格斯:《必要的和多余的社会阶级》(1881年8月1—2日),见《马克思恩格斯全集》1963年版第19卷第315页。

3. 劳动群众创造了精神文化

劳动生产了宫殿……劳动生产了美……

> 马克思:《1844年经济学哲学手稿》(1844年4—8月),见《马克思恩格斯文集》第1卷第158—159页。

批判的批判什么都没有创造,工人才创造一切,甚至就以他们的精神创造来说,也会使得整个批判感到羞愧。英国和法国的工人就很好地证明了这一点。

> 马克思和恩格斯:《神圣家族》(1844年9—11月),见《马克思恩格斯全集》1957年版第2卷第22页。

在专门制造蒸汽机、走锭纺纱机等等的工人出现以前,走锭纺纱机、蒸汽机等等就已经出现了,这正像在裁缝出现以前人就已经穿上了衣服一样。但是,沃康松、阿克莱、瓦特等人的发明之所以能够实现,只是因为这些发明家找到了相当数量的、在工场手工业时期就已准备好了的熟练的机械工人。

> 马克思:《资本论》第 1 卷（1867 年），见《马克思恩格斯文集》第 5 卷第 438—439 页。

只是由于劳动，由于总是要去适应新的动作，由于这样所引起的肌肉、韧带以及经过更长的时间引起的骨骼的特殊发育遗传下来，而且由于这些遗传下来的灵巧性不断以新的方式应用于新的越来越复杂的动作，人的手才达到这样高度的完善，以致像施魔法一样产生了拉斐尔的绘画、托瓦森的雕刻和帕格尼尼的音乐。

> 恩格斯:《自然辩证法》（1873—1882 年），见《马克思恩格斯文集》第 9 卷第 552 页。

4. 劳动群众是社会变革的决定力量

历史什么事情也没有做，它"不拥有**任何**惊人的丰富性"，它"没有进行**任何**战斗"！其实，正是**人**，现实的、活生生的人在创造这一切，拥有这一切并且进行战斗。并不是"历史"把人当做手段来达到**自己**——仿佛历史是一个独具魅力的人——的目的。历史**不过**是追求着自己目的的人的活动而已。

> 马克思和恩格斯:《神圣家族》（1844 年 9—11 月），见《马克思恩格斯文集》第 1 卷第 295 页。

在十七世纪的英国和十八世纪的法国，甚至资产阶级的最光辉灿烂的成就都不是他自己争得的，而是平民大众，即工人和农民为它争得的。

> 恩格斯:《普鲁士"危机"》（1873 年 1 月初），见《马克思恩格斯全集》1964 年版第 18 卷第 325 页。

……象往常一样，资产者这一次也胆小如鼠，不敢捍卫本身的利益；从攻破巴士底狱以来，平民曾不得不为资产者完成种种工作；如果平民在 7 月 14 日、10 月 5—6 日直到 8 月 10 日、9 月 2 日等等不进行干预，旧制度每一次都会战胜资产阶级，同宫廷结成的同盟就会把革命镇压下去；可见，

第三章　论社会变革

只是这些平民把革命完成了。

> 恩格斯：《致卡尔·考茨基》（1889 年 2 月 20 日），见《马克思恩格斯全集》1971 年版第 37 卷第 145—146 页。

在资产阶级的这三次大起义中，农民提供了战斗大军，而农民恰恰成为在胜利后由于胜利带来的经济后果而必然破产的阶级。克伦威尔之后 100 年，英国的自耕农几乎绝迹了。如果没有这些自耕农和城市**平民**，资产阶级决不会单独把斗争进行到底，决不会把查理一世送上断头台。

> 恩格斯：《〈社会主义从空想到科学的发展〉1892 年英文版导言》（1892 年 4 月 20 日），见《马克思恩格斯文集》第 3 卷第 511 页。

（二）个人在历史上的作用

如爱尔维修所说的，每一个社会时代都需要有自己的大人物，如果没有这样的人物，它就要把他们创造出来。

> 马克思：《1848 年至 1850 年的法兰西阶级斗争》（1849 年底—1850 年 3 月底和 1850 年 10 月—11 月 1 日），见《马克思恩格斯文集》第 2 卷第 137 页。

如果斗争只是在机会绝对有利的条件下才着手进行，那么创造世界历史未免就太容易了。另一方面，如果"偶然性"不起任何作用的话，那么世界历史就会带有非常神秘的性质。这些偶然性本身自然纳入总的发展过程中，并且为其他偶然性所补偿。但是，发展的加速和延缓在很大程度上是取决于这些"偶然性"的，其中也包括一开始就站在运动最前面的那些人物的性格这样一种"偶然情况"。

> 马克思：《致路德维希·库格曼》（1871 年 4 月 17 日），见《马克思恩格斯文集》第 10 卷第 354 页。

……由于厌恶一切个人崇拜，在国际存在的时候，我从来都不让公布那许许多多来自各国的、使我厌烦的歌功颂德的东西；我从来也不予答复，偶尔答复，也只是加以斥责。

> 马克思：《致威廉·布洛斯》（1877年11月10日），见《马克思恩格斯文集》第10卷第422—423页。

18世纪伟大的思想家们，也同他们的一切先驱者一样，没有能够超出他们自己的时代使他们受到的限制。

> 恩格斯：《社会主义从空想到科学的发展》（1880年1月—3月上半月），见《马克思恩格斯文集》第3卷第524页。

我们之所以有今天的一切，都应当归功于他①；现代运动当前所取得的一切成就，都应归功于他的理论活动和实践活动；没有他，我们至今还会在黑暗中徘徊。

> 恩格斯：《致威廉·李卜克内西》（1883年3月14日），见《马克思恩格斯文集》第10卷第502页。

正像达尔文发现有机界的发展规律一样，马克思发现了人类历史的发展规律，……

不仅如此。马克思还发现了现代资本主义生产方式和它所产生的资产阶级社会的特殊的运动规律。由于剩余价值的发现，这里就豁然开朗了，而先前无论资产阶级经济学家或者社会主义批评家所做的一切研究都只是在黑暗中摸索。

> 恩格斯：《在马克思墓前的讲话》（1883年3月18日前后），见《马克思恩格斯文集》第3卷第601页。

---

① 指马克思。——本书编者注

第三章 论社会变革

无论历史的结局如何，人们总是通过每一个人追求他自己的、自觉预期的目的来创造他们的历史，而这许多按不同方向活动的愿望及其对外部世界的各种各样作用的合力，就是历史。

> 恩格斯：《路德维希·费尔巴哈和德国古典哲学的终结》（1886 年初），见《马克思恩格斯文集》第 4 卷第 302 页。

因此，如果要去探究那些隐藏在——自觉地或不自觉地，而且往往是不自觉地——历史人物的动机背后并且构成历史的真正的最后动力的动力，那么问题涉及的，与其说是个别人物，即使是非常杰出的人物的动机，不如说是使广大群众、使整个整个的民族，并且在每一民族中间又是使整个整个阶级行动起来的动机；而且也不是短暂的爆发和转瞬即逝的火光，而是持久的、引起重大历史变迁的行动。探讨那些作为自觉的动机明显地或不明显地，直接地或以意识形态的形式，甚至以被神圣化的形式反映在行动着的群众及其领袖即所谓伟大人物的头脑中的动因——这是能够引导我们去探索那些在整个历史中以及个别时期和个别国家的历史中起支配作用的规律的唯一途径。

> 恩格斯：《路德维希·费尔巴哈和德国古典哲学的终结》（1886 年初），见《马克思恩格斯文集》第 4 卷第 304 页。

……历史是这样创造的：最终的结果总是从许多单个的意志的相互冲突中产生出来的，而其中每一个意志，又是由于许多特殊的生活条件，才成为它所成为的那样。这样就有无数互相交错的力量，有无数个力的平行四边形，由此就产生出一个合力，即历史结果，而这个结果又可以看做一个作为整体的、**不自觉地**和不自主地起着作用的力量的产物。因为任何一个人的愿望都会受到任何另一个人的妨碍，而最后出现的结果就是谁都没有希望过的事物。所以到目前为止的历史总是像一种自然过程一样地进行，而且实质上也是服从于同一运动规律的。但是，各个人的意志——其中的每一个都希望得到他的体质和外部的、归根到底是经济的情况（或是他个人的，或是一般社会性的）使他向往的东西——虽然都达不到自己的愿望，而是融合为一个总的平均数，一个总的合力，然而从这一事实中决不应作出结论说，这些意志等于零。相反，每个意志都对合力有所贡献，因而是包括在这个合力里面的。

> 恩格斯：《致约瑟夫·布洛赫》(1890 年 9 月 21—22 日)，见《马克思恩格斯文集》第 10 卷第 592—593 页。

这里我们就来谈谈所谓伟大人物问题。恰巧某个伟大人物在一定时间出现于某一国家，这当然纯粹是一种偶然现象。但是，如果我们把这个人去掉，那时就会需要有另外一个人来代替他，并且这个代替者是会出现的，不论好一些或差一些，但是最终总是会出现的。

> 恩格斯：《致瓦尔特·博尔吉乌斯》(1894 年 1 月 25 日)，见《马克思恩格斯文集》第 10 卷 669 页。

（三）对唯心史观的批判

在唯心主义者看来，任何改造世界的运动只存在于某个上帝特选的人的头脑中，世界的命运取决于这个把全部智慧作为自己的私有财产而占有的头脑在宣布自己的启示之前，是否受到了某块现实主义的石头的致命打击。

> 马克思和恩格斯：《德意志意识形态》(1845 年秋—1846 年 5 月)，见《马克思恩格斯全集》1960 年版第 3 卷第 630 页。

在思想家看来，整个历史发展都归结为历史发展进程在"当代所有的哲学家和理论家"的"头脑"中形成的理论抽象，既然不可能为了"议论和表决"而把这些"头脑""集合在一起"，那末就必需有一个作为所有这些哲学家和神学家的头脑的顶峰、这些头脑的锋芒的神圣的头脑，这个顶峰的、**锐利的头脑**就是各个**愚钝的头脑**的思辨的统一，就是救世主。

> 马克思和恩格斯：《德意志意识形态》(1845 年秋—1846 年 5 月)，见《马克思恩格斯全集》1960 年版第 3 卷第 631 页。

蒲鲁东先生用自己头脑中奇妙的运动，代替了由于人们既得的生产力和他们的不再与此种生产力相适应的社会关系相互冲突而产生的伟大历史

第三章 论社会变革

运动,……历史是由学者,即由有本事从上帝那里窃取隐秘思想的人们创造的。平凡的人只需应用他们所泄露的天机。

马克思:《致帕维尔·瓦西里耶维奇·安年科夫》(1846 年 12 月 28 日),见《马克思恩格斯文集》第 10 卷第 51 页。

我们可以看到,"高贵的"卡莱尔①完全是从泛神论的观点出发的。整个历史的过程不是由活生生的人民群众(他们自然为一定的、也在历史上产生和变化着的条件所左右)本身的发展所决定,——整个的历史过程是由永恒的永远不变的自然规律所决定,它今天离开这一规律,明天又接近这一规律,一切都以是否正确地认识这一规律为转移。这种对永恒的自然规律的正确认识是永恒的真理,其他一切都是假的。根据这种观点,一切实际的阶级矛盾,尽管因时代不同而各异,都可以归结为一个巨大的永恒的矛盾,即认识了永恒的自然规律并依照它行动的人(贤人与贵人)和误解它曲解它并和它背道而驰的人(愚人与贱人)的矛盾。因此,历史上产生的阶级差别是自然的差别,人们必须向天生的贵人和贤人屈膝,尊敬这些差别,并承认它们是永恒的自然规律的一部分,一言以蔽之,即应崇拜天才。

马克思和恩格斯:《"新莱茵报。政治经济评论"第 4 期上发表的书评》(1850 年 3—4 月),见《马克思恩格斯全集》1959 年版第 7 卷第 306—307 页。

五、关于社会发展规律

(一)社会发展是自然历史过程

……人们不能自由选择**自己的生产力**——这是他们的全部历史的基础,因为任何生产力都是一种既得的力量,是以往的活动的产物。可见,生产力是人们应用能力的结果,但是这种能力本身决定于人们所处的条件,决定于先前已经获得的生产力,决定于在他们以前已经存在、不是由他们创

---

① 卡莱尔,托马斯(1795—1881),英国作家、史学家和唯心主义哲学家,宣扬英雄崇拜,封建社会主义的代表;1848 年后成为工人运动的敌人。——本书编者注

立而是由前一代人创立的社会形式。后来的每一代人都得到前一代人已经取得的生产力并当做原料来为自己新的生产服务,由于这一简单的事实,就形成人们的历史中的联系,就形成人类的历史,这个历史随着人们的生产力以及人们的社会关系的愈益发展而愈益成为人类的历史。

马克思:《致帕维尔·瓦西里耶维奇·安年科夫》(1846年12月28日),见《马克思恩格斯文集》第10卷第43页。

……辩证法的规律无论对自然界中和人类历史中的运动,还是对思维的运动,都必定是同样适用的。

恩格斯:《自然辩证法》(1873—1882年),见《马克思恩格斯文集》第9卷第539页。

……现代唯物主义把历史看做人类的发展过程,而它的任务就在于发现这个过程的运动规律。

恩格斯:《反杜林论》(1876年9月—1878年6月),见《马克思恩格斯文集》第9卷第28页。

这样,自然界也被承认为历史发展过程了。而适用于自然界的,同样适用于社会历史的一切部门和研究人类的(和神的)事物的一切科学。

恩格斯:《路德维希·费尔巴哈和德国古典哲学的终结》(1886年初),见《马克思恩格斯文集》第4卷第301页。

(二)社会发展受规律支配

社会的物质生产力发展到一定阶段,便同它们一直在其中运动的现存生产关系或财产关系(这只是生产关系的法律用语)发生矛盾。于是这些关系便由生产力的发展形式变成生产力的桎梏。那时社会革命的时代就到来了。随着经济基础的变更,全部庞大的上层建筑也或慢或快地发生变革。

第三章　论社会变革

> 马克思：《〈政治经济学批判〉序言》（1859年1月），见《马克思恩格斯文集》第2卷第591—592页。

正像达尔文发现有机界的发展规律一样，马克思发现了人类历史的发展规律，……

不仅如此。马克思还发现了现代资本主义生产方式和它所产生的资产阶级社会的特殊的运动规律。……

> 恩格斯：《在马克思墓前的讲话》（1883年3月18日前后），见《马克思恩格斯文集》第3卷第601页。

正是马克思最先发现了重大的历史运动规律。根据这个规律，一切历史上的斗争，无论是在政治、宗教、哲学的领域中进行的，还是在其他意识形态领域中进行的，实际上只是或多或少明显地表现了各社会阶级的斗争，而这些阶级的存在以及它们之间的冲突，又为它们的经济状况的发展程度、它们的生产的性质和方式以及由生产所决定的交换的性质和方式所制约。这个规律对于历史，同能量转化定律对于自然科学具有同样的意义。这个规律在这里也是马克思用以理解法兰西第二共和国历史的钥匙。在这部著作中，他用这段历史检验了他的这个规律；即使已经过了33年，我们还是必须承认，这个检验获得了辉煌的成果。

> 恩格斯：《〈路易·波拿巴的雾月十八日〉1885年第三版序言》（1885年），见《马克思恩格斯文集》第2卷第469页。

……历史进程是受内在的一般规律支配的。

> 恩格斯：《路德维希·费尔巴哈和德国古典哲学的终结》（1886年初），见《马克思恩格斯文集》第4卷第302页。

这样，历史事件似乎总的说来同样是由偶然性支配着的。但是，在表面上是偶然性在起作用的地方，这种偶然性始终是受内部的隐蔽着的规律支配的，而问题只是在于发现这些规律。

> 恩格斯：《路德维希·费尔巴哈和德国古典哲学的终结》（1886 年初），见《马克思恩格斯文集》第 4 卷第 302 页。

……历史的发展像自然的发展一样，有它自己的内在规律。

> 恩格斯：《美国工人运动》（1887 年 1 月 26 日），见《马克思恩格斯全集》1965 年版第 21 卷第 389 页。

没有哪一次巨大的历史灾难不是以历史的进步为补偿的。

> 恩格斯：《致尼古拉·费兰策维奇·丹尼尔逊》（1893 年 10 月 17 日），见《马克思恩格斯文集》第 10 卷第 665 页。

（三）社会发展进程的一致性和表现形式的多样性

在原始积累的历史中，对正在形成的资本家阶级起过推动作用的一切变革，都是历史上划时代的事情；但是首要的因素是：大量的人突然被强制地同自己的生存资料分离，被当做不受法律保护的无产者抛向劳动市场。对农业生产者即农民的土地的剥夺，形成全部过程的基础。这种剥夺的历史在不同的国家带有不同的色彩，按不同的顺序、在不同的历史时代通过不同的阶段。

> 马克思：《资本论》第 1 卷（1867 年），见《马克思恩格斯文集》第 5 卷第 823 页。

由于每个国家工人阶级的各种队伍和不同国家的工人阶级所处的发展条件极不相同，它们目前所达到的发展阶段也不一样，因此它们反映实际运动的理论观点也必然各不相同。

> 马克思：《国际工人协会总委员会致社会主义民主同盟中央局》（1869 年 3 月 9 日），见《马克思恩格斯全集》1964 年版第 16 卷第 393 页。

第三章 论社会变革

历史常常是跳跃式地和曲折地前进的,……

> 恩格斯:《卡尔·马克思〈政治经济学批判〉。第一分册》(1859 年 8 月 3—15 日),见《马克思恩格斯文集》第 2 卷第 603 页。

我们越是深入地追溯历史,同出一源的各个民族之间的差异之点,也就越来越消失。……这一种或那一种特点,可能只有地方性的意义,但是它所反映的那种特征却是整个种族所共同具有的,……

> 恩格斯:《爱尔兰史》(1870 年 5 月—7 月上半月),见《马克思恩格斯全集》1964 年版第 16 卷第 570—571 页。

当然,美国工人阶级所处的外部环境很不相同,但毕竟都是同样的经济规律在起作用,所以产生的结果虽然不是在各方面都相同,却仍然属于同一性质。

> 恩格斯:《〈英国工人阶级状况〉1892 年德文第二版序言》(1892 年 7 月 21 日),见《马克思恩格斯文集》第 1 卷第 369 页。

不过,这并不妨碍相同的经济基础——按主要条件来说相同——可以由于无数不同的经验的情况,自然条件,种族关系,各种从外部发生作用的历史影响等等,而在现象上显示出无穷无尽的变异和色彩差异,这些变异和差异只有通过对这些经验上已存在的情况进行分析才可以理解。

> 马克思:《资本论》第 3 卷(1894 年),见《马克思恩格斯文集》第 7 卷第 894—895 页。

(四)新旧社会的相互交错

1. 旧社会中成长着新社会的因素

当人们谈到使整个社会革命化的思想时,他们只是表明了一个事实:

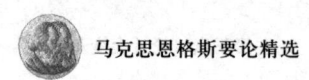

在旧社会内部已经形成了新社会的因素,旧思想的瓦解是同旧生活条件的瓦解步调一致的。

马克思和恩格斯:《共产党宣言》(1847年12月—1848年1月底),见《马克思恩格斯文集》第2卷第51页。

在我们这个时代,每一种事物好像都包含有自己的反面。……我们知道,要使社会的新生力量很好地发挥作用,就只能由新生的人来掌握它们,而这些新生的人就是工人。工人也同机器本身一样,是现代的产物。

马克思:《在〈人民报〉创刊纪念会上的演说》(1856年4月14日),见《马克思恩格斯文集》第2卷第580页。

每一种新的生产方式或交换形式,在一开始的时候都不仅受到旧的形式以及与之相适应的政治设施的阻碍,而且也受到旧的分配方式的阻碍。新的生产方式和交换形式必须经过长期的斗争才能取得和自己相适应的分配。

恩格斯:《反杜林论》(1876年9月—1878年6月),见《马克思恩格斯文集》第9卷第155页。

2. 新社会中残存着旧社会的因素

过时的东西总是力图在新生的形式中得到恢复和巩固。

马克思:《致弗里德里希·波尔特》(1871年11月23日),见《马克思恩格斯文集》第10卷第367页。

我们这里所说的是这样的共产主义社会,它不是在它自身基础上已经**发展了的**,恰好相反,是刚刚从资本主义社会中**产生出来的**,因此它在各方面,在经济、道德和精神方面都还带着它脱胎出来的那个旧社会的痕迹。

马克思:《哥达纲领批判》(1875年4月底—5月7日),见《马克思恩格斯文集》第3卷第434页。

第三章　论社会变革

　　但是这些弊病,在经过长久阵痛刚刚从资本主义社会产生出来的共产主义社会第一阶段,是不可避免的。

马克思:《哥达纲领批判》(1875年4月底—5月7日),见《马克思恩格斯文集》第3卷第435页。

　　此外,在经济关系中还包括这些关系赖以发展的**地理基础**和事实上由过去沿袭下来的先前各经济发展阶段的残余(这些残余往往只是由于传统或惰性才继续保存着),当然还包括围绕着这一社会形式的外部环境。

恩格斯:《致瓦尔特·博尔吉乌斯》(1894年1月25日),见《马克思恩格斯文集》第10卷第667页。

马克思恩格斯要论精选
增订本

第四章
论社会形态

一 关于原始社会

二 关于奴隶社会

三 关于封建社会

四 关于资本主义社会

五 关于社会主义社会——共产主义社会

人的依赖关系（起初完全是自然发生的），是最初的社会形态①，在这种形态下，人的生产能力只是在狭窄的范围内和孤立的地点上发展着。以物的依赖性为基础的人的独立性，是第二大形态，在这种形态下，才形成普遍的社会变换，全面的关系，多方面的需求以及全面的能力的体系。建立在个人全面发展和他们共同的社会生产能力成为他们的社会财富这一基础上的自由个性，是第三个阶段。第二个阶段为第三个阶段创造条件。

马克思：《经济学手稿》（1857—1858年），见《马克思恩格斯全集》1979年版第46卷（上册）第104页。

　　大体来说，亚细亚的、古希腊罗马的、封建的和现代资产阶级的生产方式，可以看做是经济的社会形态演进的几个时代。……在资产阶级社会的胎胞里发展的生产力，同时又创造着解决这种对抗的物质条件。因此人类社会的史前时期就以这种社会形态而告终。

马克思：《〈政治经济学批判〉序言》（1859年1月），见《马克思恩格斯文集》第2卷第592页。

---

① 马克思关于人类社会形态的划分有"三形态"和"五形态"等多种划分，在这一章中我们选出两段关于"三形态"和"五形态"划分的不同论述，作为全章引言。马克思在《政治经济学批判》序言中所说的"亚细亚的、古希腊罗马的"实际上主要是指原始社会和奴隶社会。本章内容故按原始社会、奴隶社会、封建社会、资本主义社会和社会主义、共产主义社会五种社会形态编排。但是这五种社会形态只是人类社会大致的历程，并非依次直线性的发展，更不是每个民族国家的必经之路。——本书编者注

第四章　论社会形态

一、关于原始社会

（一）原始社会的生产力状况

单个人对公社来说不是独立的，生产的范围限于自给自足，农业和手工业结合在一起，等等。

> 马克思：《〈政治经济学批判（1857—1858年手稿）〉摘选》（1857年底—1858年5月），见《马克思恩格斯文集》第8卷第136页。

……他们……在自然力量面前还无能为力，还不认识他们自己的力量；所以他们像动物一样贫困，而且生产能力也未必比动物强。

> 恩格斯：《反杜林论》（1876年9月—1878年6月），见《马克思恩格斯文集》第9卷第186页。

现在我们可以把摩尔根①的分期概括如下：蒙昧时代是以获取现成的天然产物为主的时期；人工产品主要是用做获取天然产物的辅助工具。野蛮时代是学会畜牧和农耕的时期，是学会靠人的活动来增加天然产物生产的方法的时期。文明时代是学会对天然产物进一步加工的时期，是真正的工业和艺术的时期。

> 恩格斯：《家庭、私有制和国家的起源》（1884年3月底—5月底），见《马克思恩格斯文集》第4卷第38页。

在这一阶段工业的成就中，特别重要的有两件。第一是织布机；第二是矿石冶炼和金属加工。铜、锡以及二者的合金——青铜是顶顶重要的金属；青铜可以制造有用的工具和武器，但是并不能排挤掉石器；这一点只

---

① 路·摩尔根（1818—1881），美国原始社会史学家，著有《古代社会》。恩格斯的《家庭、私有制和国家的起源》对此书作了详细科学论证。——本书编者注

有铁才能做到,而当时还不知道冶铁。金和银已开始用于首饰和装饰,其价值肯定已比铜和青铜高。

恩格斯:《家庭、私有制和国家的起源》(1884年3月底—5月底),见《马克思恩格斯文集》第4卷第180页。

(二) 原始社会的生产关系

第一种所有制形式是部落 [Stamm] 所有制。这种所有制与生产的不发达阶段相适应,当时人们靠狩猎、捕鱼、畜牧,或者最多靠耕作为生。在人们靠耕作为生的情况下,这种所有制是以有大量未开垦的土地为前提的。在这个阶段,分工还很不发达,仅限于家庭中现有的自然形成的分工的进一步扩大。因此,社会结构只限于家庭的扩大:父权制的部落首领,他们管辖的部落成员,最后是奴隶。

马克思和恩格斯:《德意志意识形态》(1845年秋—1846年5月),见《马克思恩格斯文集》第1卷第521页。

在实行土地公有制的氏族公社或农村公社中(一切文明民族都是同这种公社一起或带着它的非常明显的残余进入历史的),相当平等地分配产品,完全是不言而喻的;如果成员之间在分配方面发生了比较大的不平等,那么,这就已经是公社开始解体的标志了。

恩格斯:《反杜林论》(1876年9月—1878年6月),见《马克思恩格斯文集》第9卷第154页。

凡有共有制的地方——不管是土地的、或者妻子的、或者任何东西的共有制——,共有制就必定是原始的、来源于动物界的。

恩格斯:《致卡尔·考茨基》(1883年3月2日),见《马克思恩格斯全集》1971版第35卷第448页。

家户经济是共产制的,包括几个、往往是许多个家庭。凡是共同制作

第四章 论社会形态

和使用的东西,都是共同财产:如房屋、园圃、小船。

> 恩格斯:《家庭、私有制和国家的起源》(1884年3月底—5月底),见《马克思恩格斯文集》第4卷第178页。

游牧部落从其余的野蛮人群中分离出来——这是**第一次社会大分工**。游牧部落生产的生活资料,不仅比其余的野蛮人多,而且也不相同。同其余的野蛮人比较,他们不仅有数量多得多的乳、乳制品和肉类,而且有兽皮、绵羊毛、山羊毛和随着原料增多而日益增加的纺织物。这就第一次使经常的交换成为可能。

> 恩格斯:《家庭、私有制和国家的起源》(1884年3月底—5月底),见《马克思恩格斯文集》第4卷第179页。

(三)原始社会的上层建筑

而这种十分单纯质朴的氏族制度是一种多么美妙的制度呵!没有士兵、宪兵和警察,没有贵族、国王、总督、地方官和法官,没有监狱,没有诉讼,而一切都是有条有理的。

> 恩格斯:《家庭、私有制和国家的起源》(1884年3月底—5月底),见《马克思恩格斯文集》第4卷第111页。

氏族选举一个酋长(平时的首脑)和一个酋帅(军事领袖)。酋长必须从本氏族成员中选出,他的职位在氏族内世袭,一旦出缺,必须立刻重新补上;军事领袖,也可以从氏族以外的人中选出并且有时可以暂缺。

> 恩格斯:《家庭、私有制和国家的起源》(1884年3月底—5月底),见《马克思恩格斯文集》第4卷第99—100页。

氏族可以任意罢免酋长和酋帅。这仍是由男女共同决定的。被罢免的人,此后便像其他人一样成为普通战士,成为私人。此外,部落议事会也可以甚至违反氏族的意志而罢免酋长。

>恩格斯:《家庭、私有制和国家的起源》(1884年3月底—5月底),见《马克思恩格斯文集》第4卷第100页。

氏族有议事会,它是氏族的一切成年男女享有平等表决权的民主集会。这种议事会选举、罢免酋长和酋帅,以及其余的"信仰守护人";它作出为被杀害的氏族成员接受赎罪献礼(杀人赔偿金)或实行血族复仇的决定;它收养外人加入氏族。总之,它是氏族的最高权力机关。

>恩格斯:《家庭、私有制和国家的起源》(1884年3月底—5月底),见《马克思恩格斯文集》第4卷第102页。

常设的权力机关为议事会(bulê),这种议事会最初大概是由各氏族的酋长组成的,……议事会对于一切重要问题作出最后决定;……

>恩格斯:《家庭、私有制和国家的起源》(1884年3月底—5月底),见《马克思恩格斯文集》第4卷第120页。

人民大会由议事会召集,以解决各项重要事务;每个男子都可以发言。决定是用举手(埃斯库罗斯的《乞援人》)或欢呼通过的。人民大会是最高级的权力,……

>恩格斯:《家庭、私有制和国家的起源》(1884年3月底—5月底),见《马克思恩格斯文集》第4卷第121页。

……他们已经给自己的宗教观念——各种精灵——赋予人的形象,但是他们还处在野蛮时代低级阶段,所以还不知道具体的造像,即所谓偶像。这是一种正向多神教发展的自然崇拜与自然力崇拜。各部落都有其定期的节日和一定的崇拜形式,特别是舞蹈和竞技;舞蹈尤其是一切宗教祭祀的主要组成部分;每一部落各自庆祝自己的节日。

>恩格斯:《家庭、私有制和国家的起源》(1884年3月底—5月底),见《马克思恩格斯文集》第4卷第106页。

第四章　论社会形态

（四）原始公社的解体和奴隶制的产生

一切文明民族都是从土地公有制开始的。在已经越过某一原始阶段的一切民族那里，这种公有制在农业的发展进程中变成生产的桎梏。它被废除，被否定，经过了或短或长的中间阶段之后转变为私有制。

恩格斯：《反杜林论》（1876 年 9 月—1878 年 6 月），见《马克思恩格斯文集》第 9 卷第 145 页。

第一次社会大分工，在使劳动生产率提高，从而使财富增加并且使生产领域扩大的同时，在既定的总的历史条件下，必然地带来了奴隶制。从第一次社会大分工中，也就产生了第一次社会大分裂，分裂为两大阶级：主人和奴隶、剥削者和被剥削者。

恩格斯：《家庭、私有制和国家的起源》（1884 年 3 月底—5 月底），见《马克思恩格斯文集》第 4 卷第 180 页。

除了自由民和奴隶的差别以外，又出现了富人和穷人的差别——随着新的分工，社会又有了新的阶级划分。各个家庭家长之间的财产差别，炸毁了各地迄今一直保存着的旧的共产制家庭公社；同时也炸毁了为这种公社而实行的土地的共同耕作。耕地起初是暂时地，后来便永久地分配给各个家庭使用，它向完全的私有财产的过渡，是逐渐进行的，是与对偶婚制向专偶制的过渡平行地发生的。个体家庭开始成为社会的经济单位了。

恩格斯：《家庭、私有制和国家的起源》（1884 年 3 月底—5 月底），见《马克思恩格斯文集》第 4 卷第 183 页。

随着这种按照财富把自由民分成各个阶级的划分，奴隶的人数特别是在希腊便大大增加，奴隶的强制性劳动构成了整个社会的上层建筑所赖以建立的基础。

> 恩格斯：《家庭、私有制和国家的起源》(1884年3月底—5月底)，见《马克思恩格斯文集》第4卷第187页。

二、关于奴隶社会

（一）奴隶社会的生产力状况

从铁矿石的冶炼开始，并由于拼音文字的发明及其应用于文献记录而过渡到文明时代。

> 恩格斯：《家庭、私有制和国家的起源》(1884年3月底—5月底)，见《马克思恩格斯文集》第4卷第37页。

下一步把我们引向野蛮时代高级阶段，一切文明民族都在这个时期经历了自己的英雄时代：铁剑时代，但同时也是铁犁和铁斧的时代。铁已在为人类服务，它是在历史上起过革命作用的各种原料中最后的和最重要的一种原料。

> 恩格斯：《家庭、私有制和国家的起源》(1884年3月底—5月底)，见《马克思恩格斯文集》第4卷第182页。

于是发生了**第二次大分工**：手工业和农业分离了。……随着生产分为农业和手工业这两大主要部门，便出现了直接以交换为目的的生产，即商品生产；随之而来的是贸易，不仅有部落内部和部落边境的贸易，而且海外贸易也有了。

> 恩格斯：《家庭、私有制和国家的起源》(1884年3月底—5月底)，见《马克思恩格斯文集》第4卷第182—183页。

（二）奴隶社会的生产关系

奴隶因为要工作，自然必须生活，他的工作日的一部分就用于抵偿他

第四章　论社会形态

自己维持生活的价值。但是，由于他和他的主人没有订立合同，双方又没有什么买卖行为，所以他的全部劳动似乎都是白干的。

> 马克思：《工资、价格和利润》（1865年5月20日—6月24日之间），见《马克思恩格斯文集》第3卷第59页。

随着这个阶级的形成，出现了**金属货币**及铸币，随着金属货币就出现了非生产者统治生产者及其生产的新手段。商品的商品被发现了，这种商品以隐蔽的方式包含着其他一切商品，它是可以任意变为任何值得向往和被向往的东西的魔法手段。谁有了它，谁就统治了生产世界。但是谁首先有了它呢？商人。

> 恩格斯：《家庭、私有制和国家的起源》（1884年3月底—5月底），见《马克思恩格斯文集》第4卷第185—186页。

在亚细亚古代和古典古代，阶级压迫的主要形式是奴隶制，也就是说，群众不仅被剥夺了土地，甚至连他们的人身也被占有。

> 恩格斯：《美国工人运动》（1887年1月26日），见《马克思恩格斯文集》第4卷第319—320页。

……凡是建立在作为直接生产者的劳动者和生产资料所有者之间的对立上的生产方式中，都必然会产生这种监督劳动。这种对立越严重，这种监督劳动所起的作用也就越大。因此，它在奴隶制度下所起的作用达到了最大限度。

> 马克思：《资本论》第3卷（1894年），见《马克思恩格斯文集》第7卷第431页。

（三）奴隶社会的上层建筑

——随着城市的出现，必然要有行政机关、警察、赋税等等，一句话，必然要有公共机构，从而也就必然要有一般政治。

马克思和恩格斯:《德意志意识形态》(1845年秋—1846年5月),见《马克思恩格斯文集》第1卷第556页。

在柏拉图的理想国中,分工被说成是国家的构成原则,就这一点说,他的理想国只是埃及种姓制度在雅典的理想化;……

马克思:《资本论》第1卷(1867年),见《马克思恩格斯文集》第5卷第424页。

古代的公社,在它们继续存在的地方,从印度到俄国,在数千年中曾经是最野蛮的国家形式即东方专制制度的基础。

恩格斯:《反杜林论》(1876年9月—1878年6月),见《马克思恩格斯文集》第9卷第189页。

只有奴隶制才使农业和工业之间的更大规模的分工成为可能,从而使古代世界的繁荣,使希腊文化成为可能。没有奴隶制,就没有希腊国家,就没有希腊的艺术和科学;没有奴隶制,就没有罗马帝国。

恩格斯:《反杜林论》(1876年9月—1878年6月),见《马克思恩格斯文集》第9卷第188页。

当我们通过思维来考察自然界或人类历史或我们自己的精神活动的时候,首先呈现在我们眼前的,是一幅由种种联系和相互作用无穷无尽地交织起来的画面,其中没有任何东西是不动的和不变的,而是一切都在运动、变化、生成和消逝。这种原始的、素朴的、但实质上正确的世界观是古希腊哲学的世界观,而且是由赫拉克利特最先明白地表述出来的:一切都存在而又不存在,因为一切都在**流动**,都在不断地变化,不断地生成和消逝。

恩格斯:《反杜林论》(1876年9月—1878年6月),见《马克思恩格斯文集》第9卷第23页。

古希腊罗马哲学是原始的自发的唯物主义。作为这样的唯物主义,它

第四章　论社会形态

没有能力弄清思维对物质的关系。但是，弄清这个问题的必要性，引出了关于可以和肉体分开的灵魂的学说，然后引出了这种灵魂不死的论断，最后引出了一神教。

> 恩格斯：《反杜林论》（1876 年 9 月—1878 年 6 月），见《马克思恩格斯文集》第 9 卷第 146 页。

一句话，氏族制度已经走到了尽头。社会一天天成长，越来越超出氏族制度的范围；即使是最严重的坏事在它眼前发生，它也既不能阻止，又不能铲除了。但在这时，国家已经不知不觉地发展起来。最初在城市和乡村间，然后在各种城市劳动部门间实行的分工所造成的新集团，创立了新的机关以保护自己的利益；各种公职都设置起来了。

> 恩格斯：《家庭、私有制和国家的起源》（1884 年 3 月底—5 月底），见《马克思恩格斯文集》第 4 卷第 131 页。

文明国家的一个最微不足道的警察，都拥有比氏族社会的全部机构加在一起还要大的"权威"；但是文明时代最有势力的王公和最伟大的国家要人或统帅，也可能要羡慕最平凡的氏族酋长所享有的，不是用强迫手段获得的，无可争辩的尊敬。

> 恩格斯：《家庭、私有制和国家的起源》（1884 年 3 月底—5 月底），见《马克思恩格斯文集》第 4 卷第 191 页。

雅典民主制的国民军，是一种贵族的、用来对付奴隶的公共权力，它控制奴隶使之服从；……为了也控制公民使之服从，宪兵队也成为必要了。这种公共权力在每一个国家里都存在。构成这种权力的，不仅有武装的人，而且还有物质的附属物，如监狱和各种强制设施，这些东西都是以前的氏族社会所没有的。

> 恩格斯：《家庭、私有制和国家的起源》（1884 年 3 月底—5 月底），见《马克思恩格斯文集》第 4 卷第 190 页。

以后的雅典政治史，直到梭伦时代，人们知道得很不完全。巴赛勒斯一职已经废除；国家首脑人物已由贵族中所选出的执政官来充任。

恩格斯：《家庭、私有制和国家的起源》（1884年3月底—5月底），见《马克思恩格斯文集》第4卷第128页。

　　议事会规定由400人组成，每一部落为100人；因此在这里，部落依然是基础。不过这是新的国家组织从旧制度中接受下来的唯一方面。

恩格斯：《家庭、私有制和国家的起源》（1884年3月底—5月底），见《马克思恩格斯文集》第4卷第132页。

　　……雅典国家，它是由10个部落所选出的500名代表组成的议事会来管理的，最后一级的管理权属于人民大会，每个雅典公民都可以参加这个大会并享有投票权；此外，有执政官和其他官员掌管各行政部门和司法事务。在雅典没有总揽执行权力的最高官员。

恩格斯：《家庭、私有制和国家的起源》（1884年3月底—5月底），见《马克思恩格斯文集》第4卷第135页。

　　雅典在当时只有一支国民军和一支直接由人民提供的舰队，它们被用来抵御外敌和压制当时已占人口绝大多数的奴隶。对于公民，这种公共权力起初只不过作为警察而存在，……这样，雅典人在创立他们的国家的同时，也创立了警察，即由步行的和骑马的弓箭手组成的真正的宪兵队，……

恩格斯：《家庭、私有制和国家的起源》（1884年3月底—5月底），见《马克思恩格斯文集》第4卷第135页。

（四）奴隶社会的瓦解和封建社会的产生

　　古代的起点是**城市**及其狭小的领域，中世纪的起点则是**乡村**。……封建制度的发展是在一个宽广得多的、由罗马的征服以及起初就同征服联系在一起的农业的普及所准备好了的地域中开始的。

第四章 论社会形态

> 马克思和恩格斯:《德意志意识形态》(1845 年秋—1846 年 5 月),见《马克思恩格斯文集》第 1 卷 522 页。

比较广大的地区联合为封建王国,无论对于土地贵族或城市来说,都是一种需要。

> 马克思和恩格斯:《德意志意识形态》(1845 年秋—1846 年 5 月),见《马克思恩格斯文集》第 1 卷 523 页。

除了表现为商品和奴隶的财富以外,除了货币财富以外,这时还出现了表现为地产的财富。各个人对于原来由氏族或部落给予他们的小块土地的占有权,现在变得如此牢固,以致这些小块土地作为世袭财产而属于他们了。……完全的、自由的土地所有权,不仅意味着不折不扣和毫无限制地占有土地的可能性,而且也意味着把它出让的可能性。……土地现在可以成为出卖和抵押的商品了。

> 恩格斯:《家庭、私有制和国家的起源》(1884 年 3 月底—5 月底),见《马克思恩格斯文集》第 4 卷第 186 页。

古典古代的奴隶制,已经过时了。无论在乡村的大规模农业方面,还是在城市的工场手工业方面,它都已经不能提供值得费力去取得的收益,因为它的产品市场已经消失了。帝国繁荣时代的庞大的生产已经收缩为小农业和小手工业,这种小农业和小手工业都不能容纳大量奴隶了。只有富人的家庭奴隶和供他们显示豪华的奴隶,在社会上还有存在余地。

> 恩格斯:《家庭、私有制和国家的起源》(1884 年 3 月底—5 月底),见《马克思恩格斯文集》第 4 卷第 169 页。

三、关于封建社会

(一) 封建社会的生产力和生产关系

正像一个王国给它的国王以称号一样,封建地产也给它的领主以称号。

领主的家庭史,他的家庭史等等——对它来说这一切都使它的地产个性化,使地产名正言顺地归属于他的家族,使地产人格化。同样,那些耕种他的土地的人并不处于**短工**的地位,而是一部分向农奴一样本身就是它的财产,令一部分则对他保持着尊敬、忠顺和纳贡的关系。

> 马克思:《1844年经济学哲学手稿》(1844年4—8月),见《马克思恩格斯文集》第1卷第151页。

封建制度……起源于征服者在进行征服时军队的战时组织,而且这种组织只是在征服之后,由于在被征服国家内遇到的生产力的影响才发展为真正的封建制度的。

> 马克思和恩格斯:《德意志意识形态》(1845年秋—1846年5月),见《马克思恩格斯文集》第1卷第578页。

这样,封建时代的所有制的主要形式,一方面是土地所有制和束缚于土地所有制的农奴劳动,另一方面是拥有少量资本并支配着帮工劳动的自身劳动。这两种所有制的结构都是由狭隘的生产关系——小规模的粗陋的土地耕作和手工业式的工业——决定的。在封建制度的繁荣时代,分工是很少的。每一个国家都存在着城乡之间的对立;等级结构固然表现得非常鲜明,但是除了在乡村里有王公、贵族、僧侣和农民的划分,在城市里有师傅、帮工、学徒以及后来的平民短工的划分之外,就再没有什么大的分工了。在农业中,分工因土地的小块耕作而受到阻碍,与这种耕作方式同时产生的还有农民自己的家庭工业;在工业中,各手工业内部根本没有实行分工,而各手工业之间的分工也是非常少的。

> 马克思和恩格斯:《德意志意识形态》(1845年秋—1846年5月),见《马克思恩格斯文集》第1卷第523页。

在起源于中世纪的民族那里,部落所有制经过了几个不同的阶段——封建地产,同业公会的动产,工场手工业资本——才发展为由大工业和普遍竞争所引起的现代资本,即变为抛弃了的共同体的一切外观并消除了国家对所有制发展的任何影响的纯粹私有制。

第四章 论社会形态

> 马克思和恩格斯:《德意志意识形态》(1845年秋—1846年5月),见《马克思恩格斯文集》第1卷第583页。

在整个中世纪,大地产是封建贵族获得佃农和徭役农的先决条件。

> 恩格斯:《反杜林论》(1876年9月—1878年6月),见《马克思恩格斯文集》第9卷第194页。

在中世纪的社会里,特别是在最初几世纪,生产基本上是为了供自己消费。它主要只是满足生产者及其家属的需要。在那些有人身依附关系的地方,例如在农村中,生产还满足封建主的需要。因此,在这里没有交换,产品也不具有商品的性质。农民家庭差不多生产了自己所需要的一切:食物、用具和衣服。

> 恩格斯:《社会主义从空想到科学的发展》(1880年1月—3月上半月),见《马克思恩格斯文集》第3卷第552页。

中世纪社会:个体的小生产。生产资料是供个人使用的,因而是原始的、笨拙的、小的、效能很低的。生产都是为了直接消费,无论是生产者本身的消费,还是他的封建领主的消费。只有在生产的东西除了满足这些消费以外还有剩余的时候,这种剩余才拿去出卖和进行交换。所以,商品生产刚刚处于形成过程中,但是这时它本身已经包含着**社会生产的无政府状态**的萌芽。

> 恩格斯:《社会主义从空想到科学的发展》(1880年1月—3月上半月),见《马克思恩格斯文集》第3卷第565页。

在中世纪,封建剥削的根源不是由于人民被剥夺而**离开了**土地,相反地,是由于他们占有土地而**离不开**它。农民保有自己的土地,但是他们作为农奴或依附农被束缚在土地上,而且必须给地主服劳役或交纳产品。

> 恩格斯:《美国工人运动》(1887 年 1 月 26 日),见《马克思恩格斯文集》第 4 卷第 320 页。

(二) 封建社会的上层建筑

在中世纪,权利、自由和社会存在的每一种形式都表现为一种**特权**……

> 马克思:《黑格尔法哲学批判》(1843 年夏),见《马克思恩格斯全集》2002 年版第 3 卷第 136 页。

同样,在封建的土地占有制下,占有者和土地之间还存在着比单纯**实物财富**的关系更为密切的关系的外观。地块随它的领主而个性化,有它的爵位,随它的领主而有男爵或伯爵的封号;有它的特权、它的审判权、它的政治地位等等。土地仿佛是它的领主的无机的身体。因此,俗语说:**没有无主的土地**。这句话表明领主的权势是同土地占有结合在一起的。

> 马克思:《1844 年经济学哲学手稿》。(1844 年 4—8 月),见《马克思恩格斯文集》第 1 卷第 150 页。

中世纪完全是从野蛮状态发展而来的。它把古代文明、古代哲学、政治和法学一扫而光,以便一切都从头做起。它从没落的古代世界接受的唯一事物就是基督教和一切残破不全而且丧失文明的城市。其结果正如一切原始发展阶段的情形一样,僧侣获得了知识教育的垄断地位,因而教育本身也渗透了神学的性质。……教会的教条同时就是政治的信条,圣经词句在各个法庭都具有法律效力。甚至在法学家已经形成一个等级的时候,法学还久久处于神学的控制之下。

> 恩格斯:《德国农民战争》(1850 年夏秋),见《马克思恩格斯文集》第 2 卷第 235 页。

僧侣是中世纪封建主义意识形态的代表……

第四章　论社会形态

> 恩格斯:《德国农民战争》(1850年夏秋),见《马克思恩格斯文集》第2卷第225页。

僧侣中有两个极其不同的阶级。僧侣中的封建教权等级构成了**贵族**阶级,包括主教和大主教,修道院院长、副院长以及其他高级教士。这些教会显贵或者本身就是帝国诸侯,或者在其他诸侯手下以封建主身份控制着大片土地,拥有许多农奴和依附农。……

僧侣中的**平民**集团是由农村传教士和城市传教士组成的。他们不属于教会的封建教权等级,不能分享教会的财富。

> 恩格斯:《德国农民战争》(1850年夏秋),见《马克思恩格斯文集》第2卷第226页。

正如在诸侯和贵族之上有皇帝一样,在高级僧侣和低级僧侣之上也有**教皇**。正如对皇帝要纳"公捐",即帝国税一样,对教皇也要纳一般教会税,而教皇就是用教会税去支付罗马教廷的豪华生活费用的。德国由于僧侣人多势众,因此这种教会税比任何其他国家都征收得更加认真和严格。特别是在主教出缺后新任者要向教皇交纳上任年贡时,就更是如此。随着需要的日益增长,搜括钱财的新花样也相继发明出来了,诸如贩卖圣徒遗物、收取赎罪金和庆祝费等等。大宗钱财就这样年复一年地从德国流入罗马;由此而增加的沉重负担不仅加深了人们对僧侣的憎恨,而且激发了民族感情,特别是激起了贵族们的民族感情,贵族们在当时是最有民族意识的等级。

> 恩格斯:《德国农民战争》(1850年夏秋),见《马克思恩格斯文集》第2卷第227页。

以其无处不在的复杂的军事、官僚、宗教和司法机构像蟒蛇似的把活生生的市民社会从四面八方缠绕起来(网罗起来)的中央集权国家机器,最初是在专制君主制时代创造出来的,……

> 马克思:《〈法兰西内战〉初稿》(1871年4月中—5月上半月),见《马克思恩格斯文集》第3卷第191页。

中央集权的国家政权连同其遍布各地的机关,即常备军、警察局、官僚机构、教会和法院——这些机关是按照系统的和等级的分工原则建立的——起源于专制君主制时代,……

> 马克思:《法兰西内战》(1871年4月中旬—5月底),见《马克思恩格斯文集》第3卷第151页。

文学和语言完全衰落了;神学僵死的说教;在其他科学领域内德国也退化了,但是有时也发出些闪光;……

> 恩格斯:《关于德国的札记》(1873年底—1874年初),见《马克思恩格斯全集》1964年版第18卷651页。

为了把帝国的豪绅显贵同王室拴在一起,王室领地以后在通常情况下就不再赠送给他们了,而是仅仅作为"采邑"授予他们,仍然终生使用;不过这是带有须要遵守的一定条件的,违反这些条件,就以收回采邑相处罚。这样一来,豪绅显贵本人也成了王室的佃农。

> 恩格斯:《法兰克时代》(1878年中—1882年初),见《马克思恩格斯全集》2001年版第25卷第266页。

为了确保豪绅显贵的自由佃农服兵役,把区的伯爵对移居在他们领地上的自由人的部分管辖职权转交给他们,任命他们当这些自由人的"领主"。

> 恩格斯:《法兰克时代》(1878年中—1882年初),见《马克思恩格斯全集》2001年版第25卷第266页。

到目前为止在阶级对立中运动着的社会,都需要有国家,即需要一个剥削阶级的组织,以便维护这个社会的外部生产条件,特别是用暴力把被剥削阶级控制在当时的生产方式所决定的那些压迫条件下(奴隶制、农奴制或依附农制、雇佣劳动制)。……在古代是占有奴隶的公民的国家,在中世纪是封建贵族的国家,在我们的时代是资产阶级的国家。

第四章　论社会形态

> 恩格斯：《社会主义从空想到科学的发展》（1880年1月—3月上半月），见《马克思恩格斯文集》第3卷第561页。

……中世纪的历史只知道一种形式的意识形态，即宗教和神学。

> 恩格斯：《路德维希·费尔巴哈和德国古典哲学的终结》（1886年初），见《马克思恩格斯文集》第4卷第289页。

（二）封建社会的瓦解和资本主义社会的产生

资产阶级把它在封建主义统治下发展起来的生产力掌握起来。一切旧的经济形式，一切与之相适应的市民关系以及作为旧日市民社会的正式表现的政治制度都被粉碎了。

> 马克思：《哲学的贫困》（1847年上半年），见《马克思恩格斯文集》第1卷第613页。

从中世纪的农奴中产生了初期城市的城关市民；从这个市民等级中发展出最初的资产阶级分子。

> 马克思和恩格斯：《共产党宣言》（1847年12月—1848年1月底），见《马克思恩格斯文集》第2卷第32页。

由此可见，资产阶级赖以形成的生产资料和交换手段，是在封建社会里造成的。在这些生产资料和交换手段发展的一定阶段上，封建社会的生产和交换在其中进行的关系，封建的农业和工场手工业组织，一句话，封建的所有制关系，就不再适应已经发展的生产力了。这种关系已经在阻碍生产而不是促进生产了。它变成了束缚生产的桎梏。它必须被炸毁，它已经被炸毁了。

> 马克思和恩格斯：《共产党宣言》（1847年12月—1848年1月底），见《马克思恩格斯文集》第2卷第36页。

商品流通是资本的起点。商品生产和发达的商品流通,即贸易,是资本产生的历史前提。

马克思:《资本论》第 1 卷(1867 年),见《马克思恩格斯文集》第 5 卷第 171 页。

凡是在货币关系排挤了人身关系、货币贡赋排挤了实物贡赋的地方,封建关系就让位于资产阶级关系。

恩格斯:《论封建制度的瓦解和民族国家的产生》(1884 年底),见《马克思恩格斯文集》第 4 第 217 页。

四、关于资本主义社会

(一)资本主义生产方式产生的条件

随着摆脱了行会束缚的工场手工业的出现,所有制关系也立即发生了变化。越过自然形成的等级资本而向前迈出的第一步,是由商人的出现所促成的,商人的资本一开始就是活动的,如果针对当时的情况来讲,可以说是现代意义上的资本。第二步是随着工场手工业的出现而迈出的,工场手工业又运用了大量自然形成的资本,并且同自然形成的资本的数量比较起来,一般是增加了活动资本的数量。

……

随着工场手工业的出现,各国进入竞争的关系,展开了商业斗争,这种斗争是通过战争、保护关税和各种禁令来进行的。……

随着工场手工业的出现,工人和雇主的关系也发生了变化。在行会中,帮工和师傅之间的宗法关系继续存在,而在工场手工业中,这种关系由工人和资本家之间的金钱关系代替了;在乡村和小城市中,这种关系仍然带有宗法色彩,……

随着美洲和通往东印度的航线的发现,交往扩大了,工场手工业和整个生产运动有了巨大的发展。……

商业和工场手工业的扩大,加速了活动资本的积累,……商业和工场手工业产生了大资产阶级,而集中在行会里的是小资产阶级,现在它已经

第四章 论社会形态

不再像过去那样在城市里占统治地位了,而是必须屈从于大商人和工场手工业主的统治。

> 马克思和恩格斯:《德意志意识形态》(1845年秋—1846年5月),见《马克思恩格斯文集》第1卷第561—562页。

由此可见,资产阶级赖以形成的生产资料和交换手段,是在封建社会里造成的。

> 马克思和恩格斯:《共产党宣言》(1847年12月—1848年1月底),见《马克思恩格斯文集》第2卷第36页。

由此可见,现代资产阶级本身是一个长期发展过程的产物,是生产方式和交换方式的一系列变革的产物。

资产阶级的这种发展的每一个阶段,都伴随着相应的政治上的进展。它在封建主统治下是被压迫的等级,……

资产阶级在历史上曾经起过非常革命的作用。

资产阶级在它已经取得了统治的地方把一切封建的、宗法的和田园诗般的关系都破坏了。它无情地斩断了把人们束缚于天然尊长的形形色色的封建羁绊,……

……

资产阶级除非对生产工具,从而对生产关系,从而对全部社会关系不断地进行革命,否则就不能生存下去。……一切固定的僵化的关系以及与之相适应的素被尊崇的观念和见解都被消除了,一切新形成的关系等不到固定下来就陈旧了。一切等级的和固定的东西都烟消云散了,一切神圣的东西都被亵渎了。……

……一句话,封建的所有制关系……它已经被炸毁了。

起而代之的是自由竞争以及与自由竞争相适应的社会制度和政治制度、资产阶级的经济统治和政治统治。

> 马克思和恩格斯:《共产党宣言》(1847年12月—1848年1月底),见《马克思恩格斯文集》第2卷第33—36页。

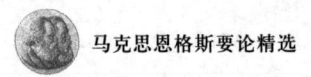

一句话，它①按照自己的面貌为自己创造出一个世界。

马克思和恩格斯：《共产党宣言》（1847年12月—1848年1月），见《马克思恩格斯文集》第2卷第36页。

商品流通是资本的起点。商品生产和发达的商品流通，即贸易，是资本产生的历史前提。世界贸易和世界市场在16世纪揭开了资本的现代生活史。

马克思：《资本论》第1卷（1867年），见《马克思恩格斯文集》第5卷第171页。

但是，资本的这种产生有一个根本的先决条件："货币占有者要把货币转化为资本，就必须在商品市场上找到自由的工人。这里所说的自由，具有双重意义：一方面，工人是自由人，能够把自己的劳动力当做自己的商品来支配，另一方面，他没有别的商品可以出卖，自由得一无所有，没有任何实现自己的劳动力所必需的东西。"

恩格斯：《反杜林论》（1876年9月—1878年6月），见《马克思恩格斯文集》第9卷第214页。

在《资本论》里的好几个地方，我都提到古代罗马平民所遭到的命运。这些人本来都是自己耕种自己小块土地的独立经营的自由农民。在罗马历史发展的过程中，他们被剥夺了。使他们同他们的生产资料和生存资料分离的运动，不仅蕴涵着大地产的形成，而且还蕴涵着大货币资本的形成。于是，有那么一天就一方面出现了除自己的劳动力外一切都被剥夺的自由人，另一方面出现了占有已创造出来的全部财富的人，他们剥削他人劳动。

马克思：《给〈祖国记事〉杂志编辑部的信》（1877年10—11月），见《马克思恩格斯文集》第3卷第466页。

---

① 指资产阶级。——本书编者注

第四章 论社会形态

如上所述,最初的资本家就已经遇到了现成的雇佣劳动形式。但是,那时雇佣劳动是一种例外,一种副业,一种辅助办法,一种暂时措施。……但是,生产资料一旦变为社会化的生产资料并集中在资本家手中,情形就改变了。个体小生产者的生产资料和产品变得越来越没有价值;他们除了受雇于资本家就没有别的出路。雇佣劳动以前是一种例外和辅助办法,现在成了整个生产的通例和基本形式;以前是一种副业,现在成了工人的唯一职业。暂时的雇佣劳动者变成了终身的雇佣劳动者。

> 恩格斯:《社会主义从空想到科学的发展》(1880年1月—3月上半月),见《马克思恩格斯文集》第3卷第551页。

资产阶级所固有的生产方式(从马克思以来称为资本主义生产方式),是同封建制度的地方特权、等级特权以及相互的人身束缚不相容的;资产阶级摧毁了封建制度,并且在它的废墟上建立了资产阶级的社会制度,建立了自由竞争、自由迁徙、商品占有者平等的王国,以及其他一切资产阶级的美妙东西。资本主义生产方式现在可以自由发展了。

> 恩格斯:《社会主义从空想到科学的发展》(1880年1月—3月上半月),见《马克思恩格斯文集》第3卷第548页。

但是,随着商品生产的扩展,特别是随着资本主义生产方式的出现,以前潜伏着的商品生产规律也就越来越公开、越来越有力地发挥作用了。旧日的束缚已经松弛,旧日的壁障已经突破,生产者日益变为独立的、分散的商品生产者了。社会生产的无政府状态已经表现出来,并且越来越走向极端。

> 恩格斯:《社会主义从空想到科学的发展》(1880年1月—3月上半月),见《马克思恩格斯文集》第3卷第553页。

蒸汽和新的工具机把工场手工业变成了现代的大工业,从而使资产阶级社会的整个基础发生了革命。工场手工业时代的迟缓的发展进程转变成了生产中的真正的狂飙时期。社会越来越迅速地分化为大资本家和一无所有的无产者,现在处于他们二者之间的,已经不是以前的稳定的中间等级,而是不稳定的手工业者和小商人群众，他们过着动荡不定的生活，是人口中最流动的部分。新的生产方式还处在上升时期的最初阶段；它还是正常的、适当的、在当时条件下唯一可能的生产方式。但是就在那时，它已经产生了明显的社会弊病：无家可归的人挤在大城市的贫民窟里；一切传统的血缘关系、宗法从属关系、家庭关系都解体了；劳动时间，特别是女工和童工的劳动时间延长到可怕的程度；突然被抛到全新的环境中的劳动阶级，从乡村转到城市、从农业转到工业、从稳定的生活条件转到天天都在变化的毫无保障的生活条件的劳动阶级，大批地堕落了。

恩格斯：《社会主义从空想到科学的发展》（1880年1月—3月上半月），见《马克思恩格斯文集》第3卷第533页。

（二）资本主义社会的生产方式

1. 资本的生产和积极、消极双重作用

（1）货币转化为资本

作为货币的货币和作为资本的货币的区别，首先只是在于它们具有不同的流通形式。

商品流通的直接形式是 W—G—W，商品转化为货币，货币再转化为商品，为买而卖。但除这一形式外，我们还看到具有不同特点的另一形式 G—W—G，货币转化为商品，商品再转化为货币，为卖而买。在运动中通过这后一种流通的货币转化为资本，成为资本，而且按它的使命来说，已经是资本。

马克思：《资本论》第1卷（1867年），见《马克思恩格斯文集》第5卷第172页。

因此，G—W—G 过程所以有内容，不是因为两极有质的区别（二者都是货币），而只是因为它们有量的不同。最后从流通中取出的货币，多于起初投入的货币。例如，用100镑买的棉花卖100镑+10镑，即110镑。因此，这个过程的完整形式是 G—W—G′。其中的 G′ = G + ΔG，即等于原预付货币额加上一个增殖额。我把这个增殖额或超过原价值的余额叫做剩余价值（surplus value）。

第四章 论社会形态

> 马克思:《资本论》第 1 卷 (1867 年),见
> 《马克思恩格斯文集》第 5 卷第 176 页。

可见,货币占有者要把货币转化为资本,就必须在商品市场上找到自由的工人。这里所说的自由,具有双重意义:一方面,工人是自由人,能够把自己的劳动力当做自己的商品来支配,另一方面,他没有别的商品可以出卖,自由得一无所有,没有任何实现自己的劳动力所必需的东西。

> 马克思:《资本论》第 1 卷 (1867 年),见
> 《马克思恩格斯文集》第 5 卷第 197 页。

原来的货币占有者作为资本家,昂首前行;劳动力占有者作为他的工人,尾随于后。一个笑容满面,雄心勃勃;一个战战兢兢,畏缩不前,像在市场上出卖了自己的皮一样,只有一个前途——让人家来鞣。

> 马克思:《资本论》第 1 卷 (1867 年),见
> 《马克思恩格斯文集》第 5 卷第 205 页。

(2) 剩余价值的生产

现在假定,一个工人每天的生活必需品的平均量需要 **6 小时的平均劳动**才能生产出来。又假定,这 6 小时的平均劳动也用金的数量表现出来,等于 3 先令。于是 3 先令就是这个人的**劳动力的价格**或他的劳动力的**每天价值**的货币表现。如果他每天工作 6 小时,那他每天所生产的价值就足以购买他每天平均必需的生活必需品,足以维持他这个工人的生存。

> 马克思:《工资、价格和利润》(1865 年 5 月 20 日—6 月 24 日之间),见《马克思恩格斯文集》第 3 卷第 56 页。

然而资本家支付了这个纺纱工人劳动力的一天或一周的**价值**,就有权**整天或整周地**使用这个劳动力。这样,资本家就迫使他每天工作例如 **12** 小时。纺纱工人除了必须工作 6 小时以补偿他的工资或他的劳动力价值**以外,还必须额外工作 6 小时**,这 6 小时我称之为**剩余劳动**时间,这个剩余劳动将体现在**剩余价值**和**剩余产品**上面。……既然他已经把他的劳动力卖给资本家,他所创造的全部价值或产品,便都属于资本家,即他的劳动力的暂时所有者。资本家预付 3 先令,结果却实得 6 先令的价值,因为,他预付的价

值是 6 小时劳动的结晶,而他收回的价值却是 12 小时劳动的结晶。资本家每天重复这一过程,他每天预付 3 先令,每天收入 6 先令,这 6 先令中有一半将再付工资,另一半则构成**剩余价值**,资本家对此并不付出任何等价物。资本主义的生产或雇佣劳动制度,正是在**资本和劳动之间的这种交换**的基础上建立的,这种交换必然不断地造成这样的结果:工人作为工人再生产出来,资本家作为资本家再生产出来。

马克思:《工资、价格和利润》(1865 年 5 月 20 日—6 月 24 日之间),见《马克思恩格斯文集》第 3 卷第 57—58 页。

资本家在生产过程中是作为劳动的管理者和指挥者(captain of industry)出现的,在这个意义上说,资本家在劳动过程本身中起着积极作用。但是只要这些职能是产生于资本主义生产的特殊形式,(也就是说产生于资本作为**它**的劳动的劳动统治,从而作为对它的工具的工人的统治;产生于作为**社会的统一体**,作为在资本上人格化为支配劳动的权力的社会劳动形式的立体而表现出来的资本的性质),那末,这种与剥削相结合的劳动(这种劳动也可以转给经理)当然就与雇佣工人的劳动一样,是加入产品价值的劳动,正如**在奴隶制下奴隶监工的劳动**,也必须和劳动者本人的劳动一样给予报酬。

马克思:《剩余价值理论》(1862 年 1 月—1865 年 8 月),见《马克思恩格斯全集》1974 年版第 26 卷第 3 分册第 550—551 页。

(3)资本的本质和资本主义基本经济规律

黑人就是黑人。只有在一定的关系下,他才成为**奴隶**。纺纱机是纺棉花的机器。只有在一定的关系下,它才成为**资本**。脱离了这种关系,它也就不是资本了,就像**黄金**本身并不是**货币**,砂糖并不是砂糖的**价格**一样。

马克思:《雇佣劳动和资本》(1847 年 12 月下半月),见《马克思恩格斯文集》第 1 卷第 723 页。

资本也是一种社会生产关系。这是**资产阶级的生产关系**,是资产阶

第四章 论社会形态

社会的生产关系。

> 马克思:《雇佣劳动和资本》(1847 年 12 月下半月年),见《马克思恩格斯文集》第 1 卷第 724 页。

如果其他一切条件都相同,**剩余价值率**取决于再生产劳动力价值所必需的那部分工作日和为资本家效力的**剩余时间**或**剩余劳动**之间的比。所以,剩余价值率取决于**工作日的延长在多大程度上超过**工人只再生产他的劳动力价值或只抵偿他的工资所花费的劳动时间。

> 马克思:《工资、价格和利润》(1865 年 5 月 20 日—6 月 24 日之间),见《马克思恩格斯文集》第 3 卷第 58 页。

劳动力维持一天只费半个工作日,而劳动力却能发挥作用或劳动一整天,因此,劳动力使用一天所创造的价值比劳动力自身一天的价值大一倍。

> 马克思:《资本论》第 1 卷(1867 年),见《马克思恩格斯文集》第 5 卷第 226 页。

生产剩余价值或赚钱,是这个生产方式的绝对规律。

> 马克思:《资本论》第 1 卷(1867 年),见《马克思恩格斯文集》第 5 卷第 714 页。

资本主义生产方式的**第二个**特征是,剩余价值的生产是生产的直接目的和决定动机。资本本质上是生产资本的,但只有生产剩余价值,它才生产资本。

> 马克思:《资本论》第 3 卷(1894 年),见《马克思恩格斯文集》第 7 卷第 997 页。

2. 资本积累

(1) 资本的原始积累

……所谓原始积累只不过是生产者和生产资料分离的历史过程。这个过程所以表现为"原始的",因为它形成资本及与之相适应的生产方式的前史。

> 马克思:《资本论》第 1 卷（1867 年），见《马克思恩格斯文集》第 5 卷第 822 页。

资本的原始积累，即资本的历史起源，究竟是指什么呢？既然它不是奴隶和农奴直接转化为雇佣工人，因而不是单纯的形式变换，那么它就只是意味着直接生产者的被剥夺，即以自己劳动为基础的私有制的解体。

> 马克思:《资本论》第 1 卷（1867 年），见《马克思恩格斯文集》第 5 卷第 872 页。

这样，被暴力剥夺了土地、被驱逐出来而变成了流浪者的农村居民，由于这些古怪的恐怖的法律，通过鞭打、烙印、酷刑，被迫习惯于雇佣劳动制度所必需的纪律。

> 马克思:《资本论》第 1 卷（1867 年），见《马克思恩格斯文集》第 5 卷第 846 页。

美洲金银产地的发现，土著居民的被剿灭、被奴役和被埋葬于矿井，对东印度开始进行的征服和掠夺，非洲变成商业性地猎获黑人的场所——这一切标志着资本主义生产时代的曙光。这些田园诗式的过程是原始积累的主要因素。接踵而来的是欧洲各国以地球为战场而进行的商业战争。这场战争以尼德兰脱离西班牙开始，在英国的反雅各宾战争中具有巨大的规模，并且在对中国的鸦片战争中继续进行下去，等等。

> 马克思:《资本论》第 1 卷（1867 年），见《马克思恩格斯文集》第 5 卷第 860—861 页。

……资本来到世间，从头到脚，每个毛孔都滴着血和肮脏的东西。

> 马克思:《资本论》第 1 卷（1867 年），见《马克思恩格斯文集》第 5 卷第 871 页。

而对他们的这种剥夺的历史是用血和火的文字载入人类编年史的。

> 马克思:《资本论》第 1 卷（1867 年），见《马克思恩格斯文集》第 5 卷第 822 页。

第四章 论社会形态

资本原始积累……对直接生产者的剥夺,是用最残酷无情的野蛮手段,在最下流、最龌龊、最卑鄙和最可恶的贪欲的驱使下完成的。

马克思:《资本论》第 1 卷(1867 年),见
《马克思恩格斯文集》第 5 卷第 873 页。

(2)剩余价值转化为资本

把剩余价值当做资本使用,或者说,把剩余价值再转化为资本,叫做资本积累。

马克思:《资本论》第 1 卷(1867 年),见
《马克思恩格斯文集》第 5 卷第 668 页。

要积累,就必须把一部分剩余产品转化为资本。但是,如果不是出现了奇迹,能够转化为资本的,只是在劳动过程中可使用的物品,即生产资料,以及工人用以维持自身的物品,即生活资料。所以,一部分年剩余劳动必须用来制造追加的生产资料和生活资料,它们要超过补偿预付资本所需的数量。总之,剩余价值所以能转化为资本,只是因为剩余产品(它的价值就是剩余价值)已经包含了新资本的物质组成部分。

马克思:《资本论》第 1 卷(1867 年),见
《马克思恩格斯文集》第 5 卷第 670 页。

如果简单再生产为规模扩大的再生产,为积累所代替,事情也还是一样。在前一种情况下,资本家花费了全部剩余价值,在后一种情况下,他只消费了剩余价值的一部分,而把其余部分转化为货币,以此表现了自己的公民美德。

马克思:《资本论》第 1 卷(1867 年),见
《马克思恩格斯文集》第 5 卷第 676 页。

此外,资本主义生产的发展,使投入工业企业的资本有不断增长的必要,而竞争使资本主义生产方式的内在规律作为外在的强制规律支配着每一个资本家。竞争迫使他不断扩大自己的资本来维持自己的资本,而他扩大资本只能靠累进的积累。

马克思:《资本论》第 1 卷（1867 年），见《马克思恩格斯文集》第 5 卷第 683 页。

(3) 资本积累的一般规律

①在资本构成不变时，对劳动力的需求随积累的增长而增长

假定资本的构成不变，也就是说，为了推动一定量的生产资料或不变资本始终需要同量劳动力，同时其他情况也不变，那么，对劳动的需要和工人的生存基金，显然按照资本增长的比例而增长，而且资本增长得越快，它们也增长得越快。

马克思:《资本论》第 1 卷（1867 年），见《马克思恩格斯文集》第 5 卷第 708 页。

②在积累和积聚的进程中资本的可变部分相对减少

因而，劳动生产率的增长，表现为劳动的量比它所推动的生产资料的量相对减少，或者说，表现为劳动过程的主观因素的量比它的客观因素的量相对减少。

马克思:《资本论》第 1 卷（1867 年），见《马克思恩格斯文集》第 5 卷第 718 页。

资本技术构成的这一变化，即生产资料的量比推动它的劳动力的量相对增长，又反映在资本的价值构成上，即资本价值的不变组成部分靠减少它的可变组成部分而增加。

马克思:《资本论》第 1 卷（1867 年），见《马克思恩格斯文集》第 5 卷第 718 页。

可见，一方面，在积累进程中形成的追加资本，同它自己的量比较起来，会越来越少地吸引工人。另一方面，周期地按新的构成再生产出来的旧资本，会越来越多地排斥它以前所雇用的工人。

马克思:《资本论》第 1 卷（1867 年），见《马克思恩格斯文集》第 5 卷第 724 页。

③造成相对过剩人口和产业后备军

简单再生产不断地再生产出资本关系本身：一方面是资本家，另一方

第四章 论社会形态

面是雇佣工人；同样，规模扩大的再生产或积累再生产出规模扩大的资本关系：一极是更多的或更大的资本家，另一极是更多的雇佣工人。

> 马克思：《资本论》第 1 卷（1867 年），见《马克思恩格斯文集》第 5 卷第 708 页。

事实是，资本主义积累不断地并且同它的能力和规模成比例地生产出相对的，即超过资本增殖的平均需要的，因而是过剩的或追加的工人人口。

> 马克思：《资本论》第 1 卷（1867 年），见《马克思恩格斯文集》第 5 卷第 726 页。

因此，工人人口本身在生产出资本积累的同时，也以日益扩大的规模生产出使他们自身成为相对过剩人口的手段。这就是资本主义生产方式所特有的人口规律，事实上，每一种特殊的、历史的生产方式都有其特殊的、历史地发生作用的人口规律。

> 马克思：《资本论》第 1 卷（1867 年），见《马克思恩格斯文集》第 5 卷第 727—728 页。

最后，工人阶级中贫苦阶层和产业后备军越大，官方认为需要救济的贫民也就越多。**这就是资本主义积累的绝对的、一般的规律。**

> 马克思：《资本论》第 1 卷（1867 年），见《马克思恩格斯文集》第 5 卷第 742 页。

最后，使相对过剩人口或产业后备军同积累的规模和能力始终保持平衡的规律把工人钉在资本上，比赫斐斯塔司的楔子把普罗米修斯钉在岩石上钉得还要牢。这一规律制约着同资本积累相适应的贫困积累。因此，在一极是财富的积累，同时在另一极，即在把自己的产品作为资本来生产的阶级方面，是贫困、劳动折磨、受奴役、无知、粗野和道德堕落的积累。

> 马克思：《资本论》第 1 卷（1867 年），见《马克思恩格斯文集》第 5 卷第 743—744 页。

(4) 资本的伟大文明作用

只有资本才创造出资产阶级社会，并创造出社会成员对自然界和社会联系本身的普遍占有。由此产生了资本的伟大的文明作用；它创造了这样一个社会阶段，与这个社会阶段相比，一切以前的社会阶段都只表现为人类的**地方性发展**和**对自然的崇拜**。只有在资本主义制度下自然界才真正是人的对象，真正是有用物；它不再被认为是自为的力量；而对自然界的独立规律的理论认识本身不过表现为狡猾，其目的是使自然界（不管是作为消费品，还是作为生产资料）服从于人的需要。资本按照自己的这种趋势，既要克服把自然神化的现象，克服流传下来的、在一定界限内闭关自守地满足于现有需要和重复旧生活方式的状况，又要克服民族界限和民族偏见。资本破坏这一切并使之不断革命化，摧毁一切阻碍发展生产力、扩大需要、使生产多样化、利用和交换自然力量和精神力量的限制。

马克思：《1857—1858 年经济学手稿》（1857 年 8 月下旬），见《马克思恩格斯文集》第 8 卷第 90 页。

资本的伟大的历史方面就是**创造**这种**剩余劳动**，即从单纯使用价值的观点，从单纯生存的观点来看的多余劳动，而一旦到了那样的时候，即一方面，需要发展到这种程度，以致超过必要劳动的剩余劳动本身成为普遍需要，成为从个人需要本身产生的东西，另一方面，普遍的勤劳，由于世世代代所经历的资本的严格纪律，发展成为新的一代的普遍财产，最后，这种普遍的勤劳，由于资本的无止境的致富欲望及其唯一能实现这种欲望的条件不断地驱使劳动生产力向前发展，而达到这样的程度，以致一方面整个社会只需要用较少的劳动时间就能占有并保持普遍财富，另一方面劳动的社会将科学地对待自己的不断发展的再生产过程，对待自己的越来越丰富的再生产过程，从而，人不再从事那种可以让物来替人从事的劳动，——一旦到了那样的时候，资本的历史使命就完成了。

马克思：《1857—1858 年经济学手稿》（1857 年 8 月下旬），见《马克思恩格斯文集》第 8 卷第 69 页。

资本的文明面之一是，它榨取剩余劳动的方式和条件，同以前的奴隶制、农奴制等形式相比，都更有利于生产力的发展，有利于社会关系的发

第四章　论社会形态

展,有利于更高级的新形态的各种要素的创造。因此,资本一方面会导致这样的一个阶段,在这个阶段上,社会上的一部分人靠牺牲另一部分人来强制和垄断社会发展(包括这种发展的物质方面和精神方面的利益)的现象将会消灭;另一方面,这个阶段又会为这样一些关系创造出物质手段和萌芽,这些关系在一个更高级的社会形态中,使这种剩余劳动能够同物质劳动一般所占用的时间的更大的节制结合在一起。

马克思:《资本论》第 3 卷(1894 年),见《马克思恩格斯文集》第 7 卷第 927—928 页。

3. 资本的循环和周转

(1) 资本的循环

①货币资本的循环

资本的循环过程①经过三个阶段;根据第一卷的叙述,这些阶段形成如下的序列:

第一阶段:资本家作为买者出现于商品市场和劳动市场;他的货币转化为商品,或者说,经历 G—W 这个流通行为。

第二阶段:资本家用购买的商品从事生产消费。他作为资本主义商品生产者进行活动;他的资本经历生产过程。结果产生了一种商品,这种商品的价值大于它的生产要素的价值。

第三阶段:资本家作为卖者回到市场;他的商品转化为货币,或者说,经历 W—G 这个流通行为。

因此,货币资本循环的公式是:G—W…P…W′—G′。在这个公式中,虚线表示流通过程的中断,W′和 G′表示由剩余价值增大了的 W 和 G。

马克思:《资本论》第 2 卷(1885 年),见《马克思恩格斯文集》第 6 卷第 31—32 页。

②生产资本的循环

生产资本循环的总公式是:P…W′—G′—W…P。这个循环表示生产资

---

① 采自第Ⅱ稿。——编者注

本职能的周期更新,也就是表示再生产,或者说,表示资本的生产过程是增殖价值的再生产过程;它不仅表示剩余价值的生产,而且表示剩余价值的周期再生产;它表示,处在生产形式上的产业资本不是执行一次职能,而是周期反复地执行职能,因此,过程的重新开始,已由起点本身规定了。

马克思:《资本论》第 2 卷(1885 年),
见《马克思恩格斯文集》第 6 卷第 75 页。

产业资本在生产领域只能存在于和一般生产过程,从而也和非资本主义的生产过程相适应的构成中,同样,它在流通领域也只能存在于两种和流通领域相适应的形式,即商品形式和货币形式中。

马克思:《资本论》第 2 卷(1885 年),
见《马克思恩格斯文集》第 6 卷第 94 页。

在 P…P′ 中,P′ 所表示的,不是剩余价值被生产出来,而是生产出来的剩余价值已经资本化,就是说,资本已经积累,因此,P′ 和 P 不同,它是由原有的资本价值加上在这个资本价值的运动中积累起来的资本的价值构成的。

马克思:《资本论》第 2 卷(1885 年),
见《马克思恩格斯文集》第 6 卷第 93—94 页。

③商品资本的循环

商品资本循环的总公式是:W′—G′—W…P…W′。

……

第三个形式和前两个形式的区别如下:第一,在这里,是以包含两个对立阶段的总流通来开始循环,而在形式 I 中,流通为生产过程所中断,在形式 II 中,包含两个互相补充阶段的总流通,只表现为再生产过程的中介,因此是 P…P 之间的中介运动。在 G…G′ 中,流通形式是 G—W…W′—G′ = G—W—G。在 P…P 中则相反,流通形式却是 W′—G′·G—W = W—G—W。在 W′…W′ 中,流通形式与后一个形式相同。

第二,在循环 I 和 II 的反复中,即使终点的 G′ 和 P′ 是更新的循环的起点,它们产生时的形式也会消失。G′ = G + g 和 P′ = P + p 重新作为 G 和 P 开始新的过程。但是在形式 III 中,即使循环以相同的规模更新,起点 W 也必须用 W′ 来表示,而这是由下面的原因。在形式 I 中,只要 G′ 本身开始新

第四章　论社会形态

的循环，它就作为货币资本 G，作为以货币形式预付的待增殖的资本价值执行职能。预付的货币资本的量由于在第一个循环中实行的积累而增加，变得更大了。

马克思：《资本论》第 2 卷（1885 年），见《马克思恩格斯文集》第 6 卷第 101—102 页。

在 W′…W′ 形式中，全部商品产品的消费是资本本身循环正常进行的条件。全部个人消费包括工人的个人消费和剩余产品中非积累部分的个人消费。因此，消费是全部——个人的消费和生产的消费——作为条件进入 W′ 的循环。

马克思：《资本论》第 2 卷（1885 年），见《马克思恩格斯文集》第 6 卷第 108 页。

（2）资本的周转

单个资本家投在任何一个生产部门的总资本价值，在完成它的运动的循环后，就重新处在它的原来的形式上，并且能够重复同一过程。……资本的循环，不是当做孤立的过程，而是当做周期性的过程时，叫做资本的周转。

马克思：《资本论》第 2 卷（1885 年），见《马克思恩格斯文集》第 6 卷第 173—174 页。

资本的再生产过程，既包括这个直接的生产过程，也包括真正流通过程的两个阶段，也就是说，包括全部循环。这个循环，作为周期性的过程，即经过一定期间不断地重新反复的过程，形成资本的周转。

马克思：《资本论》第 2 卷（1885 年），见《马克思恩格斯文集》第 6 卷第 389 页。

固定在劳动资料上的这部分资本价值，和其他任何部分一样要进行流通。我们曾经一般地说过，全部资本价值是处在不断流通之中，因此从这个意义上说，一切资本都是流动资本。但这里考察的这个资本部分的流通是独特的流通。首先，这个资本部分不是在它的使用形式上进行流通，进行流通的只是它的价值,并且这种流通是逐步地、一部分一部分地进行的,和从它那里转移到作为商品进行流通的产品中去的价值相一致。在它执行职能的全部时间内,它的价值总有一部分固定在它里面,和它帮助生产的商品相对立,保持着自己的独立。由于这种特性,这部分不变资本取得了**固定资本**的形式。在生产过程中预付的资本的其他一切物质组成部分,则与此相反,形成**流动资本**。

马克思:《资本论》第2卷(1885年),见《马克思恩格斯文集》第6卷第177—178页。

这种周转的持续时间,由资本的生产时间和资本的流通时间之和决定。这个时间之和形成资本的周转时间。因此,资本的周转时间计量总资本价值从一个循环周期到下一个循环周期的那段时间,计量资本生活过程经历的周期,或者说,计量同一资本价值的增殖过程或生产过程更新、重复的时间。

马克思:《资本论》第2卷(1885年),见《马克思恩格斯文集》第6卷第174页。

假定我们用 U 表示周转时间的计量单位——年,用 u 表示一定资本的周转时间,用 n 表示资本的周转次数,那么 $n = U/u$。举例来说,如果周转时间 u 等于3个月,那么 $n = 12/3 = 4$;资本在一年中完成4次周转,或者说,周转4次。如果 $u = 18$ 个月,那么 $n = 12/18 = 2/3$,或者说,资本在一年内只完成它的周转时间的2/3。如果资本的周转时间等于几年,那么,它就要用一年的倍数来计算。

马克思:《资本论》第2卷(1885年),见《马克思恩格斯文集》第6卷第174页。

我们知道,生产资本的固定组成部分和流动组成部分,是按不同的方式,以不同的期间周转的;我们又知道,同一企业的固定资本的不同组成部分,根据它们的不同的寿命,从而不同的再生产时间,又各有不同的周转期间。

马克思:《资本论》第2卷(1885年),见《马克思恩格斯文集》第6卷第204页。

第四章　论社会形态

资本的周转期间越短——从而它的再生产期间在一年内更新的间隔时间越短——，资本家原来以货币形式预付的可变资本部分就越迅速地转化为工人为补偿这个可变资本而创造的价值产品（此外，还包括剩余价值）的货币形式，资本家必须从他个人的基金中预付货币的时间就越短，他预付的资本，和一定的生产规模相比，就越少；在剩余价值率已定时，他在一年内榨取的剩余价值量也就相应地越大，因为他可以越是多次地用工人自己创造的价值产品的货币形式来不断重新购买工人，并且推动他的劳动。

> 马克思：《资本论》第 2 卷（1885 年），见《马克思恩格斯文集》第 6 卷第 347—348 页。

在生产规模已定时，预付的可变货币资本（以及全部流动资本）的绝对量，按照周转期间缩短的比例而减少，年剩余价值率则按照这个比例而提高。在预付资本的量已定时，生产规模会随着再生产期间的缩短所造成的年剩余价值率的提高而同时扩大，因而，在剩余价值率已定时，一个周转期间内生产的剩余价值的绝对量，会随着年剩余价值率的这种提高而同时增加。

> 马克思：《资本论》第 2 卷（1885 年），见《马克思恩格斯文集》第 6 卷第 348 页。

周转期间的长短，就它取决于真正的劳动期间，即完成可进入市场的产品所必要的期间而言，是以不同投资的各自物质生产条件为基础的。这些条件，在农业上，更多地具有生产的自然条件的性质，在制造业和绝大部分采掘业上，是随着生产过程本身的社会发展而变化的。

> 马克思：《资本论》第 2 卷（1885 年），见《马克思恩格斯文集》第 6 卷第 350—351 页。

最后，周转期间的长短，就它取决于流通期间的长短而言，部分地要受到下列情况的限制：市场行情的不断变化，出售的难易程度以及由此引起的把产品一部分投入较近或较远的市场的必要性。

> 马克思：《资本论》第 2 卷（1885 年），见《马克思恩格斯文集》第 6 卷第 351 页。

至于所使用的流动资本本身（可变流动资本和不变流动资本），由劳动期间的长短引起的周转期间的长短，会产生这种区别：在一年周转多次的场合，可变流动资本或不变流动资本的一个要素可以由它本身的产品来提供，例如煤炭生产、服装业等等。在不是这样的场合，就不能这样，至少在一年内不能这样。

马克思：《资本论》第 2 卷（1885 年），见《马克思恩格斯文集》第 6 卷第 352—353 页。

4．股份经济

（1）股份公司

①股份公司的产生

还在资本主义生产初期，某些生产部门所需要的最低限额的资本就不是在单个人手中所能找到的。这种情况一方面引起国家对私人的补助，……另一方面，促使对某些工商业部门的经营享有合法垄断权的公司的形成，这种公司就是现代股份公司的前驱。

马克思：《资本论》第 1 卷（1867 年），见《马克思恩格斯文集》第 5 卷第 358 页。

资本家本身不得不部分地承认生产力的社会性质。大规模的生产机构和交通机构起初由**股份公司**占有，后来由托拉斯占有①，然后又由**国家**占有。资产阶级表明自己已成为多余的阶级；它的全部社会职能现在由领工薪的职员来执行了。

恩格斯：《社会主义从空想到科学的发展》（1880 年 1 月—3 月上半月），见《马克思恩格斯文集》第 3 卷第 566 页。

在一定的发展阶段上，这种形式也嫌不够了；国内同一工业部门的大生产者联合为一个"托拉斯"，即一个以调节生产为目的的联盟；他们规定应该生产的总产量，在彼此间分配产量，并且强制实行预先规定的出售价

---

① 在 1883 年德文第一版中没有"后来由托拉斯占有"。——编者注

第四章 论社会形态

格。但是，这种托拉斯一遇到不景气的时候大部分就陷于瓦解，正因为如此，它们就趋向于更加集中的社会化：整个工业部门变为一个唯一的庞大的股份公司，国内的竞争让位于这一个公司在国内的垄断；……

恩格斯：《社会主义从空想到科学的发展》（1880年1月—3月上半月），见《马克思恩格斯文集》第3卷第558页。

但是，在资本主义生产的基础上，历时较长范围较广的事业，要求为较长的时间预付较大量的货币资本。所以，这一类领域里的生产取决于单个资本家拥有的货币资本的界限。这个限制被信用制度和与此相连的联合经营（例如股份公司）打破了。

马克思：《资本论》第2卷（1885年），见《马克思恩格斯文集》第6卷第396页。

②股份公司的性质

还有一个例子，说明同一些范畴在不同的社会阶段有不同的地位，这就是资产阶级社会的最新形式之一：**股份公司**。

马克思：《〈1857—1858年经济学手稿摘选〉导言》（1857年8月下旬），见《马克思恩格斯文集》第8卷第32页。

如果说危机暴露出资产阶级没有能力继续驾驭现代生产力，那么，大的生产机构和交通机构向股份公司、托拉斯①和国家财产的转变就表明资产阶级在这方面是多余的。资本家的全部社会职能现在由领工薪的职员来执行了。资本家除了拿红利、持有剪息票、在各种资本家相互争夺彼此的资本的交易所中进行投机以外，再也没有任何其他的社会活动了。……

但是，无论向股份公司和托拉斯的转变，还是向国家财产的转变，都没有消除生产力的资本属性。在股份公司和托拉斯的场合，这一点是十分明显的。

---

① 在1883年德文第一版中没有"托拉斯"一词。——编者注

> 恩格斯:《社会主义从空想到科学的发展》(1880年1月—3月上半月),见《马克思恩格斯文集》第3卷第559页。

先看交通工具,我们看到,电报是在政府手里。铁路和大部分远洋轮船都不属于那些亲自经营业务的单个资本家,而属于股份公司,这些公司的业务是由支薪的**雇员**,由那些实际上地位相当于位置较高和待遇较好的工人的职员代为经营。至于说到董事们和股东们,他们都知道,前者干预业务管理愈少,而后者干预业务监督愈少,则对企业就愈有利。松懈的而且多半是虚应故事的监督,事实上,是留给企业所有者的唯一职能。由此,我们看到,这些大企业的所有者资本家,实际上没别的工作,只有把半年一期的息票兑换成现款罢了。资本家的社会职能在这里已经转移给领工资的职员了,但是资本家还是继续以股息的形式,把这些社会职能的报酬装进自己的腰包,尽管他已经不执行那些职能了。

> 恩格斯:《必要的和多余的社会阶级》(1881年8月1—2日),见《马克思恩格斯全集》1963年版第19卷第316—317页。

据我所知,资本主义生产是一种社会形式,是一个经济阶段,而资本主义**私人**生产则是在这个阶段内这样或那样表现出来的**现象**。但是究竟什么是资本主义**私人**生产呢?那是由**单个企业家**所经营的生产,可是这种生产已经越来越成为例外了。由**股份公司**经营的资本主义生产,已经不再是**私人生产**,而是由许多人联合负责的生产。如果我们从**股份公司**进而来看那支配着和垄断着整个工业部门的托拉斯,那么,那里不仅没有了**私人生产**,而且也没有了**无计划性**。

> 恩格斯:《1891年社会民主党纲领草案批判》(1891年6月18—29日之间),见《马克思恩格斯文集》第4卷第410页。

信用制度是资本主义的私人企业逐渐转化为资本主义的股份公司的主要基础,同样,它又是按或大或小的国家规模逐渐扩大合作企业的手段。资本主义的股份企业,也和合作工厂一样,应当被看做是由资本主义生产方式转化为联合的生产方式的过渡形式,只不过在前者那里,对立是消极地扬弃的,而在后者那里,对立是积极地扬弃的。

第四章　论社会形态

> 马克思：《资本论》第 3 卷（1894 年），见《马克思恩格斯文集》第 7 卷第 499 页。

在股份制度内，已经存在着社会生产资料借以表现为个人财产的旧形式的对立面；但是，这种向股份形式的转化本身，还是局限在资本主义界限之内；因此，这种转化并没有克服财富作为社会财富的性质和作为私人财富的性质之间的对立，而只是在新的形态上发展了这种对立。

> 马克思：《资本论》第 3 卷（1894 年），见《马克思恩格斯文集》第 7 卷第 498—499 页。

股份公司的成立。由此：

1. 生产规模惊人地扩大了，个别资本不可能建立的企业出现了。同时，以前曾经是政府企业的那些企业，变成了社会的①企业。

2. 那种本身建立在社会生产方式的基础上并以生产资料和劳动力的社会集中为前提的资本，在这里直接取得了社会资本（即那些直接联合起来的个人的资本）的形式，而与私人资本相对立，并且它的企业也表现为社会②企业，而与私人企业相对立。这是作为私人财产的资本在资本主义生产方式本身范围内的扬弃。

3. 实际执行职能的资本家转化为单纯的经理，别人的资本的管理人，而资本所有者则转化为单纯的所有者，单纯的货币资本家。……资本主义生产极度发展的这个结果，是资本再转化为生产者的财产所必需的过渡点，不过这种财产不再是各个互相分离的生产者的私有财产，而是联合起来的生产者的财产，即直接的社会财产。另一方面，这是再生产过程中所有那些直到今天还和资本所有权结合在一起的职能转化为联合起来的生产者的单纯职能，转化为社会职能的过度点。

> 马克思：《资本论》第 3 卷（1894 年），见《马克思恩格斯文集》第 7 卷第 494—495 页。

---

① 这里的"社会"、"社会的"德文原文为"Gesellschaft"，"Gesellschaft-lich"，又有"公司"和"公司的"含义。——编者注

② 这里的"社会"、"社会的"德文原文为"Gesellschaft"，"Gesellschaft-lich"，又有"公司"和"公司的"含义。——编者注

把股份制度——它是在资本主义体系本身的基础上对资本主义的私人产业的扬弃;随着它的扩大和侵入新的生产部门,它也在同样的程度上消灭着私人产业——撇开不说,信用为单个资本家或被当做资本家的人,提供在一定界限内绝对支配他人的资本,他人的财产,从而他人的劳动的权利。对社会资本而不是对自己的资本的支配权,使他取得了对社会劳动的支配权。

马克思:《资本论》第 3 卷(1894 年),见《马克思恩格斯文集》第 7 卷第 497—498 页。

③股份公司的作用

显然,这些制度①——它们对国民经济的迅速增长的影响恐怕估价再高也不为过的——还远没有为自己创造出适当的结构。它们是发展现代社会生产力的强大杠杆,……

马克思:《英国的贸易和金融》(1858 年 9 月 14 日),见《马克思恩格斯全集》1962 年版第 12 卷第 609—610 页。

在一个生产部门中,如果投入的全部资本已融合为一个单个资本时,集中便达到了极限。在一个社会里,只有当社会总资本或者合并在唯一的资本家手中,或者合并在唯一的资本家公司手中的时候,集中才算达到极限。

集中补充了积累的作用,使工业资本家能够扩大自己的经营规模。不论经营规模的扩大是积累的结果,还是集中的结果;不论集中是通过吞并这条强制的途径来实现,……还是通过建立股份公司这一比较平滑的办法把许多已经形成或正在形成的资本融合起来,经济作用总是一样的。

马克思:《资本论》第 1 卷(1867 年),见《马克思恩格斯文集》第 5 卷第 723 页。

不过很明显,积累,即由圆形运动变为螺旋形运动的再生产所引起的资本的逐渐增大,同仅仅要求改变社会资本各组成部分的量的组合的集中

---

① 指股份制度。——本书编者注

第四章 论社会形态

比较起来，是一个极缓慢的过程。假如必须等待积累使某些单个资本增长到能够修建铁路的程度，那么恐怕直到今天世界上还没有铁路。但是，集中通过股份公司转瞬之间就把这件事完成了。

马克思：《资本论》第 1 卷（1867 年），见《马克思恩格斯文集》第 5 卷第 724 页。

信用制度的发展也造成如下情况：由于形成股份公司等等，生产那些延续很长时间，也许是延续许多年的劳动过程结果的商品成为可能（通过资本主义的商品生产，而不是国家建设和国家企业等形式上的生产）。

马克思：《资本论》第 2 卷（1885 年），见《马克思恩格斯全集》1982 年版第 49 卷第 345—346 页。

由于信用制度、股份公司等等的发展以及由此引起的结果，即自己不成为产业资本家，也很容易把货币转化为资本。

马克思：《资本论》第 3 卷（1894 年），见《马克思恩格斯文集》第 7 卷第 295 页。

(2) 股票

①股票的性质

股票。如果没有欺诈，它们就是对一个股份公司拥有的实际资本的所有权证书和索取每年由此生出的剩余价值的凭证。

马克思：《资本论》第 2 卷（1885 年），见《马克思恩格斯文集》第 6 卷第 386 页。

公用事业、铁路、矿山等等的所有权证书，正如我们上面所说的，事实上是现实资本的证书。但有了这种证书，并不能去支配这个资本。这个资本是不能提取的。有了这种证书，只是在法律上有权索取这个资本应该获得的一部分剩余价值。但是，这种证书也就成为现实资本的纸制复本，正如提货单在货物之外，和货物同时具有价值一样。它们成为并不存在的资本的名义代表。……但是，作为纸制复本，这些证券只是幻想的，它们的价值额的涨落，和它们有权代表的现实资本的价值变动完全无关，尽管它们可以作为商品来买卖，因而可以作为资本价值来流通。

马克思:《资本论》第 3 卷（1894 年），
见《马克思恩格斯文集》第 7 卷第 540—
541 页。

这种证券被当做代表这种资本的所有权证书。……股票不过是对这个资本所实现的剩余价值的一个相应部分的所有权证书。A 可以把这个证书卖给 B，B 可以把它卖给 C。这样的交易并不会改变事物的性质。这时，A 或 B 把他的证书转化为资本，而 C 把他的资本转化为一张对股份资本预期可得的剩余价值的单纯所有权证书。

马克思:《资本论》第 3 卷（1894 年），见《马克思恩格斯文集》第 7 卷第 529 页。

或者，最后，那些为了获得金或银行券而必须被卖掉的是有息的有价证券、国债券、股票等等。……如果这是股票，那它就只是有权取得未来剩余价值的所有权证书。所有这些东西，都不是实际的资本，也都不是资本的组成部分，并且本身也不是价值。

马克思:《资本论》第 3 卷（1894 年），见《马克思恩格斯文集》第 7 卷第 519 页。

②股票的分类
股票又分成几大类。首先是**货币机构本身的股票**；银行股票；股份银行的股票；交通工具的**股票**（**铁路股票**最重要；**运河股票**；轮船公司股票，电报局股票，公共马车公司股票）；**一般工业企业的股票**（**矿业股票**是最主要的）。其次是公用事业企业股票（**煤气公司股票，自来水公司股票**）。**各式各样的**股票，千差万别。**保管商品**的企业股票（船坞股票等等）。**股票五花八门**，多不胜数，如以股份为基础的各种工业公司或商业公司等企业的股票。最后，作为全体的保证，有各种保险公司的股票。

马克思:《经济学手稿》（1857—1858 年），见《马克思恩格斯全集》1995 年版第 30 卷第 239 页。

资本，比如说 200 万镑，是通过认股的方法筹集的。董事会买进了相应的有价证券，或在这上面多少主动地作一些投机，并且在扣去各项开支以

第四章 论社会形态

后,把年利息收入作为股息分配给各个股东。——其次,还有些股份公司习惯于把通常的股票分为两类:优先股和普通股。优先股的利息率是确定的,比如5%,当然,这以总利润许可这样付息为前提。付息后如有剩余,就由普通股获得。这样,优先股的"可靠的"投资,就或多或少和普通股的真正的投机分开了。

> 马克思:《资本论》第 3 卷 (1894 年),见《马克思恩格斯文集》第 7 卷第 533 页脚注 (3)。

③股票的作用

1845 年英国工业的繁荣和由此而产生的铁路股票投机,对法国和德国发生的影响比过去任何兴旺时期都要强烈得多。德国的工厂主做了赚钱的买卖,而德国整个商业活动的高涨也随之而开始。农业区的人们在英国找到了销售自己的谷物的良好市场。普遍的繁荣活跃了金融市场,便利了借贷,把许多数额较小的资本吸引到市场上来,而这些资本在德国有很多几乎是找不到用场的。

> 恩格斯:《德国的制宪问题》(1847 年 3—4 月),见《马克思恩格斯全集》1958 年版第 4 卷第 65 页。

总之,获取贴水是**动产信用公司**运转的真正轴心,除此以外,其目的显然是用同商业银行的运营完全相反的方法对资本发生作用。商业银行用贴现、贷款和发行银行券使固定资本暂时得到自由的运用,而**动产信用公司**实际上是把游资固定起来。

> 马克思:《法国的动产信用公司》(1856 年 6 月底),见《马克思恩格斯文集》第 2 卷第 583 页。

大量以前"不可让渡的"财物的变卖使它们转化为商品,仅仅由流通券构成的财产形式被创造出来。一方面是地产的让渡(在广大群众变得连任何财产都没有的情况下,也出现了他们例如把自己的住房当作商品的现象)。另一方面是铁路股票,简言之,各种各样的股票。

> 马克思:《剩余价值理论》(1861 年 8 月—1863 年 7 月),见《马克思恩格斯全集》1974 年版第 26 卷(Ⅲ)第 319 页。

由于世界市场的扩大,英国的,从而欧洲的过剩资本,就以交通工具投资等等的形式分配于**全世界**,分配于许许多多的投资**场所**。因此,在铁路、银行等等方面,在纯属美国的投资场所,在**印度**贸易方面的过分兴旺的投机活动,就使得危机没有可能发生,而同时小的危机却是可能的,例如已历时三年的阿根廷危机①。

> 恩格斯:《关于英国的经济和政治发展的若干特点》(1892 年 9 月 12 日),见《马克思恩格斯全集》1965 年版第 22 卷第 384—385 页。

(3) 股息

一般利润率是用社会的(资本家阶级的)总资本除生产出来的全部剩余价值而得出来的;因此,每一个别生产部门的每一笔资本,都表现为具有同一**有机构成**(不论从不变资本和可变资本的构成来说,还是从流动资本和固定资本的构成来说)的总资本的**相应**部分。这笔资本作为这样的相应部分,按照它的量的大小,从资本总额所生产的剩余价值中获得自己的股息。

> 马克思:《剩余价值理论》(1861 年 8 月—1863 年 7 月),见《马克思恩格斯全集》1973 年版第 26 卷(Ⅱ)第 492 页。

每当一定量资本所推动的无酬劳动量有了增加的时候,竞争的结果只能是:等量资本取得相等的股息,即在这个增大了的剩余劳动中的相等的一份;竞争的结果不可能是:尽管剩余劳动同全部预付资本相比已经增加,每一笔资本的股息却保持不变,仍然是剩余劳动中原来的那一份。

---

① 指 1889—1890 年在阿根廷爆发的金融危机。这次危机是 1890 年世界经济危机的表现之一,它促进了世界经济危机在其他国家特别是在英国的发展,因为英国在阿根廷是有巨额投资的。——本书编者注

第四章　论社会形态

> 马克思：《剩余价值理论》（1861年8月—1863年7月），见《马克思恩格斯全集》2008年版第34卷第494页。

资本家的实际利润，有很大一部分是"让渡利润"，而且资本家的"个人劳动"在不是涉及剩余价值的创造，而是涉及整个资本家阶级的总利润通过商业途径在其各个成员之间进行分配的场合，有着特别广阔的活动余地。这一点在这里与我们无关。某些种类的利润——例如，以投机为基础的利润——只有在这种场所才能获得。

> 马克思：《剩余价值理论》（1861年8月—1863年7月），见《马克思恩格斯全集》1974年版第26卷（Ⅲ）第553页。

在资本主义社会中，这个剩余价值或剩余产品……是作为一份份的股息，按照社会资本中每个资本所占的份额的比例，在资本家之间进行分配的。在这个形态上，剩余价值表现为资本应得的平均利润。

> 马克思：《资本论》第3卷（1894年），见《马克思恩格斯文集》第7卷第929页。

（4）证券市场和证券交易

①证券交易市场是尔虞我诈、赌博的场所

有价证券的交易虽然不创造任何东西，但它能促进流通，促进财富从一个钱袋向另一个钱袋转移。

> 恩格斯：《强制公债法案及其说明》（1848年7月25—29日），见《马克思恩格斯全集》1958年版第5卷第308页。

过去八年里，小资产阶级的破产是在全欧洲到处可以看到的普遍现象，但没有一个地方像德国这样突出。这个现象还需要什么解释吗？我可以简单地回答：看一看那些昨天还是穷光蛋今天却是百万富翁的人吧。如果一个囊空如洗的人一夜之间变成了百万富翁，那必然要有一千个拥有一千元的人在一日之内沦为乞丐。这种变化，神奇的交易所转瞬之间就能办到，完全不用依赖现代工业的缓慢集中财富的方式。

> 马克思:《普鲁士状况》(1859 年 1 月 11 日),见《马克思恩格斯全集》1962 年版第 12 卷第 729—730 页。

工业的迅速发展,特别是证券交易所欺诈事业的迅速发展,把一切统治阶级都卷入投机的旋涡中。1870 年从法国传入的贪污腐化风气,以空前的速度大规模地发展起来。施特鲁斯堡和贝列拉互相脱帽致敬。大臣、将军、公爵和伯爵,竟同最狡猾的证券交易所犹太人为伍,做起股票生意,而国家也承认这些犹太人的平等身份,把他们大量地封为男爵。……官僚对盗用公款抱越来越轻视的态度,不再把它看做增加收入的唯一手段;他们把国家置之脑后,一味追逐高收入的工业企业管理职位,而那些还留任国家官职的人们也仿效自己上司的榜样搞股票投机,或"参与"铁路之类的事业。甚至有充分理由可以认为,就是尉官们也搞些投机活动来发点小财。

> 恩格斯:《论住宅问题》(1872 年 5 月—1873 年 1 月),见《马克思恩格斯文集》第 3 卷第 300—301 页。

交易所并不是资产者剥削工人的机构,而是他们自己**相互**剥削的机构;在交易所里转手的剩余价值是已经**存在的**剩余价值,是**过去**剥削工人的产物。只有在这种剥削完成后,剩余价值才能为交易所里的尔虞我诈效劳。交易所首先只是间接地和我们有关,因为它对于工人所受的资本主义剥削的影响和反作用也只是间接的,通过迂回曲折的道路实现的。

> 恩格斯:《致奥古斯特·倍倍尔》(1893 年 1 月 24 日),见《马克思恩格斯文集》第 10 卷第 644 页。

因为财产在这里是以股票的形式存在的,所以它的运动和转移就纯粹变成了交易所赌博的结果;在这种赌博中,小鱼为鲨鱼所吞掉,羊为交易所的狼所吞掉。

> 马克思:《资本论》第 3 卷(1894 年),见《马克思恩格斯文集》第 7 卷第 498 页。

第四章 论社会形态

②证券交易大大加速资本的积聚

至于纯粹的虚拟资本（公债券、股票等）的跌价，只要它不导致国家和股份公司的破产，不因此而动摇持有这类证券的产业资本家的信用，从而不阻碍再生产，那末这种跌价就只是财富从一些人的手里转到另一些人的手里，总的来说对再生产起着有利的影响，因为那些用廉价把这些股票或证券弄到手的暴发户大多数比原来的所有者更有事业心。

马克思：《剩余价值理论》（1861年8月—1863年7月），见《马克思恩格斯全集》1973年版第26卷（Ⅱ）第566页。

交易所只改变从工人身上**已经窃得的**剩余价值的**分配**，而这种分配是如何进行的，这一点对于工人本身而言，起初可以说是无所谓的。但交易所朝着集中的方向改变分配，大大加速资本的积聚，因此这是像蒸汽机那样的革命的因素。

恩格斯：《致爱德华·伯恩施坦》（1883年2月8日），见《马克思恩格斯文集》第10卷第497页。

……交易所正在把所有完全闲置或半闲置的资本动员起来，把它们吸引过去，迅速集中到少数人手中；通过这种办法提供给工业支配的这些资本，导致了工业的振兴（绝不应把这种振兴和商业繁荣混为一谈），既然事情动起来了，就会愈走愈快。

恩格斯：《致奥古斯特·倍倍尔》（1883年3月7日），见《马克思恩格斯全集》1971年版第35卷第450页。

③证券价格

国家证券的价格是由什么来决定的呢？也是由各该时期的供求关系来决定的。供求关系又是由什么来决定的呢？是由许许多多（尤其是在德国）非常复杂的条件来决定的。

在法国、英国、西班牙以及其他一切国家，它们的国家证券是在**世界市场**上流通的，因此国家信用就具有决定性的作用。……如果证券的行情由于国家信用降低而下跌；这将使这些国家债权人更加有理由**不出卖他们**

的证券。

<blockquote>
恩格斯:《福斯特曼先生论国家信用》（1848年7月13日），见《马克思恩格斯全集》1958年版第5卷第247—248页。
</blockquote>

一般说来，在一个相当长的时间里，只要国家信用不变，国家证券行情的上升处处都和利息率的下降成正比，反过来也是一样。这是毋庸争辩的。

<blockquote>
恩格斯:《福斯特曼先生论国家信用》（1848年7月13日），见《马克思恩格斯全集》1958年版第5卷第249页。
</blockquote>

危机将猛烈地冲击证券市场并使它的主要支柱即国家本身遭受危险。法国的商业和工业缩减的自然结果将是，交易所取得对货币的支配，尤其是法兰西银行还必须发放以国家有息证券和铁路有价证券为抵押的贷款。法国商业和工业目前的停滞局面并没有妨碍交易所的活动，而是有利于这种活动。

<blockquote>
马克思:《法国的危机》（1857年12月25日），见《马克思恩格斯全集》1962年版第12卷第378—379页。
</blockquote>

昨天是外国证券和股票的支付日期，23日开始的交易所的恐慌状况也几乎达到了顶点。……俄国证券在4月2日按足价开盘，4月28日就下跌到87%。……引起本国和外国的有价证券这样大跌价以及随之而来的铁路股票尤其是意大利铁路股票的同样下跌的主要原因，是关于奥地利军队侵入撒丁，法国军队开往皮蒙特，法国、俄国和丹麦签订攻守同盟条约的消息。

<blockquote>
马克思:《金融恐慌》（1859年4月29日），见《马克思恩格斯全集》1962年版第13卷第352页。
</blockquote>

资本价值中有一部分仅仅表现为参与剩余价值即利润未来分配的凭证，这一部分实际上就是不同形式的用于生产的债券，当它预计的收入减少时，将会立即贬值。

第四章　论社会形态

> 马克思:《资本论》第3卷（1894年），见《马克思恩格斯文集》第7卷第283页。

但是，作为纸制复本，这些证券只是幻想的，它们的价值额的涨落，和它们有权代表的现实资本的价值变动完全无关，尽管它们可以作为商品来买卖，因而可以作为资本价值来流通。它们的价值额，也就是，它们在证券交易所内的行情，会随着利息率的下降——就这种下降与货币资本特有的运动无关，只不过是利润率趋向下降的结果来说——而必然出现上涨的趋势，……

由这种所有权证书的价格变动而造成的盈亏，以及这种证书在铁路大王等人手里的集中，就其本质来说，越来越成为赌博的结果。

> 马克思:《资本论》第3卷（1894年），见《马克思恩格斯文集》第7卷第541页。

虚拟资本，生息的证券，……它们的价格随着利息的提高而下降。其次，它们的价格还会由于信用的普遍缺乏而下降，这种信用的缺乏迫使证券所有者在市场上大量抛售这种证券，以便获得货币。最后，就股票来说，它的价格下降，部分地是由于股票有权要求的收入减少了，部分地是由于它们代表的往往是那种带有欺诈性质的企业。

> 马克思:《资本论》第3卷（1894年），见《马克思恩格斯文集》第7卷第558—559页。

④证券投机

由竞争关系所造成的价格永远摇摆不定的状况，使商业丧失了道德的最后一点痕迹。至于**价值**就更不用说了。看来非常重视价值的、并以货币的形式把价值的抽象形态转化为一种特殊存在物的制度，本身就在通过竞争破坏着物品所固有的一切内在的价值，并且在每时每刻地改变着物品与物品之间的价值关系。在这个漩涡中哪里还可能有基于道德准则的交换呢？在这种涨落不定的情况下，每个人都**必然**力图抓紧良机进行买卖，每个人都必然会成为投机家，就是说，都企图不劳而获，损人利己，乘人之危，趁机发财。……要是正直"可靠的"商人不在交易所中的赌博上弄虚作假，那我就要感谢上帝了……

> 恩格斯：《政治经济学批判大纲》（1843年底—1844年1月），见《马克思恩格斯全集》1956年版第1卷第614—615页。

如果在某一个贸易时期终结时，投机表现为直接预报崩溃即将来临的先兆，那末不要忘记，投机本身是在这个时期的前几个阶段上产生的，因此它本身就是结果和表现，而不是终极原因和实质。那些企图用投机来解释工商业之所以发生有规则的痉挛的政治经济学家，就好像那个如今已经绝种了的把发寒热当做产生一切疾病的真正原因的自然哲学家学派一样。

> 马克思：《英国的贸易危机》（1857年11月27日），见《马克思恩格斯全集》1962年版第12卷第362页。

如果真正的危机在法国本国爆发，那末，证券市场和这种市场的保障——国家，都会完蛋。（这种情况也会影响到英国，因为目前英国满不在乎地在玩弄外国的有价证券。）在汉堡、英国、美国，从事投机的是私人资本家，而在法国则是国家本身，而且法国所有的小店主都是交易所的赌徒。

> 马克思：《致恩格斯》（1857年12月25日），见《马克思恩格斯全集》1972年版第29卷第231—232页。

在每次证券投机中，每个人都知道暴风雨总有一天会到来，但是每个人都希望暴风雨在自己发了大财并把钱藏好以后，落到邻人的头上。我死后哪怕洪水滔天！这就是每个资本家和每个资本家国家的口号。

> 马克思：《资本论》第1卷（1867年），见《马克思恩格斯文集》第5卷第311页。

我们目前正处于工商业繁荣昌盛的时候，——这个**我们**，指的是官方的英国，指的是大资本家们。市场上资本充斥，在到处寻找有利可图的投资场所；为了使人类受惠和使企业主发财而设立的招摇撞骗的公司，有如雨后春笋。……所有这些股份公司，不言而喻，只有一个目的——把股票行市高抬一时，以便企业主们能够有利地推销他们的股票，至于股东们将来怎么样，那他们是不放在心上的："我们死后哪怕洪水滔天！"过三四年，

第四章　论社会形态

所有这些招摇撞骗的公司就会有六分之五连同上了当的股东们的钱一起消失得无影无踪。

恩格斯:《论英国滥设企业骗财的现象》(1871年11月4日),见《马克思恩格斯全集》1963年版第17卷第496页。

不言而喻,这一次涨价首先给那些获悉政府的秘密意图的柏林大交易所经纪人带来了好处。在1879年春天还是相当沉闷的交易所重新活跃起来了。投机者在最后放弃自己的宝贵的股票以前,利用它们又掀起一次投机热潮。

恩格斯:《俾斯麦先生的社会主义》(1880年2月底),见《马克思恩格斯全集》1963年版第19卷第199页。

资本家由于上述大企业的规模而被迫从业务管理中"引退",但是另一个职能仍然留给了他们。这个职能就是拿他们的股票到交易所去投机。因为没有更好的事情可做,我们那些"引退了的"或者实际上被接替了的资本家们,便到这个玛门庙①里赌个痛快。他们到那里是存心去捞钱的,可是却假装说钱是挣来的。

恩格斯:《必要的和多余的社会阶级》(1881年8月1—2日),见《马克思恩格斯全集》1963年版第19卷第317页。

(三) 资本主义社会的上层建筑

法官,特别是本身就是资产者并且是和无产阶级接触最多的治安法官,……他们首先认为本阶级的利益是一切真正的秩序的主要基础。和治安法官一样,警察也是这样做的。资产者无论做什么,警察对他总是客客气气,并且严格地依法办事,但是对无产者却粗暴而又残酷;贫穷本身就已经使无产者受到犯有各种罪行的**怀疑**,同时也剥夺了他对付当局专横行为的法律手段。因此,对无产者来说,法律的保护作用是不存在的,警察可以直

---

① 财神之意。——编者注

接闯进他家里，逮捕他，粗暴地对待他。

<blockquote>
恩格斯：《英国工人阶级状况》（1844年9月—1845年3月），见《马克思恩格斯文集》第1卷第482页。
</blockquote>

英国工人已经不再是英国人，不是像他的有钱的邻居那样的专会打算盘的拜金者；他的内心充满了丰富的感情，他那北方人天生的冷漠被奔放的热情所抵消，这种热情已经控制了他。智力教育已经如此有力地促进了英国资产者利己主义天性的发展，使他所有的热情都受利己心的支配，并把他的情感的全部力量集中在追求金钱这一点上。而工人缺少这种智力教育，因此，工人的热情和外国人一样强烈奔放。英国的民族性在工人身上消失了。

<blockquote>
恩格斯：《英国工人阶级状况》（1844年9月—1845年3月），见《马克思恩格斯文集》第1卷第448—449页。
</blockquote>

上面我们已经看到，资产阶级为了自己的利益如何千方百计地剥削无产阶级。但是，我们以前看到的只是各个资产者如何自行其是地虐待工人的情形。现在我们来看看资产阶级如何作为政党、甚至作为国家政权来反对无产阶级的种种情况。整个立法首先就是为了保护有产者反对无产者，这是显而易见的。只是因为有了无产者，所以才必须有法律。

<blockquote>
恩格斯：《英国工人阶级状况》（1844年9月—1845年3月），见《马克思恩格斯文集》第1卷第481页。
</blockquote>

凡是大工业代替了工场手工业的地方，工业革命都使资产阶级及其财富和势力最大限度地发展起来，使它成为国内的第一阶级。结果，凡是完成了这种过程的地方，资产阶级都取得了政治权力，并挤掉了以前的统治阶级——贵族、行会师傅和代表他们的专制王朝。

<blockquote>
恩格斯：《共产主义原理》（1847年10月底—11月），见《马克思恩格斯文集》第1卷第680页。
</blockquote>

第四章 论社会形态

资产阶级在社会上上升为第一阶级以后，它也就在政治上宣布自己是第一阶级。它是通过实行代议制而做到这一点的。代议制是以资产阶级的在法律面前平等和法律承认自由竞争为基础的。这种制度在欧洲各国采取立宪君主制的形式。在这种立宪君主制的国家里，只有拥有一定资本的人即资产者，才有选举权。这些资产者选民选出议员，而这些资产者议员可以运用拒绝纳税的权利，选出资产者政府。

> 恩格斯：《共产主义原理》（1847年10月底—11月），见《马克思恩格斯文集》第1卷第681页。

你们的利己观念使你们把自己的生产关系和所有制关系从历史的、在生产过程中是暂时的关系变成永恒的自然规律和理性规律，这种利己观念是你们和一切灭亡了的统治阶级所共有的。

> 马克思恩格斯：《共产党宣言》（1847年12月—1848年1月底），见《马克思恩格斯文集》第2卷第48页。

资产阶级通常十分喜欢分权制①，特别是喜欢代议制，但资本在工厂法典中却通过私人立法独断地确立了对工人的专制。

> 马克思：《资本论》第1卷（1867年），见《马克思恩格斯文集》第5卷第488页。

因此，资产阶级意识一方面称颂工场手工业分工，工人终生固定从事某种局部操作，局部工人绝对服从资本，把这些说成是为提高劳动生产力的劳动组织，同时又同样高声责骂对社会生产过程的任何有意识的社会监督和调节，把这说成是侵犯资本家个人的不可侵犯的财产权、自由和自决的"独创性"②。

---

① 分权制是沙·孟德斯鸠在其《论法的精神》一书中提出的关于国家权力分成立法、行政、司法三种权力的学说。这三种权力互相独立地发挥作用，互相保持平衡和监督。这一学说的目的是限制在法国处于绝对统治地位的专制制度的权力。——编者注

② 资产阶级对人对己从来都是双重标准。——本书编者注

>马克思:《资本论》第 1 卷 (1867 年),见《马克思恩格斯文集》第 5 卷第 412—413 页。

拜占庭灭亡时抢救出来的手稿,罗马废墟中发掘出来的古代雕像,在惊讶的西方面前展示了一个新世界——希腊古代;在它的光辉的形象面前,中世纪的幽灵消逝了;意大利出现了出人意料的艺术繁荣,……

>恩格斯:《自然辩证法》(1873—1883 年),见《马克思恩格斯文集》第 9 卷第 408—409 页。

文艺复兴,……这是人类以往从来没有经历过的一次最伟大的、进步的变革,……

>恩格斯:《自然辩证法》(1873—1883 年),见《马克思恩格斯文集》第 9 卷第 408—409 页。

使他们连在一起并发生关系的唯一力量,是他们的利己心,是他们的特殊利益,是他们的私人利益。正因为人人只顾自己,谁也不管别人,所以大家都是在事物的前定和谐下,或者说,在全能的神的保佑下,完成着互惠互利、共同有益、全体有利的事业①。

>马克思:《资本论》第 1 卷,见《马克思恩格斯全集》1972 年版第 23 卷第 199 页。

但是到了 18 世纪,资产阶级已经强大得足以建立他们自己的、同他们的阶级地位相适应的意识形态了,这时他们才进行了他们的伟大而彻底的革命——法国革命,而且仅仅诉诸法律的和政治的观念,只是在宗教挡住他们的道路时,他们才理会宗教;但是他们没有想到要用某种新的宗教来代替旧的宗教;大家知道,罗伯斯比尔在这方面曾遭受了怎样的失败。

---

① 在资产阶级看来,资本主义社会是"人人为自己,上帝(全能的神)为大家"。——本书编者注

第四章　论社会形态

> 恩格斯：《路德维希·费尔巴哈和德国古典哲学的终结》（1886年初），见《马克思恩格斯文集》第4卷第289页。

这种科学的官方代表都变成毫无掩饰的资产阶级的和现存国家的意识形态家，但这已经是在资产阶级和现存国家同工人阶级公开对抗的时代了。

> 恩格斯：《路德维希·费尔巴哈和德国古典哲学的终结》（1886年初），见《马克思恩格斯文集》第4卷第313页。

更高的即更远离物质经济基础的意识形态，采取了哲学和宗教的形式。

> 恩格斯：《路德维希·费尔巴哈和德国古典哲学的终结》（1886年初），见《马克思恩格斯文集》第4卷第308页。

（四）资本主义的发展趋势

1. 资本主义生产方式的基本矛盾与经济危机

在商业危机期间，总是不仅有很大一部分制成的产品被毁灭掉，而且有很大一部分已经造成的生产力被毁灭掉。在危机期间，发生一种在过去一切时代看来都好像是荒唐现象的社会瘟疫，即生产过剩的瘟疫。社会突然发现自己回到了一时的野蛮状态；仿佛是一次饥荒、一场普遍的毁灭性战争，使社会失去了全部生活资料；仿佛是工业和商业全被毁灭了……

> 马克思和恩格斯：《共产党宣言》（1847年12月—1848年1月底），见《马克思恩格斯文集》第2卷第37页。

生产过剩的英国商品在所有的市场的货栈里堆积如山，找不到销路，而企业主和投机家则成百成千地破产。这种情况现在也将重演。

> 恩格斯：《论英国滥设企业骗财的现象》（1871年11月4日），见《马克思恩格斯全集》1963年版第17卷第497页。

真正值得注意的现象是，总危机周期的时间在缩短。……这是资产阶级世界的寿命的不祥之兆。

马克思：《致彼得·拉甫罗维奇·拉甫罗夫》（1875年6月18日），见《马克思恩格斯全集》1972年版第34卷第139页。

集中在资本家手中的生产资料和除了自己的劳动力以外一无所有的生产者彻底分离了。**社会化生产和资本主义占有之间的矛盾表现为无产阶级和资产阶级的对立。**

恩格斯：《反杜林论》（1876年9月—1878年6月），见《马克思恩格斯文集》第9卷第288页。

但是，随着商品生产的扩展，特别是随着资本主义生产方式的出现，以前潜伏着的商品生产规律也就越来越公开、越来越有力地发挥作用了。旧日的束缚已经松弛，旧日的壁障已经突破，生产者日益变为独立的、分散的商品生产者了。社会生产的无政府状态已经表现出来，并且越来越走向极端。

恩格斯：《反杜林论》（1876年9月—1878年6月），见《马克思恩格斯文集》第9卷第289页。

在资本家和资本家之间，在工业部门和工业部门之间以及国家和国家之间，生死存亡都取决于天然的或人为的生产条件的优劣。失败者被无情地淘汰掉。这是从自然界加倍疯狂地搬到社会中来的达尔文的个体生存斗争。动物的自然状态竟表现为人类发展的顶点。社会化生产和资本主义占有之间的矛盾表现为**个别工厂中生产的组织性和整个社会中生产的无政府状态之间的对立。**

恩格斯：《反杜林论》（1876年9月—1878年6月），见《马克思恩格斯文集》第9卷第290页。

社会的生产无政府状态的推动力使大多数人日益变为无产者，而无产

第四章 论社会形态

者群众又将最终结束生产的无政府状态。社会的生产无政府状态的推动力，使大工业中的机器无止境地改进的可能性变成一种迫使每个工业资本家在遭受毁灭的威胁下不断改进自己的机器的强制性命令。但是，机器的改进就造成人的劳动的过剩。

> 恩格斯：《反杜林论》（1876年9月—1878年6月），见《马克思恩格斯文集》第9卷第290页。

市场的扩张赶不上生产的扩张。冲突成为不可避免的了，而且，因为它在把资本主义生产方式本身炸毁以前不能使矛盾得到解决，所以它就成为周期性的了。资本主义生产造成了新的"恶性循环"。

> 恩格斯：《反杜林论》（1876年9月—1878年6月），见《马克思恩格斯文集》第9卷第292页。

事实上，自从1825年第一次普遍危机爆发以来，整个工商业世界，一切文明民族及其野蛮程度不同的附属地中的生产和交换，差不多每隔十年就要出轨一次。交易停顿，市场盈溢，产品大量滞销积压，银根奇紧，信用停止，工厂停工，工人群众因为他们生产的生活资料过多而缺乏生活资料，破产相继发生，拍卖纷至沓来。停滞状态持续几年，生产力和产品被大量浪费和破坏，直到最后，大批积压的商品以或多或少压低了的价格卖出，生产和交换又逐渐恢复运转。步伐逐渐加快，慢步转成快步，工业快步转成跑步，跑步又转成工业、商业、信用和投机事业的真正障碍赛马中的狂奔，最后，经过几次拼命的跳跃重新陷入崩溃的深渊。

> 恩格斯：《反杜林论》（1876年9月—1878年6月），见《马克思恩格斯文集》第9卷第292—293页。

在他①看来，自由贸易是现代资本主义生产的正常条件。只有实行自由贸易，蒸汽、电力、机器的巨大生产力才能够获得充分的发展；这种发展的速度越快，也就会越快、越充分地实现其不可避免的后果：社会分裂为

---

① 指马克思。——本书编者注

两个阶级——一面是资本家,一面是雇佣工人;一边是世袭的富有,另一边是世袭的贫困;供过于求,市场无法吸收日益增加的大量的工业品;不断重复出现周期——繁荣、生产过剩、危机、恐慌、慢性萧条、贸易逐渐复苏,这种复苏并不是持续好转的先兆,而是新的生产过剩和危机的先兆;一句话,生产力发展到了这种程度,以致生产力与其赖以发展起来的社会制度不能相容,使这种制度成了生产力不能忍受的桎梏;唯一可能的出路,就是实行社会革命,把社会生产力从过时的社会制度的桎梏下解放出来,把真正的生产者、广大人民群众从雇佣奴役状态中解放出来。

恩格斯:《保护关税制度和自由贸易》(1888年4月底—5月上旬),见《马克思恩格斯文集》第4卷第336页。

2. 资本主义社会的历史地位

一旦这一转化过程①使旧社会在深度和广度上充分瓦解,一旦劳动者转化为无产者,他们的劳动条件转化为资本,一旦资本主义生产方式站稳脚跟,劳动的进一步社会化,土地和其他生产资料的进一步转化为社会地使用的即公共的生产资料,从而对私有者的进一步剥夺,就会采取新的形式。现在要剥夺的已经不再是独立经营的劳动者,而是剥削许多工人的资本家了。

马克思:《资本论》第1卷(1867年),见《马克思恩格斯文集》第5卷第873页。

以个人自己劳动为基础的分散的私有制转化为资本主义私有制,同事实上已经以社会的生产经营为基础的资本主义所有制转化为社会所有制比较起来,自然是一个长久得多、艰苦得多、困难得多的过程。前者是少数掠夺者剥夺人民群众,后者是人民群众剥夺少数掠夺者。

马克思:《资本论》第1卷(1867年),见《马克思恩格斯文集》第5卷第874—875页。

---

① 指原始积累过程。——本书编者注

第四章　论社会形态

……现代资本主义生产方式所造成的生产力和由它创立的财富分配制度，已经和这种生产方式本身发生激烈的矛盾，而且矛盾达到了这种程度，以至于如果要避免整个现代社会毁灭，就必须使生产方式和分配方式发生一个会消除一切阶级差别的变革。

恩格斯：《反杜林论》（1876年9月—1878年6月），见《马克思恩格斯文集》第9卷第165页。

一旦资本主义生产方式站稳脚跟，劳动的进一步社会化，土地和其他生产资料的进一步转化，从而对私有者的进一步的剥夺，都会采取新的形式。"现在要剥夺的已经不再是独立经营的劳动者，而是剥削许多工人的资本家了。……"

恩格斯：《反杜林论》（1876年9月—1878年6月），见《马克思恩格斯文集》第9卷第140页。

……资本主义生产的历史趋势被归结成这样："资本主义生产本身由于自然变化的必然性，造成了对自身的否定"；它本身已经创造出了新的经济制度的要素，它同时给社会劳动生产力和一切生产者个人的全面发展以极大的推动；实际上已经以一种集体生产方式为基础的资本主义所有制只能转变为社会所有制。

马克思：《给〈祖国纪事〉杂志编辑部的信》（1877年10—11月），见《马克思恩格斯文集》第3卷第465页。

资本主义生产一方面神奇地发展了社会的生产力，但是另一方面，也表现出它同自己所产生的社会生产力本身是不相容的。它的历史今后只是对抗、危机、冲突和灾难的历史。结果，资本主义生产向一切人（除了因利益而瞎了眼的人）表明了它的纯粹的暂时性。欧洲和美洲的一些资本主义生产最发达的民族，正力求打碎它的枷锁，以合作生产来代替资本主义生产，以古代类型的所有制最高形式即共产主义所有制来代替资本主义所有制。

马克思：《给维·伊·查苏利奇的复信草稿》（1881年2—3月），见《马克思恩格斯全集》2001年版第25卷第471页。

在一定阶段上，资产阶级推动的新的生产力——首先是分工和许多局部工人在一个综合性手工工场里的联合——以及通过生产力发展起来的交换条件和交换需要，同现存的、历史上继承下来的而且被法律神圣化的生产秩序不相容了，就是说，同封建社会制度的行会特权以及许多其他的个人特权和地方特权（这些特权对于非特权等级来说都是桎梏）不相容了。资产阶级所代表的生产力起来反抗封建土地占有者和行会师傅所代表的生产秩序了；结局是大家都知道的：封建桎梏被打碎了，在英国是逐渐打碎的，在法国是一下子打碎的，在德国还没有完全打碎。但是，正像工场手工业在一定发展阶段上曾经同封建的生产秩序发生冲突一样，大工业现在已经同代替封建生产秩序的资产阶级生产秩序相冲突了。被这种秩序、被资本主义生产方式的狭隘范围所束缚的大工业，一方面使全体广大人民群众越来越无产阶级化，另一方面生产出越来越多的没有销路的产品。生产过剩和大众的贫困，两者互为因果，这就是大工业所陷入的荒谬的矛盾，这个矛盾必然要求通过改变生产方式来使生产力摆脱桎梏。

恩格斯：《路德维希·费尔巴哈和德国古典哲学的终结》（1886年初），见《马克思恩格斯文集》第4卷第305—306页。

无论哪一个社会形态，在它所能容纳的全部生产力发挥出来以前，是决不会灭亡的；而新的更高的生产关系，在它的物质存在条件在旧社会的胎胞里成熟以前，是决不会出现的。

马克思：《〈政治经济学批判〉序言》（1859年1月），见《马克思恩格斯文集》第2卷第592页。

五、关于社会主义社会——共产主义社会

[见第七章《论未来社会的发展》]

马克思恩格斯要论精选

增订本

第五章
论社会问题

一　关于战争与革命、和平问题
二　关于殖民地问题
三　关于工人问题
四　关于农民问题
五　关于知识分子问题
六　关于妇女和儿童问题
七　关于青年和学生问题
八　关于教育问题
九　关于爱情、婚姻与家庭问题
十　关于住宅问题
十一　关于自杀与卖淫问题

第五章 论社会问题

一、关于战争与革命、和平问题

（一）战争的根源

1. 战争的社会根源

因为这个地区是他们不久以前才征服来的，所以这些部落惯于团结起来对付被他们驱逐的部落，是自然而然的事。这样至迟到15世纪初，就发展成为一种正式的"永世联盟"，这种联盟，一经意识到它的新的实力，便立刻具有了进攻的性质，在1675年前后，当它达到了极盛的时候，便征服了它四周的广大土地，把这些地方上的居民一部分驱逐出境，一部分使之纳贡。

恩格斯：《家庭、私有制和国家的起源》（1884年3月底—5月底），见《马克思恩格斯文集》第4卷第108页。

在没有明确的和平条约的地方，部落与部落之间便存在着战争，而且这种战争进行得很残酷，使别的动物无法和人类相比，只是到后来，才因物质利益的影响而缓和一些。

恩格斯：《家庭、私有制和国家的起源》（1884年3月底—5月底），见《马克思恩格斯文集》第4卷第112页。

根据这一说法，外婚制的部落只能从别的部落娶妻，而这在与蒙昧时代相适应的各部落之间战争不断的状态下，只有用抢劫的办法才能做到。

恩格斯：《〈家庭、私有制和国家的起源〉1891年第四版序言》（1891年6月16日），见《马克思恩格斯文集》第4卷第23页。

2. 战争的经济根源

这些战争也表明：贸易和掠夺一样，是以强权为基础的；人们只要认为哪些条约最有利，他们就甚至会昧着良心使用诡计或暴力强行订立这些条约。

> 恩格斯：《国民经济学批判大纲》（1843年9月底或10月初—1844年1月中），见《马克思恩格斯文集》第1卷第57页。

随着工厂手工业的出现，各国进入竞争的关系，展开了商业斗争，这种斗争是通过战争、保护关税和各种禁令来进行的，而在过去，各国只要彼此有了联系，就互相进行和平的交易。

> 马克思和恩格斯：《德意志意识形态》（1845年秋—1846年5月），见《马克思恩格斯文集》第1卷第562页。

各国间的竞争尽可能通过关税率、禁令和各种条约来消除，但归根结底，竞争的斗争还是通过战争（特别是海战）来进行和解决的。

> 马克思和恩格斯：《德意志意识形态》（1845年秋—1846年5月），见《马克思恩格斯文集》第1卷第563页。

对进行征服的蛮族来说，正如以上所指出的，战争本身还是一种通常的交往形式；在传统的、对该民族来说唯一可能的粗陋生产方式下，人口的增长越来越需要新的生产资料，因而这种交往形式越来越被加紧利用。

> 马克思和恩格斯：《德意志意识形态》（1845年秋—1846年5月），见《马克思恩格斯文集》第1卷第577页。

在汉诺威王朝时代，英国已经发达到能够进行现代式的商业战争来反对法国了。英国自己仅仅在美洲和东印度直接与法国作战，而在大陆上则满足于雇佣象弗里德里希二世这样外国君主来与法国作战。

> 马克思和恩格斯：《"新莱茵报。政治经济评论"第2期上发表的书评》（1850年2月），见《马克思恩格斯全集》1959年版第7卷第248—249页。

……战争一爆发，也就又有可能发行"战时公债"了。

第五章 论社会问题

> 马克思:《致斐迪南·拉萨尔》(1859 年 2 月 4 日),见《马克思恩格斯全集》1972 年版第 29 卷第 557 页。

1848 年,资产者们对农民的那块土地加上了每法郎 45 生丁的附加税,而那时候他们还是以革命的名义这样做的;现在他们则挑起了反对革命的国内战争,借以把他们约定要付给普鲁士人的 50 亿赔款的主要重担转嫁到农民身上。

> 马克思:《法兰西内战》(1871 年 5 月),见《马克思恩格斯文集》第 3 卷第 161 页。

劳动场地变成了战场。伟大的地理发现以及随之而来的殖民地的开拓使销售市场扩大了许多倍,并且加速了手工业向工场手工业的转化。斗争不仅爆发于地方的各个生产者之间;地方性的斗争又发展为全国性的,发展为 17 世纪和 18 世纪的商业战争。

> 恩格斯:《社会主义从空想到科学的发展》(1880 年 1 月—3 月上半月),见《马克思恩格斯文集》第 3 卷第 553 页。

在荷马的诗中,我们可以看到希腊的各部落大多数已联合成为一些小民族,……。各个小民族 [Völkchen],为了占有最好的土地,也为了掠夺战利品,进行着不断的战争;以俘虏充做奴隶,已成为公认的制度。

> 恩格斯:《家庭、私有制和国家的起源》(1884 年 3 月底—5 月底),见《马克思恩格斯文集》第 4 卷第 120 页。

……古代部落对部落的战争,已经逐渐蜕变为在陆上和海上为攫夺牲畜、奴隶和财宝而不断进行的抢劫,变为一种正常的营生,一句话,财富被当做最高的价值而受到赞美和崇敬,古代氏族制度被滥用来替暴力掠夺财富的行为辩护。

> 恩格斯:《家庭、私有制和国家的起源》(1884 年 3 月底—5 月底),见《马克思恩格斯文集》第 4 卷第 125 页。

战争提供了新的劳动力：俘虏变成了奴隶。

> 恩格斯：《家庭、私有制和国家的起源》（1884年3月底—5月底），见《马克思恩格斯文集》第4卷第180页。

3. 战争的阶级根源

旧社会还能创造的最高英雄伟绩不过是民族战争，而这种战争如今被证明不过是政府用来骗人的东西，意在延缓阶级斗争，一旦阶级斗争爆发成内战，这种骗人的东西也就会立刻被抛在一边。

> 马克思：《法兰西内战》（1871年4月中旬—5月底），见《马克思恩格斯文集》第3卷第179页。

英国资产阶级在它还垄断着表决权时，总是表示准备接受多数的决议。但是，请您相信，一旦当它在自己认为是生命攸关的重大问题上处于少数时，我们就会在这里遇到新的奴隶主的战争……

> 马克思：《同"世界报"记者谈话的记录》（1871年7月3日），见《马克思恩格斯全集》第17卷第686页。

对外的冲突，则由战争来解决；这种战争可能以部落的消灭而告终，但从没能以它的被奴役而告终。

> 恩格斯：《家庭、私有制和国家的起源》（1884年3月底—5月底），见《马克思恩格斯文集》第4卷第177—178页。

以前打仗只是为了对侵犯进行报复，或者是为了扩大已经感到不够的领土；现在打仗，则纯粹是为了掠夺，战争成了经常性的行当。

> 恩格斯：《家庭、私有制和国家的起源》（1884年3月底—5月底），见《马克思恩格斯文集》第4卷第183页。

（二）掠夺战争的后果

三十年战争所造成的大破坏会集中在三四年里重演并殃及整个大陆；到处是饥荒、瘟疫，军队和人民群众因极端困苦而普遍野蛮化；我们在商业、工业和信用方面的人为的运营机构会陷于无法收拾的混乱状态，其结局是普遍的破产；旧的国家及其传统的治国才略一齐被摧毁，以致王冠成打地滚落在街上而无人拾取；绝对无法预料，这一切将怎样了结，谁会成为这场斗争的胜利者；只有一个结果是绝对没有疑问的，那就是普遍的衰竭和为工人阶级的最后胜利创造条件。

恩格斯：《波克罕〈纪念1806—1807年德意志极端爱国主义者〉一书引言》（1887年12月上半月），见《马克思恩格斯文集》第4卷第331页。

……例如蛮族的入侵，甚至是通常的战争，都足以使一个具有发达生产力和有高度需求的国家陷入一切都必须从头开始的境地。在历史发展的最初阶段，每天都在重新发明，而且每一个地域都是独立进行的。发达的生产力，即使在通商相当广泛的情况下，也难免遭到彻底的毁灭。

马克思和恩格斯：《德意志意识形态》（1845年秋—1846年5月），见《马克思恩格斯文集》第1卷第560页。

这也说明了另一个事实，即一次毁灭性的战争足以使一个国家在数世纪内荒无人烟，文明毁灭。

恩格斯：《恩格斯致马克思》（1853年6月6日），见《马克思恩格斯文集》第10卷第113—114页。

这个国家由于英国人从1100年到1850年所进行的侵略战争（这种战争以及戒严状态的确延续了这么长的时间），遭到了彻底的破坏。从大部分废墟可以看出，这是由于战争破坏造成的。这样一来，人民也形成了他们特殊的性格，尽管他们对爱尔兰充满民族狂热，但感觉自己不再是自己国家的主人。

恩格斯：《恩格斯致马克思》（1856年5月23日），见《马克思恩格斯文集》第10卷第133页。

战争极度地加重了负债，无情的耗尽了全国的财源。造成彻底崩溃的是，普鲁士的夏洛克手持票据勒索供养他在法国土地上的50万军队的粮饷，要求支付他的50亿赔款，对其中留待以后分期交付的款额加收5%的利息。由谁来支付呢？只有用暴力推翻共和国，财富占有者才有希望把他们自己所发动的战争的费用转嫁到财富生产者的肩上。

马克思：《法兰西内战》（1871年4月中旬—5月底），见《马克思恩格斯文集》第3卷第140页。

（三）战争与革命

一个想争取自身独立的民族，不应该仅限于用**一般的**作战方法。群众起义，革命战争，到处组织游击队——这才是小民族制胜大民族，不够强大的军队抵抗比较强大和组织良好的军队的唯一方法。

恩格斯：《皮蒙特军队的失败》（1849年3月30日—4月3日），见《马克思恩格斯全集》1965年版第6卷第461页。

……阶级之间的战争的进行，并不取决于是否采取真正的军事行动，它并不是永远都需要用街垒和刺刀来进行的；只要有利益相互对立、相互冲突和社会地位不同的阶级存在，阶级之间的战争就不会熄灭。

恩格斯：《去年十二月法国无产者相对消极的真正原因》（1852年2月—4月初），见《马克思恩格斯全集》1965年版第8卷第249页。

战争使民族经受考验——这是战争的补偿的一面。正像木乃伊在接触到空气时立即解体一样，战争给已经失去了自己的生命力的社会制度作出了最后的判决。

第五章 论社会问题

> 马克思：《英国的新揭露材料》（1855年9月8日左右），见《马克思恩格斯全集》1962年版第11卷第585页。

最后，对于普鲁士德意志来说，现在除了世界战争以外已经不可能有任何别的战争了。这会是一场具有空前规模和空前剧烈的世界战争。那时会有800万到1000万的士兵彼此残杀，同时把整个欧洲都吃得干干净净，比任何时候的蝗虫群还要吃得厉害。三十年战争所造成的大破坏会集中在三四年里重演并殃及整个大陆；到处是饥荒、瘟疫，军队和人民群众因极端困苦而普遍野蛮化；我们在商业、工业和信用方面的人为的运营机构会陷于无法收拾的混乱状态，其结局是普遍的破产；旧的国家及其传统的治国才略一齐被摧毁，以致王冠成打地滚落在街上而无人拾取；绝对无法预料，这一切将怎样了结，谁会成为这场斗争的胜利者；只有一个结果是绝对没有疑问的，那就是普遍的衰竭和为工人阶级的最后胜利创造条件。

> 恩格斯：《波克罕〈纪念德意志极端爱国主义者〉一书引言》（1887年12月上半月），见《马克思恩格斯文集》第4卷第331页。

如果战争一直打到底而没有发生内部动乱，那就会有欧洲二百年未发生过的衰竭。那时，美国工业就会取得全面胜利，使我们所有人面临非此即彼的抉择：或者倒退到仅仅是*自给*的农业……

> 恩格斯：《致弗里德里希·阿道夫·左尔格》（1888年1月7日），见《马克思恩格斯全集》1971年版第37卷第11页。

不管会不会发生战争，危机正在日益临近。俄国的现状不可能长久保持下去。……只要有什么地方一开始，资产者就会对原来是隐蔽的、到那时爆发出来变为公开的社会主义大吃一惊。

> 恩格斯：《致弗里德里希·阿道夫·左尔格》（1888年2月22日），见《马克思恩格斯全集》1971年版第37卷第23页。

（四）战争与经济、技术

……在军事学术上也不能利用旧的手段去达到新的结果。只有创造新的、更有威力的手段，才能达到新的、更伟大的结果。

> 恩格斯：《1852年神圣同盟对法战争的可能性与展望》（1851年4月），见《马克思恩格斯全集》1959年版第7卷第565页。

增长了的生产力是拿破仑作战方法的前提；新的生产力同样是作战方法上每一步新的完善的前提。

> 恩格斯：《1852年神圣同盟对法战争的条件与前景》（1851年4月），见《马克思恩格斯文集》第2卷第333页。

关于针发枪可能引起的所谓战术革命，人们进行了无休止的争论。……军界的舆论改变了；人们重新开始认识到赢得战斗胜利的是人而不是枪。

> 恩格斯：《步枪史》（1860年10月底—1861年1月上半月），见《马克思恩格斯全集》1963年版第15卷第231—232页。

一句话，暴力的胜利是以武器的生产为基础的，而武器的生产又是以整个生产为基础，因而是以"经济力量"，以"经济状况"，以可供暴力支配的**物质**手段为基础的。

> 恩格斯：《反杜林论》（1876年9月—1878年6月），见《马克思恩格斯文集》第9卷第173—174页。

……军队的全部组织和作战方式以及与之有关的胜负，取决于物质的即经济的条件：取决于人和武器这两种材料，也就是取决于居民的质和量以及技术。

> 恩格斯：《反杜林论》（1876年9月—1878年6月），见《马克思恩格斯文集》第9卷第178页。

第五章 论社会问题

以现代军舰为基础的海上政治暴力，表明它自己完全不是"直接的"，而正是**借助于**经济力量，即冶金术的高度发展、对熟练技术人员和丰富的煤矿的支配。

恩格斯：《反杜林论》（1876 年 9 月—1878 年 6 月），见《马克思恩格斯文集》第 9 卷第 181 页。

现代的军舰不仅是现代大工业的产物，同时还是现代大工业的样板，是浮在水上的工厂——的确，主要是浪费大量金钱的工厂。

恩格斯：《反杜林论》（1876 年 9 月—1878 年 6 月），见《马克思恩格斯文集》第 9 卷第 180 页。

……一旦技术上的进步可以用于军事目的并且已经用于军事目的，它们便立刻几乎强制地，而且往往是违反指挥官的意志而引起作战方式上的改变甚至变革。……总之，在任何地方和任何时候，都是经济条件和经济上的权力手段帮助"暴力"取得胜利，没有它们，暴力就不成其为暴力。谁要是想依据杜林的原则从相反的观点来改革军事，那么他除了挨揍是不会有别的结果的。

恩格斯：《反杜林论》（1876 年 9 月—1878 年 6 月），见《马克思恩格斯文集》第 9 卷第 179 页。

没有什么东西比陆军和海军更依赖于经济前提。装备、编成、编制、战术和战略，首先依赖于当时的生产水平和交通状况。……

在 14 世纪初，火药从阿拉伯人那里传入西欧，像每一个小学生都知道的那样，它使整个作战方法发生了变革。但是火药和火器的采用决不是一种暴力行为，而是一种工业的，也就是经济的进步。不管工业是以生产什么东西为目的，还是以破坏什么东西为目的，工业总还是工业。

恩格斯：《反杜林论》（1876 年 9 月—1878 年 6 月），见《马克思恩格斯文集》第 9 卷第 174 页。

（五）战争与指挥和战术

起义也正如战争或其他各种艺术一样，是一种艺术，它要遵守一定的规则，这些规则如果被忽视，那么忽视它们的政党就会遭到灭亡。……第一，不要玩弄起义，除非你有充分的准备应付你所玩弄的把戏的后果。……如果你不能集中强大的优势力量对付敌人，你就要被击溃和被消灭。第二，起义一旦开始，就必须以最大的决心行动起来并采取进攻。防御是任何武装起义的死路，它将使起义在和敌人较量以前就遭到毁灭。必须在敌军还分散的时候，出其不意地袭击他们；……要"**勇敢，勇敢，再勇敢！**"

> 恩格斯：《德国的革命和反革命》（1851年8月17日—1852年9月23日），见《马克思恩格斯文集》第2卷第446页。

在战争中，尤其是在革命战争中，在没有获得某种决定性的胜利之前，迅速行动是一个基本规则；……

> 恩格斯：《德国的革命和反革命》（1851年8月17日—1852年9月23日），见《马克思恩格斯文集》第2卷第418页。

在战争中，只有一条正确的政治路线：以最快的速度全力以赴地进行战争，粉碎敌人并迫使敌人接受战胜者的条件。

> 恩格斯：《致亨利·约翰·林肯》（1854年3月30日），见《马克思恩格斯文集》第10卷第128页。

如果说在贸易上时间是金钱，那末在战争中时间就是胜利。放过有利的时机，不利用机会调派优势兵力去对付敌人，这就是犯了战争中可能犯的最大的错误。如果不是在防御时而是在进攻时，即在侵入敌人的领土时犯这种错误，那末它就会造成加倍的危险，因为防御时疏忽所造成的后果还可以纠正，而在进攻时这样的疏忽便会招致全军覆没。

第五章 论社会问题

> 马克思和恩格斯:《罗素的辞职。——克里木事件》(1855年7月14日),见《马克思恩格斯全集》1962年版第11卷第406页。

勇敢和必胜的信念常使战斗得以胜利结束。

> 恩格斯:《欧洲军队。——法国军队》(1855年6月底—9月),见《马克思恩格斯全集》1962年版第11卷第478页。

……这一次会战的失败与其说是因为人数少,不如说是因为指挥极端拙劣。从没有一个军及时支援过另一个军。预备队到处都有,就是在需要他们的地方偏偏没有。

> 恩格斯:《意大利战争》(1859年7月20、28日和8月3日左右),见《马克思恩格斯全集》1962年版第13卷第485页。

……消极的防御,即使有良好的武器,也必败无疑。

> 恩格斯:《步枪史》(1860年10月底—1861年1月上半月),见《马克思恩格斯全集》1963年版第15卷第232页。

(六)正义战争必然胜利、非正义战争虽胜尤败

……要使每一个适于作战的社会成员,为了保卫国家而不是为了参加检阅,在自己的本行职业之外学会掌握武器,是一件容易的事情。同时请你们注意一下,一旦发生战争(当然这种战争只能**是对付那些反对共产主义的**国家的),这个社会的成员一定会保卫**真正的**祖国、**真正的**家园,因此他们将精神焕发、坚毅勇敢地作战,使受过机械化训练的现代化军队也要望风披靡。你们想一想,在1792年到1799年这个时期革命军队,即仅仅为了一种**幻想**、为了**想像的祖国**而战的军队因情绪激昂而作出了怎样的奇迹,你们就会明白,不是为了幻想、而是为了一个实在的可以捉摸的目标而战的军队将具有什么样的力量。

> 恩格斯：《在爱北斐特的演说》（1845 年 2 月 8 日），见《马克思恩格斯全集》1957 年版第 2 卷第 609—610 页。

此外，还有侵占和粗暴地毁灭经济资源的情况；由于这种情况，从前在一定条件下某一地方和某一民族的全部经济发展可能被毁灭。现在，这种情况多半都有相反的作用，至少在各大民族中间是如此：从长远看，战败者在经济上、政治上和道义上赢得的东西有时比胜利者更多。

> 恩格斯：《致康拉德·施米特》（1890 年 10 月 27 日），见《马克思恩格斯文集》第 10 卷第 597 页。

（七）如何维护并实现和平

路易-拿破仑同意关于召开会议来讨论意大利问题的建议，这种态度与其说是欧洲和平的良好的征候，不如说是不祥之兆。……初看起来，它好像是为了维护和平，现在看来，不过是为了赢得时间完成战争准备的一种新借口。

> 恩格斯：《即将举行的和平会议》（1859 年 4 月初），见《马克思恩格斯全集》1962 年版第 13 卷第 320 页。

同那个经济贫困和政治昏聩的旧社会相对立，正在诞生一个新社会，而这个新社会的国际原则将是**和平**，……

> 马克思：《总委员会向在海牙举行的国际工人协会第五次年度代表大会的报告》（1872 年 8 月底），见《马克思恩格斯全集》1964 年版第 18 卷第 145 页。

前两件事实①使得欧洲分裂为现在的两大军事阵营。德国的吞并把法国变成俄国反对德国的同盟者，沙皇对君士坦丁堡的威胁把奥地利，甚至意

---

① 指德国吞并法国阿尔萨斯-洛林和俄国力图占领土耳其、君士坦丁堡。——本书编者注

大利,变成德国的同盟者。两个阵营都在准备决战,准备一场世界上从未见过的战争,一场将有 1000 万到 1500 万武装的士兵互相对峙的战争。只有两个情况至今阻碍着这场可怕的战争爆发:第一,武器技术空前迅速地发展,每一种新发明的武器甚至还没有来得及在**一支**军队中使用,就被另外的新发明所超过;第二,绝对没有可能预料胜负,完全不知道究竟谁将在这场大战中最后成为胜利者。

恩格斯:《俄国沙皇政府的对外政策》(1889 年 12 月 23 日前—1890 年 2 月底),见《马克思恩格斯文集》第 4 卷第 390 页。

发动战争将不费吹灰之力。但是,一旦把战争发动起来,会有什么结果,却是不能预料的。……要知道,目前之所以还能维持住和平,只是由于军事技术发生不断的革命,这种革命使任何人都不能认为自己已对战争做好准备,同时还由于对世界战争中的胜负完全无法估计普遍感到恐惧,而世界战争是现在唯一可能发生的战争。

恩格斯:《今后怎样呢?》(1890 年 2 月 21 日和 3 月 1 日之间),见《马克思恩格斯全集》1965 年版第 22 卷第 10 页。

二、关于殖民地问题

(一) 殖民地的本质及其发展历程

奴隶制是殖民地财富唯一的自然基础。

马克思:《资本论》第 1 卷(1867 年),见《马克思恩格斯文集》第 5 卷第 880 页。

自由殖民地的本质在于,大量土地仍然是人民的财产,因此每个移民都能够把一部分土地转化为自己的私有财产和个人的生产资料,而又不妨碍后来的移民这样做。① 这就是殖民地繁荣的秘密,同时也是殖民地的痼

---

① "土地要成为殖民的要素,不仅必须是未耕种的,而且必须是能够转化为私人财产的公共财产。"爱·吉·韦克菲尔德《英国和美国》第 2 卷第 125 页。——编者注

疾——反抗资本迁入——的秘密。

马克思：《资本论》第1卷（1867年），见《马克思恩格斯文集》第5卷第880页。

伟大的地理发现以及随之而来的殖民地的开拓使销售市场扩大了许多倍，并且加速了手工业向工厂手工业的转化。

恩格斯：《社会主义从空想到科学的发展》（1880年1月—3月上半月），见《马克思恩格斯文集》第3卷第553页。

在行会制度及各种规则的保护下积累了资本，发展了海上贸易，建立了殖民地①……

马克思：《致帕维尔·瓦西里耶维奇·安年科夫》（1846年12月28日），见《马克思恩格斯文集》第10卷第44页。

殖民制度大大地促进了贸易和航运的发展。……殖民地为迅速产生的工场手工业保证了销售市场以及由市场垄断所引起的成倍积累。

马克思：《资本论》第1卷（1867年），见《马克思恩格斯文集》第5卷第864页。

殖民地造成了世界贸易，而世界贸易则是机器大工业的必不可少的条件。

马克思：《致帕维尔·瓦西里耶维奇·安年科夫》（1846年12月28日），见《马克思恩格斯文集》第10卷第49页。

殖民制度宣布，赚钱是人类最终的和唯一的目的。

马克思：《资本论》第1卷（1867年），见《马克思恩格斯文集》第5卷第864页。

---

① 从殖民地的性质上来说，大致可分为拓殖型殖民地、资源掠夺型殖民地和商业殖民地三种主要类型，这三种殖民地是随着资本主义的发展进程而顺次出现的。——本书编者注

第五章　论社会问题

现代殖民地是通过世界市场现成地得到衣服、工具等等的产品的，而在以前的情况下这些产品必须由这些国家自己生产。

马克思：《资本论》第 3 卷（1894 年），见《马克思恩格斯文集》第 7 卷第 755—756 页。

在殖民地，移民只须投很少的资本；主要的生产要素是劳动和土地。

马克思：《资本论》第 3 卷（1894 年），见《马克思恩格斯文集》第 7 卷第 761 页。

殖民地之所以成为殖民地——在这里，我们只是就真正的农业殖民地而言——，不只是由于它拥有尚处于自然状态的大量肥沃的土地。而是由于这样一种情况：这些土地还没有被人占有，还没有受土地所有权的支配。就土地来说，造成旧的国家和殖民地之间巨大区别的，是土地所有权在法律上或是事实上的不存在。

马克思：《资本论》第 3 卷（1894 年），见《马克思恩格斯文集》第 7 卷第 855—856 页。

经营殖民地的历史，"展示出一幅背信弃义、贿赂、残杀和卑鄙行为的绝妙图画"[1]。

马克思：《资本论》第 1 卷（1867 年），见《马克思恩格斯文集》第 5 卷第 861—862 页。

（二）列强对殖民地的争夺与瓜分

我的朋友们，请允许我今天破例以一个德国人的身份来讲几句话。我们德国的民主主义者特别关心波兰的解放。正是德国的君主们曾经从瓜

---

[1] 前爪哇岛副总督托马斯·斯坦福·拉弗尔斯《爪哇史》1817 年伦敦版第 2 卷第 CXC、CXCI 页。——编者注

分波兰①中得到好处，正是德国的士兵直到现在还在蹂躏加利西亚和波森。我们德国人，我们德国民主主义者，首先应当洗刷我们民族的这个污点。

恩格斯：《关于波兰的演说》（1847年11月29日），见《马克思恩格斯文集》第1卷第696页。

各殖民地开始成为巨大的消费者；各国经过长期的斗争，彼此瓜分了已开辟出来的世界市场。

马克思和恩格斯：《德意志意识形态》（1845年秋—1846年5月），见《马克思恩格斯文集》第1卷第563页。

南美各殖民地脱离了他们的欧洲宗主国，英国侵占了法国和荷兰的所有重要的殖民地，印度被逐渐征服——这就把所有这些广大地区的居民变成了英国商品的消费者。

恩格斯：《保护关税制度和自由贸易》（1888年4月底—5月上旬），见《马克思恩格斯文集》第4卷第334页。

……俄国目前政策的所有主要的特征：兼并波兰，虽然最初还不得不把一部分猎获物让给邻居；把德国变成下一个瓜分对象；把夺取君士坦丁堡当做永不忘记的、可以逐渐实现的最主要目标；夺取芬兰作为彼得堡的屏障而把挪威并给瑞典作为补偿……

---

① 瓜分波兰指18世纪根据1772年5月3日在圣彼得堡签订的协定对波兰进行的三次瓜分。1772年第一次瓜分波兰时，奥地利分得了加利西亚，普鲁士分得了瓦尔米亚以及波美拉尼亚、库亚维恩和大波兰区的一部分；利夫兰及白俄罗斯东部的一部分划归俄国。1793年第二次瓜分波兰时，俄国得到了白俄罗斯的一部分地区和第聂伯河西岸乌克兰地区，普鲁士得到了但泽（今格但斯克）、托论及大波兰区的部分地区。奥地利未参加第二次瓜分。1795年第三次瓜分时，俄国分得了立陶宛、库尔兰、白俄罗斯西部地区和沃伦的一部分。奥地利攫取了包括卢布林和克拉科夫在内的小波兰区的一部分。包括华沙在内的波兰本土大部分划归普鲁士。第三次瓜分以后，波兰共和国贵族已不再作为独立国家而存在了。——编者注

第五章 论社会问题

> 恩格斯:《俄国沙皇政府的对外政策》(1889年12月23日前—1890年2月底),见《马克思恩格斯文集》第4卷第366页。

然后是开拓殖民地。现在这纯粹是交易所的附属物。欧洲列强为了交易所的利益在几年前就把非洲瓜分了。

> 马克思:《资本论》第3卷(1894年),见《马克思恩格斯文集》第7卷第1030页。

当英国终于决定打到北京,而法国也希望捞到一点好处而同英国联合起来的时候,俄国——尽管就在此时夺取了中国的一块大小等于法德两国加在一起的领土和一条同多瑙河一样长的河流——竟能以处于弱者地位的中国人的无私保护人身份出现,而且在缔结和约时俨然以调停者自居;……

> 恩格斯:《俄国在远东的成功》(1858年10月25日前后),见《马克思恩格斯文集》第2卷第650页。

不但英、法所得的一切明显利益,不管是什么,俄国都有份,而且俄国还得到了黑龙江边的整个地区,这个地区是它早已悄悄占领的。俄国并不满足于此,它还取得了这样一个成果,即成立俄中委员会来确定边界。

> 恩格斯:《俄国在远东的成功》(1858年10月25日前后),见《马克思恩格斯文集》第2卷第652页。

由于征服了中亚细亚和吞并了满洲,俄国使自己的领地增加了一块像除俄罗斯帝国外的整个欧洲那样大的地盘,并从冰天雪地的西伯利亚进入了温带。中亚细亚各河流域和黑龙江流域,很快就会住满俄国的移民。

> 恩格斯:《俄国在远东的成功》(1858年10月25日前后),见《马克思恩格斯文集》第2卷第653页。

（三）列强对殖民地的统治方式与残酷暴行

在殖民地市场实现垄断，而在国外市场上则尽量实行差别关税。

马克思和恩格斯：《德意志意识形态》（1845年秋—1846年5月），见《马克思恩格斯文集》第1卷第564页。

东印度和中国的市场、美洲的殖民化、对殖民地的贸易、交换手段和一般商品的增加，使商业、航海业和工业空前高涨，因而使正在崩溃的封建社会内部的革命因素迅速发展。

马克思和恩格斯：《共产党宣言》（1847年12月—1848年1月底），见《马克思恩格斯文集》第2卷第32页。

当我们把目光从资产阶级文明的故乡转向殖民地的时候，资产阶级文明的极端伪善和它的野蛮本性就赤裸裸地呈现在我们面前，它在故乡还装出一副体面的样子，而在殖民地它就丝毫不加掩饰了。

马克思：《不列颠在印度统治的未来结果》（1853年7月22日），见《马克思恩格斯文集》第2卷690页。

爱尔兰只是从十八世纪初才进入安定状态，这里的人口过去在骚乱中被英国人残酷地屠杀了十分之一以上，……

恩格斯：《英国工人阶级状况》（1844年9月—1845年3月），见《马克思恩格斯文集》第1卷第402页。

从爱尔兰历史的例子中就可以看到，如果一个民族奴役其他民族，那对它自己来说该是多么的不幸。

恩格斯：《致马克思》（1869年10月24日），见《马克思恩格斯全集》1975年版第32卷第359页。

第五章　论社会问题

不列颠人给印度斯坦带来的灾难①，与印度斯坦过去所遭受的一切灾难比较起来，毫无疑问在本质上属于另一种，在程度上要深重得多。

马克思：《不列颠在印度的统治》（1853年6月7—10日之间），见《马克思恩格斯文集》第2卷第678页。

在这次战斗中②，英军损失了185人，他们为了对此进行报复，在劫城的时候大肆屠杀。英军作战时自始至终采取了极端残酷的手段，这种手段是和引起这次战争的走私贪欲完全相符的。

恩格斯：《英人对华的新远征》（1857年4月初），见《马克思恩格斯全集》1962年版第12卷第190页。

这些把炽热的炮弹射向毫无防御的城市、杀人又强奸妇女的文明贩子们，尽可以把中国人的这种抵抗方法叫做卑劣的、野蛮的、凶残的方法；但是只要这种方法有效，那么对中国人来说这又有什么关系呢？

恩格斯：《波斯和中国》（1857年5月20日前后），见《马克思恩格斯文集》第2卷第626页。

（四）殖民地人民的英勇反抗

在中国，压抑着的、鸦片战争时燃起的仇英火种，爆发成了任何和平和友好的表示都未必能扑灭的愤怒烈火。

马克思：《英人在华的残暴行动》（1857年3月22日前后），见《马克思恩格斯文集》第2卷第621页。

广州城的无辜居民和安居乐业的商人惨遭屠杀，他们的住宅被炮火夷为平地，人权横遭侵犯，这一切都是在"中国人的挑衅行为危机英国人的

---

① 是指英国对印度的殖民统治。——本书编者注
② 指1842年英国侵略者在崇明岛附近对中国军队的进攻。——本书编者注

生命和财产"这种站不住脚的借口下发生的！英国政府和英国人民——至少那些愿意弄清这个问题的人们——都知道这些非难是多么虚伪和空洞。……英国人控告中国人一桩，中国人至少可以控告英国人九十九桩。

马克思：《英人在华的残暴行动》（1857年3月22日前后），见《马克思恩格斯文集》第2卷第620—621页。

英国人在亚洲刚结束了一场战争，现在又开始进行另一场战争了①。波斯人对英国侵略的抵抗和中国人迄今对英国侵略所进行的抵抗，形成了值得我们注意的对照。……在中国，这个世界上最古老国家的腐朽的半文明制度，则用自己的手段与欧洲人进行斗争。波斯被打得一败涂地，而绝望的、陷于半瓦解状态的中国，却找到了一种抵抗办法，这种办法实行起来，就不会再有第一次英国对华战争②那种节节胜利的形式出现了。

恩格斯：《波斯和中国》（1857年5月20日前后），见《马克思恩格斯文集》第2卷第622页。

现在，中国人的情绪与1840—1842年战争时的情绪已显然不同。那时人民保持平静，让皇帝的军队去同侵略者作战，失败之后，则抱着东方宿命论的态度屈从于敌人的暴力。但是现在，至少在迄今斗争所及的南方各省，民众积极地而且是狂热地参加反对外国人的斗争。他们经过极其冷静的预谋，在供应香港欧洲人居住区的面包里大量地投放了毒药。……他们暗带武器搭乘商船，而在中途杀死船员和欧洲乘客，夺取船只。他们绑架和杀死所能遇到的每一个外国人。连移民到外国去的苦力都好像事先约定好了，在每一艘移民船上起来暴动，夺取船只，他们宁愿与船同沉海底或者在船上烧死，也不投降。甚至国外的华侨——他们向来是最听命和最驯顺的臣民——也进行密谋，突然在夜间起事，……是英国政府的海盗政策造成了这一所有中国人普遍奋起反抗所有外国人的局面，并使之表现为一场灭绝战。

---

① 指第二次鸦片战争。——编者注
② 即1840—1842年的第一次鸦片战争。——编者注

第五章　论社会问题

> 恩格斯：《波斯和中国》（1857年5月20日前后），见《马克思恩格斯文集》第2卷第625—626页。

我们不要像道貌岸然的英国报刊那样从道德方面指责中国人的可怕暴行，最好承认这是"保卫社稷和家园"的战争，这是一场维护中华民族生存的人民战争。

> 恩格斯：《波斯和中国》（1857年5月20日前后），见《马克思恩格斯文集》第2卷第626页。

（五）殖民地人民的独立与解放

一个想争取自身独立的民族，不应该仅限于用一般的作战方法。群众起义，革命战争，到处组织游击队——这才是小民族制胜大民族，不够强大的军队抵抗比较强大和组织良好的军队的唯一方法。

> 恩格斯：《皮蒙特军队的失败》（1849年3月30日—4月3日），见《马克思恩格斯全集》1961年版第6卷第461页。
>
> 恩格斯：《关于波兰的演说》（1847年11月29日），见《马克思恩格斯文集》第1卷第697页。

从今以后，德国人民和波兰人民便紧密地联结在一起。我们有着共同的敌人，共同的压迫者，因为俄罗斯政府也象压迫波兰人一样地压迫着我们。

> 马克思和恩格斯：《论波兰问题》（1848年2月22日），见《马克思恩格斯全集》1958年版第4卷第540页。

……只有在波兰重新争得了自己的独立以后，只有当它作为一个独立的民族重新掌握自己的命运的时候，它的内部发展过程才会重新开始，它才能够作为一种独立的力量来促进欧洲的社会改造。

> 恩格斯：《支特波兰》（1875 年 3 月 24 日），见《马克思恩格斯全集》1964 年版第 18 卷第 630 页。

真正的殖民地，即欧洲移民占据的土地——加拿大、好望角和澳大利亚，都会独立的；相反地，那些只是被征服的、由土著人居住的土地——印度、阿尔及利亚以及荷兰、葡萄牙、西班牙的属地，无产阶级不得不暂时接过来，并且尽快地引导它们走向独立。

> 恩格斯：《致卡尔·考茨基》（1882 年 2 月 7 日），见《马克思恩格斯文集》第 10 卷第 480 页。

要保障国际和平，首先就必须消除一切可以避免的民族摩擦，每个民族都必须获得独立，在自己的家里当家做主。这样，随着商业、农业和工业的发展，从而随着资产阶级社会势力的增长，民族意识也就到处发扬，被分割、被压迫的各民族都要求统一和独立。

> 恩格斯：《暴力在历史中的作用》（1887 年 12 月底—1888 年 3 月），见《马克思恩格斯全集》1965 年版第 21 卷第 463—464 页。

一个民族当它还在压迫其他民族的时候，是不可能获得自由的。因此，只要波兰没有从德国人的压迫下解放出来，德国就不可能获得解放。

> 恩格斯：《关于波兰的演说》（1847 年 11 月 29 日），见《马克思恩格斯文集》第 1 卷第 696 页。

谁也不能奴役一个民族而不受惩罚。

> 恩格斯：《支特波兰》（1875 年 3 月 24 日），见《马克思恩格斯全集》1964 年版第 18 卷第 629 页。

第五章 论社会问题

（六）殖民地和殖民主义的历史作用

正是欧洲移民，使北美的农业生产能够大大发展，这种发展通过竞争震撼着欧洲大小土地所有制的根基。此外，这种移民还使美国能够以巨大的力量和规模开发其丰富的工业资源，以至于很快就会摧毁西欧的工业垄断地位。这两种情况反过来对美国本身也起着革命作用。作为美国整个政治制度基础的自耕农场主的中小土地所有制，正逐渐被大农场的竞争所征服；同时，在各工业区，人数众多的无产阶级和神话般的资本积聚第一次发展起来了。

> 恩格斯：《〈共产党宣言〉1890年德文版序言》（1890年5月1日），见《马克思恩格斯文集》第2卷第17—18页。

所有这些同时影响着中国的财政、社会风尚、工业和政治结构的破坏性因素，到1840年在英国大炮的轰击之下得到了充分的发展；……

> 马克思：《中国革命和欧洲革命》（1853年5月31日），见《马克思恩格斯文集》第2卷第609页。

英国在印度要完成双重的使命：一个是破坏的使命，即消灭旧的亚洲式的社会；另一个是重建的使命，即在亚洲为西方式的社会奠定物质基础。

> 马克思：《不列颠在印度统治的未来结果》（1853年7月22日），见《马克思恩格斯文集》第2卷第686页。

相继侵入印度的阿拉伯人、土耳其人、鞑靼人和莫卧儿人，不久就就被印度化了——野蛮的征服者，按照一条永恒的历史规律，本身被他们所征服的臣民的较高文明所征服。不列颠人是第一批文明程度高于印度因而不受印度文明影响的征服者。他们破坏了本地的公社，摧毁了本地的工业，夷平了本地社会中伟大和崇高的一切，从而毁灭了印度的文明。他们在印度进行统治的历史，除破坏以外很难说还有别的什么内容。

>马克思:《不列颠在印度统治的未来结果》(1853年7月22日),见《马克思恩格斯文集》第2卷第686页。

使印度达到比从前在大莫卧儿人统治下更加牢固和更加扩大的政治统一,是重建印度的首要条件。不列颠人用刀剑实现的这种统一,现在将通过电报而巩固起来,永存下去。

>马克思:《不列颠在印度统治的未来结果》(1853年7月22日),见《马克思恩格斯文集》第2卷第686页。

由不列颠的教官组织和训练出来的印度人军队,是印度自己解放自己和不再一遇到外国入侵者就成为战利品的必要条件。

>马克思:《不列颠在印度统治的未来结果》(1853年7月22日),见《马克思恩格斯文集》第2卷第686页。

第一次被引进亚洲社会并且主要由印度人和欧洲人的共同子孙所领导的自由报刊,是改建这个社会的一个新的和强有力的因素。

>马克思:《不列颠在印度统治的未来结果》(1853年7月22日),见《马克思恩格斯文集》第2卷第686页。

从那些在英国人监督下在加尔各答勉强受到一些很不充分的教育的印度当地人中间,正在崛起一个具有管理国家的必要知识并且熟悉欧洲科学的新的阶级。

>马克思:《不列颠在印度统治的未来结果》(1853年7月22日),见《马克思恩格斯文集》第2卷第686页。

蒸汽机使印度能够同欧洲经常地、讯速地交往,把印度的主要港口同整个东南海洋上的港口联系起来,使印度摆脱了孤立状态,而孤立状态是它过去处于停滞状态的主要原因。在不远的将来,铁路加上轮船,将使英国和印度之间的距离以时间计算缩短为八天,而这个一度是神话中的国度就将同西方世界实际地联结在一起。

……

铁路的敷设可以很容易地用来为农业服务,例如在建筑路堤需要取土的地方修水库,给铁路沿线地区供水。这样一来,作为东方农业的必要条件的水利事业就会大大发展,常因为缺水而造成的地区性饥荒就可以避免。

> 马克思:《不列颠在印度统治的未来结果》（1853年7月22日）,见《马克思恩格斯文集》第2卷第686—687页。

英国则摧毁了印度社会的整个结构,而且至今还没有任何重新改建的迹象。印度人失掉了他们的旧世界而没有获得一个新世界,这就使他们现在所遭受的灾难具有一种特殊的悲惨色彩,使不列颠统治下的印度斯坦同它的一切古老传统,同它过去的全部历史断绝了联系。

> 马克思:《不列颠在印度的统治》（1853年6月7—10日）,见《马克思恩格斯文集》第2卷679页。

英国在印度斯坦造成社会革命完全是受极卑鄙的利益所驱使,而且谋取这些利益的方式也很愚蠢。

> 马克思:《不列颠在印度的统治》（1853年6月7—10日）,见《马克思恩格斯文集》第2卷683页。

三、关于工人问题

（一）工人的劳动时间问题

英国工人阶级经过30年惊人顽强的斗争,利用土地巨头和金融巨头间的暂时的分裂,终于争得了十小时工作日法案的通过。……十小时工作日法案不仅是一个重大的实际的成功,而且是一个原则的胜利;资产阶级政治经济学第一次在工人阶级政治经济学面前公开投降了。

马克思：《国际工人协会成立宣言》（1864年10月21—27日之间），见《马克思恩格斯文集》第3卷第11—12页。

资本经历了几个世纪，才使工作日延长到正常的最大极限，然后越过这个极限，延长到十二小时自然日的界限。此后，自18世纪最后三十多年大工业出现以来，就开始了一个像雪崩一样猛烈的、突破一切界限的冲击。习俗和自然、年龄和性别、昼和夜的界限，统统被摧毁了。

马克思：《资本论》第1卷（1867年），见《马克思恩格斯文集》第5卷320页。

现代工业中的正常工作日，只是从1833年颁布了有关棉、毛、麻、丝工厂的工厂法起才出现的。……

1833年的法令规定，工厂的普通工作日应从早晨5点半开始，到晚上8点半结束。在这15小时的界限内，在白天的任何时间使用少年（从13岁到18岁）做工都是合法的，但是有一个条件：除某些特别规定的情况外，同一个少年一天之内做工不得超过12小时。

……

工厂主先生们极端厚颜无耻地无视最近22年来所公布的一切有关儿童劳动的法律，……

马克思：《资本论》第1卷（1867年），见《马克思恩格斯文集》第5卷第321—322页。

1847年6月8日的新工厂法规定，从1847年7月1日起，"少年"（从13岁到18岁）和所有女工的工作日先缩短为11小时，而从1848年5月1日起，最终限制为10小时。

马克思：《资本论》第1卷（1867年），见《马克思恩格斯文集》第5卷第327页。

南北战争的第一个果实，就是争取八小时工作日运动，这个运动以特别快车的速度，从大西洋跨到太平洋，从新英格兰跨到加利福尼亚。在巴

第五章　论社会问题

尔的摩召开的全国工人代表大会（1866年8月）宣布：

"为了把我国的劳动从资本主义的奴隶制下解放出来，当务之急是颁布一项法律，规定八小时工作日为美利坚联邦各州的正常工作日。我们誓以全力争取这一光荣的结果。"

与此同时（1866年9月初），在日内瓦召开的"国际工人代表大会"，根据伦敦总委员会的建议，通过决议："限制工作日是一个先决条件，没有这个条件，一切进一步谋求工人解放的尝试都将遭到失败……我们建议通过立法手续把工作日限制为八小时。"

马克思：《资本论》第1卷（1867年），见《马克思恩格斯文集》第5卷第348页。

1886年2月，美国的舆论几乎一致认为：美国没有欧洲式的工人阶级，因此，那种使欧洲社会分裂的工人和资本家之间的阶级斗争，在美利坚共和国不可能发生，所以社会主义是一种舶来品，决不能在美国的土壤上生根。然而正在这时，日益临近的阶级斗争已经投下它的巨大阴影：宾夕法尼亚的煤矿工人和其他许多行业的工人举行罢工，特别是全国都在准备争取八小时工作日的声势浩大的运动，这个运动说在5月开始就在5月开始了①。

恩格斯：《美国工人运动》（1887年1月26日），见《马克思恩格斯文集》第4卷第316—317页。

（二）工人的工资待遇问题

最低的和唯一必要的工资额就是工人在劳动期间的生活费用，再加上使工人能够养家糊口并使工人种族不致死绝的费用。按照斯密的意见，通常的工资就是同"普通人"即牲畜般的存在状态相适应的最低工资。

---

① 美国1886年5月1日和以后几天争取八小时工作日的大罢工，席卷了美国的主要工业中心城市，参加的总人数在35万以上。罢工遭到警方的武力镇压，大规模地逮捕罢工工人，并对八名工人领袖作出严厉判决，其中四人被处绞刑。为了纪念这次罢工，1889年巴黎国际社会主义工人代表大会通过决议，将每年五月一日定为国际劳动节。——本书编者注

马克思:《1844 年经济学哲学手稿》(1844 年 4—8 月),见《马克思恩格斯文集》第 1 卷第 115 页。

劳动和其他任何商品一样,也是一种商品,因此,劳动的价格和其他任何商品的价格一样,也是由同样的规律决定的。……因此,劳动的价格也是和劳动的生产费用相等的。而劳动的生产费用正好是使工人能够维持他们的劳动能力并使工人阶级不致灭绝所必需的生活资料的数量。工人的劳动所得不会比为了这一目的所必需的更多。因此,劳动的价格或工资将是维持生存所必需的最低额。

恩格斯:《共产主义原理》(1847 年 10 月底—11 月),见《马克思恩格斯文集》第 1 卷第 678 页。

总之,劳动的货币价格即名义工资,是和实际工资即用工资实际交换所得的商品量并不一致的。因此,我们谈到工资的增加或降低时,不应当仅仅注意到劳动的货币价格,仅仅注意到名义工资。
……
实际工资可能仍然未变,甚至可能增加了,可是尽管如此,相对工资却可能降低了。假定说,一切生活资料跌价三分之二,而日工资只降低了三分之一,比方由三马克降低到两马克。这时,虽然工人拿这两马克可以买到比从前拿三马克买到的更多的商品,但是他的工资和资本家的利润相比却降低了。

马克思:《雇佣劳动与资本》(1849 年 4 月),见《马克思恩格斯文集》第 1 卷第 730—732 页。

资本的迅速增加,就等于利润的迅速增加。而利润的迅速增加只有在劳动的价格同样迅速下降、相对工资同样迅速下降的条件下才是可能的。即使实际工资同名义工资即劳动的货币价值同时增加,只要实际工资不是和利润以同一比例增加,相对工资还是可能下降。比如说,在经济兴旺的时期,工资提高 5%,而利润却提高 30%,那么比较工资即相对工资**不是增加,而是减少了**。

第五章 论社会问题

> 马克思:《雇佣劳动与资本》(1849 年 4 月),见《马克思恩格斯文集》第 1 卷第 734 页。

在资产阶级社会的表面上,工人的工资表现为劳动的价格,表现为对一定量劳动支付的一定量货币。

> 马克思:《资本论》第 1 卷(1867 年),见《马克思恩格斯文集》第 5 卷第 613 页。

(三)工人的生活状况问题

由此可见,即使在对工人最有利的社会状态中,工人的结局也必然是劳动过渡和早死,沦为机器,沦为资本的奴隶(资本的积累危害着工人),发生新的竞争以及一部分工人饿死或行乞。

> 马克思:《1844 年经济学哲学手稿》(1844 年 4—8 月),见《马克思恩格斯文集》第 1 卷第 121 页。

懒惰的土地占有者的地租大都占土地产品的三分之一,忙碌的资本家的利润甚至两倍于货币利息,而剩余的那一部分,即工人在最好的情况下所挣得的部分就只有这么多:如果他有四个孩子,其中两个必定要饿死。

> 马克思:《1844 年经济学哲学手稿》(1844 年 4—8 月),见《马克思恩格斯文集》第 1 卷第 122 页。

对于工人来说,甚至对新鲜空气的需要也不再成为需要了。人又退回到洞穴中居住,不过这洞穴现在已被文明的污浊毒气所污染,而且他在洞穴中也是**朝不保夕**,仿佛这洞穴是一个每天都可能离他而去的异己力量,如果他付不起房租,他每天都可能被赶走。他必须为这停尸房**支付租金**。

> 马克思:《1844 年经济学哲学手稿》(1844 年 4—8 月),见《马克思恩格斯文集》第 1 卷第 225 页。

……工人阶级处境悲惨的原因不应当到这些小的弊病中去寻找，而应当到**资本主义制度本身**中去寻找。

恩格斯：《〈英国工人阶级状况〉1892年德文第二版序言》（1892年7月21日），见《马克思恩格斯文集》第1卷，第368页。

奴隶的生存至少会因为他的主人的私利而得到保证，农奴也还有一块用来养活他的土地，二者都至少还有不至于饿死的保障；无产者却只有指靠自己，同时，人们又不许他们把自己的力量变成完全可以指靠的力量。无产者为了改善自己的状况所能做的一切，不过是淹没在那些支配着他而他却丝毫不能控制的偶然事件的洪流中的一滴水而已。他是一个处在各种各样错综复杂情况下的没有意志的物件，只要能够在短期内勉强活下去，就算幸运了。

恩格斯：《英国工人阶级状况》（1844年9月—1845年3月），见《马克思恩格斯文集》第1卷第430页。

相反，对于无产者来说，他们自身的生活条件，即劳动，以及当代社会的全部生存条件都已变成一种偶然的东西，单个无产者是无法加以控制的，而且也没有任何**社会**组织能够使他们加以控制。……

由此可见，逃亡的农奴只是想自由地发展他们已有的生存条件并让它们发挥作用，因而归根到底只达到了自由劳动；而无产者，为了实现自己的个性，就应当消灭他们迄今面临的生存条件，消灭这个同时也是整个迄今为止的社会的生存条件，即消灭劳动①。因此，他们也就同社会的各个人迄今借以表现为一个整体的那种形式即同国家处于直接的对立中，他们应当推翻国家，使自己的个性得以实现。

马克思和恩格斯：《德意志意识形态》（1845年秋—1846年5月），见《马克思恩格斯文集》第1卷第572—573页。

……生产力在其发展的过程中达到这样的阶段，在这个阶段上产生出

---

① 这里说的"消灭劳动"，是消灭雇佣劳动。——本书编者注

第五章　论社会问题

来的生产力和交往手段在现存关系下只能造成灾难,这种生产力已经不是生产的力量,而是破坏的力量(机器和货币)。与此同时还产生了一个阶级,它必须承担社会的一切重负,而不能享受社会的福利,它被排斥于社会之外,因而不得不同其他一切阶级发生最激烈的对立;这个阶级构成了全体社会成员中的大多数,从这个阶级中产生出必须实行彻底革命的意识,即共产主义的意识,这种意识当然也可以在其他阶级中形成,只要它们认识到这个阶级的状况;……

马克思和恩格斯:《德意志意识形态》(1845年秋—1846年5月),见《马克思恩格斯文集》第1卷第542页。

在古代,劳动者是主人的**奴隶**。直到今天在许多落后国家,甚至美国南部他们还是这种奴隶。

恩格斯:《共产主义原理》(1847年10月底—11月),见《马克思恩格斯文集》第1卷第678页。

农奴曾经在农奴制度下挣扎到公社成员的地位,小资产者曾经在封建专制制度的束缚下挣扎到资产者的地位。现代的工人却相反,他们并不是随着工业的进步而上升,而是越来越降到本阶级的生存条件以下。工人变成赤贫者,贫困比人口和财富增长得还要快。

马克思和恩格斯:《共产党宣言》(1847年12月—1848年1月底),见《马克思恩格斯文集》第2卷第43页。

我们已经看到,这个绝对的矛盾怎样破坏着工人生活的一切安宁、稳定和保障,使工人面临这样的威胁:在劳动资料被夺走的同时,生活资料也不断被夺走,在他的局部职能变成过剩的同时,他本身也变成过剩的东西;……

马克思:《资本论》第1卷(1867年),见《马克思恩格斯文集》第5卷第560页。

最勤劳的工人阶层的饥饿痛苦和富人建立在资本主义积累基础上的粗野的或高雅的奢侈浪费之间的内在联系,只有当人们认识了经济规律时才能揭露出来。居住状况却不是这样。在这方面,任何一个公正的观察者都能看到,生产资料越是大量集中,工人就相应地越要聚集在同一个空间,因此,资本主义的积累越迅速,工人的居住状况就越悲惨。随着财富的增长而实行的城市"改良"是通过下列方法进行的:拆除建筑低劣地区的房屋,建造供银行和百货商店等等用的高楼大厦,为交易往来和豪华马车而加宽街道,修建铁轨马车路等等;这种改良明目张胆地把贫民赶到越来越坏、越来越挤的角落里去。

马克思:《资本论》第 1 卷(1867 年),见《马克思恩格斯文集》第 5 卷第 757—758 页。

这样,随着贸易的扩大,随着货币和货币高利贷、土地所有权和抵押的产生,财富便迅速地积聚和集中到一个人数很少的阶级手中,与此同时,大众日益贫困化,贫民的人数也日益增长。

恩格斯:《家庭、私有制和国家的起源》(1884 年 3 月底—5 月底),见《马克思恩格斯文集》第 4 卷第 187 页。

四、关于农民问题

(一) 对农民的阶级分析

凡是除农民之外还有贵族继续存在的地方,例如在德国,农民就完全和小资产者一样,处于贵族和资产阶级两面夹攻的地位。他们要想使农业利益不致受到日益强大的工商业的侵害,就得投靠于贵族。他们要想使自己不致被贵族特别是资产阶级地主的竞争所压倒,就得投靠于资产阶级。他们到底归附哪一边,这要看他们的财产状况。

恩格斯:《德国的制宪问题》(1847 年 3—4 月),见《马克思恩格斯全集》1958 年版第 4 卷第 56 页。

农民所处的地位与小资产者大致相同,他们的社会要求也大致一样。

第五章 论社会问题

> 马克思:《1848年至1850年的法兰西阶级斗争》(1850年1月—11月1日),见《马克思恩格斯文集》第2卷第136页。

至于参加这次起义的农村居民,他们大半是这样投入革命派的怀抱的:部分地是由于捐税过重,部分地是由于压在他们身上的封建义务过重。他们本身没有任何主动性,总是尾随在参加起义的其他阶级的后面,在工人与小资产阶级之间摇摆。他们站在哪一边几乎总是由他们各自所处的不同的社会地位决定的。农业工人通常是支持城市工人的;小农则倾向于和小资产阶级携手。

> 恩格斯:《德国的革命和反革命》(1851年8月17日—1852年9月23日),见《马克思恩格斯文集》第2卷第450页。

小农人数众多,他们的生活条件相同,但是彼此间并没有发生多种多样的关系。他们的生产方式不是使他们互相交往,而是使他们互相隔离。……数百万家庭的经济生活条件使他们的生活方式、利益和教育程度与其他阶级的生活方式、利益和教育程度各不相同并互相敌对,就这一点而言,他们是一个阶级。而各个小农彼此间只存在地域的联系,他们利益的同一性并不使他们彼此间形成共同关系,形成全国性的联系,形成政治组织,就这一点而言,他们又不是一个阶级。因此,他们不能以自己的名义来保护自己的阶级利益,无论是通过议会或通过国民公会。他们不能代表自己,一定要别人来代表他们。

> 马克思:《路易·波拿巴的雾月十八日》(1851年12月中—1852年3月25日),见《马克思恩格斯文集》第2卷第566—567页。

……我们的小农,同过了时的生产方式的任何残余一样,在不可挽回地走向灭亡。他们是未来的无产者。

作为未来的无产者,他们本来应当乐意倾听社会主义的宣传。但是他们那根深蒂固的私有观念,暂时还阻碍他们这样做。为了保持他们那一小块岌岌可危的土地而进行的斗争越加艰苦,他们便越加顽固地拼命抓住这一小块土地不放,他们便越加倾向于把那些谈论将土地所有权转交整个社会掌握的社会民主党人看做如同高利贷者和律师一样危险的敌人。

恩格斯：《法德农民问题》（1894 年 11 月 15—22 日之间），见《马克思恩格斯文集》第 4 卷第 513 页。

（二）农民是无产阶级的天然同盟者

……小农和小资产者正处在转变为无产阶级的过渡阶段，他们的一切政治利益的实现都越来越依赖无产阶级，因而他们很快就会同意无产阶级的要求。

恩格斯：《共产主义原理》（1847 年 10 月底—11 月），见《马克思恩格斯文集》第 1 卷第 685 页。

很明显，农民所受的剥削和工业无产阶级所受的剥削，只是在**形式**上不同罢了。剥削者是同一个：**资本**。单个的资本家通过**抵押**和**高利贷**来剥削单个的农民；资本家阶级通过**国家赋税**来剥削农民阶级。农民的所有权是资本迄今为止用来支配农民的一种符咒；是资本用来唆使农民反对工业无产阶级的一个借口。只有资本的瓦解，才能使农民地位提高；只有反资本主义的无产阶级的政府，才能结束农民经济上的贫困和社会地位的低落。

马克思：《1848 年至 1850 年的法兰西阶级斗争》（1849 年底—1850 年 3 月底和 1850 年 10 月—11 月 1 日），见《马克思恩格斯文集》第 2 卷第 160—161 页。

由此可见，农民的利益已不像拿破仑统治时期那样同资产阶级的利益、同资本相协调，而是同它们相对立了。因此，农民就把负有推翻资产阶级制度使命的**城市无产阶级**看做自己的天然同盟者和领导者。

马克思：《路易·波拿巴的雾月十八日》（1851 年 12 月中—1852 年 3 月 25 日），见《马克思恩格斯文集》第 2 卷第 570 页。

凡是中等地产和大地产占统治地位的地方，**农业短工**是农村中人数最多的阶级。德国整个北部和东部地区的情况就是如此，而城市工业工人就**在这里找到自己人数最多的天然同盟者**。

恩格斯：《〈德国农民战争〉序言》（1874年7月1日），见《马克思恩格斯文集》第2卷第211页。

无产阶级要想有任何胜利的可能性，至少应当善于变通，直接为农民做很多的事情，……

马克思：《巴枯宁〈国家制度和无政府状态〉一书摘要》（1874—1875年初），见《马克思恩格斯文集》第3卷第404页。

法国农民终于有了充分的觉悟，要去寻找长期贫困的真正原因和消灭贫困的实际办法了。而既然他们已开始思考，他们一定很快就会发现，他们得救的唯一办法，就是同那个丝毫不希望农民处在目前这种悲惨境地的唯一阶级，即同城市工人阶级结成联盟。

恩格斯：《一八七七年的欧洲工人》（1878年2月中—3月中），见《马克思恩格斯全集》1963年版第19卷第154页。

（三）无产阶级取得政权后对农民的政策

……小农和小资产者正处在转变为无产阶级的过渡阶段，他们的一切政治利益的实现都越来越依赖无产阶级，因而他们很快就会同意无产阶级的要求。

恩格斯：《共产主义原理》（1847年10月底—11月），见《马克思恩格斯文集》第1卷第685页。

在国有土地上建筑大厦，作为公民公社的公共住宅。公民公社将从事工业生产和农业生产，将把城市和农村生活方式的优点结合起来，避免二者的片面性和缺点。

拆毁一切不合卫生条件的、建筑得很坏的住宅和市区。

恩格斯:《共产主义原理》(1847年10月底—11月),见《马克思恩格斯文集》第1卷第686页。

……改造农业,因而改造建立在农业基础上的所有制这种肮脏东西,应该成为未来的变革的核心。

马克思:《致恩格斯》(1851年8月14日),见《马克思恩格斯文集》第10卷第91页。

农业劳动是其他一切劳动得以独立存在的自然基础和前提。

马克思:《剩余价值理论》(1861年8月—1863年7月),见《马克思恩格斯全集》2004年版第33卷第27页。

我们对待农村居民的政策整个说来就是:凡是有大地产的地方,租佃者对于农业工人来说就是资本家,我们就应当采取维护农业工人利益的行动;凡是地产不大的地方,租佃者虽然名义上也是小资本家或小私有者(像法国和德国部分地区那样),但是实际上,他们通常也落到和无产者一样贫困的地步,在这种情况下,我们就应当采取维护他们的利益的行动。

恩格斯:《致卡洛·卡菲埃罗》(1871年7月1—3日),见《马克思恩格斯文集》第10卷365页。

我们对待小农的态度究竟是怎样的呢?在我们夺得国家政权的那一天,我们应该怎样对待他们呢?

第一,法国纲领的论点是完全正确的:我们预见到小农必然灭亡,但是我们无论如何不要以自己的干预去加速其灭亡。

第二,同样明显的是,当我们掌握了国家政权的时候,我们决不会考虑用暴力去剥夺小农(不论有无赔偿,都是一样),像我们将不得不如此对待大土地占有者那样。我们对于小农的任务,首先是把他们的私人生产和

第五章　论社会问题

私人占有变为合作社的生产和占有，不是采用暴力，而是通过示范和为此提供社会帮助。

恩格斯:《法德农民问题》(1894年11月15—22日之间)，见《马克思恩格斯文集》第4卷第524页。

……把各小块土地结合起来并且在全部结合起来的土地上进行大规模经营的话，一部分过去使用的劳动力就会变为多余的；劳动的这种节省也就是大规模经营的主要优点之一。要给这些劳动力找到工作，可以用两种方法：或是从邻近的大田庄中另拨出一些田地给农民合作社支配，或是给这些农民以资金和机会去从事工业性的副业，尽可能并且主要是供自己使用。在这两种情况下，他们的经济地位都会有所改善，并且这同时会保证总的社会领导机构有必要的影响，以便逐渐把农民合作社转变为更高级的形式，使整个合作社及其社员个人的权利和义务跟整个社会其他部门的权利和义务处于平等的地位。至于怎样具体地在每一个特殊场合下实现这一点，那将取决于这一场合的情况，以及我们夺得政权时的情况。

恩格斯:《法德农民问题》(1894年11月15—22日之间)，见《马克思恩格斯文集》第4卷第525页。

我们永远也不能向小农许诺，给他们保全个人财产和个体经济去反对资本主义生产的优势力量。我们只能向他们许诺，我们不会违反他们的意志而强行干预他们的财产关系。……

可见，如果我们许下的诺言使人产生哪怕一点点印象，以为我们是要长期保全小块土地所有制，那就不仅对于党而且对于小农本身也是最糟糕不过的帮倒忙。这就简直是把农民解放的道路封闭起来并把党降低到招摇过市的反犹太主义的水平。恰恰相反。

恩格斯:《法德农民问题》(1894年11月15—22日之间)，见《马克思恩格斯文集》第4卷第526—527页。

五、关于知识分子问题

(一) 知识的力量

批判的武器当然不能代替武器的批判,物质力量只能用物质力量来摧毁;但是理论一经掌握群众,也会变成物质力量。

> 马克思:《〈黑格尔法哲学批判〉导言》(1843 年 10 月中—12 月中),见《马克思恩格斯文集》第 1 卷第 11 页。

知识的扩大当然是"辅助资本"增加的条件之一,或者同样可以说,是剩余产品或剩余货币转化为(在这里对外贸易具有重要意义)追加的"辅助资本"的条件之一。

> 马克思:《剩余价值理论》(1861—1863 年),见《马克思恩格斯全集》1974 年版第 26 卷(Ⅲ)第 486 页。

工人的一个成功因素就是他们的人数;但是只有当工人通过组织而联合起来并获得知识的指导时,人数才能起举足轻重的作用。

> 马克思:《国际工人协会成立宣言》(1864 年 10 月 21—27 日),见《马克思恩格斯文集》第 3 卷第 13—14 页。

在我们这个模仿者的时代,有独创见解的思想家实在太少了;因此,如果有这样一个人,他不仅是有独创见解的思想家,而且在他自己的领域里具有无比渊博的学识,那他就应当加倍地受到赞许。

> 恩格斯:《卡尔·马克思》(1869 年 7 月 28 日),见《马克思恩格斯全集》1964 年版第 16 卷第 413 页。

在马克思看来,科学是一种在历史上起推动作用的、革命的力量。

第五章　论社会问题

> 恩格斯：《在马克思墓前的讲话》（1883年3月18日前后），见《马克思恩格斯文集》第3卷第602页。

（二）知识分子的阶级属性

资产阶级抹去了一切向来受人尊崇和令人敬畏的职业的神圣光环。它把医生、律师、教士、诗人和学者变成了它出钱招雇的雇佣劳动者。

> 马克思和恩格斯：《共产党宣言》（1847年12月—1848年1月底），见《马克思恩格斯文集》第2卷第34页。

在学校中，教师对于学校老板，可以是纯粹的雇佣劳动者，这种教育工厂在英国多得很。这些教师对学生来说虽然不是**生产工人**，但是对雇用他们的老板来说却是生产工人。老板用他的资本交换教师的劳动能力，通过这个过程使自己发财。戏院、娱乐场所等等的老板也是用这种办法发财致富。在这里，演员对观众说来，是艺术家，但是对自己的企业主说来，是**生产工人**。

> 马克思：《剩余价值理论》（1861年8月—1863年7月），见《马克思恩格斯全集》1972年版第26卷（I）第443页。

资本主义生产方式的特点，恰恰在于它把各种不同的劳动，因而也把脑力劳动和体力劳动，或者说，把以脑力劳动为主或者以体力劳动为主的各种劳动分离开来，分配给不同的人。但是，……这一分离也丝毫不妨碍：这些人中的每一个人对资本的关系是雇佣劳动者的关系，是在这个特定意义上的**生产工人**的关系。

> 马克思：《剩余价值理论》（1861年8月—1863年7月），见《马克思恩格斯全集》1972年版第26卷（I）第444页。

……有的人多用手工作，有的人多用脑工作，有的人当经理、工程师、工艺师等等，有的人当监工，有的人当直接的体力劳动者或者做简单的辅助工，于是**劳动能力**的越来越多的**职能**被列在**生产劳动**的直接概念下，这

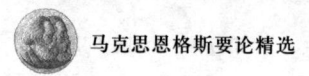

些劳动能力的承担者也被列在**生产工人**的概念下,即直接被资本剥削的和从属于资本价值增殖过程与生产过程本身的工人的概念下。

马克思:《〈资本论(1863—1865年手稿)〉摘选》(1863年8月—1865年底),见《马克思恩格斯文集》第8卷第521—522页。

(三) 争取和培养知识分子

您还谈论德国群众的无知,我是难以理解的,我觉得,我国所谓有教养的人那种好为人师的狂妄自大倒是更严重得多的障碍。当然,我们还缺乏技术员、农艺师、工程师、化学家、建筑师等等,但是在万不得已时我们也能像资本家所做的那样收买这些人,……

恩格斯:《致奥托·冯·伯尼克》(1890年8月21日),见《马克思恩格斯文集》第10卷第589页。

为了占有和使用生产资料,我们需要有技术素养的人才,而且需要量很大。……我预计,今后8—10年内,我们会把足够数量的年轻的技术专家、医生、律师和教师吸收到我们这方面来,以便在党内同志的帮助下把工厂和大地产掌管起来,为民族造福。

恩格斯:《致奥古斯特·倍倍尔》(1891年10月24—26日),见《马克思恩格斯文集》第10卷第621页。

希望你们的努力将获得成功,能使大学生们意识到,从他们的行列中应该产生出脑力劳动无产阶级,它的使命是在即将来临的革命中同自己从事体力劳动的工人兄弟在一个队伍里肩并肩地发挥重要作用。

恩格斯:《致国际社会主义者大学生代表大会》(1893年12月19日),见《马克思恩格斯文集》第4卷第446页。

过去的资产阶级革命向大学要求的仅仅是律师,作为培养政治家的最好的原料；而工人阶级的解放，除此之外还需要医生、工程师、化学家、农艺师及其他专门人才，因为问题在于不仅要掌管政治机器，而且要掌管全部社会生产，而在这里需要的决不是响亮的词句，而是扎实的知识。

恩格斯：《致国际社会主义者大学生代表大会》（1893年12月19日），见《马克思恩格斯文集》第4卷第446页。

六、关于妇女和儿童问题

（一）妇女问题的由来和妇女解放之路

1. 妇女的地位

资产者是把自己的妻子看做单纯的生产工具的。他们听说生产工具将要公共使用，自然就不能不想到妇女也会遭到同样的命运。

马克思和恩格斯：《共产党宣言》（1847年12月—1848年1月），见《马克思恩格斯文集》第2卷第49页。

关于对妇女劳动和儿童劳动进行资本主义剥削所造成的精神摧残，弗·恩格斯在他所著的《英国工人阶级状况》中以及其他的著作家已经作了详尽的阐述，因此我在这里只是提一下。

马克思：《资本论》第1卷（1867年），见《马克思恩格斯文集》第5卷第460页。

新的生产方式还处在上升时期的初级阶段；……劳动时间，特别是女工和童工的劳动时间延长到可怕的程度；……

恩格斯：《反杜林论》（1876年9月—1878年6月），见《马克思恩格斯文集》第9卷第277页。

而共产制家户经济意味着妇女在家内的统治，正如在不能确认生身父亲的条件下只承认生身母亲意味着对妇女即母亲的高度尊敬一样。那种认为妇女在最初的社会里曾经是男子的奴隶的意见，是18世纪启蒙时代所留传下来的最荒谬的观念之一。在一切蒙昧人中，在一切处于野蛮时代低级阶段、中级阶段、部分地还有处于高级阶段的野蛮人中，妇女不仅居于自由的地位，而且居于受到高度尊敬的地位。

恩格斯：《家庭、私有制和国家的起源》（1884年3月底—5月底），见《马克思恩格斯文集》第4卷第60页。

这些财富，一旦转归家庭私有并且迅速增加起来，就给了以对偶婚和母权制氏族为基础的社会一个强有力的打击。……
……
因此，随着财富的增加，财富便一方面使丈夫在家庭中占据比妻子更重要的地位；……因此，必须废除母权制，而它也就被废除了。……
母权制被推翻，乃是**女性的具有世界历史意义的失败**。丈夫在家中也掌握了权柄，而妻子则被贬低，被奴役，变成丈夫淫欲的奴隶，变成单纯的生孩子的工具了。

恩格斯：《家庭、私有制和国家的起源》（1884年3月底—5月底），见《马克思恩格斯文集》第4卷第66—68页。

男女婚后在法律上的平等权利，情况也不见得更好些。我们从过去的社会关系中继承下来的两性的法律上的不平等，并不是妇女在经济上受压迫的原因，而是它的结果。在包括许多夫妇和他们的子女的古代共产制家户经济中，由妇女料理家务，正如由男子获得食物一样，都是一种公共的、为社会所必需的事业。随着家长制家庭，尤其是随着专偶制个体家庭的产生，情况就改变了。料理家务失去了它的公共的性质。它与社会不再相干了。它变成了一种**私人的服务**；妻子成为主要的家庭女仆，被排斥在社会生产之外。

恩格斯：《家庭、私有制和国家的起源》（1884年3月底—5月底），见《马克思恩格斯文集》第4卷第87页。

现今在大多数情形之下，丈夫都必须是挣钱的人，赡养家庭的人，至

第五章　论社会问题

少在有产阶级中间是如此，这就使丈夫占据一种无须任何特别的法律特权加以保证的统治地位。在家庭中，丈夫是资产者，妻子则相当于无产阶级。

恩格斯：《家庭、私有制和国家的起源》
（1884 年 3 月底—5 月底），见《马克思恩
格斯文集》第 4 卷第 87 页。

同样，在现代家庭中丈夫对妻子的统治的独特性质，以及确立双方的真正社会平等的必要性和方法，只有当双方在法律上完全平等的时候，才会充分表现出来。那时就可以看出，妇女解放的第一个先决条件就是一切女性重新回到公共的事业中去；而要达到这一点，又要求消除个体家庭作为社会的经济单位的属性。

恩格斯：《家庭、私有制和国家的起源》
（1884 年 3 月底—5 月底），见《马克思恩
格斯文集》第 4 卷第 88 页。

但是，行将到来的社会变革至少将把绝大部分耐久的、可继承的财富——生产资料——变为社会所有，从而把这一切对于传授遗产的关切减少到最低限度。……

……因为随着生产资料转归社会所有，……妇女为金钱而献身的必要性，也要消失了。卖淫将要消失，而专偶制不仅不会灭亡，而且最后对于男子也将成为现实。

这样一来，男子的地位无论如何要发生很大的变化。而妇女的地位，**一切**妇女的地位也要发生很大的转变。

恩格斯：《家庭、私有制和国家的起源》
（1884 年 3 月底—5 月底），见《马克思恩
格斯文集》第 4 卷第 89 页。

因此，那种迫使妇女容忍男子的这些通常的不忠实行为的经济考虑——例如对自己的生活，特别是对自己子女的未来的担心——一旦消失，那么由此而达到的妇女的平等地位，根据以往的全部经验来判断，与其说会促进妇女的多夫制，倒不如说会在无比大的程度上促进男子的真正的专偶制。

> 恩格斯：《家庭、私有制和国家的起源》（1884年3月底—5月底），见《马克思恩格斯文集》第4卷第96页。

而这种十分单纯质朴的氏族制度是一种多么美妙的制度呵！……不会有贫穷困苦的人，因为共产制的家户经济和氏族都知道它们对于老年人、病人和战争残废者所负的义务。大家都是平等、自由的，包括妇女在内。

> 恩格斯：《家庭、私有制和国家的起源》（1884年3月底—5月底），见《马克思恩格斯文集》第4卷第111页。

我深信，只有在废除了资本对男女双方的剥削并把私人的家务劳动变成一种公共的行业以后，男女的真正平等才能实现。

> 恩格斯：《致盖·吉约姆－沙克》（1885年7月5日前后），见《马克思恩格斯文集》第10卷第536页。

2. 妇女的解放

每个了解一点历史的人也都知道，没有妇女的酵素就不可能有伟大的社会变革。社会的进步可以用女性（丑的也包括在内）① 的社会地位来精确地衡量……

> 马克思：《致路德维希·库格曼》（1868年12月12日），见《马克思恩格斯文集》第10卷第299页。

傅立叶不仅是批评家，他的永远开朗的性格还使他成为一个讽刺家，而且是自古以来最伟大的讽刺家之一。他以巧妙而诙谐的笔调描绘了随着革命的低落而盛行起来的投机欺诈和当时法国商业中普遍的小商贩习气。他更巧妙地批判了两性关系的资产阶级形式和妇女在资产阶级社会中的地位。他第一个表述了这样的思想：在任何社会中，妇女解放的程度是衡量普遍解放的天然尺度。

---

① 此处"女性"照德文字面意思是"美性"。——编者注

第五章　论社会问题

> 恩格斯：《反杜林论》（1876 年 9 月—1878 年 6 月），见《马克思恩格斯文集》第 9 卷第 276 页。

妇女的解放，只有在妇女可以大量地、社会规模地参加生产，而家务劳动只占她们极少的工夫的时候，才有可能。而这只有依靠现代大工业才能办到，现代大工业不仅容许大量的妇女劳动，而且是真正要求这样的劳动，并且它还力求把私人的家务劳动逐渐溶化在公共的事业中。

> 恩格斯：《家庭、私有制和国家的起源》（1884 年 3 月底—5 月底），见《马克思恩格斯文集》第 4 卷第 181 页。

3. 妇女的权利与尊严

我们的资产者不以他们的无产者的妻子和女儿受他们支配为满足，正式的卖淫更不必说了，他们还以互相诱奸妻子为最大的享乐。

> 马克思和恩格斯：《共产党宣言》（1847 年 12 月—1848 年 1 月底），见《马克思恩格斯文集》第 2 卷第 50 页。

资产阶级的婚姻实际上是公妻制。……随着现在的生产关系的消灭，从这种关系中产生的公妻制，即正式的和非正式的卖淫，也就消失了。

> 马克思和恩格斯：《共产党宣言》（1847 年 12 月—1848 年 1 月底），见《马克思恩格斯文集》第 2 卷第 50 页。

如果限制妇女劳动指的是工作日的长短和工间休息等等，那么工作日的正常化就应当已经包括了这个问题；否则，限制妇女劳动只能意味着在那些对妇女身体特别有害或者对女性来说违反道德的劳动部门中禁止妇女劳动。

> 马克思：《哥达纲领批判》（1875 年 4 月底—5 月 7 日），见《马克思恩格斯文集》第 3 卷第 448 页。

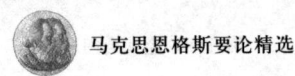

我深信,只有在废除了资本对男女双方的剥削并把私人的家务劳动变成一种公共的行业以后,男女的真正平等才能实现。

恩格斯:《致盖·吉约姆-沙克》(1885年7月5日前后),见《马克思恩格斯文集》第 10 卷第 536 页。

就我所知,在工资还根本没有废除以前,争取男女同工同酬始终是所有社会主义者的要求。劳动妇女,由于她们的特殊生理机能,需要特别的保护,……

恩格斯:《致盖·吉约姆-沙克》(1885年7月5日前后),见《马克思恩格斯文集》第 10 卷第 536 页。

不管怎样,纲领的理论部分现在是完全可以接受的;……实际要求有各种各样的"问题",……这些要求在我们没有取得政权以前肯定是无法实现的,而在取得政权以后,将具有完全不同的性质。譬如,免费诉讼辩护就是这样的要求。对十八岁以下的童工实行六小时工作日一项,无疑是应当写进去的,——正如禁止妇女做夜工,孕妇产前至少休息四个星期、产后休息六个星期等项那样。

恩格斯:《致卡尔·考茨基》(1891 年 12 月 3 日),见《马克思恩格斯全集》1972 年版第 38 卷第 234 页。

(二) 如何解决儿童问题

1. 资本主义制度下的儿童

12 小时——这恰好是资本家、政治经济学家和内阁大臣们在 1832 年针对 12 岁以下儿童宣布的不仅当时已实行,而且已成为必要的工作时间。

马克思:《工资、价格和利润》(1865 年 5 月 20 日—6 月 24 日之间),见《马克思恩格斯文集》第 3 卷第 69 页。

第五章 论社会问题

例如，在马萨诸塞州，这个直到最近还是北美共和国最自由的州，今天国家颁布的12岁以下儿童的劳动时间的界限，在17世纪中叶还曾经是英国的健壮的手工业者、结实的雇农和大力士般的铁匠的正常工作日。

马克思：《资本论》第1卷（1867年），见《马克思恩格斯文集》第5卷第313页。

在矿井禁止使用妇女和儿童（10岁以下的）以前，资本认为，在煤矿和其他矿井使用裸体的妇女和少女，而且往往让她们同男子混在一起的做法，是完全符合它的道德规范的，尤其是它的总账的，所以直到禁止使用妇女和儿童以后，资本才采用机器。

马克思：《资本论》第1卷（1867年），见《马克思恩格斯文集》第5卷第452页。

现在儿童和少年所受的折磨，比以往任何时期都更残酷。

马克思：《资本论》第1卷（1867年），见《马克思恩格斯文集》第5卷第570页。

这种制度的①"阴暗面"，就是儿童和青少年要从事过度劳动，他们每天要到5、6英里有时甚至7英里以外的庄园去劳动，往返时要长途跋涉，最后，"帮伙"内道德败坏。

马克思：《资本论》第1卷（1867年），见《马克思恩格斯文集》第5卷第800页。

现在英国和美国之间也有类似的情形。今天出现在美国的许多身世不明的资本，仅仅在昨天还是英国的资本化了的儿童血液。

马克思：《资本论》第1卷（1867年），见《马克思恩格斯文集》第5卷第866页。

当棉纺织工业在英国采用儿童奴隶制的时候，它同时在美国促使过去多少带有家长制性质的奴隶经济转化为一种商业性的剥削制度。

---

① 是指资本主义制度。——本书编者注

马克思：《资本论》第 1 卷（1867年），见《马克思恩格斯文集》第 5 卷第 870 页。

……工厂主和工人之间经过长期的斗争之后，劳动时间终于规定为 10 小时半，儿童为 6 小时半，……从 1850 年起，工业部门一个接着一个服从于这个工厂法：……

恩格斯：《卡·马克思〈资本论〉第一卷书评——为"新巴登报"作》（1868 年 1 月上半月），见《马克思恩格斯全集》1964 年版第 16 卷第 261 页。

2. 儿童教育

第一个措施是由国家出资对一切儿童毫无例外地实行**普遍教育**，这种教育对任何人都是一样，一直进行到能够作为社会的独立成员的年龄为止。……显而易见，社会成员中受过教育的人会比愚昧无知的没有文化的人给社会带来更多的好处。

恩格斯：《在爱北斐特的演说》（1845 年 2 月 8 日），见《马克思恩格斯全集》1957 年版第 2 卷 614 页。

使所有的儿童享受公费教育。

恩格斯：《共产主义信条草案》（1847 年 6 月 9 日），见《马克思恩格斯全集》1979 年版第 42 卷第 379 页。

共产主义社会制度之所以能实现这一点，是由于这种社会制度将废除私有制并将由社会教育儿童，从而将消灭迄今为止的婚姻的两种基础，即私有制所产生的妻子依赖丈夫、孩子依赖父母。

恩格斯：《共产主义原理》（1847 年 10 月底—11 月），见《马克思恩格斯文集》第 1 卷第 690 页。

第五章　论社会问题

把未成年人变成单纯制造剩余价值的机器,就人为地造成了智力的荒废,……

马克思:《资本论》第 1 卷(1867 年),见《马克思恩格斯文集》第 5 卷第 460 页。

如果技术教育能够一方面设法至少使那些具有生命力的普通工业部门的经营更加合理,另一方面又对儿童事先进行普及性的技术训练,使他们能够比较容易地转到其他工业部门,那么,技术教育也许就能够真正达到自己的目的。

恩格斯:《致敏娜·卡尔洛夫娜·哥尔布诺娃》(1880 年 8 月 5 日),见《马克思恩格斯文集》第 10 卷第 451 页。

3. 儿童保护

不言而喻,法律应当严格禁止 9—17 岁(包括 17 岁在内)的人在夜间和在一切有害健康的生产部门劳动。

马克思:《临时中央委员会就若干问题给代表的指示》(1866 年 8 月底),见《马克思恩格斯全集》1964 年版第 16 卷第 218 页。

我不认为,妇女和儿童参加我们的社会生产是一种坏事。我以为,每个 9 岁以上的儿童应当有一部分时间来从事生产劳动;但是,走迫使儿童在现在这样的条件下从事劳动这条路是令人无法忍受的。

马克思:《关于在资本主义制度下使用机器的后果的发言记录》(1868 年 7 月 28 日),见《马克思恩格斯全集》2003 年版第 21 卷第 587 页。

……因为在按照不同的年龄阶段严格调节劳动时间并采取其他保护儿童的预防措施的条件下,生产劳动和教育的早期结合是改造现代社会的最强有力的手段之一。

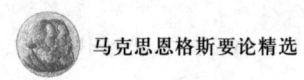

> 马克思:《哥达纲领批判》(1875 年 4 月底—5 月 7 日),见《马克思恩格斯文集》第 3 卷第 448—449 页。

随着生产资料转归公有,个体家庭就不再是社会的经济单位了。私人的家务变为社会的事业。孩子的抚养和教育成为公共的事情;社会同等地关怀一切儿童,无论是婚生的还是非婚生的。

> 恩格斯:《家庭、私有制和国家的起源》(1884 年 3 月底—5 月底),见《马克思恩格斯文集》第 4 卷第 89 页。

七、关于青年和学生问题

(一)要选择为人类幸福工作的职业,从普通一兵做起

如果我们通过冷静的研究,认清所选择的职业的全部份量,了解它的困难以后,我们仍然对它充满热情,我们仍然爱它,觉得自己适合它,那时我们就应该选择它,那时我们既不会受热情的欺骗,也不会仓促从事。

……

如果我们把这一切都考虑过了,如果我们生活的条件容许我们选择任何一种职业,那么我们就可以选择一种使我们最有尊严的职业;选择一种建立在我们深信其正确的思想上的职业;选择一种能给我们提供广阔场所来为人类进行活动、接近共同目标(对于这个目标来说,一切职业只不过是手段)即完美境界的职业。

……

一个选择了自己所珍视的职业的人,一想到他可能不称职时就会战战兢兢——这种人单是因为他在社会上所居地位是高尚的,他也就会使自己的行为保持高尚。

在选择职业时,我们应该遵循的主要指针是人类的幸福和我们自身的完美。不应认为,这两种利益是敌对的,互相冲突的,一种利益必须消灭另一种的;人类的天性本来就是这样的:人们只有为同时代人的完美、为他们的幸福而工作,才能使自己也达到完美。

如果一个人只为自己劳动,他也许能够成为著名学者、大哲人、卓越

第五章　论社会问题

诗人，然而他永远不能成为完美无疵的伟大人物。

历史承认那些为共同目标劳动因而自己变得高尚的人是伟大人物；经验赞美那些为大多数人带来幸福的人是最幸福的人；宗教本身也教诲我们，人人敬仰的理想人物，就曾为人类牺牲了自己——有谁敢否定这类教诲呢？

如果我们选择了最能为人类福利而劳动的职业，那么，重担就不能把我们压倒，因为这是为大家而献身；那时我们所感到的就不是可怜的、有限的、自私的乐趣，我们的幸福将属于千百万人，我们的事业将默默地、但是永恒发挥作用地存在下去，而面对我们的骨灰，高尚的人们将洒下热泪。

马克思：《青年在选择职业时的考虑》（1835 年 8 月 12 日），见《马克思恩格斯全集》1982 年版第 40 卷第 4—7 页。

……年轻人应当在日常生活斗争中从成年人那里获得这种教育。

马克思：《关于现代社会中的普及教育的发言记录》（1869 年 8 月 10 日和 17 日），见《马克思恩格斯全集》1964 年版第 16 卷第 655 页。

……回忆过去的运动对青年是有益的，否则他们会认为，一切都应该归功于他们自己。

恩格斯：《致约翰·菲力浦·贝克尔》（1877 年 3 月 24 日），见《马克思恩格斯全集》1972 年版第 34 卷第 239 页。

但愿他们能懂得：他们那种本来还需要彻底的、批判性的自我修正的"学院式教育"，并没有授予他们有资格在党内担任相应职位的军官证书；在我们党内，每个人都应该从普通一兵做起；要在党内担任负责的职务，仅仅有写作才能或理论知识，甚至二者全都具备，都是不够的，要担任领导职务还需要熟悉党的斗争条件，掌握这种斗争的方式，具备久经考验的耿耿忠心和坚强性格，最后还必须自愿地把自己列入战士的行列中——一句话，他们这些受过"学院式教育"的人，总的说来，应该向工人学习的地方，比工人应该向他们学习的地方要多得多。

>恩格斯：《给〈萨克森工人报〉编辑部的答复》(1890年9月7日)，见《马克思恩格斯文集》第4卷第397页。

（二）要把最好的东西献给工人，努力造就为工人阶级解放事业的专家

在依附于党的青年著作家中间，是很少有人下一番功夫去钻研经济学、经济学史、商业史、工业史、农业史和社会形态发展史的。有多少人除知道毛勒①的名字之外，还对他有更多的了解呢！在这里，新闻工作者的自命不凡必定支配一切，不过结果也是可想而知的。这些先生们往往以为，一切东西对工人来说都是足够好的。他们竟不知道，马克思认为自己的最好的东西对工人来说也还不够好，他认为给工人提供的东西比最好的稍差一点，那就是犯罪！……

>恩格斯《致康拉德·施米特》(1890年8月5日)，见《马克思恩格斯文集》第10卷第587—588页。

某些对党的事务的发展表示不满的大学生先生们又开始学习了，这当然很好。他们学习得越多，对那些担任负责工作并勤勤恳恳履行自己职责的人们就越会采取宽容态度；随着时间的推移，他们将会看到，为了达到伟大的目标和团结，为此所必需的千百万大军应当时刻牢记主要的东西，不因那些无谓的吹毛求疵而迷失方向。他们还应当发现，他们在工人面前所极力炫耀的"学识"，还是差得很远的，而工人们本能地、"直接地"（用黑格尔的话来说）掌握了的东西，他们这些大学生要费很大力气才能获得。

>恩格斯：《致康拉德·施米特》(1892年2月4日)，见《马克思恩格斯全集》1972年版第38卷第270页。

我知道，在青年派中，您有许多大学时期的同学和青少年时代的朋友，

---

① 格·毛勒（1790—1872），德国著名历史学家，特别对研究中世纪德国史作出重大贡献。——本书编者注

第五章 论社会问题

但这需要摆脱。当然，政治上决裂了，私人友好往来还是可以保持的。我们大家都有过这样的经历，而我甚至对待我的笃信上帝的极端反动的家庭也是如此。

> 恩格斯：《致康拉德·施米特》（1892年9月12日），见《马克思恩格斯全集》1972年版第38卷第456页。

希望你们的努力将获得成功，能使大学生们意识到，从他们的行列中应该产生出脑力劳动无产阶级，它的使命是在即将来临的革命中同自己从事体力劳动的工人兄弟在一个队伍里肩并肩地发挥重要作用。

过去的资产阶级革命向大学要求的仅仅是律师，作为培养政治家的最好的原料；而工人阶级的解放，除此之外还需要医生、工程师、化学家、农艺师及其他专门人才，因为问题在于不仅要掌管政治机器，而且要掌管全部社会生产，而在这里需要的决不是响亮的词句，而是扎实的知识。

> 恩格斯：《致国际社会主义者大学生代表大会》（1893年12月19日），见《马克思恩格斯文集》第4卷第446页。

八、关于教育问题

（一）教育的作用

由整个社会共同地和有计划地来经营的工业，更加需要才能得到全面发展、能够通晓整个生产系统的人。……教育将使年轻人能够很快熟悉整个生产系统，将使他们能够根据社会需要或者他们自己的爱好，轮流从一个生产部门转到另一个生产部门。因此，教育将使他们摆脱现在这种分工给每个人造成的片面性。这样一来，根据共产主义原则组织起来的社会，将使自己的成员能够全面发挥他们的得到全面发展的才能。

> 恩格斯：《共产主义原理》（1847年10月底—11月），见《马克思恩格斯文集》第1卷第688—689页。

为了防止由于分工而造成的人民群众的完全萎缩，亚·斯密建议由国家来实施国民教育,虽然是在极小的范围内实施。

马克思:《资本论》第 1 卷(1867 年),见
《马克思恩格斯文集》第 5 卷第 419 页。

大工业还使下面这一点成为生死攸关的问题:用适应于不断变动的劳动需求而可以随意支配的人,来代替那些适应于资本的不断变化的剥削需要而处于后备状态的、可供支配的、大量的贫穷工人人口;用那种把不同社会职能当作相互交替的活动方式的全面发展的个人,来代替只是承担一种社会局部职能的局部个人。综合技术学校和农业学校是这种变革过程在大工业基础上自然发展起来的一个要素;职业学校是另一个要素,在这种学校里,工人的子女受到一些有关工艺学和各种生产工具的实际操作的教育。

马克思:《资本论》第 1 卷(1867 年),见
《马克思恩格斯文集》第 5 卷第 561 页。

公民马克思说,这个问题有一种特殊的困难之处。一方面,为了建立正确的教育制度,需要改变社会条件,另一方面,为了改变社会条件,又需要相应的教育制度;因此我们应该从现实情况出发。

马克思:《关于现代社会中的普及教育的
发言记录》(1869 年 8 月 10 日和 17 日),
见《马克思恩格斯全集》1964 年版第 16
卷第 654 页。

(二) 教育的内容

我们把教育理解为以下三件事:

第一:**智育**。

第二:**体育**,即体育学校和军事训练所教授的那种东西。

第三:**技术教育**,这种教育要使儿童和少年了解生产各个过程的基本原理,同时使他们获得运用各种生产的最简单的工具的技能。

对儿童和少年工人应当按不同的年龄循序渐进地授以智育、体育和技术教育课程。技术学校的部分开支应当靠出售这些学校的产品来补偿。

把有报酬的生产劳动、智育、体育和综合技术教育结合起来,就会把工人阶级提高到比贵族和资产阶级高得多的水平。

第五章　论社会问题

不言而喻，法律应当严格禁止9—17岁（包括17岁在内）的人在夜间和在一切有害健康的生产部门劳动。

> 马克思：《临时中央委员会就若干问题给代表的指示》（1866年8月底），见《马克思恩格斯全集》1964年版第16卷第218页。

公民马克思说，在某些问题上大家意见是一致的。

讨论起因于有人建议对日内瓦代表大会决议的正确性加以肯定，这项决议要求把智育同体力劳动、同体育和综合技术教育结合起来。对这一点没有任何异议。

无产阶级的决议起草人所主张的综合技术教育，旨在弥补分工所造成的缺陷，因为分工妨碍学徒获得本身业务的牢固知识。

> 马克思：《关于现代社会中的普及教育的发言记录》（1869年8月10日和17日），见《马克思恩格斯全集》1964年版第16卷第655页。

公民米尔纳的建议①不值得同学校问题联系起来讨论；年轻人应当在日常生活斗争中从成年人那里获得这种教育。……

无论是小学还是中学，都不应该开设那些容许进行政党的或阶级的解释的课目。只有像自然科学、文法等等这样的课目才可以在学校里讲授。比如说，文法规则就不会因讲解它的是一个信教的托利党人还是一个自由思想者而有所改变。容许得出相互矛盾的结论的课目应当从学校里删去；……

> 马克思：《关于现代社会中的普及教育的发言记录》（1869年8月10日和17日），见《马克思恩格斯全集》1964年版第16卷第655—656页。

---

① 英国工人米尔纳在1869年8月10日和17日的总委员会会议上提出建议：当时的资产阶级学校应给学生讲授资产阶级政治经济学的知识，如："劳动价值"和关于分配的概念"公平交换"理论以及美国的空想社会主义者理论。这将强化资产阶级对正在成长的一代的思想影响。这个建议从无产阶级利益的观点看来是不能接受的。——本书编者注

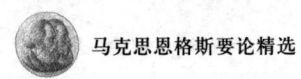

我们不再谈未来大学的问题了，在这种大学里，现实哲学将构成一切知识的核心，并且除医学院外，法学院也十分兴旺；我们也不再谈"专科技术学校"了，关于这种学校我们仅仅知道，它们只开"两三门课程"。

恩格斯：《反杜林论》（1876 年 9 月—1878 年 6 月），见《马克思恩格斯文集》第 9 卷第 340 页。

如果技术教育能够一方面设法至少使那些具有生命力的普通工业部门的经营更加合理，另一方面又对儿童事先进行普及性的技术训练，使他们能够比较容易地转到其他工业部门，那么，技术教育也许就能够真正达到自己的目的。

恩格斯：《致敏娜·卡尔洛夫娜·哥尔布诺娃》（1880 年 8 月 5 日），见《马克思恩格斯文集》第 10 卷第 451 页。

（三）教育的方法

这里可以看出，资产阶级和国家为工人阶级的教育和培养做了些什么。幸而这个阶级的生活状况给了他们一种实际的教育，这种教育不但代替了学校的那套东西，而且还清除了和那些东西乱七八糟搅在一起的宗教观念的毒素，甚至还把工人置于英国全民族运动的前列。

恩格斯：《英国工人阶级状况》（1844 年 9 月—1845 年 3 月），见《马克思恩格斯文集》第 1 卷第 427 页。

尽管工厂法的教育条款整个说来是不足道的，但还是把初等教育宣布为劳动的强制性条件。这一条款的成就第一次证明了智育和体育同体力劳动相结合的可能性，从而也证明了体力劳动同智育和体育相结合的可能性。工厂视察员很快从教师的证词中就发现：虽然工厂儿童上课的时间要比正规的日校学生少一半，但学到的东西一样多，而且往往更多。

> 马克思：《资本论》第 1 卷（1867 年），见《马克思恩格斯文集》第 5 卷第 555—556 页。

工人阶级在不可避免地夺取政权之后，将使理论的和实践的工艺教育在工人学校中占据应有的位置。

> 马克思：《资本论》第 1 卷（1867 年），见《马克思恩格斯文集》第 5 卷第 561—562 页。

在社会主义社会中，劳动将和教育相结合，从而既使多方面的技术训练也使科学教育的实践基础得到保障；……

> 恩格斯：《反杜林论》（1876 年 9 月—1878 年 6 月），见《马克思恩格斯文集》第 9 卷第 339 页。

而如果不给我们的工人提供在新鲜空气中，特别是在农业中从事劳动的机会，他们的体质也将变得虚弱。就算现在的成年人不适于这样。而青年人却可以这样训练。如果男女青年在夏天有活干的时候，接连几年到农村去，那末，是不是还要用很多个学期让他们死啃书本才能取得耕地、除草等等的学位呢？您该不会认为，只有一辈子别的什么都不做，象我们的农民那样干活干得愚钝起来，才能学会农业中的某些有用的东西吧？

> 恩格斯：《致鲁道夫·迈耶尔》（1893 年 7 月 19 日），见《马克思恩格斯全集》1974 年版第 39 卷第 100—101 页。

九、关于爱情、婚姻与家庭问题

（一）互爱是爱情的基础

如果你在恋爱，但没有引起对方的爱，也就是说，如果你的爱作为爱没有使对方产生相应的爱，如果你作为恋爱者通过你的**生命表现**没有使你成为**被爱的人**，那么你的爱就是无力的，就是不幸。

> 马克思:《1844年经济学哲学手稿》(1844年4—8月),见《马克思恩格斯文集》第1卷第247—248页。

在我看来,真正的爱情是表现在恋人对他的偶像采取含蓄、谦恭甚至羞涩的态度,而绝不是表现在随意流露热情和过早的亲昵。

> 恩格斯:《致保尔·拉法格》(1866年8月13日),见《马克思恩格斯全集》1972年版第31卷第520页。

现代的性爱,同古代人的单纯的性要求,同厄洛斯[情欲],是根本不同的。第一,性爱是以所爱者的对应的爱为前提的;……第二,性爱常常达到这样强烈和持久的程度,如果不能结合而彼此分离,对双方来说即使不是一个最大的不幸,也是一个大不幸;……最后,对于性关系的评价,产生了一种新的道德标准,人们不仅要问:它是婚姻的还是私通的,而且要问:是不是由于爱和对应的爱而发生的?

> 恩格斯:《家庭、私有制和国家的起源》(1884年3月底—5月底),见《马克思恩格斯文集》第4卷第90—91页。

既然彼此相爱是夫妇的义务,那么相爱者彼此结婚而不是同任何别人结婚不同样也是他们的义务吗?

> 恩格斯:《家庭、私有制和国家的起源》(1884年3月底—5月底),见《马克思恩格斯文集》第4卷第94页。

既然性爱按其本性来说就是排他的——虽然这种排他性今日只是在妇女身上无例外地得到实现——,那么,以性爱为基础的婚姻,按其本性来说就是个体婚姻。

> 恩格斯:《家庭、私有制和国家的起源》(1884年3月底—5月底),见《马克思恩格斯文集》第4卷第95页。

第五章　论社会问题

在中世纪以前，是谈不到个人的性爱的。不言而喻，形体的美丽、亲密的交往、融洽的性情等等，都曾引起异性对于发生性关系的热望；同谁发生这种最亲密的关系，无论对男子还是对女子都不是完全无所谓的。但是这距离现代的性爱还很远很远。在整个古代，婚姻都是由父母为当事人缔结的，当事人则安心顺从。古代所仅有的那一点夫妇之爱，并不是主观的爱好，而是客观的义务；不是婚姻的基础，而是婚姻的附加物。现代意义上的爱情关系，在古代只是在官方社会以外才有。

> 恩格斯：《家庭、私有制和国家的起源》（1884年3月底—5月底），见《马克思恩格斯文集》第4卷第90页。

人与人之间的，特别是两性之间的感情关系，是自从有人类以来就存在的。而性爱在最近800年间获得了这样的发展和地位，竟成了这个时期中一切诗歌必须环绕着旋转的轴心了。

> 恩格斯：《路德维希·费尔巴哈和德国古典哲学的终结》（1886年初），见《马克思恩格斯文集》第4卷第287页。

（二）爱情是婚姻的基础

离婚仅仅是对下面这一事实的确定：某一婚姻已经**死亡**，它的存在仅仅是一种外表和骗局。

> 马克思：《论离婚法草案》（1842年12月18日），见《马克思恩格斯全集》1956年版第1卷第184页。

暂时的别离是有益的，因为经常的接触会显得单调，从而使事物间的差别消失。甚至宝塔在近处也显得不那么高，而日常生活琐事若接触密了就会过度地胀大。热情也是如此。……只要我们一为空间所分隔，我就立即明白，时间之于我的爱情正如阳光雨露之于植物——使其滋长。我对你的爱情，只要你远离我身边，就会显出它的本来面目，象巨人一样的面目。在这爱情上集中了我的所有精力和全部感情。

> 马克思：《致燕妮·马克思》（1856 年 6 月 21 日），见《马克思恩格斯全集》1972 年版第 29 卷第 515 页。

根据我们对古代最文明、最发达的民族所能作的考察，专偶制的起源就是如此。它决不是个人性爱的结果，它同个人性爱绝对没有关系，因为婚姻和以前一样仍然是权衡利害的婚姻。专偶制是不以自然条件为基础，而以经济条件为基础，……

> 恩格斯：《家庭、私有制和国家的起源》（1884 年 3 月底—5 月底），见《马克思恩格斯文集》第 4 卷第 77 页。

如果说只有以爱情为基础的婚姻才是合乎道德的，那么也只有继续保持爱情的婚姻才合乎道德。不过，个人性爱的持久性在各个不同的个人中间，尤其在男子中间，是很不相同的，如果感情确实已经消失或者已经被新的热烈的爱情所排挤，那就会使离婚无论对于双方或对于社会都成为幸事。只是要使人们免于陷入离婚诉讼的无益的泥潭才好。

> 恩格斯：《家庭、私有制和国家的起源》（1884 年 3 月底—5 月底），见《马克思恩格斯文集》第 4 卷第 96 页。

但是，如果你们的性格确实不能和睦相处，那末我们本来也应当发觉这一点并且早就会预料到离婚是一种自然的不可避免的事情。

> 恩格斯：《致路易莎·考茨基》（1888 年 10 月 11 日），见《马克思恩格斯全集》1971 年版第 37 卷第 98 页。

关于卡尔①，您说，没有爱情，没有激情，他的本性就会死亡。如果这种本性表现为每两年就要求新的爱情，那末他自己应当承认，在目前情况下，这种本性或者应当加以抑制，或者就使他和别人都陷在无止境的悲剧冲突之中。

---

① 指卡尔·考茨基。——本书编者注

第五章　论社会问题

> 恩格斯:《致路易莎·考茨基》(1888 年 10 月 11 日),见《马克思恩格斯全集》1971 年版第 37 卷第 98 页。

每个丈夫会发现自己妻子的某些缺陷,反之亦然,这是正常的。但是由于第三者的好意的过问,这种批评态度会转为感情不好和长期不和。

> 恩格斯:《致卡尔·考茨基》(1888 年 10 月 17 日),见《马克思恩格斯全集》1971 年版第 37 卷第 107 页。

(三) 婚姻是家庭的基础

如果婚姻不是家庭的基础,那末它就会像友谊一样,也不是立法的对象了。……谁也没有被强迫着去结婚的,但是任何人只要结了婚,那他就得服从婚姻法。

> 马克思:《论离婚法草案》(1842 年 12 月 18 日),见《马克思恩格斯全集》1956 年版第 1 卷第 183 页。

他们抱着幸福主义的观点,他们仅仅想到两个个人,而忘记了**家庭**。他们忘记了,几乎任何的离婚都是家庭的离散,……

> 马克思:《论离婚法草案》(1842 年 12 月 18 日),见《马克思恩格斯全集》1956 年版第 1 卷第 183 页。

我最大的心愿是,既然爱情使你们结合在一起,使你们的关系变得如此美满、如此富有人情和十分高尚,我祝愿爱情伴随你们终身,帮助你们顺利地经受住命运的一切波折,增进你们的幸福。

> 恩格斯:《致玛丽亚·恩格斯①》(1845 年 5 月 31 日),见《马克思恩格斯全集》1972 年版第 27 卷第 460 页。

---

① 玛利亚·恩格斯是恩格斯的外甥女。——本书编者注

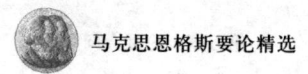

……长期的未婚夫状态,十有八九都是婚后不忠实的真正的预备学校。

> 恩格斯:《家庭、私有制和国家的起源》(1884年3月底—5月底),见《马克思恩格斯文集》第4卷第88页。

离婚,在社会上来说,对于丈夫绝对不会带来任何损害,他可以完全保持自己的地位,只不过重新成为单身汉罢了。妻子就会失去自己的一切地位,必须一切再从头开始,而且是处在比较困难的条件下。……由此可见,丈夫只有在万不得已时,只有在考虑成熟以后,只有在完全弄清楚必须这么做以后,才有权利决定采取这一极端的步骤,而且只能用最委婉的方式。

> 恩格斯:《致卡尔·考茨基》(1888年10月17日),见《马克思恩格斯全集》1971年版第37卷第107—108页。

(四)无产阶级的婚姻观

只有在被压迫阶级中间,而在今天就是在无产阶级中间,性爱才成为而且也才可能成为对妇女的关系的常规,不管这种关系是否为官方所认可。

> 恩格斯:《家庭、私有制和国家的起源》(1884年3月底—5月底),见《马克思恩格斯文集》第4卷第85页。

但是,我们现在正在走向一种社会变革,那时,专偶制的迄今存在的经济基础,正像它的补充物即卖淫的经济基础一样,不可避免地都要消失。……行将到来的社会变革至少将把绝大部分耐久的、可继承的财富——生产资料——变为社会所有,从而把这一切对于传授遗产的关切减少到最低限度。可是,既然专偶制是由于经济的原因而产生的,那么当这种原因消失的时候,它是不是也要消失呢?

可以不无理由地回答:它不仅不会消失,而且相反,只有那时它才能完全地实现。因为随着生产资料转归社会所有,雇佣劳动、无产阶级,从而一定数量的——用统计方法可以计算出来的——妇女为金钱而献身的必要性,也要消失了。卖淫将要消失,而专偶制不仅不会灭亡,而且最后对

第五章 论社会问题

于男子也将成为现实。

恩格斯：《家庭、私有制和国家的起源》（1884年3月底—5月底），见《马克思恩格斯文集》第4卷第89页。

因此，结婚的充分自由，只有在消灭了资本主义生产和它所造成的财产关系，从而把今日对选择配偶还有巨大影响的一切附加的经济考虑消除以后，才能普遍实现。到那时，除了相互的爱慕以外，就再也不会有别的动机了。

恩格斯：《家庭、私有制和国家的起源》（1884年3月底—5月底），见《马克思恩格斯文集》第4卷第95页。

因此，那种迫使妇女容忍男子的这些通常的不忠实行为的经济考虑——例如对自己的生活，特别是对自己子女的未来的担心——一旦消失，那么由此而达到的妇女的平等地位，根据以往的全部经验来判断，与其说会促进妇女的多夫制，倒不如说会在无比大的程度上促进男子的真正的专偶制。

恩格斯：《家庭、私有制和国家的起源》（1884年3月底—5月底），见《马克思恩格斯文集》第4卷第96页。

这样，我们现在关于资本主义生产行将消灭以后的两性关系的秩序所能推想的，主要是否定性质的，大都限于将要消失的东西。但是，取而代之的将是什么呢？这要在新的一代成长起来的时候才能确定：这一代男子一生中将永远不会用金钱或其他社会权力手段去买得妇女的献身；而这一代妇女除了真正的爱情以外，也永远不会再出于其他某种考虑而委身于男子，或者由于担心经济后果而拒绝委身于她所爱的男子。

恩格斯：《家庭、私有制和国家的起源》（1884年3月底—5月底），见《马克思恩格斯文集》第4卷第96—97页。

十、关于住宅问题

（一）住宅问题的由来

目前报刊上十分引人注目的所谓住房短缺问题，并不是指一般工人阶级住房恶劣、拥挤、有害健康。**这种**住房短缺并不是现代特有的现象；这甚至也不是现代无产阶级所遭受的不同于以往一切被压迫阶级的、它所特有的许多痛苦中的一种；相反，这是一切时代的一切被压迫阶级几乎同等地遭受过的一种痛苦。要消除**这种**住房短缺，只有**一个**方法：消灭统治阶级对劳动阶级的一切剥削和压迫。而今天所说的住房短缺，是指工人的恶劣住房条件因人口突然涌进大城市而特别恶化；房租大幅度提高，每所住房更加拥挤，有些人根本找不到栖身之处。

恩格斯：《论住宅问题》（1872 年 5 月—1873 年 1 月），见《马克思恩格斯文集》第 3 卷第 250 页。

住房短缺也是这样。现代大城市的扩展，使城内某些地区特别是市中心的地皮价值人为地、往往是大幅度地提高起来。原先建筑在这些地皮上的房屋，不但没有这样提高价值，反而降低了价值，因为这种房屋同改变了的环境已经不相称；它们被拆除，改建成别的房屋。

恩格斯：《论住宅问题》（1872 年 5 月—1873 年 1 月），见《马克思恩格斯文集》第 3 卷第 252 页。

结果工人从市中心被排挤到市郊；工人住房以及一般较小的住房都变得又少又贵，而且往往根本找不到，因为在这种情形下，建造昂贵住房为建筑业提供了更有利得多的投机场所，而建造工人住房只是一种例外。

恩格斯：《论住宅问题》（1872 年 5 月—1873 年 1 月），见《马克思恩格斯文集》第 3 卷第 252 页。

所以，这种租房难的现象对工人的打击无疑要比对富裕阶级的打击厉

第五章　论社会问题

害；但是这种情况正如小店主的欺骗一样，不是一种仅仅伤害工人阶级的祸害，并且就工人阶级而言，这种情况发展到一定程度和经过一定时间以后，必然同样会在经济上受到某种抵消。

> 恩格斯：《论住宅问题》（1872 年 5 月—1873 年 1 月），见《马克思恩格斯文集》第 3 卷第 252 页。

一方面，我们听到这样的要求：每个工人都有自己的、归他所有的住房，好使我们不再**比野蛮人还低下**。另一方面，我们又听到这样的说法：实际上发生的房屋原先的成本价格以房租形式得到两倍、三倍、五倍或十倍偿还的情况，是以某种**权利根据**为依据的，而这种权利根据是与"**永恒公平**"相抵触的。

> 恩格斯：《论住宅问题》（1872 年 5 月—1873 年 1 月），见《马克思恩格斯文集》第 3 卷第 260 页。

现代自然科学已经证明，挤满了工人的所谓"恶劣的街区"，是不时光顾我们城市的一切流行病的发源地。……资本家政权对工人阶级中间发生流行病幸灾乐祸，为此却不能不受到惩罚；后果总会落到资本家自己头上来，……

……于是就建立协会，撰写著作，草拟方案，讨论和颁布法律，以求根绝一再发生的各种流行病。对工人居住条件进行调查，设法消除最不能容忍的缺陷。

> 恩格斯：《论住宅问题》（1872 年 5 月—1873 年 1 月），见《马克思恩格斯文集》第 3 卷第 272—273 页。

住房短缺究竟是从哪里来的呢？它是怎样发生的呢？善良的资产者萨克斯先生可能不知道，它是资产阶级社会形式的必然产物；这样一种社会没有住房短缺就不可能存在，在这种社会中，广大的劳动群众不得不专靠工资来过活，也就是靠为维持生命和延续后代所必需的那些生活资料来过活；在这种社会中，机器等等的不断改善经常使大量工人失业；在这种社会中，工业的剧烈的周期波动一方面决定着大量失业工人后备军的存在，另一方面又不时地造成大批工人失业并把他们抛上街头;在这种社会中,工人大批地涌进大城市,而且涌入的速度比在现有条件下为他们修造住房的速度更快;……在这样的社会中,住房短缺并不是偶然的事情,它是一种必然的现象;这种现象连同它对健康等等的各种反作用,只有在产生这种现象的整个社会制度都已经发生根本变革的时候,才能消除。

恩格斯:《论住宅问题》(1872年5月—1873年1月),见《马克思恩格斯文集》第3卷第275—276页。

但是,资本家的无知还要加上工人的无知,才能一起造成住房短缺。

恩格斯:《论住宅问题》(1872年5月—1873年1月),见《马克思恩格斯文集》第3卷第277页。

一个老的文明国家像这样从工场手工业和小生产向大工业过渡,并且这个过渡还由于情况极其顺利而加速的时期,多半也就是"住房短缺"的时期。一方面,大批农村工人突然被吸引到发展为工业中心的大城市里来;另一方面,这些老城市的布局已经不适合新的大工业的条件和与此相应的交通;街道在加宽,新的街道在开辟,铁路穿过市内。正当工人成群涌入城市的时候,工人住房却在大批拆除。于是就突然出现了工人以及以工人为主顾的小商人和小手工业者的住房短缺。

恩格斯:《〈论住宅问题〉1887年第二版序言》(1886年12月底—1887年1月10日),见《马克思恩格斯文集》第3卷第239页。

(二) 解决住宅问题的历史争议

最后,资产阶级社会主义和小资产阶级社会主义直到现在在德国还有很多代表。确切地说,一方面是以讲坛社会主义者和各种慈善家为代表,在他们那里,把工人变为自己住房的所有者的愿望仍然占有重要位置,因而我的这部著作仍然适于用来反驳他们。另一方面,在社会民主党内部,包括帝国国会党团在内,也有某种小资产阶级社会主义的代表。

第五章　论社会问题

> 恩格斯:《〈论住宅问题〉1887 年第二版序言》(1886 年 12 月底—1887 年 1 月 10 日),见《马克思恩格斯文集》第 3 卷第 242—243 页。

工人阶级和其他阶级特别是和小资产阶级共同遭受的这种痛苦,是蒲鲁东也归属的那个小资产阶级社会主义尤其爱研究的问题。所以,我们德国的蒲鲁东主义者首先抓住我们已经说过的决非只是工人问题的住宅问题,并且反过来又把住宅问题说成是一个十足的仅仅有关工人的问题,这决不是偶然的。

> 恩格斯:《论住宅问题》(1872 年 5 月—1873 年 1 月),见《马克思恩格斯文集》第 3 卷第 252 页。

……工人住自己的房屋还是付了租金,不过不是像以前那样以货币形式付给房东,而是以无酬劳动形式付给他为之做工的厂主。于是,工人投在小屋子上的储蓄确实在一定的程度上会成为资本,但这个资本不归他自己所有,而是归那个雇他做工的资本家所有。

> 恩格斯:《论住宅问题》(1872 年 5 月—1873 年 1 月),见《马克思恩格斯文集》第 3 卷第 281 页。

但有一点是肯定的,现在各大城市中有足够的住房,只要合理使用,就可以立即解决现实的"住房**短缺**"问题。当然,要实现这一点,就必须剥夺现在的房主,或者让没有房子住或现在住得很挤的工人搬进这些房主的房子中去住。只要无产阶级取得了政权,这种具有公共福利形式的措施就会像现代国家剥夺其他东西和征用民宅那样容易实现了。

> 恩格斯:《论住宅问题》(1872 年 5 月—1873 年 1 月),见《马克思恩格斯文集》第 3 卷第 264 页。

把工人变成资本家,解决社会问题,使每个工人都有自己的房子,——所有这些都仍留在高高的"理想领域"里了;我们现在能做的事是在乡间实行小宅子制，而在城市中尽可能把工人营房修造得还能过得去。

恩格斯：《论住宅问题》（1872 年 5 月—1873 年 1 月），见《马克思恩格斯文集》第 3 卷第 283 页。

可见，资产阶级解决住宅问题的办法显然遭到了失败，由于碰到**城乡对立**而遭到了失败。在这里我们接触到了问题的核心。住宅问题，只有当社会已经得到充分改造，从而可能着手消灭在现代资本主义社会里已达到极其尖锐程度的城乡对立时，才能获得解决。

恩格斯：《论住宅问题》（1872 年 5 月—1873 年 1 月），见《马克思恩格斯文集》第 3 卷第 283 页。

实际上资产阶级以**他们的**方式解决住宅问题只有一个办法，这就是问题解决了，但又层出不穷。这就叫做"**欧斯曼**①**计划**"。

恩格斯：《论住宅问题》（1872 年 5 月—1873 年 1 月），见《马克思恩格斯文集》第 3 卷第 302 页。

（三）解决住宅问题的主要途径

要消除**这种**住房短缺，只有**一个**方法：消灭统治阶级对劳动阶级的一切剥削和压迫。

恩格斯：《论住宅问题》（1872 年 5 月—1873 年 1 月），见《马克思恩格斯文集》第 3 卷第 250 页。

那么怎样解决住宅问题呢？在现代社会里，这个问题同其他一切社会问题的解决办法是完全一样的，这就是靠经济上供求的逐渐均衡来加以解决。

---

① 若·欧斯曼（1809—1891），法国政治活动家，曾任塞纳省省长，曾负责领导改建巴黎的工作。——本书编者注

第五章 论社会问题

> 恩格斯:《论住宅问题》(1872年5月—1873年1月),见《马克思恩格斯文集》第3卷第264页。

住宅问题,只有当社会已经得到充分改造,从而可能着手消灭在现代资本主义社会里已达到极其尖锐程度的城乡对立时,才能获得解决。

> 恩格斯:《论住宅问题》(1872年5月—1873年1月),见《马克思恩格斯文集》第3卷第283页。

……并不是住宅问题的解决同时就会导致社会问题的解决,而只是由于社会问题的解决,即由于资本主义生产方式的废除,才同时使得解决住宅问题成为可能。

> 恩格斯:《论住宅问题》(1872年5月—1873年1月),见《马克思恩格斯文集》第3卷第283页。

十分明显,现代的国家不能够也不愿意消除住房灾难。国家无非是有产阶级即土地所有者和资本家用来反对被剥削阶级即农民和工人的有组织的总权力。个别资本家(这里与问题有关的只是资本家,因为参加这种事业的土地所有者首先也是以资本家资格出现的)不愿意做的事情,他们的国家也不愿意做。因此,如果说**个别**资本家对住房短缺虽然也感到遗憾,却未必会受触动而去从表面上掩饰由此产生的极其可怕的后果,那么,**总资本家**,即国家,也并不会做出更多的事情。国家顶多也只是会设法在各地均衡地推行已经成为通例的表面掩饰工作。我们看到的情形正是如此。

> 恩格斯:《论住宅问题》(1872年5月—1873年1月),见《马克思恩格斯文集》第3卷第299页。

这样一个非资产阶级因素日益资产阶级化的国家能够解决"社会问题",或者哪怕只解决一个住宅问题吗?恰恰相反。

> 恩格斯：《论住宅问题》（1872年5月—1873年1月），见《马克思恩格斯文集》第3卷第301页。

当资本主义生产方式还存在的时候，企图单独解决住宅问题或其他任何同工人命运有关的社会问题都是愚蠢的。解决办法在于消除资本主义生产方式，由工人阶级自己占有全部生活资料和劳动资料。

> 恩格斯：《论住宅问题》（1872年5月—1873年1月），见《马克思恩格斯文集》第3卷第307页。

十一、关于自杀与卖淫问题

（一）自杀的根源和防治之道

法国人对**社会**的批判，至少部分地具有很大的优点：它不仅在各个阶级的关系上，而且在当前交往的一切范围和形式上，指出了现代生活的矛盾和反常现象，同时对它们的论述既有直接生活的激情，又有视野广阔的见解，既有世俗的细腻刻划，又有大胆的独创之见，象这样的论述在任何其他国家是找也找不到的。

> 马克思：《珀歇论自杀》（1845年下半年），见《马克思恩格斯全集》1979年版第42卷第300页。

我从雅克·珀歇《摘自巴黎警察局档案的回忆录》一书中作了一些关于"**自杀**"的摘录作为这种法国批判的范例，这些摘录同时能表明慈善的资产阶级的下述想法究竟有多少根据：好象问题只在于给无产者一些面包和教育，好象在今天的社会状况下只有工人生活不愉快，而就其他方面来说，现存的世界是最好的世界。

> 马克思：《珀歇论自杀》（1845年下半年），见《马克思恩格斯全集》1979年版第42卷第300页。

第五章 论社会问题

让我们来听一听我们这位巴黎警察局档案保管员是怎样谈**自杀**的吧！

自杀的年数字在我们这里多少可说是合乎常规的，而且是周期性的，它应当被看作是我们的社会这个不完善的机体的一种症状；因为在工业萧条和发生危机的时期，在生活必需品昂贵的时期以及在隆冬季节，这种症状就更加明显并具有流行病的性质。……尽管自杀的最大根源是贫困，但是我们发现，在所有的阶级中，在无所事事的富人以及在艺术家和政治家中间，都有自杀。自杀原因的多样性似乎在嘲弄道德家们的单调而冷酷的指责。

现代科学并不重视而且无力医治的肺结核，友谊被损害，爱情被欺骗，名利未遂而灰心丧气，家庭的痛苦，竞争狂热受挫，厌弃单调的生活，热情被压抑等等，毫无疑问是促成多种多样性质的自杀的原因，而对生活的热爱这种强大的个人动力，又常常驱使人去了结可厌的生命。

……许多自杀现象的出现倒是由于**我们社会的性质**①，而鞑靼人就不自杀。**因此，并不是所有的社会都有同一种产物，我们必须记住这一点**，以便为改造我们这个社会而工作并把它推向一个更高的阶段。……

……我想知道，在某些自杀的原因中是否能找出一些原因从而使我们能防止其后果呢？我在这个问题上做了大量的工作。我发现，除了**彻底改革现存的社会制度**外所有其他的尝试都将是徒劳的。②

……实际上在我们中间必须先建立利益和情感之间的关系，个人之间的真正关系，**而自杀只是普遍的、不断以新的形式出现的社会斗争的一千零一种征兆中的一种**。有那么多斗争着的人放弃了社会斗争，因为他们不愿被列为牺牲品，或者是因为他们一想到可能在刽子手中间占有一个荣誉地位就反感。……

自杀解决最严重的困难，而刑场则解决其余部分。只有改革我们的整个工农业体系，才可望获得收入的来源和真正的财富。在羊皮纸

---

① 这里以及下面的引文中的着重号都是马克思加的。——编者注
② 这句话是马克思加的。在珀歇的著作中是这样说的："我不谈理论，而是引证事实。"——编者注

上颁布宪法是很容易的：每一个公民都享有受教育、工作、首先是获得最低限度的生活资料的权利。但是，把这些慷慨的愿望写在纸上并不等于全部都做到了，真正的任务是把这些自由的思想变为物质的和理智的，变为社会的①设施。

马克思：《珀歇论自杀》（1845年下半年），见《马克思恩格斯全集》1979年版第42卷第304—315页。

（二）纵横深入透视卖淫现象

　　查·劳顿②在《人口等问题的解决办法》（1842年巴黎版）一书中估计英国卖淫者的数目有6万—7万人。

马克思：《1844年经济学哲学手稿》（1844年4—8月），见《马克思恩格斯文集》第1卷第127页。

　　除酗酒外，许多英国工人的另一大恶习是纵欲。……更何况资产阶级自己，甚至他们中的一些正派人物都直接助长了卖淫之风，每天晚上充斥于伦敦街头的4万个妓女中，有多少人是靠道貌岸然的资产阶级为生呵！

恩格斯：《英国工人阶级状况》（1844年9月—1845年3月），见《马克思恩格斯文集》第1卷第442页。

　　公妻制完全是资产阶级社会的现象，现在的卖淫就是公妻制的充分表现。卖淫是以私有制为基础的，它将随着私有制的消失而消失。因此，共产主义组织并不实行公妻制，正好相反，它要消灭公妻制。

恩格斯：《共产主义原理》（1847年10月底—11月），见《马克思恩格斯文集》第1卷第690页。

---

① "社会的"一词是马克思加的。——编者注
② 查·劳顿（1801——1844），英国医生，1833年任工厂劳动调查委员会委员。——本书编者注

第五章 论社会问题

现代的、资产阶级的家庭是建立在什么基础上的呢？……这种家庭只是在资产阶级那里才以充分发展的形式存在着，而无产者的被迫独居和公开的卖淫则是它的补充。

> 马克思和恩格斯：《共产党宣言》（1847年12月—1848年1月底），见《马克思恩格斯文集》第2卷第48—49页。

普遍的卖淫现象，表现为人的素质、能力、才能、活动的社会性质发展的一个必然阶段。说得文雅一点就是：普遍的效用关系和适用关系。

> 马克思：《〈政治经济学批判（1857—1858年手稿）〉摘选》（1857年底—1858年5月），见《马克思恩格斯文集》第8卷第57页。

那种可以献身于一切并且一切皆可为之献身的东西，表现为普遍的收买手段和普遍的卖淫手段。

> 马克思：《政治经济学批判1857—1858年手稿》（大约写于1857年底—1858年5月），见《马克思恩格斯全集》1998年版第31卷第339页。

犯罪现象一年比一年增多。……卖淫增加到了前所未闻的程度。

> 恩格斯：《反杜林论》（1876年9月—1878年6月），见《马克思恩格斯文集》第9卷第273页。

在这里象在任何地方一样，居民中的正派妇女，——那些希望靠劳动而不是靠出卖肉体生活的人——甚至在商业繁荣时期也只能得到勉强糊口的一点工资……

当她们因没有工作而被抛到街头的时候——这些不幸的妇女常常有这种遭遇——她们没有别的办法，只有卖淫、乞讨或者进比监狱还不如的习艺所。

恩格斯：《英国女工状况》（1877年11月8日），见《马克思恩格斯全集》1985年版第45卷第183页。

但是，自古就有的淫游制现今在资本主义商品生产的影响下变化越大，越适应于资本主义商品生产，越变为露骨的卖淫，它在道德上的腐蚀作用也就越大。

恩格斯：《家庭、私有制和国家的起源》（1884年3月底—5月底），见《马克思恩格斯文集》第4卷第88页。

在卖淫现象不能完全消灭以前，我认为我们最首要的义务是使妓女摆脱一切特殊法律的束缚。在英国这里，……妓女还是经常遭到警察的卑鄙敲诈。……但这决不应该损害她们的人格，也不应该损害她们的尊严；……

我认为，在探讨这个问题时，我们首先要考虑的是作为现存社会制度牺牲品的妓女本身的利益，并尽可能地使她们不致遭受贫困，……

恩格斯：《致奥古斯特·倍倍尔》（1892年12月22日），见《马克思恩格斯全集》1972年版第38卷第550—551页。

马克思恩格斯要论精选
增订本

第六章
论重点地区和国家的发展以及国际关系

一　关于欧洲
二　关于俄国
三　关于美国
四　关于印度
五　关于中国
六　关于工人政党应对国际关系的准则

第六章 论重点地区和国家的发展以及国际关系

一、关于欧洲

（一）欧洲革命的历史与现状

1648年革命和1789年革命，并不是**英国的**革命和**法国的**革命，而是**欧洲的**革命。它们不是社会中**某一**阶级对**旧政治制度**的胜利；它们**宣告了欧洲新社会的政治制度**。资产阶级在这两次革命中获得了胜利；然而，当时**资产阶级的胜利**意味着**新社会制度的胜利**，资产阶级所有制对封建所有制的胜利，民族对地方主义的胜利，竞争对行会制度的胜利，遗产分割制对长子继承制的胜利，土地所有者支配土地对土地所有者隶属于土地的胜利，启蒙运动对迷信的胜利，家庭对宗族的胜利，勤劳对游手好闲的胜利，资产阶级权利对中世纪特权的胜利。

马克思：《资产阶级和反革命》（1848年12月11日），见《马克思恩格斯文集》第2卷第74页。

……所以可以有把握地说，中国革命将把火星抛到现今工业体系这个火药装得足而又足的地雷上，把酝酿已久的普遍危机引爆，这个普遍危机一扩展到国外，紧接而来的将是欧洲大陆的政治革命。这将是一个奇观：当西方列强用英、法、美等国的军舰把"秩序"送到上海、南京和运河口的时候，中国却把动乱送往西方世界。

马克思：《中国革命和欧洲革命》（1853年5月31日），见《马克思恩格斯文集》第2卷第612页。

欧洲从18世纪初以来没有一次严重的革命事先没发生过商业危机和金融危机。1848年的革命是这样，1789年的革命也是这样。不错，我们每天都看到，不仅称霸世界的列强和它们的臣民之间、国家和社会之间、阶级和阶级之间发生冲突的迹象日趋严重，而且现时的列强相互之间的冲突正在一步步尖锐，乃至剑拔弩张，非由国君们来打最后的交道不可了。在欧洲各国首都，每天都传来全面大战在即的消息，……战争也好，革命也好，如果不是来自工商业普遍危机，都不大可能造成全欧洲的纷争,而那种危机到来的信号,总是来自英国这个欧洲工业在世界市场上的代表。

现在,英国工厂空前扩充,而官方政党都已完全衰朽瓦解;法国的全部国家机器已经变成一个巨大的从事诈骗活动和证券交易的商行;奥地利则处于破产前夕;到处都积怨累累,行将引起人民的报复;反动的列强本身利益互相冲突;俄国再一次向全世界显示出它的侵略野心——在这样的时候,上述危机所必将造成的政治后果是毋庸赘述的。

马克思:《中国革命和欧洲革命》(1853年5月31日),见《马克思恩格斯文集》第2卷第613—614页。

在1848年和1849年,德国、罗马尼亚、匈牙利、意大利的革命大军都有很多波兰人。他们无论是普通士兵还是指挥官,都表现得出类拔萃。尽管这一时期的社会主义趋向被淹没在六月日子的血泊中,然而1848年革命——决不可以忘记这一点——的熊熊火焰几乎燃遍了整个欧洲,有个时期曾把整个欧洲变成一个共同体,从而为国际工人协会奠定了基础。

马克思和恩格斯:《致日内瓦一八三〇年波兰革命五十周年纪念大会》(1880年11月27日),见《马克思恩格斯全集》1963年版第19卷第266页。

(二)欧洲未来国家的政治制度

民主派或者将直接力争建立联邦共和国,或者,如果他们无法回避建立一个统一而不可分割的共和国,至少也将设法赋予各乡镇和各省区以尽量大的独立自主权,从而使中央政府陷于瘫痪状态。工人应该反对这种意图,不仅要力求建立统一而不可分割的德意志共和国,而且还要极其坚决地把这个共和国的权力集中在国家政权手中。……正如1793年在法国那样,目前在德国实行最严格的中央集权制是真正革命党的任务。

马克思和恩格斯:《共产主义者同盟中央委员会告同盟书》(1850年3月24日以前),见《马克思恩格斯文集》第2卷第197页。

第六章　论重点地区和国家的发展以及国际关系

德国的改造。一方面，小邦分立状态必须消除。——只要巴伐利亚和符腾堡的保留权利①依然存在，……看你怎么使这个社会革命化吧！另一方面，普鲁士必须停止存在，必须划分为若干自治省，以使道地的普鲁士主义不再压在德国头上。小邦分立状态和道地的普鲁士主义就是现在正钳制着德国的两个对立的方面，而且这两个方面中的一方始终必然是另一方的托辞和存在的理由。

应当用什么东西来取代呢？在我看来，无产阶级只能采取单一而不可分的共和国的形式。联邦制共和国一般说来现在还是美国广大地区所必需的，虽然在它的东部已经成为障碍。在英国，联邦制共和国将是一个进步，因为在这里，两个岛上居住着四个民族，议会虽然是统一的，但是却有三种法律体系同时并存。在小国瑞士，联邦制共和国早已成为一种障碍，之所以还能被容忍，只是因为瑞士甘愿充当欧洲国家体系中纯粹消极的一员。对德国说来，实行瑞士式的联邦制，那就是一大退步。

> 恩格斯：《1891年社会民主党纲领草案批判》（1891年6月18—29日之间），见《马克思恩格斯文集》第4卷第415—416页。

联邦制国家和单一制国家有两点区别，这就是：每个加盟的邦，每个州都有它自己的民事立法、刑事立法和法院组织；其次，与国民议院并存的还有联邦议院，在联邦议院中，每一个州不分大小，都以州为单位参加表决。前一点我们已经顺利克服，而且不会幼稚到又去采用它；第二点在我们这里就是联邦会议，我们完全可以不需要它，而且，一般说来，我们的"联邦制国家"已经是向单一制国家的过渡。

> 恩格斯：《1891年社会民主党纲领草案批判》（1891年6月18—29日之间），见《马克思恩格斯文集》第4卷第416页。

---

① 指德国南部各邦，主要是巴伐利亚和符腾堡的特殊权利。其中，巴伐利亚和符腾堡保留了特有的烧酒和啤酒税，以及独立管理邮电的特殊权利。此外，巴伐利亚在管理它的军队和铁路方面保留了独立性；巴伐利亚、符腾堡以及萨克森在联邦会议中的代表成立了一个拥有否决权的对外政策问题特别委员会。——编者注

因此，需要统一的共和国。但并不是像现在法兰西共和国那样的共和国，因为它同 1798 年建立的没有皇帝的帝国①没有什么不同。从 1792 年到 1798 年，法国的每个省、每个市镇，都有美国式的完全的自治，这是我们也应该有的。至于应当怎样安排自治和怎样才可以不要官僚制，这已经由美国和法兰西第一共和国给我们证明了，而现在又有澳大利亚、加拿大以及英国的其他殖民地给我们证明了。这种省的和市镇的自治远比例如瑞士的联邦制更自由，在瑞士的联邦制中，州对联邦而言固然有很大的独立性，但它对专区和市镇也具有很大的独立性。州政府任命专区区长和市镇长官，这在讲英语的国家里是绝对没有的，而我们将来也应该断然消除这种现象，就像消除普鲁士的县长和政府顾问那样。

恩格斯：《1891 年社会民主党纲领草案批判》（1891 年 6 月 18—29 日之间），见《马克思恩格斯文集》第 4 卷第 416 页。

如果说有什么是毋庸置疑的，那就是，我们的党和工人阶级只有在民主共和国这种形式下，才能取得统治。民主共和国是无产阶级专政的特殊形式，……

恩格斯：《1891 年社会民主党纲领草案批判》（1891 年 6 月 18 日—29 日之间），见《马克思恩格斯文集》第 4 卷第 415 页。

但是下面这个要求是可以写进纲领中去的，并且至少可以间接地作为对不能直言的事情的暗示：

"省、县和市镇通过依据普选制选出的官员实行完全的自治。取消由国家任命的一切地方的和省的政权机关。"

恩格斯：《1891 年社会民主党纲领草案批判》（1891 年 6 月 18—29 日之间），见《马克思恩格斯文集》第 4 卷第 417 页。

"那么，您认为成立'欧洲联邦'的时间不远了吗？"

---

① 没有皇帝的帝国指拿破仑·波拿巴于 1799 年雾月十八日（11 月 9 日）发动政变，推翻了 1792 年 8 月 10 日在法国建立的共和国制度，宣布实行以自己为第一执政的专政。——编者注

第六章　论重点地区和国家的发展以及国际关系

"当然。一切都在朝着这个方向走,因为我们的思想正在全欧洲传播。你看(他拿出一本厚厚的书),我们的罗马尼亚的新杂志①。在保加利亚我们也有这样的杂志。全世界的工人都在迅速地学习联合的艺术。"

《恩格斯对英国"每日记事报"记者的谈话》(1893年6月底),见《马克思恩格斯全集》1965年版第22卷第635页。

(三) 欧洲无产阶级革命的国际影响

《共产主义宣言》②的任务,是宣告现代资产阶级所有制必然灭亡。但是在俄国,我们看见,除了迅速盛行起来的资本主义狂热和刚开始发展的资产阶级土地所有制外,大半土地仍归农民公共占有。那么试问:俄国公社,这一固然已经大遭破坏的原始土地公共占有形式,是能够直接过渡到高级的共产主义的公共占有形式呢?或者相反,它还必须先经历西方的历史发展所经历的那个瓦解过程呢?

对于这个问题,目前唯一可能的答复是:假如俄国革命将成为西方无产阶级革命的信号而双方互相补充的话,那么现今的俄国土地公有制便能成为共产主义发展的起点。

马克思和恩格斯:《〈共产党宣言〉1882年俄文版序言》(1882年1月21日),见《马克思恩格斯文集》第2卷第8页。

不仅可能而且毋庸置疑的是,当西欧各国人民的无产阶级取得胜利和生产资料转归公有之后,那些刚刚进入资本主义生产而仍然保全了氏族制度或氏族制度残余的国家,可以利用公有制的残余和与之相适应的人民风尚作为强大的手段,来大大缩短自己向社会主义社会发展的过程,并避免我们在西欧开辟道路时所不得不经历的大部分苦难和斗争。但这方面的必不可少的条件是:目前还是资本主义的西方作出榜样和积极支持。只有当资本主义经济在自己故乡和在它兴盛的国家里被克服的时候,只有当落后国家从这个榜样上看到"这是怎么回事",看到怎样把现代工业的生产力作

---

① 是指"现代人"。——本书编者注
② 即《共产党宣言》。——编者注

为社会财产来为整个社会服务的时候——只有到那个时候，这些落后的国家才能开始这种缩短的发展过程。然而那时它们的成功也是有保证的。这不仅适用于俄国，而且适用于处在资本主义以前的阶段的一切国家。但比较起来，这在俄国将最容易做到，因为这个国家的一部分本地居民已经吸取了资本主义发展的精神成果，因而在革命时期这个国家可以几乎与西方同时完成社会的改造。

恩格斯：《〈论俄国的社会问题〉跋》（1894年1月上半月），见《马克思恩格斯文集》第4卷第459页。

二、关于俄国

（一）俄国农村公社向何处去

俄国农民在摆脱农奴地位以后的处境已经不堪忍受，不可能长久这样继续下去，而仅仅由于这个原因，俄国革命正在日益迫近，这都是显而易见的事情。问题只在于这个革命的结果可能怎样，将会怎样？特卡乔夫①先生说，它将是社会革命。这纯粹是同义反复。任何一次真正的革命都是社会革命，因为它使新阶级占据统治地位并且让这个阶级有可能按照自己的面貌来改造社会。其实，特卡乔夫先生是想说，这将是社会主义革命，它将在我们西方还没有实现以前，就在俄国实现西欧社会主义所追求的那种社会形式——而且是在无产阶级和资产阶级只是零星出现并且还处在低级发展阶段上的社会状态下来实现！这一点所以成为可能，是因为俄国人可以说是社会主义的选民，而且他们还有劳动组合和土地公社所有制！

恩格斯：《流亡者文献》（1874年5月—1875年4月），见《马克思恩格斯文集》第3卷第393页。

劳动组合是一种自发产生的，因而还很不发达的合作社形式，并且也不是纯俄罗斯或纯斯拉夫的合作社形式。在凡是需要的地方，都建有这种

---

① 彼·特卡乔夫（1844—1885），俄国小资产阶级民粹派政治家、思想家。——本书编者注

第六章　论重点地区和国家的发展以及国际关系

合作社；……这种形式在俄国占有优势当然证明俄国人民有着强烈的联合愿望，但这还远不能证明他们靠这种愿望就能够从劳动组合直接跳入社会主义的社会制度。

恩格斯：《流亡者文献》（1874 年 5 月—
1875 年 4 月），见《马克思恩格斯文集》
第 3 卷第 395 页。

其实，土地公社所有制这种制度，我们在从印度到爱尔兰的一切印度日耳曼语系各民族的低级发展阶段上，甚至在那些在发展中曾受到印度影响的马来人中间，例如在爪哇，都可以见到。……在印度，直到今天还存在着许多种公社所有制形式。……在西欧，包括波兰和小俄罗斯在内，这种公社所有制在社会发展的一定阶段上，变成了农业生产的桎梏和障碍，因而渐渐被取消了。相反地，在大俄罗斯（即俄国本土），它一直保存到今天，这首先就证明农业生产以及与之相适应的农村社会状态在这里还处在很不发达的阶段，而且事实上也是如此。

恩格斯：《流亡者文献》（1874 年 5 月—
1875 年 4 月），见《马克思恩格斯文集》
第 3 卷第 396—397 页。

（二）俄国农村公社制度前途的二重性

如果您回顾一下西方社会的起源，那么您到处都会发现土地公有制；随着社会的进步，它又到处让位给私有制；因此，它不可能在俄国一个国家内免于同样的遭遇。

马克思：《给维·伊·查苏利奇的复信草
稿——三稿》（1881 年 2 月底—3 月初），
见《马克思恩格斯全集》2001 年版第 25
卷第 476 页。

但是，这是不是说，农业公社的历史道路必然要导致这种结果呢？绝对不是的。农业公社固有的二重性使得它只可能是下面两种情况之一：或者是私有成分在公社中战胜集体成分，或者是后者战胜前者。一切都取决于它所处的历史环境。

现在，我们暂且不谈俄国公社所遭遇的灾难，只来考察一下它的可能的发展。它的情况是独一无二的，在历史上没有先例。在整个欧洲，只有它是一个巨大的帝国内农村生活中占统治地位的组织形式。土地公有制赋予它以集体占有的自然基础，而它的历史环境（资本主义生产和它同时存在）又给予它以实现大规模组织起来的合作劳动的现成物质条件。因此，它可以不通过资本主义制度的卡夫丁峡谷，而吸取资本主义制度所取得的一切积极成果。它可以借使用机器而逐步以联合耕种代替小土地耕种，而俄国土地的天然地势又非常适合于使用机器。如果它在现在的形式下事先被引导到正常状态，那它就能直接变成现代社会所趋向的那种经济体系的出发点，不必自杀就能获得新的生命。

马克思：《给维·伊·查苏利奇的复信草稿——三稿》（1881年2月底—3月初），见《马克思恩格斯全集》2001年版第25卷第478—479页。

如果俄国是脱离世界而孤立存在的，如果它要靠自己的力量取得西欧通过长期的一系列进化（从原始公社的存在到它的目前状态）才取得的那些经济成就，那么，公社注定会随着俄国社会的逐步发展而灭亡这一点，至少在我看来，是毫无疑问的。可是，俄国公社的情况同西方原始公社的情况完全不同。俄国是在全国广大范围内把公社所有制保存下来的欧洲惟一的国家，但同时又生存在现代的历史环境中，同较高的文化同时存在，和资本主义生产所统治的世界市场联系在一起。俄国吸取这种生产方式的积极成果，就有可能发展并改造它的农村公社的古代形式，而不必加以破坏（我顺便指出，俄国的共产主义所有制形式是古代类型的最现代的形式，而后者又经历过一系列的进化）。

马克思：《给维·伊·查苏利奇的复信草稿——二稿》（1881年2月底—3月初），见《马克思恩格斯全集》2001年版第25卷第472页。

"农村公社"的这种发展是符合我们时代历史发展的方向的，对这一点的最好证明，是资本主义生产在它最发达的欧美各国中所遭到的致命危机，而这种危机将随着资本主义的消灭，随着现代社会回复到古代类型的高级

第六章　论重点地区和国家的发展以及国际关系

形式,回复到集体生产和集体占有而告终。

马克思:《给维·伊·查苏利奇的复信》(1881年2月底—3月初),见《马克思恩格斯文集》第3卷第579页。

(三) 俄国农村公社不通过卡夫丁峡谷的必要条件

俄国的公社所有制早已度过了它的繁荣时代,看样子正在趋于解体。但是也不可否认有可能使这一社会形式转变为高级形式,只要它能够保留到条件已经成熟到可以这样做的时候,只要它显示出能够在农民不再是单独而是集体耕作的方式下向前发展;就是说,有可能实现这种向高级形式的过渡,而俄国农民无须经过资产阶级的小块土地所有制的中间阶段。然而这只有在下述情况下才会发生,即西欧在这种公社所有制彻底解体以前就胜利地完成无产阶级革命并给俄国农民提供实现这种过渡的必要条件,特别是提供在整个农业制度中实行必然与此相联系的变革所必需的物质条件。可见,特卡乔夫先生断言俄国农民虽然是"有产者",但比西欧无财产的工人"更接近于社会主义",完全是胡说八道。恰恰相反。如果有什么东西还能挽救俄国的公社所有制,使它可能变成确实富有生命力的新形式,那么这正是西欧的无产阶级革命。

恩格斯:《流亡者文献》(1874年5月—1875年4月),见《马克思恩格斯文集》第3卷第398—399页。

俄国是在全国范围内把"农业公社"保存到今天的唯一的欧洲国家。它不像东印度那样,是外国征服者的猎获物。同时,它也不是脱离现代世界孤立生存的。一方面,土地公有制使它有可能直接地、逐步地把小地块个体耕作转化为集体耕作,并且俄国农民已经在没有进行分配的草地上实行着集体耕作。俄国土地的天然地势适合于大规模地使用机器。农民习惯于**劳动组合**关系,这有助于他们从小地块劳动向合作劳动过渡;最后,长久以来靠农民维持生存的俄国社会,也有义务给予农民必要的垫款,来实现这一过渡。另一方面,和控制着世界市场的西方生产**同时存在**,就使俄国可以不通过资本主义制度的卡夫丁峡谷①,而把资本主义制度所创造的一切积极的成果用到公社中来。

马克思:《给维·伊·查苏利奇的复信》(1881年2月底—3月初),见《马克思恩格斯文集》第3卷第574—575页。

如果一般地说可以提出俄国的公社是否将有别的更好的命运这样一个问题,那么这不是公社本身的错,而完全是由于公社在一个欧洲国家里保持相当的生命力到了这样一个时刻,这时,在西欧不仅一般的商品生产,甚至连它的最高和最后的形式——资本主义生产都同它本身所创造的生产力发生了矛盾,它不能再继续支配这种生产力,它正在由于这些内部矛盾及其所造成的阶级冲突而走向灭亡。由这一点就已经可以得出结论,对俄国的公社的这样一种可能的改造的首创因素只能来自西方的工业无产阶级,而不是来自公社本身。西欧无产阶级对资产阶级的胜利以及与之俱来的以社会管理的生产代替资本主义生产,这就是俄国公社上升到同样的阶段所必需的先决条件。

恩格斯:《〈论俄国的社会问题〉跋》(1894年1月上半月),见《马克思恩格斯文集》第4卷第457页。

(四)俄国农村公社直接过渡到社会主义的机会正在逐年减少

……因为我不喜欢留下"一些东西让人去揣测",我准备直截了当地说。为了能够对当代俄国的经济发展作出准确的判断,我学习了俄文,后来又在许多年内研究了和这个问题有关的官方发表的和其他方面发表的资料。我得出了这样一个结论:如果俄国继续走它在1861年所开始走的道路,那它将会失去当时历史所能提供给一个民族的最好的机会,而遭受资本主义制度所带来的一切灾难性的波折。

---

① 卡夫丁峡谷:公元前321年,萨姆尼特人在古罗马卡夫丁城附近的卡夫丁峡谷击败了罗马军队,并迫使罗马战俘从峡谷中用长矛架起的"轭形门"下通过,借以羞辱战败军队。后来,卡夫丁峡谷成为了人们比喻灾难性的历史经历、"耻辱之谷"的代名词。——本书编者注

第六章　论重点地区和国家的发展以及国际关系

> 马克思：《给〈祖国纪事〉杂志编辑部的信》（1877年10—11月），见《马克思恩格斯文集》第3卷第464页。

我曾经以应有的高度的尊重谈到"俄国的伟大学者和批评家"①。这个人在几篇出色的文章中研究了这样一个问题：俄国是应当像它的自由派经济学家们所希望的那样，首先摧毁农村公社以过渡到资本主义制度呢，还是与此相反，俄国可以在发展它所特有的历史条件的同时取得资本主义制度的全部成果，而又可以不经受资本主义制度的苦难。他表示赞成后一种解决办法。

> 马克思：《给〈祖国纪事〉杂志编辑部的信》（1877年10—11月），见《马克思恩格斯文集》第3卷第464页。

毫无疑问，公社，在某种程度上还有劳动组合，都包含了某些萌芽，它们在一定条件下可以发展起来，使俄国不必经受资本主义制度的苦难。……我们的作者在1882年1月给过去的一篇《宣言》写的一篇序言中，对于俄国的公社能否成为更高级的社会发展的起点这个问题，是这样回答的：假如俄国经济制度的变革与西方经济制度的变革同时发生，"从而双方互相补充的话，那么现今的俄国土地占有制便能成为新的社会发展的起点"。

如果在西方，我们在自己的经济发展中走得更快些，如果我们在10年或20年以前能够推翻资本主义制度，那么，俄国也许还来得及避开它自己向资本主义发展的趋势。遗憾的是，我们的进展太慢，那些必然使资本主义制度达到临界点的经济后果，目前在我们周围的各个国家只是刚刚开始发展：当英国迅速丧失它在工业上的垄断地位的时候，法国和德国正在接近英国的工业水平，而美国正要不仅在工业品方面，而且在农产品方面把它们统统赶出世界市场。……而在这期间你们那里的公社却在衰败，我们只能希望我们这里向更好的制度的过渡尽快发生，以挽救——至少是在你们国家一些较边远的地区——那些在这种情况下负有使命实现伟大未来的制度。但事实终究是事实，我们不应当忘记，这种机

---

① 指俄国革命家、唯物主义哲学家、作家、文学批评家和民主主义者车尔尼雪夫斯基。——编者注

会正在逐年减少。

> 恩格斯：《致尼古拉·弗兰策维奇·丹尼尔逊》（1893年2月24日），见《马克思恩格斯文集》第10卷第649—650页。

……不应当忘记，这里提到的大遭破坏的俄国公有制从那时①以来已经又向前迈了一大步。……现在世界上也没有一种力量能在俄国公社的解体过程达到一定深度时重建俄国公社。况且俄国政府还规定，在公社社员之间重新分配土地，间隔时间不得少于12年，目的就在于使农民越来越不习惯于重新分配土地并开始把自己看做自己份地的私有者。

> 恩格斯：《〈论俄国的社会问题〉跋》（1894年1月上半月），见《马克思恩格斯文集》第4卷第460—461页。

……假如俄国想要遵照西欧各国的先例成为一个资本主义国家——它最近几年已经在这方面费了很大的精力——，它不先把很大一部分农民变成无产者就达不到这个目的；而它一旦倒进资本主义制度的怀抱，它就会和尘世间的其他民族一样地受那些铁面无情的规律的支配。事情就是这样。

> 恩格斯：《〈论俄国的社会问题〉跋》（1894年1月上半月），见《马克思恩格斯文集》第4卷第463页。

（五）俄国要保全公社，必须进行革命，推翻沙皇专制制度

我不敢判断目前这种公社是否还保存得这样完整，以致在一定的时刻，像马克思和我在1882年所希望的那样，它能够同西欧的转变相配合而成为共产主义发展的起点。但是有一点是毋庸置疑的：要想保全这个残存的公社，就必须首先推翻沙皇专制制度，必须在俄国进行革命。……俄国革命还会给西方的工人运动以新的推动，为它创造新的更好的

---

① 指马克思和恩格斯为《共产党宣言》1882年版写序言的时间，即1882年1月。——本书编者注

第六章 论重点地区和国家的发展以及国际关系

斗争条件,从而加速现代工业无产阶级的胜利;没有这种胜利,目前的俄国无论是在公社的基础上还是在资本主义的基础上,都不可能达到社会主义的改造。

> 恩格斯:《〈论俄国的社会问题〉跋》(1894年1月上半月),见《马克思恩格斯文集》第4卷第466—467页。

(六)沙皇政府专制统治和对外扩张政策

1. 沙皇专制政府加紧统治

1861年3月,俄国的青年大学生们表示坚决拥护解放波兰;1861年秋天,他们曾试图反对"国家改革",结果当局采取了惩戒措施和经济措施,剥夺了贫苦的大学生(他们占大学生总数的三分之二以上)受高等教育的机会。政府宣布他们的抗议是暴乱;在彼得堡、莫斯科和喀山,有数百名青年被关进监狱,经过三个月的监禁以后便从大学里被驱逐或开除。由于担心这批青年会加剧农民的不满,国家参议院特别决定禁止原来的大学生在农村中担任任何社会职务。但是,迫害并没有就此止步。他们把教授们例如巴甫洛夫驱逐出校;由被开除的大学生组织的公共补习班被封闭了;利用毫无根据的借口来采取新的迫害措施;刚刚被批准成立的"青年学生互助储金会"突然被查封;停止出版各种报纸。

> 马克思和恩格斯:《社会主义民主同盟和国际工人协会》(1873年4—7月),见《马克思恩格斯全集》1964年版第18卷第492—493页。

这个地下印刷的宣言刚一出现,由于命定的巧合(如果警察当局没有插手其中的话)在彼得堡便发生了许多起火灾。政府和反动报刊幸灾乐祸地利用这个口实指控青年和一切激进派在纵火。各个监狱又有了人满之患,在通往流放地的各条道路上又一次出现了成群结对的受难者。车尔尼雪夫斯基遭到逮捕并被关进了圣彼得堡要塞,在那里经受了漫长的两年折磨以后,他又被押到西伯利亚去服苦役。

> 马克思和恩格斯:《社会主义民主同盟和国际工人协会》(1873年4—7月),见《马克思恩格斯全集》1964年版第18卷第493页。

各个公社相互间这种完全隔绝的状态,在全国造成虽然相同但绝非共同的利益,这就是**东方专制制度**的自然形成的基础。从印度到俄国,凡是这种社会形式占优势的地方,它总是产生这种专制制度,总是在这种专制制度中找到自己的补充。

> 恩格斯:《流亡者文献》(1875年3月底—4月中),见《马克思恩格斯文集》第3卷第397页。

在俄国,事态在几个月内就会发展到决定性的关头。要么是专制制度的崩溃,那时候,随着这个强大的反动堡垒的崩溃,欧洲的风向也会马上转变;要么是爆发欧洲战争,而这次战争也将把**现在的**德国党葬送在每个民族争取本民族生存的不可避免的斗争之中。

> 恩格斯:《致奥古斯都·倍倍尔》(1979年12月16日),见《马克思恩格斯文集》第10卷第445页。

反对波兰人的民族意向的是哪些人呢?第一,是欧洲的资产者,……第二,是俄国的泛斯拉夫主义者和受他们影响的人,……目前正在酝酿着一场泛斯拉夫主义的战争,这是拯救俄国沙皇制度和俄国反动势力的最后一点指望;……

> 恩格斯:《致卡尔·考茨基》(1882年2月7日),见《马克思恩格斯文集》第10卷第474页。

为了在国内实行专制统治,沙皇政府在国外应该是绝对不可战胜的;它必须不断地赢得胜利,它应该善于用沙文主义的胜利狂热,用不断征服新的地方来奖赏自己臣民的无条件的忠顺。

第六章 论重点地区和国家的发展以及国际关系

> 恩格斯:《俄国沙皇政府的对外政策》(1889年12月23日前—1890年2月底),见《马克思恩格斯文集》第4卷第381页。

如果沙俄匪帮侵入德国,他们带来的不是自由而是奴役,不是发展而是毁灭,不是进步而是野蛮。

> 恩格斯:《德国的社会主义》(1891年10月),见《马克思恩格斯全集》1965年版第22卷第294页。

2. 沙皇政府到处对外扩张

……俄国的努力决不只限于发展这种内陆贸易。它占领黑龙江沿岸的地方——当今中国统治民族的故乡——已经有几年的时间了。它在这方面的努力,在上次战争①期间曾受阻中断,但是,无疑它将来会恢复并大力推进这种努力。俄国占领了千岛群岛和与其比邻的堪察加沿岸。它在这一带海面上已经拥有一支舰队,无疑它将来会利用可能出现的任何机会来谋求参与同中国的海上贸易。

> 马克思:《俄国的对华贸易》(1857年3月18日),见《马克思恩格斯文集》第2卷617页。

……如果有谁会在北京拥有政治影响,那一定是俄国,俄国由于上一个条约②得到了一块大小和法国相等的新领土,这块领土的边境大部分只和北京相距800英里。约翰牛自己通过进行第一次鸦片战争,使俄国得以签订一个使它有权沿黑龙江航行并在陆上边界自由贸易的条约;而通过进行第二次鸦片战争,又帮助俄国获得了鞑靼海峡和贝加尔湖之间价值无量的地域——这是俄国无限垂涎的一块地方,从沙皇阿列克谢·米哈伊洛维奇到尼古拉,一直都企图把它弄到手。

---

① 是指1853—1856年克里木战争。——本书编者注
② 指1858年5月28日签订的《中俄瑷珲条约》。——本书编者注

马克思:《中国和英国的条约》(1858年9月28日),见《马克思恩格斯文集》第2卷648页。

毫无疑问,现在在波斯尼亚、塞内维亚、黑山以及克里特岛上所发生的一切暴力和阴谋,都有俄国的代理人插手其中;……加紧分裂土耳其和对土耳其基督教臣民行使保护权,这就是俄国在战争肇始时所追求的目的;……

恩格斯:《俄国在远东的成功》(1858年10月25日前后),见《马克思恩格斯文集》第2卷649页。

……俄国正在迅速地成为亚洲的头等强国,它很快就会在这个大陆上压倒英国。由于征服了中亚细亚和吞并了满洲,俄国使自己的领地增加了一块像除俄罗斯帝国外的整个欧洲那样大的地盘,并从冰天雪地的西伯利亚进入了温带。中亚细亚各河流域和黑龙江流域,很快就会住满俄国的移民。

恩格斯:《俄国在远东的成功》(1858年10月25日前后),见《马克思恩格斯文集》第2卷第653页。

正当英国人在广州同中国的下级官吏争执不下……的时候,俄国人已经占领了黑龙江以北的地区和该地区以南的大部分满洲海岸;他们在那里建筑了工事,勘测了一条铁路线并拟定了修建城市和港口的规划。当英国终于决定打到北京,而法国也希望捞到一点好处而同英国联合起来的时候,俄国——尽管就在此时夺取了中国的一块大小等于法德两国加在一起的领土和一条同多瑙河一样长的河流——竟能以处于弱者地位的中国人的无私保护人身分出现,而且在缔结和约时俨然以调停者自居;如果我们把各国条约比较一下,就必须承认:这次战争不是对英、法而是对俄国有利,已成为昭然若揭的事实。……

不但英、法所得的一切明显利益,不管是什么,俄国都有份,而且俄国还得到了黑龙江边的整个地区,这个地区是它早已悄悄占领的。俄国并不满足于此,它还取得了这样一个成果,即成立俄中委员会来确定边界。

第六章　论重点地区和国家的发展以及国际关系

> 恩格斯:《俄国在远东的成功》(1858年10月25日前后),见《马克思恩格斯文集》第2卷650—652页。

俄国的军国主义是整个欧洲军国主义的后台。

> 马克思:《俄国的对华贸易》(1878年3月18),见《马克思恩格斯文集》第2卷617页。

由于俄国具有几乎攻不破的战略地位,俄国沙皇政府便成为这个同盟的核心成为欧洲反动派的主要后备力量。我们认为,推翻沙皇政府,消灭这个压迫整个欧洲的祸害,是解放中欧和东欧各民族的首要条件。

> 恩格斯:《致若安·纳杰日杰》(1888年1月4日),见《马克思恩格斯文集》第10卷567页。

俄国外交界形成了某种现代的耶稣会,它强大到在需要的时候甚至足以克服沙皇的任性,控制自己内部的贪污腐化,而在外部则更广泛地传播这种贪污腐化之风。最初这一耶稣会主要是由外国人组成的,……

正是这个最初由外国冒险家组成的秘密团体,把俄罗斯帝国变得像现在这样强大。这一帮人以钢铁般的坚定性,始终不渝地追求既定的目标,不惜背信弃义,阴谋叛变,进行暗杀,也不惜卑躬屈节,重金贿买,不因胜利而陶醉,不因失败而气馁,踩着千百万士兵的尸体和至少是一个沙皇的尸体向前进——这一帮人有多大本领就能干出多大的伤天害理的事情;对于使俄国的边界从第聂伯河和德维纳河扩展到魏克瑟尔河以西,直到普鲁特河、多瑙河和黑海,从顿河和伏尔加河扩展到高加索以南,直到奥克苏斯河和药杀水的发源地,他们的作用超过了俄国所有的军队;正是这一帮人使俄国成为巨大、强盛和令人恐惧的国家,并为它开辟了称霸世界的道路。

> 恩格斯:《俄国沙皇政府的对外政策》(1889年12月23日前—1890年2月底),见《马克思恩格斯文集》第4卷第354—355页。

……所以俄国外交宁愿利用其他强国的互相矛盾的利益和贪欲来达到自己的目的,唆使这些强国互相倾轧,从它们的敌对关系中坐收渔利,以便推行俄国的侵略政策。

恩格斯:《俄国沙皇政府的对外政策》
(1889年12月23日前—1890年2月底),
见《马克思恩格斯文集》第4卷第357页。

到叶卡捷琳娜逝世的时候,俄国的领地已超过了甚至最肆无忌惮的民族沙文主义所能要求的一切。凡是冠有俄罗斯名字的(少数奥地利的小俄罗斯人除外),都处在她的继承者的统治之下,这个继承者现在完全可以称自己为全俄罗斯的专制君主。俄国不仅夺得了出海口,而且在波罗的海和黑海都占领了广阔的滨海地区和许多港口。受俄国统治的不仅有芬兰人、鞑靼人和蒙古人,而且还有立陶宛人、瑞典人、波兰人和德国人。——还想要什么呢?对于任何其他民族来说,这是足够了。可是对于沙皇的外交来说(民族是不必考虑的),这只不过是为现在才得以开始的真正掠夺打好了基础。

恩格斯:《俄国沙皇政府的对外政策》
(1889年12月23日前—1890年2月底),
见《马克思恩格斯文集》第4卷第366—367页。

尽管如此,巨大的胜利似乎还是获得了。罗马尼亚、塞尔维亚、黑山由于俄国的帮助而扩大了领土,得到了独立,因而它们都欠了俄国的债;多瑙河和巴尔干山脉之间的四边形要塞区,土耳其的这个强有力的棱堡①被暂时破坏;君士坦丁堡的最后掩蔽物巴尔干山脉被从土耳其人手中夺去,并且被解除了武装;形式上是土耳其的附庸国的保加利亚和东鲁米利亚,实际上成了俄国的附庸国;……最后,土耳其由于领土丧失、精疲力竭和过重的战争赔款而完全从属于俄国,……因此,看来俄国只需要选择适当时机来实现它的伟大的最终目的,即攫取"我们房屋的钥匙"②君士坦丁堡了。

---

① 这里指保加利亚领土上的四边形要塞区,这四个要塞区分别是锡利斯特拉、鲁斯楚克、舒姆拉和瓦尔纳。在1877—1878年俄土战争开始时土耳其军队的主力集中在这个地区。——编者注

② 这是亚历山大一世在1808年和法国大使科兰库谈话时的用语。——编者注

第六章　论重点地区和国家的发展以及国际关系

> 恩格斯:《俄国沙皇政府的对外政策》(1889年12月23日前—1890年2月底),见《马克思恩格斯文集》第4卷第385页。

……在欧洲只有三个必须正视的强国:奥地利、法国、英国。而要唆使它们相互倾轧或用获取领土的诱饵去收买它们,这并不需要多高明的手法。英国和法国仍然是海上的竞争者;可以用占领比利时和德国领土的前景引诱法国;可以用向法国、普鲁士,而从约瑟夫二世时代起也向巴伐利亚索取各种利益的诺言引诱奥地利。因此,只要善于利用利益冲突,就能使俄国在从事任何外交活动时取得强大的甚至是绝对强大的盟友的支持。

> 恩格斯:《俄国沙皇政府的对外政策》(1889年12月23日前—1890年2月底),见《马克思恩格斯文集》第4卷第361页。

……俄国目前政策的所有主要的特征:兼并波兰,虽然最初还不得不把一部分猎获物让给邻居;把德国变成下一个瓜分对象;把夺取君士坦丁堡当做永不忘记的、可以逐渐实现的最主要目标;夺取芬兰作为彼得堡的屏障而把挪威并给瑞典作为补偿……

> 恩格斯:《俄国沙皇政府的对外政策》(1889年12月23日前—1890年2月底),见《马克思恩格斯文集》第4卷第366页。

对俄国外交说来,问题是要利用对欧洲所取得的霸权进一步向沙皇格勒推进。为了达到这一目的,它可以利用三个杠杆:罗马尼亚人、塞尔维亚人、希腊人。最合适的是希腊人。

> 恩格斯:《俄国沙皇政府的对外政策》(1889年12月23日前—1890年2月底),见《马克思恩格斯文集》第4卷第372页。

因为沙俄帝国是欧洲反动势力的主要堡垒,后备阵地和后备军;……

> 恩格斯:《俄国沙皇政府的对外政策》(1889年12月23日前—1890年2月底),见《马克思恩格斯文集》第4卷第353页。

俄国从前从来没有占据过如此强大的地位。……如果说对于叶卡捷琳娜的侵略，俄国的沙文主义还有些托词——我不愿说是辩白——，那么对于亚历山大的侵略，就根本谈不到这一点了。……在这里不再是对冠有俄罗斯名字的各个分散的同族部落进行合并的问题，在这里我们所看到的，是对别国领土的赤裸裸的暴力掠夺，是明火执仗的抢劫。

恩格斯：《俄国沙皇政府的对外政策》
（1889年12月23日前—1890年2月底），
见《马克思恩格斯文集》第4卷371页。

整个欧洲都怀着惶恐的心情望着这个俄国巨人，他的大军只待信号一发，就会向欧洲压将过去。

恩格斯：《俄国沙皇政府的对外政策》
（1889年12月23日前—1890年2月底），
见《马克思恩格斯文集》第4卷第374页。

3. 俄国无疑是处在革命前夜

俄国无疑是处在革命的前夜。财政已经混乱到了极点。捐税额已无法再往上提高，旧国债的利息要用新公债来偿付，而每一次举借新公债都遇到越来越大的困难；只有借口建造铁路还能筹到一些钱！行政机构早已腐败透顶，官吏们主要是靠贪污、受贿和敲诈来维持生活，而不是靠薪俸。全部农业生产——这是俄国最主要的生产——都被1861年的赎买办法弄得混乱不堪；大地产没有足够的劳动力，农民没有足够的土地，他们遭到捐税压榨，受到高利贷者的洗劫；农业生产一年比一年下降。所有这一切只是靠东方专制制度在表面上勉强支持着，这种专制制度的专横，我们在西方甚至是无法想象的。这种专制制度不但日益同各个开明阶级的见解，特别是同迅速发展的首都资产阶级的见解发生越来越剧烈的矛盾，而且连它现在的体现者也不知所措：今天向自由主义让步，明天又吓得要命地把这些让步收回，因而越来越失去信用。同时，集中于首都的那些较开明的国民阶层越来越意识到，这种情况不可容忍，变革已经迫近，但他们也产生一种幻想，以为能把这个变革纳入安静的立宪的轨道。这里，革命的一切条件都结合在一起；这次革命将由首都的上等阶级，甚至可能由政府自己开始进行，但是农民将把它向前推进，很快就会使它超出最初的立宪阶段的范围；这个革命单只由于如下一点就对全欧洲具有极伟大的意义，这就

第六章　论重点地区和国家的发展以及国际关系

是它会一举消灭欧洲整个反动势力的迄今一直未被触动的最后的后备力量。这个革命无疑正在日益临近。

> 恩格斯:《流亡者文献》(1874年5月中—1875年4月),见《马克思恩格斯文集》第3卷第401页。

俄国在政府政策支持下从1856年开始的内部发展,显示了它的作用;社会革命取得了巨大的进展;俄国日益西方化;大工业化和铁路的发展,一切实物贡赋之改用货币支付,以及因此而引起的旧社会基础的瓦解——所有这一切都以越来越快的速度进行着。但是沙皇专制制度同正处于形成阶段的新社会之间的不可调和性也以同样的速度显现出来。立宪的和革命的反对党成立了,政府只有用越来越野蛮的暴力才能使它们屈服。俄国外交界恐惧地看到,俄国人民自己做主的日子已经不远……

> 恩格斯:《俄国沙皇政府的对外政策》(1889年12月23日前—1890年2月底),见《马克思恩格斯文集》第4卷第388—389页。

只有当俄国局势发生变化,使得俄国人民能够永远结束自己沙皇的传统的侵略政策,抛弃世界霸权的幻想,而关心自己在国内的受到极严重威胁的切身利益时,这种世界战争的全部危险才会消失。

> 恩格斯:《俄国沙皇政府的对外政策》(1889年12月23日前—1890年2月底),见《马克思恩格斯文集》第4卷第390页。

……整个西欧,特别是西欧的工人政党,关心着,深切地关心着俄国革命政党的胜利和沙皇专制制度的崩溃。欧洲正好像沿着斜坡一样越来越快地滑向规模空前和激烈程度空前的世界战争的深渊。能够阻止这种趋势的只有一种情况,那就是俄国制度的改变。

> 恩格斯:《俄国沙皇政府的对外政策》(1889年12月23日前—1890年2月底),见《马克思恩格斯文集》第4卷第394页。

三、关于美国

（一）美国的奴隶制度

没有奴隶制，北美这个最进步的国家就会变成宗法式的国家。只要从世界地图上抹去北美，结果就会出现混乱状态，就会出现贸易和现代文明的彻底衰落。但是，让奴隶制消失，那就等于从世界地图上把美国抹去。

> 马克思：《致帕维尔·瓦西里耶维奇·安年科夫》（1846年12月28日），见《马克思恩格斯文集》第10卷第49页。

同机器、信用等等一样，直接奴隶制是资产阶级工业的基础。没有奴隶制就没有棉花；没有棉花就没有现代工业。奴隶制使殖民地具有价值，殖民地产生了世界贸易，世界贸易是大工业的条件。可见，奴隶制是一个极重要的经济范畴。

> 马克思：《哲学的贫困》（1847年上半年），见《马克思恩格斯文集》第1卷第604页。

奴隶主买一个劳动者就像买一匹马一样。他失去奴隶，就是失去一笔资本，必须再花一笔钱到奴隶市场上去买，才能得到弥补。但是，……我们看到，那里的奴隶阶级饮食最坏，劳动最累最重，甚至每年都有一大批人直接由于劳动过渡、睡眠和休息不足等慢性折磨而丧命。

> 马克思：《资本论》第1卷（1867年），见《马克思恩格斯文集》第5卷第307—308页。

在雇佣劳动不受旧行会制度等残余的束缚而得到最自由发展的北美，这种**变动性**，对劳动的特定内容和从一个部门转移到另一个部门所持的完全无所谓的态度，也表现得特别明显。因此，一切美国著作家也都把这种**变动性**与**奴隶劳动**的单调的、传统的性质的对立，强调为北方自由雇佣劳动不同于南方奴隶劳动的最大特征，……

第六章 论重点地区和国家的发展以及国际关系

> 马克思：《资本论（1863—1865 年手稿）》（摘选）（1863—1865 年底），见《马克思恩格斯文集》第 8 卷第 515 页。

在像西印度那样专营出口贸易的种植殖民地，以及在像墨西哥和东印度那样任人宰割的资源丰富人口稠密的国家里，土著居民所受的待遇当然是最可怕的。……1744 年马萨诸塞湾的一个部落被宣布为叛匪以后，规定了这样的赏格：每剥一个 12 岁以上男子的头盖皮得新币 100 镑，每俘获一个男子得 105 镑，每俘获一个妇女或儿童得 55 镑，每剥一个妇女或儿童的头盖皮得 50 镑！

> 马克思：《资本论》第 1 卷（1867 年），见《马克思恩格斯文集》第 5 卷第 863 页。

……毫无疑问，例如棉纺业的飞速发展极大地促进了美国的植棉业，从而不仅大大促进了非洲的奴隶贸易，而且还使饲养黑人成了所谓边疆蓄奴各州的主要事业。1790 年，美国进行了第一次奴隶人口调查，当时共有奴隶 697000 人，而到 1861 年大约有 400 万人。

> 马克思：《资本论》第 1 卷（1867 年），见《马克思恩格斯文集》第 5 卷第 511 页。

……在马萨诸塞州，这个直到最近还是北美共和国最自由的州，今天国家颁布的 12 岁以下儿童的劳动时间的界限，在 17 世纪中叶还曾经是英国的健壮的手工业者、结实的雇农和大力士般的铁匠的正常工作日。

> 马克思：《资本论》第 1 卷（1867 年），见《马克思恩格斯文集》第 5 卷第 313 页。

现在英国和美国之间也有类似的情形。今天出现在美国的许多身世不明的资本，仅仅在昨天还是英国的资本化了的儿童血液。

> 马克思：《资本论》第 1 卷（1867 年），见《马克思恩格斯文集》第 5 卷第 866 页。

当棉纺织工业在英国采用儿童奴隶制的时候，它同时在美国促使过去多少带有家长制性质的奴隶经济转化为一种商业性的剥削制度。

马克思:《资本论》第 1 卷（1867 年），见《马克思恩格斯文集》第 5 卷第 870 页。

美国的奴隶制对暴力的依赖，要比它对英国的棉纺织工业的依赖少得多；……

恩格斯:《反杜林论》（1876 年 9 月—1878 年 6 月），见《马克思恩格斯文集》第 9 卷第 168 页。

在北美洲，绝大部分的土地是自由农的劳动开垦出来的，而南部的大地主用他们的奴隶和掠夺性的耕作制度耗尽了地力，以致在这些土地上只能生长云杉，而棉花的种植则不得不越来越往西移。

恩格斯:《反杜林论》（1876 年 9 月—1878 年 6 月），见《马克思恩格斯文集》第 9 卷第 168 页。

奴隶市场本身是靠战争、海上掠夺等等才不断得到劳动力这一商品的，而这种掠夺又不是以流通过程作为中介，而是要通过直接的肉体强制，对他人的劳动力实行实物占有。

马克思:《资本论》第 2 卷（1885 年），见《马克思恩格斯文集》第 5 卷第 511 页。

这是真正美国式的怪现象：最现代的趋向披着最中世纪的外衣，最民主的甚至叛逆的精神隐藏在貌似强大、实际上软弱无力的专制之下——这就是劳动骑士向欧洲观察家展示的一幅图画。

恩格斯:《美国工人运动》（1887 年 1 月 26 日），见《马克思恩格斯文集》第 4 卷第 321 页。

（二）美国内战的性质和作用

因此，当前南部与北部之间的斗争不是别的，而是两种社会制度即奴隶制度与自由劳动制度之间的斗争。这个斗争之所以爆发，是因为这两种

第六章　论重点地区和国家的发展以及国际关系

制度再也不能在北美大陆上一起和平相处。它只能以其中一个制度的胜利而结束。

> 马克思：《美国内战》(1861年10月底)，见《马克思恩格斯全集》1863年版第15卷第365页。

……美国的南北战争以及随之而来的棉荒，把兰开夏郡等地的大部分棉纺织业工人抛向街头。

> 马克思：《资本论》第1卷（1867年），见《马克思恩格斯文集》第5卷第662页。

南北战争的第一个果实，就是争取八小时工作日运动，这个运动以特别快车的速度，从大西洋跨到太平洋，从新英格兰跨到加利福尼亚。

> 马克思：《资本论》第1卷（1867年），见《马克思恩格斯文集》第5卷第348页。

另一方面，美国南北战争的结果造成了巨额的国债以及随之而来的沉重的赋税，产生了最卑鄙的金融贵族，使极大一部分公有土地被分送给经营铁路、矿山等的投机家公司，——一句话，造成了最迅速的资本集中。

> 马克思：《资本论》第1卷（1867年），见《马克思恩格斯文集》第5卷第886页。

在美国独立战争中，起义者的队伍曾经同这种动转不灵的线式队形作战。起义者虽然没有经过步法操练，但是他们能很好地用他们的线膛枪射击；他们为自己的切身利益而战，所以并不像雇佣兵那样临阵脱逃；他们并没有迎合英国人的愿望，同样以线式队形在开阔地上和他们对抗，而是以行动敏捷的散兵群在森林的掩护下袭击英国人。

> 恩格斯：《反杜林论》（1876年9月—1878年6月），见《马克思恩格斯文集》第9卷第175页。

……尽管反对奴隶制的战争打碎了束缚黑人的锁链，然而在另一方面，却使白人生产者遭到奴役。

恩格斯：《致尼古拉·弗兰策维奇·丹尼尔逊》(1878年11月15日)，见《马克思恩格斯文集》第10卷第427页。

……美国南北战争使棉花的价格上涨到近100年来闻所未闻的高度……

马克思：《资本论》第3卷(1894年)，见《马克思恩格斯文集》第7卷第125页。

（三）美国经济社会的发展

……美国在不到10年的时间内建立了工业，……如果说有一个国家能够把工业垄断权夺到自己手中，那么这就是美国。……美国人却正在把市场一个一个地抢走，……

恩格斯：《英国工人阶级状况》(1844年9月—1845年3月)，见《马克思恩格斯文集》第1卷第495页。

……北美的发展是在已经发达的历史时代起步的，在那里这种发展异常迅速。在这些国家中，除了移居到那里去的个人而外没有任何其他的自发形成的前提，而这些个人之所以移居那里，是因为他们的需要与老的国家的交往形式不相适应。

马克思和恩格斯：《德意志意识形态》(1845年秋—1846年5月)，见《马克思恩格斯文集》第1卷第576页。

1837年，中国对美国的出口额超过美国对中国的出口额约86万英镑。在1842年条约订立以来的时期中，美国每年平均得到200万英镑的中国产品，……

马克思：《英中条约》(1858年9月10日)，见《马克思恩格斯文集》第2卷第640页。

第六章　论重点地区和国家的发展以及国际关系

在北美合众国，农业机器目前只是潜在地代替了工人，也就是说，它使生产者有可能耕种更大的面积，但是并没有在实际上驱逐在业工人。

> 马克思：《资本论》第 1 卷（1867 年），见《马克思恩格斯文集》第 5 卷第 578 页。

美国的经济发展本身就是欧洲特别是英国大工业的产物。目前（1866年）的美国，仍然应当看做是欧洲的殖民地。

> 马克思：《资本论》第 1 卷（1867 年），见《马克思恩格斯文集》第 5 卷第 520 页 234 注。

在美国，手工业在机器基础上的这种再现，是常见的事。正是由于这个原因，在向工厂生产的不可避免的过渡中，同欧洲甚至同英国比较起来，那里的积聚一日千里地飞跃进展。

> 马克思：《资本论》第 1 卷（1867 年），见《马克思恩格斯文集》第 5 卷第 529 页 247 注。

……经济学家最感兴趣的地方当然是美国，特别是从 1873 年（从九月崩溃）到 1878 年这一时期，即持续危机的时期。在英国需要数百年才能实现的那些变革，在这里只用几年就完成了。

> 马克思：《致尼古拉·弗兰策维奇·丹尼尔逊》（1878 年 11 月 15 日），见《马克思恩格斯文集》第 10 卷第 427 页。

美国经济进步的速度现在已经大大地超过了英国，……同时，群众更为活跃，并掌握着更为强大的政治手段，可用来拒绝那种以牺牲他们的利益为代价的进步形式。

> 马克思：《致尼古拉·弗兰策维奇·丹尼尔逊》（1879 年 4 月 10 日），见《马克思恩格斯文集》第 10 卷第 435 页。

正是欧洲移民,使北美的农业生产能够大大发展,这种发展通过竞争震撼着欧洲大小土地所有制的根基。此外,这种移民还使美国能够以巨大的力量和规模开发其丰富的工业资源,以至于很快就会摧毁西欧的工业垄断地位。这两种情况反过来对美国本身也起着革命作用。作为美国整个政治制度基础的自耕农场主的中小土地所有制,正逐渐被大农场的竞争所征服;同时,在各工业区,人数众多的无产阶级和神话般的资本积聚第一次发展起来了。

恩格斯:《〈共产党宣言〉1890年德文版序言》(1890年5月1日),见《马克思恩格斯文集》第2卷第17—18页。

在资本主义生产占统治地位的国家,只有美国是金和银的生产者。欧洲各资本主义国家几乎所有的金以及绝大部分银都是从澳大利亚、美国、墨西哥、南美和俄国得到的。

马克思:《资本论》第2卷(1885年),见《马克思恩格斯文集》第6卷第527页。

……保护关税制度……对于像美国这样一个从未见过封建制度,但是已经达到势必从农业向工业过渡这一发展阶段的国家的新兴资本家阶级有好处。……自从实行了这一决定以来,……保护关税制度对美国应该已经起到了自己的作用,而现在该要变成一种障碍了。

恩格斯:《保护关税制度和自由贸易》(1888年4月底—5月上旬),见《马克思恩格斯文集》第4卷第339页。

在各种工业发明方面,美国已经肯定地起着领头作用,……

恩格斯:《保护关税制度和自由贸易》(1888年4月底—5月上旬),见《马克思恩格斯文集》第4卷第348页。

但发展最快的还是美国,其速度甚至对这个进展神速的国家来说也是空前的;而我们不要忘记,美国当时只是一个殖民地市场,而且是最大的殖民地市场,即输出原产品和输入工业品(当时是英国的工业品)的

第六章　论重点地区和国家的发展以及国际关系

国家。

> 恩格斯:《〈英国工人阶级状况〉1892年德文第二版序言》(1892年7月21日),见《马克思恩格斯文集》第1卷第366—367页。

1847年危机以后的工商业复苏,是新的工业时代的开端。谷物法的废除以及由此而必然引发的进一步的财政改革,给英国工商业提供了它们发展所必需的全部空间。

……它们事实上创造了以前只是潜在的**世界市场**。

> 恩格斯:《〈英国工人阶级状况〉1892年德文第二版序言》(1892年7月21日),见《马克思恩格斯文集》第1卷第366—367页。

法国、德国、尤其是美国,这些可怕的敌手,它们如同我在1844年所预见的那样,正在日益摧毁英国的工业垄断地位。它们的工业比英国的工业年轻,但是其成长却迅速得多,现在已经达到与1844年英国工业大致相同的发展阶段。拿美国来比较,情况特别明显。

> 恩格斯:《〈英国工人阶级状况〉1892年德文第二版序言》(1892年7月21日),见《马克思恩格斯文集》第1卷第369页。

……历来受人称赞的竞争自由已经日暮途穷,必然要自行宣告明显的可耻破产。这种破产表现在:在每个国家里,一定部门的大工业家会联合成一个**卡特尔**,以便调节生产。……在个别场合,甚至有时会成立国际卡特尔,……在有些部门,只要生产发展的程度允许的话,就把该部门的全部生产,集中成为**一个**大股份公司,实行统一领导。在美国,这个办法已经多次实行;……

> 马克思:《资本论》第3卷(1894年),见《马克思恩格斯文集》第7卷第496页。

因此，密歇根州在美国西部各州中就成了最早输出谷物的州之一。虽然它的土地总的看来是贫瘠的，但因靠近纽约州，……纽约州特别是它的西部地区的土地，是无比肥沃的，特别有利于种植小麦。

……所以，它们的剩余产品全部是谷物。

马克思：《资本论》第 3 卷（1894 年），
见《马克思恩格斯文集》第 7 卷第 754—
755 页。

关于进口和出口，应当指出，一切国家都会先后卷入危机，那时就会发现，一切国家，除了少数例外，出口和进口过多，以致**支付差额对一切国家来说都是逆差**，……危机有时候也会先在美国，在这个从英国接受商业信用和资本信用最多的国家爆发。……

1857 年，美国爆发了危机。于是金从英国流到美国。但是美国物价的涨风一停止，危机接着就在英国发生了。

马克思：《资本论》第 3 卷（1894 年），
见《马克思恩格斯文集》第 7 卷第 556—
557 页。

（四）十九世纪美国的阶级斗争和工人运动

在北美合众国，只要奴隶制使共和国的一部分还是畸形的，任何独立的工人运动就仍然处于瘫痪状态。在黑人的劳动打上屈辱烙印的地方，白人的劳动也不能得到解放。

马克思：《资本论》第 1 卷（1867 年），见
《马克思恩格斯文集》第 5 卷第 348 页。

1886 年 2 月，美国的舆论几乎一致认为：美国没有欧洲式的工人阶级，因此，那种使欧洲社会分裂的工人和资本家之间的阶级斗争，在美利坚共和国不可能发生，所以社会主义是一种舶来品，决不能在美国的土壤上生根。然而正在这时，日益临近的阶级斗争已经投下它的巨大阴影：宾夕法尼亚的煤矿工人和其他许多行业的工人举行罢工，特别是全国都在准备争取八小时工作日的声势浩大的运动，这个运动说在 5 月开始就在 5 月开

第六章 论重点地区和国家的发展以及国际关系

始了。

恩格斯：《美国工人运动》（1887年1月26日），见《马克思恩格斯文集》第4卷第316—317页。

……那时运动还刚刚开始，只不过是因为废除黑奴制度和工业迅速发展而成为美国社会最底层的那个阶级的一连串杂乱的、显然是互不联系的骚动。……5月，掀起了争取八小时工作日的斗争，芝加哥和密尔沃基等地发生了骚动，统治阶级试图用暴力和残酷的阶级审判来镇压工人方兴未艾的反抗高潮。

恩格斯：《美国工人运动》（1887年1月26日），见《马克思恩格斯文集》第4卷第317页。

在美国工人运动所表现出来的三种多少已经确定的形式中，第一种是亨利·乔治①领导的纽约的运动，目前主要是地方性的。……在亨利·乔治看来，人民群众被剥夺土地，是人们分裂为富人和穷人的主要的、普遍的原因。……马克思认为，现代的阶级对抗和工人阶级的处境恶化，起因于工人阶级被剥夺**一切**生产资料，其中当然也包括土地。

……以马克思为代表的现代社会主义者要求土地应该共同占有，为共同的利益而共同耕种，对其他一切社会生产资料——矿山、铁路、工厂等等也是这样；……

恩格斯：《美国工人运动》（1887年1月26日），见《马克思恩格斯文集》第4卷第319—321页。

组成美国工人运动的第二个大派别就是劳动骑士②。……在这个很大的

---

① 亨利·乔治（1839—1897），美国政论家，资产阶级经济学家；主张资产阶级国家的土地国有化是解决资本主义制度各种社会矛盾的手段。——本书编者注
② "劳动骑士"即"劳动骑士团"的简称，是1869年在费城创建的美国工人组织。其成员大部分是非熟练工人，并且还有许多是黑人，其目的是建立合作社和组织互助。90年代彻底解散。——本书编者注

群体中蕴藏着巨大的潜力,而且正在缓慢地但确实在发展成实际的力量。劳动骑士是整个美国工人阶级所创立的第一个全国性的组织;不管它的起源和历史如何,不管它有什么样的缺点和个别的怪诞行为,不管它的纲领和章程怎样,它其实就是美国整个雇佣工人阶级的产物,是把所有雇佣工人联合起来的唯一的全国性的纽带,不仅使他们的敌人,而且也使他们自己感到自己的力量,使他们对未来的胜利满怀骄傲的希望。……

第三个派别是社会主义工人党①。这个党徒有虚名,因为到目前为止,它在美国的任何地方实际上都不能作为一个政党出现。何况它对美国来说在一定的程度上是外来的,因为直到最近,它的成员几乎全是使用本国语言的德国移民,大多数人都不太懂当地通用的语言。

恩格斯:《美国工人运动》(1887年1月26日),见《马克思恩格斯文集》第4卷第321—322页。

必须达到这种结果,即把各支独立的部队联成一支全国性的劳工大军,并有一个临时纲领,哪怕有不足之处,只要是真正工人阶级的纲领就行,这就是在美国需要紧接着完成的重大步骤。为了达到这个目的和制定一个无愧于这个事业的纲领,社会主义工人党能够做许多事情,只要它愿意像欧洲的社会主义者在他们只占工人阶级极少数的时候那样行动就行。

恩格斯:《美国工人运动》(1887年1月26日),见《马克思恩格斯文集》第4卷第324页。

1886年,当我读到美国报纸上关于康奈尔斯维尔区宾夕法尼亚矿工大罢工的报道时,我简直就像在读我自己描写1844年英格兰北部煤矿工人罢工的文字一样。同样是用假尺假秤来欺骗工人,同样是实行实物工资制,同样是资本家企图用最后的但是致命性的手段,即把工人赶出他们所住的属于矿山管理处的房屋,来压制矿工们的反抗。

---

① 北美社会主义工人党是由第一国际美国各支部和美国其他社会主义组织合并而在1876年费城统一代表大会上建立的。该党曾宣布为社会主义而斗争是自己的纲领,但是由于党的领导人推行宗派主义政策,不重视在美国无产阶级群众性组织中政治工作,因而未能成为真正革命的群众性的马克思主义政党。——本书编者注

第六章　论重点地区和国家的发展以及国际关系

> 恩格斯:《〈英国工人阶级状况〉1892 年德文第二版序言》（1892 年 7 月 21 日），见《马克思恩格斯文集》第 1 卷第 369—370 页。

（五）美国的政治制度和政党制度

共和国一般只是资产阶级社会的政治变革形式，而不是资产阶级社会的保守的存在形式，例如，像北美合众国那样，在那里，虽然已有阶级存在，但它们还没有固定下来，它们在不断的运动中不断变换自己的组成部分，并且彼此互换着自己的组成部分；在那里，现代的生产资料不仅不和停滞的人口过剩现象同时发生，反而弥补了头脑和人手方面的相对缺乏；最后，在那里，应该占有新世界的那种狂热而有活力的物质生产运动，没有给予人们时间或机会来结束旧的幽灵世界。

> 马克思:《路易·波拿巴的雾月十八日》（1851 年 12 月—1852 年 3 月 25 日），见《马克思恩格斯文集》第 2 卷第 479 页。

资产阶级共和制在美国也丢尽了脸，因而将来再也不可能鼓吹它本身的价值，而只能说它是社会革命的手段和过渡形式，这是好的一面，然而，让我感到气愤的是，一种只控制居民总数一半的、可恶的寡头统治，竟证实自己同笨拙、庞大而软弱的民主制度一样强大。……

关于林肯宣布的解放①，除西北部由于害怕黑人泛滥而投票拥护民主党以外，直到现在还看不到其他效果。

> 恩格斯:《致马克思》（1862 年 11 月 15 日），见《马克思恩格斯文集》第 10 卷第 194—195 页。

由于人们不再生活在像罗马帝国那样的世界帝国中，而是生活在那些相互平等地交往并且处在差不多相同的资产阶级发展阶段的独立国家所组成的体系中，所以这种要求就很自然地获得了普遍的、超出个别国家范围

---

① 指"解放法案"，即林肯于 1862 年 9 月 22 日颁布的《解放宣言》。——本书编者注

的性质，而自由和平等也很自然地被宣布为**人权**。这种人权的特殊资产阶级性质的典型表现是美国宪法，它最先承认了人权，同时确认了存在于美国的有色人种奴隶制：阶级特权不受法律保护，种族特权被神圣化。

恩格斯：《反杜林论》（1876 年 9 月—1878 年 6 月），见《马克思恩格斯文集》第 9 卷第 111—112 页。

……不应当忘记，资产阶级统治的**彻底的**形式正是民主共和国，虽然这种共和国由于无产阶级已经达到的发展水平而面临严重的危险，但是，像在法国和美国所表明的那样，它作为单纯的资产阶级统治，总还是可能的。可见，自由主义的"原则"作为"一定的、历史地形成的"东西，实际上不过是一种不彻底的东西。

恩格斯：《致爱德华·伯恩施坦》（1884 年 3 月 24 日），见《马克思恩格斯文集》第 10 卷第 514—515 页。

国家的最高形式，民主共和国，在我们现代的社会条件下正日益成为一种不可避免的必然性，它是无产阶级和资产阶级之间的最后决定性斗争只能在其中进行到底的国家形式——这种民主共和国已经不再正式讲什么财产差别了。在这种国家中，财富是间接地但也是更可靠地运用它的权力的。其形式一方面是直接收买官吏（美国是这方面的典型例子），另一方面是政府和交易所结成联盟，而公债越增长，股份公司越是不仅把运输业而且把生产本身集中在自己手中，越是把交易所变成自己的中心，这一联盟就越容易实现。除了美国以外，最新的法兰西共和国，也是这方面的一个显著例证，甚至一本正经的瑞士，在这方面也做出了自己的成绩。

恩格斯：《家庭、私有制和国家的起源》（1884 年 3 月底—5 月底），见《马克思恩格斯文集》第 4 卷第 192 页。

正是在美国，同在任何其他国家中相比，"政治家们"都构成国民中一个更为特殊的更加富有权势的部分。在这个国家里，轮流执政的两大政党中的每一个政党，又是由这样一些人操纵的，这些人把政治变成一种生意，拿联邦国会和各州议会的议席来投机牟利，或是以替本党鼓动为生，在本

第六章 论重点地区和国家的发展以及国际关系

党胜利后取得职位作为报酬。

恩格斯:《〈法兰西内战〉1891年版导言》(1891年3月18日以前),见《马克思恩格斯文集》第3卷第110页。

只要政权掌握在有产阶级手中,那么任何国有化都不是消灭剥削,而只是改变其形式;法兰西、美利坚和瑞士等共和国,同君主制的中欧和专制制度的东欧相比,情况并没有丝毫差别。

恩格斯:《致麦克斯·奥本海姆》(1891年3月24日),见《马克思恩格斯文集》第10卷第607页。

联邦制共和国一般说来现在还是美国广大地区所必需的,虽然在它的东部已经成为障碍。

恩格斯:《1891年社会民主党纲领草案批判》(1891年6月18—29日),见《马克思恩格斯文集》第4卷第415页。

此外,美国人早就向欧洲世界证明,资产阶级共和国就是资本主义生意人的共和国;在那里,政治同其他任何事情一样,只不过是一种买卖。

恩格斯:《致弗里德里希·阿道夫·左尔格》(1892年12月31日),见《马克思恩格斯文集》第10卷第641页。

四、关于印度

(一)印度社会发展的特点

贝尔尼埃[①]完全正确地看到,东方(他指的是土耳其、波斯、印度斯坦)一切现象的基础是**不存在土地私有制**。这甚至是了解东方天国的一把真正的钥匙。

---

① 弗·贝尔尼埃(1625—1688),法国医生、旅行家、作家。——本书编者注

> 马克思：《致恩格斯》（1853年6月2日），见《马克思恩格斯全集》1973年版第28卷第256页。

从遥远的古代直到19世纪最初十年，无论印度过去在政治上变化多么大，它的社会状况却始终没有改变。曾经造就无数训练有素的纺工和织工的手织机和手纺车，是印度社会结构的枢纽。

> 马克思：《不列颠在印度的统治》（1853年6月7—10日），见《马克思恩格斯文集》第2卷第680页。

在印度有这样两种情况：一方面，印度人也像所有东方人一样，把他们的农业和商业所凭借的主要条件即大规模公共工程交给中央政府去管，另一方面，他们又散处于全国各地，通过农业和制造业的家庭结合而聚居在各个很小的中心地点。由于这两种情况，从远古的时候起，在印度便产生了一种特殊的社会制度，即所谓**村社制度**，这种制度使每一个这样的小结合体都成为独立的组织，过着自己独特的生活。

> 马克思：《不列颠在印度的统治》（1853年6月7—10日），见《马克思恩格斯文集》第2卷第681页。

从地理上看，一个村社就是一片占有几百到几千英亩耕地和荒地的地方；从政治上看，它很像一个地方自治体或市镇自治区，……从远古的时候起，这个国家的居民就在这种简单的自治制的管理形式下生活。

> 马克思：《不列颠在印度的统治》（1853年6月7—10日），见《马克思恩格斯文集》第2卷第681—682页。

……这些田园风味的农村公社不管看起来怎样祥和无害，却始终是东方专制制度的牢固基础，它们使人的头脑局限在极小的范围内，成为迷信的驯服工具，成为传统规则的奴隶，表现不出任何伟大的作为和历史首创精神。

> 马克思：《不列颠在印度的统治》（1853年6月7—10日），见《马克思恩格斯文集》第2卷第682—683页。

第六章　论重点地区和国家的发展以及国际关系

印度社会根本没有历史，至少是没有为人所知的历史。我们通常所说的它的历史，不过是一个接着一个的入侵者的历史，他们就在这个一无抵抗、二无变化的社会的消极基础上建立了他们的帝国。

>马克思：《不列颠在印度统治的未来结果》（1853年7月22日），见《马克思恩格斯文集》第2卷第685页。

……由于印度极端缺乏运输和交换其各种产品的工具，它的生产力陷于瘫痪状态。尽管自然资源丰富，但由于缺乏交换工具而使社会非常穷困，这种情况在印度比世界任何一个地方都要严重。

>马克思：《不列颠在印度统治的未来结果》（1853年7月22日），见《马克思恩格斯文集》第2卷第687页。

铁路的敷设可以很容易地用来为农业服务，例如在建筑路堤需要取土的地方修水库，给铁路沿线地区供水。这样一来，作为东方农业的必要条件的水利事业就会大大发展，常常因为缺水而造成的地区性饥荒就可以避免。

>马克思：《不列颠在印度统治的未来结果》（1853年7月22日），见《马克思恩格斯文集》第2卷第687—688页。

例如，那些目前还部分地保存着的原始的规模小的印度公社，就是建立在土地共同占有、农业和手工业直接结合以及固定分工的基础之上的，这种分工在组成新公社时成为现成的计划和略图。

>马克思：《资本论》第1卷（1867年），见《马克思恩格斯文集》第5卷第413页。

在印度的不同地区存在着不同的公社形式。形式最简单的公社共同耕种土地，把土地的产品分配给公社成员，而每个家庭则从事纺纱、织布等等，作为家庭副业。

> 马克思：《资本论》第 1 卷（1867 年），见《马克思恩格斯文集》第 5 卷第 413—414 页。

其次，**公社所有制起源于蒙古**的说法是一个历史谎言。正像我在我的著作中多次指出的那样，它起源**于印度**，因而在欧洲各文明民族发展的初期都可以看到。

> 马克思：《致路德维希·库格曼》（1870 年 2 月 17 日），见《马克思恩格斯文集》第 10 卷第 320 页。

在印度，直到今天还存在着许多种公社所有制形式。

> 恩格斯：《流亡者文献》（1874 年 5 月中—1875 年 4 月），见《马克思恩格斯文集》第 3 卷 396—397 页。

（二）英国殖民主义对印度的影响

同时，从印度这方面来看，还必须指出，印度的英国当局的收入，足足有七分之一要靠向中国人出售鸦片，而印度对英国工业品的需求在很大程度上又是取决于印度的鸦片生产。

> 马克思：《中国革命和欧洲革命》（1853 年 5 月 31 日），见《马克思恩格斯文集》第 2 卷第 613 页。

……不列颠人给印度斯坦带来的灾难，与印度斯坦过去所遭受的一切灾难比较起来，毫无疑问在本质上属于另一种，在程度上要深重得多。

> 马克思：《不列颠在印度的统治》（1853 年 6 月 7—10 日之间），见《马克思恩格斯文集》第 2 卷第 678 页。

英国则摧毁了印度社会的整个结构，而且至今还没有任何重新改建的迹象。印度人失掉了他们的旧世界而没有获得一个新世界，这就使他们现

第六章　论重点地区和国家的发展以及国际关系

在所遭受的灾难具有一种特殊的悲惨色彩,使不列颠统治下的印度斯坦同它的一切古老传统,同它过去的全部历史断绝了联系。

> 马克思:《不列颠在印度的统治》(1853年6月7—10日之间),见《马克思恩格斯文集》第2卷第679页。

不列颠的蒸汽机和科学在印度斯坦全境彻底摧毁了农业和制造业的结合。

> 马克思:《不列颠在印度的统治》(1853年6月7—10日之间),见《马克思恩格斯文集》第2卷第681页。

英国的干涉则把纺工放在兰开夏郡,把织工放在孟加拉,或是把印度纺工和印度织工一齐消灭,这就破坏了这种小小的半野蛮半文明的公社,因为这摧毁了它们的经济基础;结果,就在亚洲造成了一场前所未闻的最大的、老实说也是唯一的一次**社会**革命。

> 马克思:《不列颠在印度的统治》(1853年6月7—10日之间),见《马克思恩格斯文集》第2卷第682页。

的确,英国在印度斯坦造成社会革命完全是受极卑鄙的利益所驱使,而且谋取这些利益的方式也很愚钝。但是问题不在这里。问题在于,如果亚洲的社会状态没有一个根本的革命,人类能不能实现自己的使命?如果不能,那么,英国不管犯下多少罪行,它造成这个革命毕竟是充当了历史的不自觉的工具。

> 马克思:《不列颠在印度的统治》(1853年6月7—10日之间),见《马克思恩格斯文集》第2卷第683页。

不列颠人是第一批文明程度高于印度因而不受印度文明影响的征服者。他们破坏了本地的公社,摧毁了本地的工业,夷平了本地社会中伟大和崇高的一切,从而毁灭了印度的文明。

>马克思：《不列颠在印度统治的未来结果》
>（1853年7月22日），见《马克思恩格斯文集》第2卷第686页。

使印度达到比从前在大莫卧儿人统治下更牢固和更加扩大的政治统一，是重建印度的首要条件。不列颠人用刀剑实现的这种统一，现在将通过电报而巩固起来，永存下去。由不列颠的教官组织和训练出来的印度人军队，是印度自己解放自己和不再一遇到外国入侵者就成为战利品的必要条件。第一次被引进亚洲社会并且主要由印度人和欧洲人的共同子孙所领导的自由报刊，是改建这个社会的一个新的和强有力的因素。柴明达尔制度和莱特瓦尔制度本身虽然十分可恶，但这两种不同形式的土地私有制却是亚洲社会迫切需要的。从那些在英国人监督下在加尔各答勉强受到一些很不充分的教育的印度当地人中间，正在崛起一个具有管理国家的必要知识并且熟悉欧洲科学的新的阶级。

>马克思：《不列颠在印度统治的未来结果》
>（1853年7月22日），见《马克思恩格斯文集》第2卷第686—687页。

现在，不列颠人把村庄的这种自给自足的**惰性**打破了，铁路将造成互相交往和来往的新的需要。

>马克思：《不列颠在印度统治的未来结果》
>（1853年7月22日），见《马克思恩格斯文集》第2卷第688页。

我知道，英国的工业巨头们之所以愿意在印度修筑铁路，完全是为了要降低他们的工厂所需要的棉花和其他原料的价格。但是，你一旦把机器应用于一个有铁有煤的国家的交通运输，你就无法阻止这个国家自己去制造这些机器了。

>马克思：《不列颠在印度统治的未来结果》
>（1853年7月22日），见《马克思恩格斯文集》第2卷第688页。

由铁路系统产生的现代工业，必然会瓦解印度种姓制度所凭借的传统

第六章 论重点地区和国家的发展以及国际关系

的分工,而种姓制度则是印度进步和强盛的基本障碍。

> 马克思:《不列颠在印度统治的未来结果》(1853年7月22日),见《马克思恩格斯文集》第2卷第689页。

资产阶级历史时期负有为新世界创造物质基础的使命:一方面要造成以全人类互相依赖为基础的普遍交往,以及进行这种交往的工具;另一方面要发展人的生产力,把物质生产变成对自然力的科学支配。资产阶级的工业和商业正为新世界创造这些物质条件,正像地质变革创造了地球表层一样。只有在伟大的社会革命支配了资产阶级时代的成果,支配了世界市场和现代生产力,并且使这一切都服从于最先进的民族的共同监督的时候,人类的进步才会不再像可怕的异教神怪那样,只有用被杀害者的头颅做酒杯才能喝下甜美的酒浆。

> 马克思:《不列颠在印度统治的未来结果》(1853年7月22日),见《马克思恩格斯文集》第2卷第691页。

……英国的东印度公司除了在东印度拥有政治统治权外,还拥有茶叶贸易、同中国的贸易和对欧洲往来的货运的垄断权。而印度的沿海航运和各岛屿之间的航运以及印度内地的贸易,却为公司的高级职员所垄断。

> 马克思:《资本论》第1卷(1867年),见《马克思恩格斯文集》第5卷第862页。

(三) 印度社会发展的前景

这些细小刻板的社会机体大部分已被破坏,并且正在归于消失,这与其说是由于不列颠收税官和不列颠士兵的粗暴干涉,还不如说是由于英国蒸汽机和英国自由贸易的作用。……结果,就在亚洲造成了一场前所未闻的最大的、老实说也是唯一的一次社会革命……它造成这个革命毕竟是充当了历史的不自觉的工具。

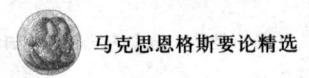

> 马克思:《不列颠在印度的统治》(1853年6月7—10日),见《马克思恩格斯文集》第2卷第682—683页。

英国在印度要完成双重的使命:一个是破坏性的使命,即消灭旧的亚洲式的社会;另一个是重建的使命,即在亚洲为西方式的社会奠定物质基础。

> 马克思:《不列颠在印度统治的未来结果》(1853年7月22日),见《马克思恩格斯文集》第2卷第686页。

蒸汽机使印度能够同欧洲经常地、迅速地交往,把印度的主要港口同整个东南海洋上的港口联系起来,使印度摆脱了孤立状态,而孤立状态是它过去处于停滞状态的主要原因。在不远的将来,铁路加上轮船,将使英国和印度之间的距离以时间计算缩短为八天,而这个一度是神话中的国度就将同西方世界实际地联结在一起。

> 马克思:《不列颠在印度统治的未来结果》(1853年7月22日),见《马克思恩格斯文集》第2卷第686—687页。

大不列颠的各个统治阶级过去只是偶尔地、暂时地和例外地对印度的发展问题表示兴趣。……但是现在情势改变了。工业巨头们发现,使印度变成一个生产国对他们大有好处,而为了达到这个目的,首先就要供给印度水利设备和国内交通工具。现在他们正打算用铁路网覆盖整个印度。他们会这样做。其后果将是无法估量的。

> 马克思:《不列颠在印度统治的未来结果》(1853年7月22日),见《马克思恩格斯文集》第2卷第687页。

我们知道,农村公社的自治制组织和经济基础已经被破坏了,但是,农村公社的最坏的一个特点,即社会分解为许多固定不变、互不联系的原子的现象,却残留下来。村庄的孤立状态在印度造成了道路的缺少,而道路的缺少又使村庄的孤立状态长久存在下去。在这种情况下,公社就一直

第六章　论重点地区和国家的发展以及国际关系

处在既有的很低的生活水平上,同其他村庄几乎没有来往,没有推动社会进步所必需的愿望和行动。现在,不列颠人把村庄的这种自给自足的**惰性**打破了,铁路将造成互相交往和来往的新的需要。

> 马克思:《不列颠在印度统治的未来结果》(1853年7月22日),见《马克思恩格斯文集》第2卷第688页。

如果你想要在一个幅员广大的国家里维持一个铁路网,……也必然要在那些与铁路没有直接关系的工业部门应用机器。所以,铁路系统在印度将真正成为现代工业的先驱。……

由铁路系统产生的现代工业,必然会瓦解印度种姓制度所凭借的传统分工,而种姓制度则是印度进步和强盛的基本障碍。

> 马克思:《不列颠在印度统治的未来结果》(1853年7月22日),见《马克思恩格斯文集》第2卷第689页。

英国资产阶级将被迫在印度实行的一切,既不会使人民群众得到解放,也不会根本改善他们的社会状况,因为这两者不仅仅决定于生产力的发展,而且还决定于生产力是否归人民所有。但是,有一点他们是一定能够做到的,这就是为这两者创造物质前提。

> 马克思:《不列颠在印度统治的未来结果》(1853年7月22日),见《马克思恩格斯文集》第2卷第689页。

但是,无论如何我们都可以满怀信心地期待,在比较遥远的未来,这个巨大而诱人的国家将得到重建。这个国家的人举止文雅,……他们的沉静的高贵品格甚至足以抵消他们所表现的驯服态度;他们虽然天生一副委靡不振的样子,但他们的勇敢却使英国军官大为吃惊;……

> 马克思:《不列颠在印度统治的未来结果》(1853年7月22日),见《马克思恩格斯文集》第2卷第690页。

五、关于中国①

（一）中英鸦片战争

1. 英国借口挑起战争

我们认为，每一个公正无私的人在仔细地研究了香港英国当局同广州中国当局之间往来的公函以后，一定会得出这样的结论：在全部事件过程中，错误是在英国人方面。

马克思：《英中冲突》（1857年1月7日），见《马克思恩格斯全集》1962年版第12卷第112页。

这样，这出外交兼军事的话剧就截然分成两幕：在第一幕中，借口中国总督破坏1842年的条约，开始炮轰广州；而在第二幕中，则借口那位总督顽强地坚持1849年的协定，更猛烈地继续炮轰。起先广州遭到轰击是因为破坏条约，后来广州遭到轰击是因为遵守条约。同时，就是在第一种场合下，甚至也不是借口没有给予赔偿，而只是借口没有以应有的形式给予赔偿。

马克思：《英中冲突》（1857年1月7日），见《马克思恩格斯全集》1962年版第12卷第116页。

自从英国人在中国采取军事行动的第一个消息传来以后，英国政府报纸和一部分美国报刊就连篇累牍地对中国人进行了大量的斥责，大肆攻击中国人违背条约的义务、侮辱英国的国旗、羞辱旅居中国的外国人，如此等等。可是，除了亚罗号划艇事件②以外，它们举不出一个明确的罪名，举

---

① 马克思、恩格斯从19世纪40年代形成科学世界观起到临终前都一直关注中国。据中央编译局统计，在《马克思恩格斯全集》中文第一版50卷中，论及中国就有800多处。本书篇幅有限，仅摘录23段。——本书编者注

② 1850年10月8日中国水师在中国走私船亚罗号划艇上拘捕了12名中国水手。英国驻广州代理领事硬说亚罗号是英国船只，香港总督以此为借口，命令英国海军舰队于23日进犯广州。第二次鸦片战争即自此始。——编者注

第六章　论重点地区和国家的发展以及国际关系

不出一件事实来证实这些指责。

马克思：《英人在华的残暴行动》（1857年3月22日前后），见《马克思恩格斯文集》第2卷第619页。

这场极端不义的战争就是根据上面简单叙述的理由而进行的——现在向英国人民提出的官方报告完全证实了这种叙述。广州城的无辜居民和安居乐业的商人惨遭屠杀，他们的住宅被炮火夷为平地，人权横遭侵犯，这一切都是在"中国人的挑衅行为危及英国人的生命和财产"这种站不住脚的借口下发生的！英国政府和英国人民——至少那些愿意弄清这个问题的人们——都知道这些非难是多么虚伪和空洞。

马克思：《英人在华的残暴行动》（1857年3月22日前后），见《马克思恩格斯文集》第2卷第620页。

有人企图转移对主要问题的追究，给公众造成一个印象：似乎在亚罗号划艇事件以前就有大量的伤害行为足以构成开战的理由。可是这些不分青红皂白的说法是毫无根据的。英国人控告中国人一桩，中国人至少可以控告英国人九十九桩。

马克思：《英人在华的残暴行动》（1857年3月22日前后），见《马克思恩格斯文集》第2卷第620页。

因输入鸦片而造成的白银不断外流，开始扰乱天朝帝国的国库收支和货币流通。……中国政府决定："此种万恶贸易毒害人民，不得开禁。"……中国政府在1837年、1838年和1839年采取的非常措施——这些措施的最高潮是钦差大臣林则徐到达广州和按照他的命令没收、销毁走私的鸦片——提供了第一次英中战争的借口，……

马克思：《鸦片贸易史》（1858年8月31日—9月3日），见《马克思恩格斯文集》第2卷第634—635页。

2. 英军的野蛮、残忍暴行

在这次战斗中①，英军损失了 185 人，他们为了对此进行报复，在劫城的时候大肆屠杀。英军作战时自始至终采取了极端残酷的手段，这种手段是和引起这次战争的走私贪欲完全相符的。

> 恩格斯：《英人对华的新远征》（1857 年 4 月初），见《马克思恩格斯全集》1962 年版第 12 卷第 190 页。

我们只要熟悉一下英国第一次对中国进行的战争，也就是熟悉一下昨天发生的事件就够了。当时英国士兵只是为了取乐就犯下了滔天的罪行；他们的狂暴既不是由于受宗教狂热的驱使，也不是由对傲慢的征服者的仇恨激起的，更不是由英勇的敌方的顽强抵抗引起的。强奸妇女，枪挑儿童，焚烧整个整个的村庄，这些并非由中国官吏而是由英国军官亲笔记载下来的暴行，完全是恣意的胡作非为。

> 马克思：《印度起义》（1857 年 9 月 4 日），见《马克思恩格斯全集》1962 年版第 12 卷第 309 页。

3. 中国军民英勇反抗

与此同时，在中国，压抑着的、鸦片战争时燃起的仇英火种，爆发成了任何和平和友好的表示都未必能扑灭的愤怒烈火。

> 马克思：《英人在华的残暴行动》（1857 年 3 月 22 日前后），见《马克思恩格斯文集》第 2 卷第 621 页。

……驻防旗兵虽然不通兵法，可是决不缺乏勇敢和锐气。这些驻防旗兵总共只有 1500 人，但却殊死奋战，直到最后一人。他们在应战以前好像就已料到战斗的结局，他们将自己的妻子儿女绞死或者淹死；后来从井中曾打捞出许多尸体。司令官看到大势已去，就焚烧了自己的房屋，本人也投火自尽。

---

① 指 1842 年英国侵略者在崇明岛附近对中国军队的进攻。——本书编者注

第六章　论重点地区和国家的发展以及国际关系

> 恩格斯：《英人对华的新远征》（1857年4月初），见《马克思恩格斯全集》1962年版第12卷第189—190页。

现在，中国人的情绪与1840—1842年战争时的情绪①已显然不同。那时人民保持平静，让皇帝的军队去同侵略者作战，失败之后，则抱着东方宿命论的态度屈从于敌人的暴力。但是现在，至少在迄今斗争所及的南方各省，民众积极地而且是狂热地参加反对外国人的斗争。他们经过极其冷静的预谋，在供应香港欧洲人居住区的面包里大量地投放了毒药。……他们暗带武器搭乘商船，而在中途杀死船员和欧洲乘客，夺取船只。他们绑架和杀死所能遇到的每一个外国人。连移民到外国去的苦力都好像事先约定好了，在每一艘移民船上起来暴动，夺取船只，他们宁愿与船同沉海底或者在船上烧死，也不投降。……是英国政府的海盗政策造成了这一所有中国人普遍奋起反抗所有外国人的局面，并使之表现为一场灭绝战。

> 恩格斯：《波斯和中国》（1857年5月20日前后），见《马克思恩格斯文集》第2卷第625—626页。

简言之，我们不要像道貌岸然的英国报刊那样从道德方面指责中国人的可怕暴行，最好承认这是"保卫社稷和家园"的战争，这是一场维护中华民族生存的人民战争。虽然你可以说，这场战争充满这个民族的目空一切的偏见、愚蠢的行动、饱学的愚昧和迂腐的野蛮，但它终究是人民战争。

> 恩格斯：《波斯和中国》（1857年5月20日前后），见《马克思恩格斯文集》第2卷第626页。

4. 西方列强趁火打劫

……正当英法两国的海陆军向香港集结之际，西伯利亚边界线上的哥萨克缓慢地但是不停地把他们的驻屯地由达斡尔山向黑龙江沿岸推移，俄国海军陆战队则构筑工事把满洲的良好港湾包围起来。

---

① 指第一次鸦片战争。——编者注

> 恩格斯:《波斯和中国》（1857 年 5 月 20 日前后），见《马克思恩格斯文集》第 2 卷第 628 页。

然而，无论约翰牛①觉得这有多么开心，毫无疑问的是，如果有谁会在北京拥有政治影响，那一定是俄国，俄国由于上一个条约②得到了一块大小和法国相等的新领土，这块领土的边境大部分只和北京相距 800 英里。约翰牛自己通过进行第一次鸦片战争，使俄国得以签订一个使它有权沿黑龙江航行并在陆上边界自由贸易的条约；而通过进行第二次鸦片战争，又帮助俄国获得了鞑靼海峡和贝加尔湖之间价值无量的地域……

> 马克思:《中国和英国的条约》（1858 年 9 月 28 日），见《马克思恩格斯文集》第 2 卷第 647—648 页。

当英国和法国对中国进行一场代价巨大的斗争时，俄国保持中立，到战争快结束时才插手干预。结果，英国和法国对中国进行的战争只是让俄国得到了好处。这一回俄国的处境可真是再顺利没有了。摇摇欲坠的亚洲帝国正在一个一个地成为野心勃勃的欧洲人的猎获物。

> 恩格斯:《俄国在远东的成功》（1858 年 10 月 25 日前后），见《马克思恩格斯文集》第 2 卷第 649—650 页。

正当英国人在广州同中国的下级官吏争执不下、英国人自己在讨论叶总督是否真是遵照中国皇帝的意旨行事这一重要问题的时候，俄国人已经占领了黑龙江以北的地区和该地区以南的大部分满洲海岸；他们在那里建筑了工事，勘测了一条铁路线并拟定了修建城市和港口的规划。当英国终于决定打到北京，而法国也希望捞到一点好处而同英国联合起来的时候，俄国——尽管就在此时夺取了中国的一块大小等于法德两国加在一起的领土和一条同多瑙河一样长的河流——竟能以处于弱者地位的中国人的无私保护人身份出现，而且在缔结和约时俨然以调停者自

---

① 约翰牛（John Bull）是英国的绰号。——本书编者注
② 指俄国乘第二次鸦片战争之机胁迫中国于 1858 年 5 月 28 日签订的《中俄瑷珲条约》。——本书编者注

第六章　论重点地区和国家的发展以及国际关系

居；……

恩格斯：《俄国在远东的成功》（1858年10月25日前后），见《马克思恩格斯文集》第2卷第650页。

英国没有得到任何新的领土，因为它无法提出领土要求而同时又不准法国这样做，而一场英国进行的战争如果使法国在中国沿海得到了领土，那是绝对没有好处的。至于俄国，情况完全不同。不但英、法所得的一切明显利益，不管是什么，俄国都有份，而且俄国还得到了黑龙江边的整个地区，这个地区是它早已悄悄占领的。

恩格斯：《俄国在远东的成功》（1858年10月25日前后），见《马克思恩格斯文集》第2卷第652页。

5. 鸦片战争给中国造成的严重危害

在这个国家，缓慢地但不断地增加的过剩人口，早已使它的社会条件成为这个民族的大多数人的沉重枷锁。后来英国人来了，用武力达到了五口通商的目的。成千上万的英美船只开到了中国；这个国家很快就为不列颠和美国廉价工业品所充斥。以手工劳动为基础的中国工业经不住机器的竞争。牢固的中华帝国遭受了社会危机。税金不能入库，国家濒于破产，大批居民赤贫如洗，……

马克思和恩格斯：《国际述评（一）》（1850年1月31日—2月），见《马克思恩格斯全集》1959年版第7卷第264页。

……英国用大炮强迫中国输入名叫鸦片的麻醉剂。……同时，这个帝国的银币——它的血液——也开始流向英属东印度。

马克思：《中国革命和欧洲革命》（1853年5月31日前后），见《马克思恩格斯文集》第2卷第607—608页。

中国过去几乎不输入英国棉织品，英国毛织品的输入也微不足道，……从1840年其他国家特别是我国①也开始参加和中国的通商之后，这两项输入增加得更多了。这种外国工业品的输入，对本国工业也发生了类似过去对小亚细亚、波斯和印度所发生的那种影响。中国的纺织业者在外国的这种竞争之下受到很大的损害，结果社会生活也受到了相应程度的破坏。

马克思：《中国革命和欧洲革命》（1853年5月31日），见《马克思恩格斯文集》第2卷第608页。

在1830年以前，中国人在对外贸易上经常是出超，白银不断地从印度、英国和美国向中国输出。可是从1833年，特别是1840年以来，由中国向印度输出的白银，几乎使天朝帝国的银源有枯竭的危险。

马克思：《中国革命和欧洲革命》（1853年5月31日前后），见《马克思恩格斯文集》第2卷第608页。

中国在1840年战争失败以后被迫付给英国的赔款、大量的非生产性的鸦片消费、鸦片贸易所引起的金银外流、外国竞争对本国工业的破坏性影响、国家行政机关的腐化，这一切造成了两个后果：旧税更重更难负担，旧税之外又加新税。因此，1853年1月5日皇帝②在北京下的一道上谕中，就责成武昌、汉阳南方各省督抚减缓捐税，特别是在任何情况下均不准额外加征；否则，这道上谕中说，"小民其何以堪？"

马克思：《中国革命和欧洲革命》（1853年5月31日），见《马克思恩格斯文集》第2卷第609页。

所有这些同时影响着中国的财政、社会风尚、工业和政治结构的破坏性因素，到1840年在英国大炮的轰击之下得到了充分的发展；……

---

① 这篇文章是马克思以《纽约每日论坛报》驻伦敦通讯员的身份写的，故这里的"我国"指的是美国。——编者注
② 指咸丰帝。——编者注

第六章 论重点地区和国家的发展以及国际关系

> 马克思：《中国革命和欧洲革命》(1853年5月31日)，见《马克思恩格斯文集》第2卷第609页。

唯一导致更带毁灭性的直接后果（但不是对本国人民，而是对他国人民）的一个部门，就是英印为毒害中国而进行的鸦片生产。

> 恩格斯：《德意志帝国国会中的普鲁士烧酒》(1876年2月)，见《马克思恩格斯全集》1963年版第19卷第48页。

6. 西方列强的入侵助长了清政府的排外政策和中国人的排外情绪

……当西方列强用英、法、美等国的军舰把"秩序"送到上海、南京和运河口的时候，中国却把动乱送往西方世界。这些贩卖"秩序"，企图扶持摇摇欲坠的满族王朝的列强恐怕是忘记了：仇视外国人，把他们排除在帝国之外，这在过去仅仅是出于中国地理上、人种上的原因，只是在满族鞑靼人征服了全国以后才形成的一种政治原则，毫无疑问，17世纪末竞相与中国通商的欧洲各国彼此之间的剧烈纷争，有力地助长了满族人实行排外的政策。

> 马克思：《中国革命和欧洲革命》(1853年5月31日)，见《马克思恩格斯文集》第2卷第612—613页。

可是，更主要的原因是，这个新的王朝害怕外国人会支持一大部分中国人在中国被鞑靼人征服以后大约最初半个世纪里所怀抱的不满情绪。出于此种考虑，它那时禁止外国人同中国人有任何来往，要来往，只有通过离北京和产茶区很远的一个城市广州。外国人要做生意，只限同领有政府特许执照从事外贸的行商①进行交易。这是为了阻止它的其余臣民同它所仇视的外国人发生任何联系。

---

① 鸦片战争以前，中国的对外贸易是由官方特许的垄断组织"公行"在广州进行的。公行的商人叫做"行商"。——本书编者注

> 马克思：《中国革命和欧洲革命》(1853年5月31日前后)，见《马克思恩格斯文集》第2卷第613页。

现在，中国人的情绪与1840—1842年战争①时的情绪已显然不同。那时人民保持平静，让皇帝的军队去同侵略者作战，失败之后，则抱着东方宿命论的态度屈从于敌人的暴力。但是现在，至少在迄今斗争所及的南方各省，民众积极地而且是狂热地参加反对外国人的斗争。他们经过极其冷静的预谋，在供应香港欧洲人居住区的面包里大量地投放了毒药。……他们暗带武器搭乘商船，而在中途杀死船员和欧洲乘客，夺取船只。他们绑架和杀死所能遇到的每一个外国人。连移民到外国去的苦力都好像事先约定好了，在每一艘移民船上起来暴动，夺取船只，他们宁愿与船同沉海底或者在船上烧死，也不投降。……是英国政府的海盗政策造成了这一所有中国人普遍奋起反抗所有外国人的局面，并使之表现为一场灭绝战。

> 恩格斯：《波斯和中国》(1857年5月20日前后)，见《马克思恩格斯文集》第2卷第625—626页。

这些把炽热的炮弹射向毫无防御的城市、杀人又强奸妇女的文明贩子们，尽可以把中国人的这种抵抗方法叫做卑劣的、野蛮的、凶残的方法；但是只要这种方法有效，那么对中国人来说这又有什么关系呢？既然英国人把他们当做野蛮人对待，那么英国人就不能反对他们充分利用他们的野蛮所具有的长处。如果他们的绑架、偷袭和夜间杀人就是我们所说的卑劣行为，那么这些文明贩子们就不应当忘记：他们自己也承认过，中国人采取他们通常的作战方法，是不能抵御欧洲式的破坏手段的。

> 恩格斯：《波斯和中国》(1857年5月20日前后)，见《马克思恩格斯文集》第2卷第626页。

---

① 第一次鸦片战争。——编者注

第六章　论重点地区和国家的发展以及国际关系

（二）中日甲午战争给中国以致命打击

我完全同意你的看法，六个月的繁荣期将要结束。工商业复苏的唯一前景……是中国的铁路建设可能开放；……如果中国今后将开放，那么不仅生产过剩的最后一个安全阀门将会失灵，而且中国将开始大批向外移民，仅仅这一点就会在整个美洲、澳洲和印度的生产条件方面引起革命，甚至也许还会波及欧洲……

> 恩格斯：《致奥古斯特·倍倍尔》（1886年3月18日），见《马克思恩格斯文集》第10卷第550—551页。

这种全盘排外的状况，已由同英国人和法国人的战争而部分地打破了；这种状况将由目前这场同**亚洲人**、即中国人最邻近的敌手的战争来结束。

> 恩格斯：《致劳拉·拉法格》（1894年9月下半月），见《马克思恩格斯全集》1974年版第39卷第285页。

在陆地和海上打了败仗的中国人将被迫欧化，全部开放它的港口通商，建筑铁路和工厂，从而把那种可以养活这亿万人口的旧体系完全摧毁。过剩人口将迅速、不断地增长——从土地上被赶走的农民奔向沿海到别的国家谋生。现在是成千成千地外流，到那时就会成百万地出走。那时，中国苦力将比比皆是——欧洲、美洲和澳大利亚都有。他们将试图把我们工人的工资和生活水平降到中国的水平。那时我们欧洲工人的时刻也就会到来。英国人将首先起来；他们身受这种渗入之害，**就会起来斗争**。我很希望这次中日战争能使我们在欧洲的胜利至少加速五年并使它空前顺利，因为这次战争将把一切非资本主义阶级都吸引到我们方面来。

> 恩格斯：《致劳拉·拉法格》（1894年9月下半月），见《马克思恩格斯全集》1974年版第39卷第285—286页。

……在中国进行的战争①给古老的中国以致命的打击。闭关自守已经不

---

① 指1894年中日甲午战争。——本书编者注

可能了；即使是为了军事防御的目的，也必须敷设铁路，使用蒸汽机和电力以及创办大工业。这样一来，旧有的小农经济的经济制度……以及可以容纳比较稠密的人口的整个陈旧的社会制度也都在逐渐瓦解。千百万人将被迫离乡背井，移居国外；他们甚至会移居到欧洲，而且是大批的。而中国人的竞争一旦规模大起来，就会给你们那里和我们这里迅速地造成极端尖锐的形势，这样一来，资本主义征服中国的同时也将促进欧洲和美洲资本主义的崩溃……

恩格斯：《致弗里德希·阿道夫·左尔格》（1894年11月10日），见《马克思恩格斯文集》第10卷第674—675页。

（三）中国革命是亚洲纪元新曙光、欧洲革命导火线

虽然中国的社会主义跟欧洲的社会主义象中国哲学跟黑格尔哲学一样具有共同之点，但是，有一点仍然是令人欣慰的，即世界上最古老最巩固的帝国8年来在英国资产者的大批印花布的影响之下已经处于社会变革的前夕，而这次变革必将给这个国家的文明带来极其重要的结果。如果我们欧洲的反动分子不久的将来会逃奔亚洲，最后到达万里长城，到达最反动最保守的堡垒的大门，那么他们说不定就会看见这样的字样：

$$\begin{matrix} \text{RÉPUBLIQUE CHINOISE} \\ \text{LIBERTÉ EGALITÉ FRATERNITÉ} \end{matrix}$$

$$\left[\begin{matrix} \text{中华共和国} \\ \text{自由，平等，博爱} \end{matrix}\right]$$

马克思和恩格斯：《国际述评（一）》（1850年1月31日—2月），见《马克思恩格斯全集》1959年版第7卷第265页。

"两极相联"是否就是这样一个普遍的原则姑且不论，中国革命[①]对文明世界很可能发生的影响却是这个原则的一个明显例证。欧洲人民的下一次起义，他们下一阶段争取共和自由、争取廉洁政府的斗争，在更大的程

---

① 指太平天国革命。——本书编者注

第六章　论重点地区和国家的发展以及国际关系

度上恐怕要决定于天朝帝国（欧洲的直接对立面）目前所发生的事件，而不是决定于现存其他任何政治原因，甚至不是决定于俄国的威胁及其带来的可能发生全欧战争的后果。

马克思：《中国革命和欧洲革命》（1853年5月31日），见《马克思恩格斯文集》第2卷第607页。

中国的连绵不断的起义已经延续了约十年之久，现在汇合成了一场惊心动魄的革命；不管引起这些起义的社会原因是什么，也不管这些原因是通过宗教的、王朝的还是民族的形式表现出来，推动了这次大爆发的毫无疑问是英国的大炮，英国用大炮强迫中国输入名叫鸦片的麻醉剂。

马克思：《中国革命和欧洲革命》（1853年5月31日），见《马克思恩格斯文集》第2卷第607—608页。

……英国的大炮破坏了皇帝的权威，迫使天朝帝国与地上的世界接触。与外界完全隔绝曾是保存旧中国的首要条件，而当这种隔绝状态通过英国而为暴力所打破的时候，接踵而来的必然是解体的过程，正如小心保存在密闭棺材里的木乃伊一接触新鲜空气便必然要解体一样。可是现在，当英国引起了中国革命的时候，便发生一个问题，即这场革命将来会对英国并且通过英国对欧洲发生什么影响？这个问题是不难解答的。

马克思：《中国革命和欧洲革命》（1853年5月31日），见《马克思恩格斯文集》第2卷第609页。

中国的南方人在反对外国人的斗争中所表现的那种狂热本身，似乎表明他们已觉悟到旧中国遇到极大的危险；过不了多少年，我们就会亲眼看到世界上最古老的帝国的垂死挣扎，看到整个亚洲新纪元的曙光。

恩格斯：《波斯和中国》（1857年5月20日前后），见《马克思恩格斯文集》第2卷第628页。

在桌子开始跳舞①以前不久，在**中国**，在这块活的化石上，就开始闹革命了②。……中国是被异族王朝统治着。既然已过了三百年，为什么不来一个运动推翻这个王朝呢？运动一开始就带着宗教色彩，但这是一切东方运动的共同特征。运动发生的直接原因显然是：欧洲人的干涉，鸦片战争，鸦片战争所引起的现存政权的震动，白银的外流，外货输入所引起的经济平衡的破坏，等等。看起来很奇怪的是，鸦片没有起催眠作用，反而起了惊醒作用。

马克思：《中国纪事》（1862 年 6 月下半月—7 月初），见《马克思恩格斯全集》1963 年版第 15 卷第 545 页。

（四）古代中国的科学技术对欧洲的贡献

现在已经毫无疑义地证实了，火药是从中国经过印度传给阿拉伯人，又由阿拉伯人和火药武器一道经过西班牙传入欧洲。

恩格斯：《德国农民战争》（1850 年夏），见《马克思恩格斯全集》1959 年版第 7 卷第 386 页脚注①。

火药、**指南针**、**印刷术**——这是预告资产阶级社会到来的三大发明。火药把骑士阶层炸得粉碎，指南针打开了世界市场并建立了殖民地，而印刷术则变成新教的工具，总的来说变成科学复兴的手段，变成对精神发展创造必要前提的最强大的杠杆。

马克思：《〈政治经济学批判（1961—1863 年手稿）〉摘选》（1861 年 8 月—1863 年 7 月），见《马克思恩格斯文集》第 8 卷第 338 页。

蚕在 550 年左右从中国输入希腊。

---

① 指 19 世纪 50 年代初欧洲特别是德国，广泛迷信降神术。——本书编者注
② 指太平天国革命。——译者注

第六章　论重点地区和国家的发展以及国际关系

>　恩格斯：《自然辩证法》（1873—1883年），见《马克思恩格斯全集》1971年版第20卷第531页。

棉纸在七世纪从中国传到阿拉伯人那里，在九世纪输入意大利。

>　恩格斯：《自然辩证法》（1873—1883年），见《马克思恩格斯全集》1971年版第20卷第532页。

六、关于工人政党应对国际关系的准则

（一）要洞悉国际政治的秘密，遵循道德和正义的准则

欧洲的上层阶级只是以无耻的赞许、假装的同情或白痴般的漠不关心态度来观望俄罗斯怎样侵占高加索的山区要塞和宰割英勇的波兰；这个头在圣彼得堡而爪牙在欧洲各国内阁的野蛮强国所从事的大规模的不曾遇到任何抵抗的侵略，给工人阶级指明了他们的责任，要他们洞悉国际政治的秘密，监督本国政府的外交活动，在必要时就用能用的一切办法反抗它；在不可能防止这种活动时就团结起来同时揭露它，努力做到使私人关系间应该遵循的那种简单的道德和正义的准则，成为各民族之间的关系中的至高无上的准则。

为这样一种对外政策而进行的斗争，是争取工人阶级解放的总斗争的一部分。

>　马克思：《国际工人协会成立宣言》（1864年10月21—27日之间），见《马克思恩格斯文集》第3卷第14页。

（二）各国工人要联合起来，反对争夺霸权的战争

巴黎所有独立的报纸都对此事①进行了谴责，并且，说也奇怪，外省的报纸也与它们几乎采取一致行动。

---

①　指1870年7月间法国专制政府告知立法团要发动对普鲁士的战争。——本书编者注

与此同时，国际的巴黎会员也再次行动起来。在 7 月 12 日的《觉醒报》上，他们发表了《告全世界各民族工人书》，现摘引几段如下：

"在保持欧洲均势和维护民族尊严的借口下，政治野心又在威胁世界和平了。法国、德国、西班牙的工人们！把我们的呼声联合成为共同反对战争的怒吼吧！……争夺霸权的战争，或维护某一王朝利益的战争，在工人看来只能是荒谬绝伦的犯罪行为。我们渴望和平、劳动和自由，我们坚持反对那些自己不付血税却利用社会灾难来进行新的投机的人的黩武叫嚣！……德国弟兄们！我们彼此分裂只会使专制制度在莱茵河两岸都获得完全胜利……全世界的工人们！不管我们的共同努力在目前会产生怎样的结果，我们这些不分国界的国际工人协会会员，代表法国工人向你们表示良好的祝愿和敬意，并保证忠于牢不可破的团结。"

马克思：《国际工人协会总委员会关于普法战争的第一篇宣言》（1870 年 7 月 19—23 日），见《马克思恩格斯文集》第 3 卷第 114 页。

英国工人阶级向法国工人和德国工人伸出了友谊的手。他们深信，不管当前这场可憎的战争进程如何，全世界工人阶级的联合终究会根绝一切战争。法国当局和德国当局把两国推入一场手足相残的争斗，而法国的工人和德国的工人却互通和平与友谊的信息。单是这一史无前例的伟大事实，就向人们展示出更加光明的未来。这个事实表明，同那个经济贫困和政治昏聩的旧社会相对立，正在诞生一个新社会，而这个新社会的国际原则将是**和平**，因为每一个民族都将有同一个统治者——**劳动**！

这个新社会的开路先锋就是国际工人协会。

马克思：《国际工人协会总委员会关于普法战争的第一篇宣言》（1870 年 7 月 19—23 日），见《马克思恩格斯文集》第 3 卷第 117 页。

每一个国家的**国际工人协会**支部都应当号召工人阶级行动起来。如果工人们忘记自己的职责，如果他们采取消极态度，那么现在这场可怕的战争就只不过是将来的更可怕的国际战争的序幕，并且会在每一国家内使刀剑、土地和资本的主人又一次获得对工人的胜利。

第六章 论重点地区和国家的发展以及国际关系

共和国万岁!

> 马克思:《国际工人协会总委员会关于普法战争的第二篇宣言》(1870年9月6—9日),见《马克思恩格斯文集》第3卷第128页。

(三) 必须支持民族解放,反对民族压迫

我们德国人我们德国民主主义者,首先应当洗刷我们民族的这个污点。一个民族当它还在压迫其他民族的时候,是不可能获得自由的。因此,只要波兰没有从德国人的压迫下解放出来,德国就不可能获得解放。正因为这样,波兰和德国才有着一致的利益,也正因为这样,波兰的和德国的民主主义者才能够为解放两个民族而共同努力。

> 恩格斯:《恩格斯的演说》(1847年12月9日),见《马克思恩格斯文集》第1卷第696页。

只要波兰还被分割,还受压迫,那么,不仅在国内不可能形成强大的社会主义政党,而且德国和其他国家的无产阶级政党也不可能同**除流亡者以外的任何波兰人**进行真正的国际交往。

> 恩格斯:《致卡尔·考茨基》(1882年2月7日),见《马克思恩格斯文集》第10卷第472页。

欧洲的工人政党同波兰的解放是休戚相关的,……瓜分波兰是把俄国、普鲁士和奥地利这三个军事专制国家连接起来的锁链。只有波兰的恢复才能拆散这种联系,从而扫除横在通向欧洲各民族社会解放道路上的最大障碍。

> 恩格斯:《支持波兰》(1875年3月24日),见《马克思恩格斯全集》1964年版第18卷第630页。

（四）民族独立是一切国际合作的基础

……民族独立实际上是一切国际合作的基础。……

因此，我认为，欧洲有**两个**民族不仅有权利，而且有义务在成为国际的民族以前先成为国家的民族：这就是爱尔兰人和波兰人。他们只有真正成为国家的民族时，才更能成为国际的民族。

> 恩格斯：《致卡尔·考茨基》（1882年2月7日），见《马克思恩格斯文集》第10卷第473页。

从中世纪末期以来，历史就在促使欧洲形成为各个大的民族国家。只有这样的国家，才是欧洲占统治地位的资产阶级的正常的政治组织，同时也是建立各民族协调的国际合作的必要先决条件，没有这种合作，无产阶级的统治是不可能存在的。要保障国际和平，首先就必须消除一切可以避免的民族摩擦，每个民族都必须获得独立，在自己的家里当家做主。

> 恩格斯：《暴力在历史中的作用》（1887年12月底—1888年3月），见《马克思恩格斯全集》1965年版第21卷第463页。

国际联合只能存在于**国家**之间，因而这些国家的存在，它们在内部事务上的自由和独立，也就包括在国际主义这一概念本身之中。

> 恩格斯：《致劳拉·拉法格》（1893年6月20日），见《马克思恩格斯全集》1974年版第39卷第84页。

（五）新社会的国际原则将是和平劳动、普遍交往

任何一个社会主义者，不论他属于哪个民族，都不会希望现在的德国政府取得军事胜利，也不会希望法兰西资产阶级共和国取得胜利，尤其不会希望沙皇取得胜利，因为沙皇取得胜利就等于欧洲被奴役。因此，各国的社会主义者都拥护和平。

> 恩格斯：《德国的社会主义》（1891年10月），见《马克思恩格斯文集》第4卷第436页。

第六章　论重点地区和国家的发展以及国际关系

推向战争的力量到处都是非常巨大的。……因此我主张"不惜一切代价争取和平",因为付出这种代价的将不是我们。

恩格斯:《致保尔·拉法格》(1886 年 10 月 25—26 日),见《马克思恩格斯全集》1973 年版第 36 卷第 553 页。

只有随着生产力的这种普遍发展,人们的**普遍**交往才能建立起来;普遍交往,一方面,可以产生一切民族中同时都存在着"没有财产的"群众这一现象(普遍竞争),使每一民族都依赖于其他民族的变革;最后,地域性的个人为**世界历史性**的、经验上普遍的个人所代替。不这样,(1)共产主义就只能作为某种地域性的东西而存在;(2)交往的**力量**本身就不可能发展成为一种**普遍的**因而是不堪忍受的力量:它们会依然处于地方的、笼罩着迷信气氛的"状态";(3)交往的任何扩大都会消灭地域性的共产主义。共产主义只有作为占统治地位的各民族"一下子"① 同时发生的行动,在经验上才是可能的,而这是以生产力的普遍发展和与此相联系的世界交往为前提的。

马克思和恩格斯:《德意志意识形态》(1845 年秋—1846 年 5 月),见《马克思恩格斯文集》第 1 卷第 538—539 页。

过去的一切革命的占有都是有限制的;各个人的自主活动受到有局限性的生产工具和有局限性的交往的束缚,他们所占有的是这种有局限性的生产工具,因此他们只是达到了新的局限性。他们的生产工具成了他们的财产,但是他们本身始终屈从于分工和自己的生产工具。在迄今为止的一切占有制下,许多个人始终屈从于某种唯一的生产工具;在无产者的占有制下,许多生产工具必定归属于每一个个人,而财产则归属于全体个人。现代的普遍交往,除了归属于全体个人,不可能归属于各个人。

马克思和恩格斯:《德意志意识形态》(1845 年秋—1846 年 5 月),见《马克思恩格斯文集》第 1 卷第 581 页。

---

① 关于无产阶级革命"一下子"在一切先进的资本主义国家同时发生的设想,马克思恩格斯在 1850 年以后就不再重提了。——编者注

马克思恩格斯要论精选
增订本

第七章
论未来社会的发展

一 关于社会主义从空想到科学的发展

二 关于从资本主义转变到共产主义的预见

三 关于共产主义第一阶段的预见

四 关于共产主义高级阶段的预见

德国的理论上的社会主义永远不会忘记，它是站在圣西门①、傅立叶②和欧文③这三个人的肩上的。虽然这三个人的学说含有十分虚幻和空想的性质，但他们终究是属于一切时代最伟大的智士之列的，他们天才地预示了我们现在已经科学地证明了其正确性的无数真理。

恩格斯：《〈德国农民战争〉1870年第二版序言的补充》（1874年7月1日），见《马克思恩格斯文集》第2卷第218页。

---

① 昂利·圣西门（1760—1825），法国伟大空想社会主义者。——本书编者注
② 沙尔·傅立叶（1772—1837），法国伟大空想社会主义者。——本书编者注
③ 罗·欧文（1771—1858），英国伟大空想社会主义者。——本书编者注

第七章 论未来社会的发展

一、关于社会主义从空想到科学的发展

（一）空想社会主义的远大眼光和历史局限

傅立叶的另一个功绩就是他指出了协作的优越性，不仅如此，他还指出了它的必然性。……

可是，傅立叶主义还有一个而且是非常重要的一个不彻底的地方，就是它不主张废除私有制。

> 恩格斯：《大陆上社会改革运动的进展》（1843年10月23日和11月初），见《马克思恩格斯全集》1956年版第1卷第578—579页。

本来意义的社会主义和共产主义的体系，圣西门、傅立叶、欧文等人的体系，是在无产阶级和资产阶级之间的斗争还不发展的最初时期出现的。……
……

诚然，他们也意识到，他们的计划主要是代表工人阶级这一受苦最深的阶级的利益。在他们的心目中，无产阶级只是一个受苦最深的阶级。

但是，由于阶级斗争不发展，由于他们本身的生活状况，他们就以为自己是高高超乎这种阶级对立之上的。他们要改善社会一切成员的生活状况，甚至生活最优裕的成员也包括在内。因此，他们总是不加区别地向整个社会呼吁，而且主要是向统治阶级呼吁。他们以为，人们只要理解他们的体系，就会承认这种体系是最美好的社会的最美好的计划。

因此，他们拒绝一切政治行动，特别是一切革命行动；他们想通过和平的途径达到自己的目的，并且企图通过一些小型的、当然不会成功的试验，通过示范的力量来为新的社会福音开辟道路。

这种对未来社会的幻想的描绘，在无产阶级还很不发展，因而对本身的地位的认识还基于幻想的时候，是同无产阶级对社会普遍改造的最初的本能的渴望相适应的。

但是，这些社会主义和共产主义的著作也含有批判的成分。这些著作抨击现存社会的全部基础。因此，它们提供了启发工人觉悟的极为宝贵的材料。它们关于未来社会的积极的主张，例如消灭城乡对立、消灭家庭、

消灭私人营利、消灭雇佣劳动、提倡社会和谐、把国家变成纯粹的生产管理机构——所有这些主张都只是表明要消灭阶级对立,而这种阶级对立在当时刚刚开始发展,它们所知道的只是这种对立的早期的、不明显的、不确定的形式。因此,这些主张本身还带有纯粹空想的性质。

马克思和恩格斯:《共产党宣言》(1847年12月—1848年1月底),见《马克思恩格斯文集》第2卷第62—64页。

……总的说来,资产阶级在同贵族斗争时有理由认为自己同时代表当时的各个劳动阶级的利益,但是在每一个大的资产阶级运动中,都爆发过作为现代无产阶级的发展程度不同的先驱者的那个阶级的独立运动。例如,德国宗教改革和农民战争时期的托马斯·闵采尔派,英国大革命时期的平等派①,法国大革命时期的巴贝夫。伴随着一个还没有成熟的阶级的这些革命暴动,产生了相应的理论表现;在16世纪和17世纪有理想社会制度的空想的描写②,而在18世纪已经有了直接共产主义的理论(摩莱里和马布利)。平等的要求已经不再限于政治权利方面,它也应当扩大到个人的社会地位方面;不仅应当消灭阶级特权,而且应当消灭阶级差别本身。禁欲主义的、斯巴达式的共产主义,是这种新学说的第一个表现形式。后来出现了三个伟大的空想主义者:圣西门、傅立叶和欧文。

恩格斯:《反杜林论》(1876年9月—1878年6月),见《马克思恩格斯文集》第9卷第20—21页。

所有这三个人有一个共同点:他们都不是作为当时已经历史地产生的无产阶级的利益的代表出现的。他们和启蒙学者一样,并不是想解放某一个阶级,而是想解放全人类。他们和启蒙学者一样,想建立理性和永恒正义的王国;但是他们的王国和启蒙学者的王国是有天壤之别的。

---

① 指"真正平等派",又称"掘地派"。他们是17世纪英国资产阶级革命时期的激进派,代表城乡贫民阶层的利益,要求消灭土地私有制,宣传原始的平均共产主义思想,并企图通过集体开垦共有土地来实现这种思想。——编者注

② 这里首先是指空想共产主义的代表人物托·莫尔的著作《乌托邦》(1516年出版)和托·康帕内拉的《太阳城》(1623年出版)。——编者注

第七章 论未来社会的发展

> 恩格斯：《反杜林论》（1876年9月—1878年6月），见《马克思恩格斯文集》第9卷第21页。

以往的社会主义固然批判了现存的资本主义生产方式及其后果，但是，它不能说明这个生产方式，因而也就不能对付这个生产方式；它只能简单地把它当做坏东西抛弃掉。但是，问题在于：一方面应当说明资本主义生产方式的历史联系和它在一定历史时期存在的必然性，从而说明它灭亡的必然性；另一方面应当揭露这种生产方式的一直还隐蔽着的内在性质，因为以往的批判主要是针对有害的后果，而不是针对事物的进程本身。

> 恩格斯：《反杜林论》（1876年9月—1878年6月），见《马克思恩格斯文集》第9卷第29—30页。

但是，在这个时候，资本主义生产方式以及随之而来的资产阶级和无产阶级之间的对立还没有得到充分发展。在英国刚刚兴起的大工业，在法国还不为人所知。……

这种历史情况也决定了社会主义创始人的观点。不成熟的理论，是同不成熟的资本主义生产状况、不成熟的阶级状况相适应的。解决社会问题的办法还隐藏在不发达的经济关系中，所以只有从头脑中产生出来。社会所表现出来的只是弊病，消除这些弊病是思维着的理性的任务。于是，就需要发明一套新的更完善的社会制度，并且通过宣传，可能时通过典型示范，从外面强加于社会。这种新的社会制度是一开始就注定要成为空想的，它越是制定得详尽周密，就越是要陷入纯粹的幻想。

> 恩格斯：《反杜林论》（1876年9月—1878年6月），见《马克思恩格斯文集》第9卷第273—274页。

如果说我们在圣西门那里发现了天才的远大眼光，由于他有这种眼光，后来的社会主义者的几乎所有并非严格意义上的经济学思想都以萌芽状态包含在他的思想中，那么，我们在傅立叶那里就看到了他对现存社会制度所作的具有真正法国人的风趣的、但并不因此就显得不深刻的批判。

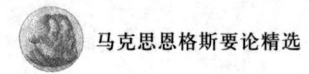

> 恩格斯：《反杜林论》（1876年9月—1878年6月），见《马克思恩格斯文集》第9卷第275页。

在欧文看来，到目前为止仅仅使个别人发财而使群众受奴役的新的强大的生产力，提供了改造社会的基础，它作为大家的共同财产只应当为大家的共同福利服务。

欧文的共产主义就是通过这种纯粹商业的方式，作为所谓商业计算的果实产生出来的。它始终都保持着这种面向实际的性质。

> 恩格斯：《反杜林论》（1876年9月—1878年6月），见《马克思恩格斯文集》第9卷第279页。

转向共产主义是欧文一生中的转折点。当他还只是一个慈善家的时候，他所获得的只是财富、赞扬、尊敬和荣誉。他是欧洲最有名望的人物。不仅社会地位和他相同的人，而且连达官显贵、王公大人们都点头倾听他的讲话。可是，当他提出他的共产主义理论时，情况就完全变了。在他看来，阻碍社会改革的首先有三大障碍：私有制、宗教和现在的婚姻形式。他知道，他向这些障碍进攻，等待他的将是什么：官方社会的普遍排斥，他的整个社会地位的丧失。但是，他并没有却步，他不顾一切地向这些障碍进攻，而他所预料的事情果然发生了。他被逐出了官方社会，报刊对他实行沉默抵制，他由于以全部财产在美洲进行的共产主义试验失败而变得一贫如洗，于是他就直接转向工人阶级，在工人阶级中又进行了30年的活动。当时英国的有利于工人的一切社会运动、一切实际进步，都是和欧文的名字联在一起的。

> 恩格斯：《反杜林论》（1876年9月—1878年6月），见《马克思恩格斯文集》第9卷第280页。

在傅立叶的著作中，杜林先生只知道并且只注意那些描绘得像小说中的情节一样的关于未来的幻想，……其实，在傅立叶的著作中，几乎每一页都放射出对备受称颂的文明造成的贫困所作的讽刺和批判的火花。

第七章　论未来社会的发展

> 恩格斯:《反杜林论》(1876年9月—1878年6月),见《马克思恩格斯文集》第9卷第281页。

(二) 两大发现使社会主义由空想变为科学

共产主义不是教义,而是**运动**。它不是从原则出发,而是从**事实**出发。共产主义者不是把某种哲学作为前提,而是把迄今为止的全部历史,特别是这一历史目前在文明各国造成的实际结果作为前提。……共产主义作为理论,是无产阶级立场在这种斗争中的理论表现,是无产阶级解放的条件的理论概括。

> 恩格斯:《共产主义者和卡尔·海因岑》(1847年9月27日和10月3日),见《马克思恩格斯文集》第1卷第672页。

……社会主义自从成为科学以来,就要求人们把它当做科学来对待,就是说,要求人们去研究它。

> 恩格斯:《〈德国农民战争〉1870年第二版序言的补充》(1874年7月1日),见《马克思恩格斯文集》第2卷第219页。

在马克思使自己的名字永垂科学史册的许多重要发现中,这里我们只能谈两点。

第一点就是他在整个世界史观上实现了变革。以前所有的历史观,都以下述观念为基础:一切历史变动的最终原因,应当到人们变动着的思想中去寻求,并且在一切历史变动中,最重要的、支配全部历史的又是政治变动。可是,人的思想是从哪里来的,政治变动的动因是什么——关于这一点,没有人发问过。……现在马克思则证明,至今的全部历史都是阶级斗争的历史,在全部纷繁复杂的政治斗争中,问题的中心仅仅是社会阶级的社会的和政治的统治,即旧的阶级要保持统治,新兴的阶级要争得统治。可是,这些阶级又是由于什么而产生和存在的呢?是由于当时存在的基本的物质条件,即各个时代社会借以生产和交换必要生活资料的那些条件。……

……

这种新的历史观,对于社会主义的观点有极其重要的意义。它证明了:至今的全部历史都是在阶级对立和阶级斗争中发展的;统治阶级和被统治阶级,剥削阶级和被剥削阶级是一直存在的;大多数人总是注定要从事艰苦的劳动而很少能得到享受。……

马克思的第二个重要发现,就是彻底弄清了资本和劳动的关系,换句话说,就是揭示了在现代社会内,在现存资本主义生产方式下,资本家对工人的剥削是怎样进行的。自从政治经济学提出了劳动是一切财富和一切价值的源泉这个原理以后,就不可避免地产生了一个问题:雇佣工人拿到的不是他的劳动所生产的价值总额,而必须把其中的一部分交给资本家,……现代资本主义生产方式是以两个社会阶级的存在为前提的,一方面是资本家,他们占有生产资料和生活资料;另一方面是无产者,他们被排除于这种占有之外而仅有一种商品即自己的劳动力可以出卖,因此他们不得不出卖这种劳动力以占有生活资料。……给这个资本家做事的工人,不仅再生产着他那由资本家付酬的劳动力的价值,而且除此之外还生产**剩余价值**,……这样也就证明了,现代资本家,也像奴隶主或剥削徭役劳动的封建主一样,是靠占有他人无酬劳动发财致富的,……这样一来,有产阶级胡说现代社会制度盛行公道、正义、权利平等、义务平等和利益普遍和谐这一类虚伪的空话,就失去了最后的立足之地,而现代资产阶级社会就像以前的各种社会一样真相大白:它也是人数不多并且仍在不断缩减的少数人剥削绝大多数人的庞大机构。

现代科学社会主义就是以这两个重要事实为依据的。

恩格斯:《卡尔·马克思》(1877年6月中),见《马克思恩格斯文集》第3卷第457—461页。

新的事实迫使人们对以往的全部历史作一番新的研究,结果发现:以往的**全部**历史,除原始状态外,都是阶级斗争的历史;这些互相斗争的社会阶级在任何时候都是生产关系和交换关系的产物,一句话,都是自己时代的**经济**关系的产物;因而每一时代的社会经济结构形成现实基础,每一个历史时期的由法的设施和政治设施以及宗教的、哲学的和其他的观念形式所构成的全部上层建筑,归根到底都应由这个基础来说明。……

因此,社会主义现在已经不再被看做某个天才头脑的偶然发现,而被看做两个历史地产生的阶级即无产阶级和资产阶级之间斗争的必然产物。

第七章 论未来社会的发展

它的任务不再是构想出一个尽可能完善的社会制度,而是研究必然产生这两个阶级及其相互斗争的那种历史的经济的过程;并在由此造成的经济状况中找出解决冲突的手段。可是,以往的社会主义同这种唯物主义历史观是不相容的,正如法国唯物主义的自然观同辩证法和近代自然科学不相容一样。以往的社会主义固然批判了现存的资本主义生产方式及其后果,但是,它不能说明这个生产方式,因而也就不能对付这个生产方式;它只能简单地把它当做坏东西抛弃掉。它越是激烈地反对同这种生产方式密不可分的对工人阶级的剥削,就越是不能明白指出,这种剥削是怎么回事,它是怎样产生的。但是,问题在于:一方面应当说明资本主义生产方式的历史联系和它在一定历史时期存在的必然性,从而说明它灭亡的必然性;另一方面应当揭露这种生产方式的一直还隐蔽着的内在性质。这已经由于**剩余价值**的发现而完成了。已经证明,无偿劳动的占有是资本主义生产方式和通过这种生产方式对工人进行的剥削的基本形式;即使资本家按照劳动力作为商品在商品市场上所具有的全部价值来购买他的工人的劳动力,他从这种劳动力榨取的价值仍然比他对这种劳动力的支付要多;这种剩余价值归根到底构成了有产阶级手中日益增加的资本量由以积累起来的价值量。这样就说明了资本主义生产和资本生产的过程。

这两个伟大的发现——唯物主义历史观和通过剩余价值揭开资本主义生产的秘密,都应当归功于**马克思**。由于这两个发现,社会主义变成了科学,现在首先要做的是对这门科学的一切细节和联系作进一步的探讨。

> 恩格斯:《社会主义从空想到科学的发展》(1880年1月—3月上半月),见《马克思恩格斯文集》第3卷第544—546页。

(三)对形形色色"社会主义"的批判

这样就产生了封建的社会主义,半是挽歌,半是谤文,半是过去的回音,半是未来的恫吓;它有时也能用辛辣、俏皮而尖刻的评论刺中资产阶级的心,但是它由于完全不能理解现代历史的进程而总是令人感到可笑。

> 马克思和恩格斯:《共产党宣言》(1847年12月—1848年1月底),见《马克思恩格斯文集》第2卷第54—55页。

这种社会主义①非常透彻地分析了现代生产关系中的矛盾。它揭穿了经济学家的虚伪的粉饰。它确凿地证明了机器和分工的破坏作用、资本和地产的积聚、生产过剩、危机、小资产者和小农的必然没落、无产阶级的贫困、生产的无政府状态、财富分配的极不平均、各民族之间的毁灭性的工业战争，以及旧风尚、旧家庭关系和旧民族性的解体。

但是，这种社会主义按其实际内容来说，或者是企图恢复旧的生产资料和交换手段，从而恢复旧的所有制关系和旧的社会，或者是企图重新把现代的生产资料和交换手段硬塞到已被它们突破而且必然被突破的旧的所有制关系的框子里去。它在这两种场合都是反动的，同时又是空想的。

马克思和恩格斯：《共产党宣言》（1847年12月—1848年1月底），见《马克思恩格斯文集》第2卷第56—57页。

这种在法国人的论述下面塞进自己哲学词句的做法，他们称之为"行动的哲学"、"真正的社会主义"、"德国的社会主义科学"、"社会主义的哲学论证"，等等。

……

这种社会主义成了德意志各邦专制政府及其随从——僧侣、教员、容克和官僚求之不得的、吓唬来势汹汹的资产阶级的稻草人。

这种社会主义是这些政府用来镇压德国工人起义的毒辣的皮鞭和枪弹的甜蜜的补充。

马克思和恩格斯：《共产党宣言》（1847年12月—1848年1月底），见《马克思恩格斯文集》第2卷第58—59页。

既然"真正的"社会主义就这样成了这些政府对付德国资产阶级的武器，那么它也就直接代表了一种反动的利益，即德国小市民的利益。

马克思和恩格斯：《共产党宣言》（1847年12月—1848年1月底），见《马克思恩格斯文集》第2卷第59页。

---

① 这里指的是小资产阶级社会主义。——编者注

第七章　论未来社会的发展

社会主义的资产者①愿意要现代社会的生存条件,但是不要由这些条件必然产生的斗争和危险。他们愿意要现存的社会,但是不要那些使这个社会革命化和瓦解的因素。他们愿意要资产阶级,但是不要无产阶级。在资产阶级看来,它所统治的世界自然是最美好的世界。……

这种社会主义的另一种不够系统、但是比较实际的形式,力图使工人阶级厌弃一切革命运动,硬说能给工人阶级带来好处的并不是这样或那样的政治改革,而仅仅是物质生活条件即经济关系的改变。

马克思和恩格斯:《共产党宣言》(1847年12月—1848年1月底),见《马克思恩格斯文集》第2卷第61页。

……从1844年起在德国的"有教养的"人们中间像瘟疫一样传播开来的"真正的社会主义",正是同费尔巴哈的这两个弱点紧密相连的。它以美文学的词句代替了科学的认识,主张靠"爱"来实现人类的解放,而不主张用经济上改革生产的办法来实现无产阶级的解放,一句话,它沉溺在令人厌恶的美文学和泛爱的空谈中了。它的典型代表就是卡尔·格律恩先生。

恩格斯:《路德维希·费尔巴哈和德国古典哲学的终结》(1886年初),见《马克思恩格斯文集》第4卷第275—276页。

……当《宣言》出版的时候,我们不能把它叫做**社会主义**宣言。在1847年,所谓社会主义者是指两种人。一方面是指各种空想主义体系的信徒,特别是英国的欧文派和法国的傅立叶派,这两个流派当时都已经缩小成逐渐走向灭亡的纯粹的宗派。另一方面是指形形色色的社会庸医,他们想用各种万应灵丹和各种补缀办法来消除社会弊病而毫不伤及资本和利润。这两种人都是站在工人运动以外,宁愿向"有教养的"阶级寻求支持。相反,当时确信单纯政治变革还不够而要求根本改造社会的那一部分工人,则把自己叫做**共产主义者**。这是一种还没有很好加工的、只是出于本能的、往往有些粗陋的共产主义;但它已经强大到足以形成两种空想的共产主义体系:在法国有卡贝的"伊加利亚"共产主义,在德国有魏特林的共产主

---

① 指保守的或资产阶级的社会主义。——本书编者注

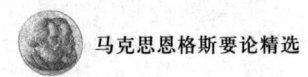

义。在 1847 年，社会主义意味着资产阶级的运动，共产主义则意味着工人的运动。

恩格斯：《〈共产党宣言〉1890 年德文版序言》（1890 年 5 月 1 日），见《马克思恩格斯文集》第 2 卷第 21 页。

二、关于从资本主义转变到共产主义的预见

（一）共产主义是资本主义发展的必然结果

共产主义对我们来说不是应当确立的**状况**，不是现实应当与之相适应的**理想**。我们所称为共产主义的是那种消灭现存状况的**现实的**运动。这个运动的条件是由现有的前提产生的。

马克思和恩格斯：《德意志意识形态》（1845 年秋—1846 年 5 月），见《马克思恩格斯文集》第 1 卷第 539 页。

生产力在其发展的过程中达到这样的阶段，在这个阶段上产生出来的生产力和交往手段在现存关系下只能造成灾难，这种生产力已经不是生产的力量，而是破坏的力量（机器和货币）。与此同时还产生了一个阶级，它必须承担社会的一切重负，而不能享受社会的福利，它被排斥于社会之外，因而不得不同其他一切阶级发生最激烈的对立；这个阶级构成了全体社会成员中的大多数，从这个阶级中产生出必须实行彻底革命的意识，即共产主义的意识，这种意识当然也可以在其他阶级中形成，只要它们认识到这个阶级的状况；……

马克思和恩格斯：《德意志意识形态》（1845 年秋—1846 年 5 月），见《马克思恩格斯文集》第 1 卷第 542 页。

共产主义不是教义，而是**运动**。它不是从原则出发，而是**从事实**出发。共产主义者不是把某种哲学作为前提，而是把迄今为止的全部历史，特别是这一历史目前在文明各国造成的实际结果作为前提。共产主义的产生是

第七章　论未来社会的发展

由于大工业以及由大工业带来的后果,是由于世界市场的形成,是由于随之而来的不可遏止的竞争,是由于目前已经完全成为世界市场危机的那种日趋严重和日益普遍的商业危机,是由于无产阶级的形成和资本的积聚,是由于由此产生的无产阶级和资产阶级之间的阶级斗争。

恩格斯:《共产主义者和卡尔·海因岑》(1847年9月27日前和10月3日),见《马克思恩格斯文集》第1卷第672页。

第十三个问题:这种定期重复的商业危机会产生什么后果?

答:第一,虽然大工业在它的发展初期自己造成了自由竞争,但是现在它的发展已经超越了自由竞争的范围。竞争和个人经营工业生产已经变成大工业的枷锁,大工业必须粉碎它,而且一定会粉碎它。大工业只要还在现今的基础上进行经营,就只能通过每七年出现一次的普遍混乱来维持,每次混乱对全部文明都是一种威胁,它不但把无产者抛入贫困的深渊,而且也使许多资产者破产。因此,或者必须完全放弃大工业本身(这是绝对不可能的),或者大工业使建立一个全新的社会组织成为绝对必要的,在这个全新的社会组织里,工业生产将不是由相互竞争的单个的厂主来领导,而是由整个社会按照确定的计划和所有人的需要来领导。

第二,大工业及其所引起的生产无限扩大的可能性,使人们能够建立这样一种社会制度,在这种社会制度下,一切生活必需品都将生产得很多,使每一个社会成员都能够完全自由地发展和发挥他的全部力量和才能。由此可见,在现今社会中造成一切贫困和商业危机的大工业的那种特性,在另一种社会组织中正是消灭这种贫困和这些灾难性的波动的因素。

这就完全令人信服地证明:

(1)从现在起,可以把所有这些弊病完全归咎于已经不适应当前情况的社会制度;

(2)通过建立新的社会制度来彻底铲除这些弊病的手段已经具备。

恩格斯:《共产主义原理》(1847年10月底—11月),见《马克思恩格斯文集》第1卷第682—683页。

（二）要实现共产主义工人阶级必须首先掌握政权

在所有的文明国家，民主主义的必然结果都是无产阶级的政治统治，而无产阶级的政治统治又是实行一切共产主义措施的首要前提。

> 恩格斯：《共产主义者和卡尔·海因岑》（1847年9月27日前和10月3日），见《马克思恩格斯文集》第1卷第666页。

首先无产阶级革命将建立**民主的国家制度**，从而直接或间接地建立无产阶级的政治统治。在英国可以直接建立，因为那里的无产者现在已占人民的大多数。在法国和德国可以间接建立，因为这两个国家的大多数人民不仅是无产者，而且还有小农和小资产者，小农和小资产者正处在转变为无产阶级的过渡阶段，他们的一切政治利益的实现都越来越依赖无产阶级，因而他们很快就会同意无产阶级的要求。这也许还需要第二次斗争，但是，这次斗争只能以无产阶级的胜利而告终。

> 恩格斯：《共产主义原理》（1847年10月底—11月），见《马克思恩格斯文集》第1卷第685页。

在革命之后，任何临时性的政局下都需要专政，并且是强有力的专政。

> 马克思：《危机和反革命》（1848年9月13日），见《马克思恩格斯文集》第2卷第69页。

……只要其他阶级特别是资本家阶级还存在，只要无产阶级还在同它们进行斗争（因为在无产阶级掌握政权后无产阶级的敌人和旧的社会组织还没有消失），无产阶级就必须采用**暴力**措施，也就是政府的措施；如果无产阶级本身还是一个阶级，如果作为阶级斗争和阶级存在的基础的经济条件还没有消失，那么就必须用暴力来消灭或改造这种经济条件，并且必须用暴力来加速这一改造的过程。

> 马克思：《巴枯宁〈国家制度和无政府状态〉一书摘要》（1874—1875年初），见《马克思恩格斯文集》第3卷第403页。

第七章 论未来社会的发展

由于布朗基把一切革命想象成由少数革命家所进行的突袭,自然也就产生了起义成功以后实行专政的必要性,当然,这种专政不是整个革命阶级即无产阶级的专政,而是那些进行突袭的少数人的专政,而这些人事先又被组织起来,服从一个人或某几个人的专政。

> 恩格斯:《流亡者文献》(1874 年 5 月中—1875 年 4 月),见《马克思恩格斯文集》第 3 卷第 358 页。

在资本主义社会和共产主义社会之间,有一个从前者变为后者的革命转变时期。同这个时期相适应的也有一个政治上的过渡时期,这个时期的国家只能是**无产阶级的革命专政**。

> 马克思:《哥达纲领批判》(1875 年 4 月底—5 月 7 日),见《马克思恩格斯文集》第 3 卷 445 页。

……为了达到未来社会革命的这一目的以及其他更重要得多的目的,工人阶级应当首先掌握有组织的国家政权并依靠这个政权镇压资本家阶级的反抗和按新的方式组织社会。

> 恩格斯:《致菲力浦·范派顿》(1883 年 4 月 18 日),见《马克思恩格斯文集》第 10 卷第 506 页。

但是,无产阶级在取得胜利以后遇到的唯一现成的组织正是国家。这个国家或许需要作一些改变,才能完成自己的新职能。但是在这种时刻破坏它,就是破坏胜利了的无产阶级能用来行使自己刚刚夺取的政权、镇压自己的资本家敌人和实行社会经济革命的唯一机构,而不进行这种革命,整个胜利最后就一定归于失败,工人就会大批遭到屠杀,巴黎公社以后的情形就是这样。

> 恩格斯:《致菲力浦·范派顿》(1883 年 4 月 18 日),见《马克思恩格斯文集》第 10 卷第 507 页。

（三）无产阶级在过渡时期的任务

大规模的有组织的劳动，生产资料的集中，这是无产阶级追求的希望，也是无产阶级运动的物质基础，尽管目前劳动的组织是专制式的，生产资料不仅作为生产手段，而且作为剥削和奴役生产者的手段集中在垄断者的手中。无产阶级要做的事就是改变这种有组织的劳动和这些集中的劳动资料目前所具有的资本主义性质，把它们从阶级统治和阶级剥削的手段变为自由的联合劳动的形式和社会的生产资料。

马克思：《法兰西内战》初稿（1871年4月中—5月上半月），见《马克思恩格斯文集》第3卷第201—202页。

只要把一切劳动资料转交给从事生产的劳动者，从而消灭现存的压迫条件，并由此促使每一个身体健康的人为生存而工作，这样，阶级统治和阶级压迫的唯一的基础就会消除。

马克思：《纪念国际成立七周年》（1871年9月24日），见《马克思恩格斯文集》第3卷第619页。

……凡是农民作为私有者大批存在的地方，凡是像在西欧大陆各国那样农民甚至多少还占多数的地方，凡是农民没有消失，没有像在英国那样为农业短工取代的地方，就会发生下列情况：或者农民会阻碍和断送一切工人革命，就像法国迄今所发生的那样，或者无产阶级（因为有产农民不属于无产阶级；甚至从他们的状况来看已属于无产阶级的时候，他们也认为自己不属于无产阶级）将以政府的身份采取措施，直接改善农民的状况，从而把他们吸引到革命中来；这些措施，一开始就应当促进土地的私有制向集体所有制过渡，让农民自己通过经济的道路来实现这种过渡；但是不能采取得罪农民的措施，例如宣布废除继承权或废除农民所有权；只有当资本主义租地农场主排挤了农民，而真正的农民变成了同城市工人一样的无产者、雇佣工人，因而和城市工人**直接地**而不是间接地有了共同利益的时候，才能够这样做；尤其不能像在巴枯宁的革命进军中那样用简单地把大地产分给农民以扩大小块地产的办法来巩固小块土地所有制。

第七章　论未来社会的发展

> 马克思：《巴枯宁〈国家制度和无政府状态〉一书摘要》（1874—1875年初），见《马克思恩格斯文集》第3卷第403—404页。

工人对反抗他们的旧世界的各个阶层实行的**阶级统治**只能持续到阶级存在的经济基础被消灭的时候为止。

> 马克思：《巴枯宁〈国家制度和无政府状态〉一书摘要》（1874—1875年初），见《马克思恩格斯文集》第3卷第408页。

我们确切地知道一个经济上的真理，即由于资本主义经济和海外廉价粮食生产的竞争，无论大农和中农都同样无法挽救地要走向灭亡，这是这些农民日益增加的债务和到处可见的衰落所证明了的。对于这种衰落我们根本没有办法阻止，这里我们也只能建议把各个农户联合为合作社，以便在这种合作社内越来越多地消除对雇佣劳动的剥削，并把这些合作社逐渐变成一个全国大生产合作社的拥有同等权利和义务的组成部分。如果这些农民看到他们现在的生产方式必然要灭亡并且从中得出必要的结论，他们就要到我们这里来，而我们的职责就是要尽力使他们也易于过渡到新的生产方式。

> 恩格斯：《法德农民问题》（1894年11月15—22日之间），见《马克思恩格斯文集》第4卷第528—529页。

（四）无产阶级在过渡时期的政策

第十六个问题：能不能用和平的办法废除私有制？
答：但愿如此，共产主义者当然是最不反对这种办法的人。

> 恩格斯：《共产主义原理》（1847年10月底—11月），见《马克思恩格斯文集》第1卷第684页。

第十七个问题：能不能一下子就把私有制废除？

答：不，不能，正像不能一下子就把现有的生产力扩大到为实行财产公有所必要的程度一样。因此，很可能就要来临的无产阶级革命，只能逐步改造现今社会，只有创造了所必需的大量生产资料之后，才能废除私有制。

恩格斯：《共产主义原理》（1847年10月底—11月），见《马克思恩格斯文集》第1卷第685页。

如果不立即利用民主作为手段实行进一步的、直接向私有制发起进攻和保障无产阶级生存的各种措施，那么，这种民主对于无产阶级就毫无用处。这些作为现存关系的必然结果现在已经产生出来的最主要的措施如下：

（1）用累进税、高额遗产税、取消旁系亲属（兄弟、侄甥等）继承权、强制公债等来限制私有制。

（2）一部分用国家工业竞争的办法，一部分直接用纸币赎买的办法，逐步剥夺土地所有者、工厂主、铁路所有者和船主的财产。

（3）没收一切反对大多数人民的流亡分子和叛乱分子的财产。

（4）在国家农场、工厂和作坊中组织劳动或者让无产者就业，这样就会消除工人之间的竞争，并迫使还存在的厂主支付同国家一样高的工资。

（5）对社会全体成员实行同样的劳动义务制，直到完全废除私有制为止。成立产业军，特别是在农业方面。

（6）通过拥有国家资本的国家银行，把信贷系统和货币经营业集中在国家手里。取消一切私人银行和银行家。

（7）随着国家拥有的资本和工人的增加，增加国家工厂、作坊、铁路和船舶，开垦一切荒地，改良已垦土地的土壤。

（8）所有的儿童，从能够离开母亲照顾的时候起，都由国家出钱在国家设施中受教育。把教育和生产结合起来。

（9）在国有土地上建筑大厦，作为公民公社的公共住宅。公民公社将从事工业生产和农业生产，将把城市和农村生活方式的优点结合起来，避免二者的片面性和缺点。

（10）拆毁一切不合卫生条件的、建筑得很坏的住宅和市区。

（11）婚生子女和非婚生子女享有同等的继承权。

（12）把全部运输业集中在国家手里。

第七章　论未来社会的发展

自然，所有这一切措施不能一下子都实行起来，但是它们将一个跟着一个实行，只要向私有制一发起猛烈的进攻，无产阶级就要被迫继续向前迈进，把全部资本、全部农业、全部工业、全部运输业和全部交换都越来越多地集中在国家手里。上述一切措施都是为了这个目的。

恩格斯：《共产主义原理》（1847年10月底—11月），见《马克思恩格斯文集》第1卷第685—687页。

要做到这一点，当然首先必须对所有权和资产阶级生产关系实行强制性的干涉，也就是采取这样一些措施，这些措施在经济上似乎是不够充分和无法持续的，但是在运动进程中它们会越出本身，而且作为变革全部生产方式的手段是必不可少的。

这些措施在不同的国家里当然会是不同的。

但是，最先进的国家几乎都可以采取下面的措施：

1. 剥夺地产，把地租用于国家支出。
2. 征收高额进税。
3. 废除继承权。
4. 没收一切流亡分子和叛乱分子的财产。
5. 通过拥有国家资本和独享垄断权的国家银行，把信贷集中在国家手里。
6. 把全部运输业集中在国家手里。
7. 按照共同的计划增加国家工厂和生产工具，开垦荒地和改良土壤。
8. 实行普遍劳动义务制，成立产业军，特别是在农业方面。
9. 把农业和工业结合起来，促使城乡对立初步消灭。
10. 对所有儿童实行公共的和免费的教育。取消现在这种形式的儿童的工厂劳动。把教育同物质生产结合起来，等等。

马克思和恩格斯：《共产党宣言》（1847年12月—1848年1月底），见《马克思恩格斯文集》第2卷第52—53页。

无产阶级……将以政府的身份采取措施，直接改善农民的状况，从而把他们吸引到革命中来，……但是不能采取得罪农民的措施，例如宣布废除继承权或废除农民所有权；……

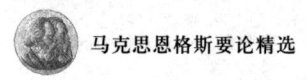

马克思:《巴枯宁〈国家制度和无政府状态〉一书摘要》(1874—1875 年初),见《马克思恩格斯文集》第 3 卷第 404 页。

我们对待小农的态度究竟是怎样的呢?在我们夺得国家政权的那一天,我们应该怎样对待他们呢?

第一,法国纲领的论点是完全正确的:我们预见到小农必然灭亡,但是我们无论如何不要以自己的干预去加速其灭亡。

第二,同样明显的是,当我们掌握了国家政权的时候,我们决不会考虑用暴力去剥夺小农(不论有无赔偿,都是一样),像我们将不得不如此对待大土地占有者那样。我们对于小农的任务,首先是把他们的私人生产和私人占有变为合作社的生产和占有,不是采用暴力,而是通过示范和为此提供社会帮助。当然,到那时候,我们将有足够的手段,向小农许诺,他们将得到现在就必须让他们明了的好处。

恩格斯:《法德农民问题》(1894 年 11 月 15—22 日之间),见《马克思恩格斯文集》第 4 卷第 524—525 页。

只有对于大土地占有制,事情才十分简单。这里摆在我们面前的是毫无掩饰的资本主义企业,因此也就不应该有任何迟疑。这里我们面对的是人数众多的农村无产者,因而我们的任务很清楚。我们的党一旦掌握了国家政权,就应该干脆地剥夺大土地占有者,就像剥夺工厂主一样。这一剥夺是否要用赎买来实行,这大半不取决于我们,而取决于我们取得政权时的情况,尤其是也取决于大土地占有者先生们自己的态度。我们决不认为,赎买在任何情况下都是不容许的;马克思曾向我讲过(并且讲过好多次!)他的意见:假如我们能赎买下这整个匪帮,那对于我们最便宜不过了。

恩格斯:《法德农民问题》(1894 年 11 月 15—22 日之间),见《马克思恩格斯文集》第 4 卷第 529 页。

第七章 论未来社会的发展

三、关于共产主义第一阶段的预见[1]

我们对未来非资本主义社会区别于现代社会的特征的看法，是从历史事实和发展过程中得出的确切结论；不结合这些事实和过程去加以阐明，就没有任何理论价值和实际价值。

恩格斯：《致爱德华·皮斯》（1886年1月27日），见《马克思恩格斯文集》第10卷第548页。

（一）共产主义第一阶段的社会特征

1. 社会生产力大提高

第四个问题：你们的财产公有建立在什么样的基础上呢？

答：……建立在因发展工业、农业、贸易和殖民而产生的大量的生产力和生活资料的基础之上，建立在因使用机器、化学方法和其他辅助手段而使生产力和生活资料无限增长的可能性的基础之上。

恩格斯：《共产主义信条草案》（1847年6月9日），见《马克思恩格斯全集》1979年版第42卷第373页。

大不列颠的千百万工人第一个奠定了新社会的真实基础——把自然界的破坏力变成了人类的生产力的现代工业。……

英国工人阶级既然创造了现代工业的无穷无尽的生产力，也就实现了解放劳动的第一个条件。

马克思：《给工人议会的信》（1854年3月9日），见《马克思恩格斯全集》1962年版第10卷第134页。

---

[1] 马克思恩格斯对共产主义社会第一阶段和高级阶段不同特征的划分，有时并非十分明确。在本书中是依据我们的理解相对地把第一阶段的特征概括为六点，把高级阶段的特征概括为十点。——本书编者注

我们的目的是要建立社会主义制度，这种制度将给所有的人提供健康而有益的工作，给所有的人提供充裕的物质生活和闲暇时间，给所有的人提供真正的充分的自由。

恩格斯：《对英国北方社会主义联盟纲领的修正》（1887年6月14日和23日之间），见《马克思恩格斯全集》1965年版第21卷第570页。

2. 土地国有，生产资料的公共所有

……私有制同工业的个体经营和竞争是分不开的。因此私有制也必须废除，而代之以共同使用全部生产工具和按照共同的协议来分配全部产品，即所谓财产公有。

恩格斯：《共产主义原理》（1847年10月底—11月），见《马克思恩格斯文集》第1卷第683页。

共产主义的特征并不是要废除一般的所有制，而是要废除资产阶级的所有制。

但是，现代的资产阶级私有制是建立在阶级对立上面、建立在一些人对另一些人的剥削上面的产品生产和占有的最后而又最完备的表现。

马克思和恩格斯：《共产党宣言》（1847年12月—1848年1月底），见《马克思恩格斯文集》第2卷第45页。

有人责备我们共产党人，说我们要消灭个人挣得的、自己劳动得来的财产，要消灭构成个人的一切自由、活动和独立的基础的财产。

好一个劳动得来的、自己挣得的、自己赚来的财产！你们说的是资产阶级财产出现以前的那种小资产阶级的、小农的财产吗？那种财产用不着我们去消灭，工业的发展已经把它消灭了，而且每天都在消灭它。

马克思和恩格斯：《共产党宣言》（1847年12月—1848年1月底），见《马克思恩格斯文集》第2卷第45页。

第七章　论未来社会的发展

资本是集体的产物,它只有通过社会许多成员的共同活动,而且归根到底只有通过社会全体成员的共同活动,才能运动起来。

因此,资本不是一种个人力量,而是一种社会力量。

因此,把资本变为公共的、属于社会全体成员的财产,这并不是把个人财产变为社会财产。这里所改变的只是财产的社会性质。它将失掉它的阶级性质。

马克思和恩格斯:《共产党宣言》(1847年12月—1848年1月底),见《马克思恩格斯文集》第2卷第46页。

……资本主义生产形式的消灭,"恢复了个体所有制,但这是以资本主义时代的成就为基础的,就是说,是以自由劳动者的协作以及他们对土地和他们自己劳动所生产的生产资料的公有为基础的"。

恩格斯:《卡·马克思〈资本论〉第一卷书评——为"杜塞尔多夫日报"作》(1867年11月3日和8日之间),见《马克思恩格斯全集》1964年版第16卷第244页。

我却认为,社会运动将作出决定:土地只能是国家的财产。把土地交给联合起来的农业劳动者,就等于使整个社会只听从一个生产者阶级摆布。

土地国有化将彻底改变劳动和资本的关系,并最终消灭工业和农业中的资本主义生产方式。……**生产资料的全国性的集中**将成为由自由平等的生产者的各联合体所构成的社会的全国性的基础,这些生产者将按照共同的合理的计划进行社会劳动。

马克思:《论土地国有化》(1872年3—4月),见《马克思恩格斯文集》第3卷第232—233页。

……资本主义的占有方式,即产品起初奴役生产者而后又奴役占有者的占有方式,就让位于那种以现代生产资料的本性为基础的产品占有方式:一方面由社会直接占有,作为维持和扩大生产的资料,另一方面由个人直接占有,作为生活资料和享受资料。

>恩格斯:《反杜林论》(1876 年 9 月—
>1878 年 6 月),见《马克思恩格斯文集》
>第 9 卷第 296 页。

无产阶级将取得国家政权,并且首先把生产资料变为国家财产。

>恩格斯:《反杜林论》(1876 年 9 月—
>1878 年 6 月),见《马克思恩格斯文集》
>第 9 卷第 297 页。

……我们一旦掌握政权,就一定要付诸实施:把大地产转交给(先是租给)在国家领导下独立经营的合作社,这样,国家仍然是土地的所有者。这个措施有一个很大的优点:它在实质上是切实可行的,但是除了我们党以外,没有一个党会实行它,因而也没有一个党能破坏它。

>恩格斯:《致奥古斯特·倍倍尔》(1886
>年 1 月 20—23 日),见《马克思恩格斯文
>集》第 10 卷第 547 页。

至于在向完全的共产主义经济过渡时,我们必须大规模地采用合作生产作为中间环节,这一点马克思和我从来没有怀疑过。但事情必须这样来处理,使社会(即首先是国家)保持对生产资料的所有权,这样合作社的特殊利益就不可能压过全社会的整个利益。

>恩格斯:《致奥古斯特·倍倍尔》(1886
>年 1 月 20—23 日),见《马克思恩格斯文
>集》第 10 卷第 547 页。

……最终目标是工人阶级夺取政权,使整个社会直接占有一切生产资料——土地、铁路、矿山、机器等等,让它们供全体成员共同使用,并为了全体成员的利益而共同使用。

>恩格斯:《美国工人运动》(1887 年 1 月
>26 日),见《马克思恩格斯文集》第 4 卷
>第 319 页。

总之,一旦我们掌握了政权,只要在群众中有足够的拥护者,大工业

第七章 论未来社会的发展

以及大庄园式的大农业是可以很快地实现社会化的。其余的也将或快或慢地随之实现。

恩格斯：《致奥托·冯·伯尼克》（1890年8月21日），见《马克思恩格斯文集》第10卷第589页。

……社会主义的任务，不如说仅仅在于把生产资料转交给生产者**公共占有**。

恩格斯：《法德农民问题》（1894年11月15—22日之间），见《马克思恩格斯文集》第4卷第517页。

使本书具有特别重大意义的是，在这里第一次提出了世界各国工人政党都一致用以扼要表述自己的经济改造要求的公式，即：生产资料归社会所有。

恩格斯：《卡·马克思〈1848年至1850年的法兰西阶级斗争〉一书导言》（1895年2月14日—3月6日），见《马克思恩格斯文集》第4卷第536页。

3. 消灭剥削，按劳分配

什么是"**劳动所得**"呢？是劳动的产品呢，还是产品的价值？如果是后者，那么，是产品的总价值呢，或者只是劳动新加在消耗掉的生产资料的价值上的那部分价值？

……

如果我们把"劳动所得"这个用语首先理解为劳动的产品，那么集体的劳动所得就是**社会总产品**。

现在从它里面应当扣除：

第一，用来补偿消耗掉的生产资料的部分。

第二，用来扩大生产的追加部分。

第三，用来应付不幸事故、自然灾害等的后备基金或保险基金。

从"不折不扣的劳动所得"中扣除这些部分，在经济上是必要的，至于扣除多少，应当根据现有的物资和力量来确定，部分地应当根据概率计

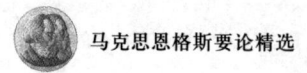

算来确定,但是这些扣除无论如何根据公平原则是无法计算的。

剩下的总产品中的另一部分是用来作为消费资料的。

马克思:《哥达纲领批判》(1875 年 4 月
底—5 月 7 日),见《马克思恩格斯文集》
第 3 卷第 431—433 页。

在把这部分进行个人分配之前,还得从里面扣除:

第一,同生产没有直接关系的一般管理费用。

同现代社会比起来,这一部分一开始就会极为显著地缩减,并随着新社会的发展而日益减少。

第二,用来满足共同需要的部分,如学校、保健设施等。

同现代社会比起来,这一部分一开始就会显著地增加,并随着新社会的发展而日益增长。

第三,为丧失劳动能力的人等等**设立的基金**,总之,就是现在属于所谓官办济贫事业的部分。

只有现在才谈得上纲领在拉萨尔的影响下狭隘地专门注意的那种"分配",就是说,才谈得上在集体中的各个生产者之间进行分配的那部分消费资料。

马克思:《哥达纲领批判》(1875 年 4 月
底—5 月 7 日),见《马克思恩格斯文集》
第 3 卷第 433 页。

我们这里所说的是这样的共产主义社会,它不是在它自身基础上已经**发展了的**,恰好相反,是刚刚从资本主义社会中**产生出来的**,因此它在各方面,在经济、道德和精神方面都还带着它脱胎出来的那个旧社会的痕迹。所以,每一个生产者,在作了各项扣除以后,从社会领回的,正好是他给予社会的。他给予社会的,就是他个人的劳动量。例如,社会劳动日是由全部个人劳动小时构成的;各个生产者的个人劳动时间就是社会劳动日中他所提供的部分,就是社会劳动日中他的一份。他从社会领得一张凭证,证明他提供了多少劳动(扣除他为公共基金而进行的劳动),他根据这张凭证从社会储存中领得一份耗费同等劳动量的消费资料。他以一种形式给予社会的劳动量,又以另一种形式领回来。

显然,这里通行的是调节商品交换(就它是等价的交换而言)的同一

第七章 论未来社会的发展

原则。内容和形式都改变了，因为在改变了的情况下，除了自己的劳动，谁都不能提供其他任何东西，另一方面，除了个人的消费资料，没有任何东西可以转为个人的财产。至于消费资料在各个生产者中间的分配，那么这里通行的是商品等价物的交换中通行的同一原则，即一种形式的一定量劳动同另一种形式的同量劳动相交换。

马克思：《哥达纲领批判》（1875 年 4 月底—5 月 7 日），见《马克思恩格斯文集》第 3 卷第 434 页。

只有通过大工业所达到的生产力的极大提高，才有可能把劳动无例外地分配给一切社会成员，从而把每个人的劳动时间大大缩短，使一切人都有足够的自由时间来参加社会的公共事务——理论的和实际的公共事务。因此，只是在现在，任何统治阶级和剥削阶级才成为多余的，而且成为社会发展的障碍；也只是在现在，统治阶级和剥削阶级，无论拥有多少"直接的暴力"，都将被无情地消灭。

恩格斯：《反杜林论》（1876 年 9 月—1878 年 6 月），见《马克思恩格斯文集》第 9 卷第 189—190 页。

……只要分配为纯粹经济的考虑所支配，它就将由生产的利益来调节，而最能促进生产的是能使**一切**社会成员尽可能全面地发展、保持和施展自己能力的那种分配方式。

恩格斯：《反杜林论》（1876 年 9 月—1878 年 6 月），见《马克思恩格斯文集》第 9 卷第 209 页。

……无产阶级由于自己的整个社会地位，只有完全消灭一切阶级统治、一切奴役和一切剥削，才能解放自己；……

恩格斯：《卡尔·马克思》（1877 年 6 月中），见《马克思恩格斯文集》第 3 卷第 460 页。

……任何一个运动，要是不始终把消灭雇佣劳动制作为最终目标，它

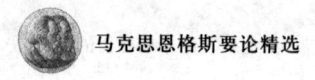

就一定要走上歧途，遭到失败，……

恩格斯：《致弗里德里希·阿道夫·左尔格》（1886年11月29日），见《马克思恩格斯文集》第10卷第559页。

……分配方式本质上毕竟要取决于**有多少**产品可供分配，而这当然随着生产和社会组织的进步而改变，从而分配方式也应当改变。

恩格斯：《致康拉德·施米特》（1890年8月5日），见《马克思恩格斯文集》第10卷第586页。

社会主义是专门反对剥削雇佣劳动的。

恩格斯：《法德农民问题》（1894年11月15—22日之间），见《马克思恩格斯文集》第4卷第518页。

4. 民主的国家制度

（1）关于民主

首先无产阶级革命将建立**民主的国家制度**，从而直接或间接地建立无产阶级的政治统治。

恩格斯：《共产主义原理》（1847年10月底—11月），见《马克思恩格斯文集》第1卷第685页。

……工人革命的第一步就是使无产阶级上升为统治阶级，争得民主。

马克思和恩格斯：《共产党宣言》（1847年12月—1848年1月底），见《马克思恩格斯文集》第2卷第52页。

……公社①给共和国奠定了真正民主制度的基础。

---

① 指巴黎公社。——本书编者注

第七章　论未来社会的发展

> 马克思：《法兰西内战》（1871年4月中旬—5月底），见《马克思恩格斯文集》第3卷第157页。

当巴黎公社把革命的领导权掌握在自己手中的时候，当普通工人第一次敢于侵犯他们的"天然尊长"的执政特权，在空前艰难的条件下虚心、诚恳而卓有成效地进行他们的工作，而所得报酬最高额还不及科学界高级权威人士所建议的伦敦国民教育局秘书最低薪额的五分之一的时候，旧世界一看到象征劳动共和国的红旗在市政厅上空飘扬，便怒火中烧，气得浑身颤抖。

> 马克思：《法兰西内战》（1871年4月中旬—5月底），见《马克思恩格斯文集》第3卷第159页。

……一切官吏对自己的一切职务活动都应当在普通法庭面前遵照普通法向每一个公民负责。

> 恩格斯：《给奥·倍倍尔的信》（1875年3月18—28日），见《马克思恩格斯文集》第3卷第414页。

"民主的"这个词在德语里意思是"人民当权的"。

> 马克思：《哥达纲领批判》（1875年4月底—5月7日），见《马克思恩格斯文集》第3卷第443页。

……不要再总是过分客气地对待党内的官吏——自己的仆人，不要再总是把他们当做完美无缺的官僚，百依百顺地服从他们，而不进行批评。

> 恩格斯：《致卡尔·考茨基》（1891年2月11日），见《马克思恩格斯全集》1972年版第38卷第33页。

公社①一开始想必就认识到，工人阶级一旦取得统治权，就不能继续运

---

① 指1871年第一个工人阶级政权"巴黎公社"。——本书编者注

用旧的国家机器来进行管理；工人阶级为了不致失去刚刚争得的统治，一方面应当铲除全部旧的、一直被利用来反对工人阶级的压迫机器，另一方面还应当保证本身能够防范自己的代表和官吏，即宣布他们毫无例外地可以随时撤换。

恩格斯：《马克思〈法兰西内战〉1891年版导言》（1891年3月18日以前），见《马克思恩格斯文集》第3卷第110页。

为了防止国家和国家机关由社会公仆变为社会主人——这种现象在至今所有的国家中都是不可避免的——公社采取了两个可靠的办法。第一，它把行政、司法和国民教育方面的一切职位交给由普选选出的人担任，而且规定选举者可以随时撤换被选举者。第二，它对所有公职人员，不论职位高低，都只付给跟其他工人同样的工资。……这样，即使公社没有另外给代表机构的代表签发限权委托书，也能可靠地防止人们去追求升官发财了。

恩格斯：《马克思〈法兰西内战〉1891年版导言》（1891年3月18日以前），见《马克思恩格斯文集》第3卷第110—111页。

……把一切政治权力集中于人民代议机关之手的要求在我看来是应该而且能够写到纲领里去的。

恩格斯：《1891年社会民主党纲领草案批判》（1891年6月18—29日之间），见《马克思恩格斯文集》第4卷第415页。

（2）对公共权力实行民主监督

在那些确实实现了各种权力分立的国家中，司法权与行政权彼此是完全独立的。在法国、英国和美国就是这样的，这两种权力的混合势必导致无法解决的混乱；这种混合的必然结果就是让人一身兼任警察局长、侦查员和审判官。但是司法权是国民的直接所有物，国民通过自己的陪审员来实现这一权力，这一点不仅从原则本身，而且从历史上来看都是早已证明了的。

第七章 论未来社会的发展

> 恩格斯:《〈刑法报〉停刊》(1842年6月25日),见《马克思恩格斯全集》1982年版第41卷第321页。

……"要使保证国家和被管辖者免受主管机关及其官吏滥用职权的危害,一方面直接有赖于主管机关及其官吏的等级制和责任心,另一方面又有赖于自治团体、同业公会的权能,因为这种权能自然而然地防止官吏在其担负的职权中夹杂主观的任性,并以自下的监督补足自上的监督无法顾及官吏每一细小行为的缺陷。"

> 马克思:《黑格尔法哲学批判》(1843年夏天),见《马克思恩格斯全集》1956年版第1卷第298页。

表面上高高凌驾于社会之上的国家政权,实际上正是这个社会最丑恶的东西,正是这个社会一切腐败事物的温床。

> 马克思:《法兰西内战》(1871年5月30日),见《马克思恩格斯文集》第3卷第154页。

公社是由巴黎各区通过普选选出的市政委员组成的。这些委员对选民负责,随时可以罢免。……公社是一个实干的而不是议会式的机构,它既是行政机关,同时也是立法机关。警察不再是中央政府的工具,他们立刻被免除了政治职能,而变为公社的承担责任的、随时可以罢免的工作人员。其他各行政部门的官员也是一样。从公社委员起,自上至下一切公职人员,都只能领取相当于**工人工资**的报酬。

> 马克思:《法兰西内战》(1871年5月30日),见《马克思恩格斯文集》第3卷第154页。

公社必须由各区全民投票选出的市政委员组成(因为巴黎是公社的首倡者和楷模,我们应引为范例),这些市政委员对选民负责,随时可以罢免。……警察不再是中央政府的工具,而应成为公社的勤务员,像其他所有行政部门的公职人员一样由公社任命,而且随时可以罢免;……法官也应该由选举产生,可以罢免,并且对选民负责。

> 马克思:《法兰西内战》二稿(1871 年 5 月),见《马克思恩格斯文集》第 3 卷第 222 页。

……一切社会公职,甚至原应属于中央政府的为数不多的几项职能,都要由公社的勤务员执行,从而也就处在公社的监督之下。

> 马克思:《法兰西内战》二稿(1871 年 5 月),见《马克思恩格斯文集》第 3 卷第 222 页。

社会为了维护共同的利益,最初通过简单的分工建立了一些特殊的机关。但是,随着时间的推移,这些机关——为首的是国家政权——为了追求自己的特殊利益,从社会的公仆变成了社会的主人。这样的例子不但在世袭君主国内可以看到,而且在民主共和国内也同样可以看到。

> 恩格斯:《马克思〈法兰西内战〉1891 年版导言》(1891 年 3 月 18 日以前),见《马克思恩格斯文集》第 3 卷第 110 页。

5. 无产阶级思想是社会的统治思想

统治阶级的思想在每一时代都是占统治地位的思想。这就是说,一个阶级是社会上占统治地位的**物质**力量,同时也是社会上占统治地位的**精神**力量。支配着物质生产资料的阶级,同时也支配着精神生产资料,因此,那些没有精神生产资料的人的思想,一般地是隶属于这个阶级的。

> 马克思和恩格斯:《德意志意识形态》(1845 年秋—1846 年 6 月),见《马克思恩格斯文集》第 1 卷第 550 页。

占统治地位的思想不过是占统治地位的物质关系在观念上的表现,不过是以思想的形式表现出来的占统治地位的物质关系;因而,这就是那些使某一个阶级成为统治阶级的关系在观念上的表现,因而这也就是这个阶级的统治的思想。

第七章　论未来社会的发展

> 马克思和恩格斯：《德意志意识形态》（1845年秋—1846年5月），见《马克思恩格斯文集》第1卷第550—551页。

思想的历史除了证明精神生产随着物质生产的改造而改造，还证明了什么呢？任何一个时代的统治思想始终都不过是统治阶级的思想。

当人们谈到使整个社会革命化的思想时，他们只是表明了一个事实：在旧社会内部已经形成了新社会的因素，旧思想的瓦解是同旧生活条件的瓦解步调一致的。

> 马克思和恩格斯：《共产党宣言》（1847年12月—1848年1月底），见《马克思恩格斯文集》第2卷第51页。

6. 比资本主义社会更高的精神文明

（1）按照社会主义的生产方式改变资本主义的思想观念

思想、观念、意识的生产最初是直接与人们的物质活动，与人们的物质交往，与现实生活的语言交织在一起的。人们的想象、思维、精神交往在这里还是人们物质行动的直接产物。表现在某一民族的政治、法律、道德、宗教、形而上学等的语言中的精神生产也是这样。

> 马克思和恩格斯：《德意志意识形态》（1845年秋—1846年5月），见《马克思恩格斯文集》第1卷第524页。

（2）进行道德、教育和科学文化建设

第一个措施是由国家出资对一切儿童毫无例外地实行**普遍教育**，这种教育对任何人都是一样，一直进行到能够作为社会的独立成员的年龄为止。……显而易见，社会成员中受过教育的人会比愚昧无知的没有文化的人给社会带来更多的好处。

> 恩格斯：《在爱北斐特的演说》（1845年2月8日），见《马克思恩格斯全集》1957年版第2卷第614页。

……未来教育对所有已满一定年龄的儿童来说，就是生产劳动同智育和体育相结合，它不仅是提高社会生产的一种方法，而且是造就全面发展的人的唯一方法。

马克思：《资本论》第 1 卷（1867 年），见《马克思恩格斯文集》第 5 卷第 556—557 页。

……只有工人阶级能够把他们从僧侣统治下解放出来，把科学从阶级统治的工具变为人民的力量，把科学家本人从阶级偏见的兜售者、追逐名利的国家寄生虫、资本的同盟者，变成自由的思想家！只有在劳动共和国里面，科学才能起它的真正的作用。

马克思：《法兰西内战》初稿（1871 年 4 月中—5 月上半月），见《马克思恩格斯文集》第 3 卷第 204 页。

只有一种有计划地生产和分配的自觉的社会生产组织，才能在社会方面把人从其余的动物中提升出来，正像一般生产曾经在物种方面把人从其余的动物中提升出来一样。历史的发展使这种社会生产组织日益成为必要，也日益成为可能。一个新的历史时期将从这种社会生产组织开始，在这个时期中，人自身以及人的活动的一切方面，尤其是自然科学，都将突飞猛进，使以往的一切都黯然失色。

恩格斯：《自然辩证法》（1873—1882 年），见《马克思恩格斯文集》第 9 卷第 422 页。

（二）共产主义第一阶段面临的任务和社会问题

1. 尽可能快地增加生产力的总量

……我们首先应当确定一切人类生存的第一个前提，[①] 也就是一切历史的第一个前提，这个前提是：人们为了能够"创造历史"，必须能够生活。[②] 但是为了生活，首先就需要吃喝住穿以及其他一些东西。因此第一个历史

[①] 马克思加了边注："历史"。——编者注
[②] 马克思加了边注："黑格尔。地质、水文、等等的条件。人体。需要，劳动"。——编者注

第七章　论未来社会的发展

活动就是生产满足这些需要的资料,即生产物质生活本身,而且,这是人们从几千年前直到今天单是为了维持生活就必须每日每时从事的历史活动,是一切历史的基本条件。

马克思和恩格斯:《德意志意识形态》(1845年秋—1846年5月),见《马克思恩格斯文集》第1卷第531页。

生产力的这种发展……之所以是绝对必需的实际前提,还因为如果没有这种发展,那就只会有**贫穷**、极端贫困的普通化;而在**极端贫困**的情况下,必须重新开始争取必需品的斗争,全部陈腐污浊的东西又要死灰复燃。

马克思和恩格斯:《德意志意识形态》(1845年秋—1846年5月),见《马克思恩格斯文集》第1卷第538页。

无产阶级将利用自己的政治统治,一步一步地夺取资产阶级的全部资本,把一切生产工具集中在国家即组织成为统治阶级的无产阶级手里,并且尽可能快地增加生产力的总量。

马克思和恩格斯:《共产党宣言》(1847年12月—1848年1月),见《马克思恩格斯文集》第2卷第52页。

最文明的民族也同最不发达的未开化民族一样,必须先保证自己有食物,然后才能去照顾其他事情;财富的增长和文明的进步,通常都与生产食品所需要的劳动和费用的减少成相等的比例。

马克思:《政治动态。—欧洲缺粮》(1853年9月13日),见《马克思恩格斯全集》1961年版第9卷第347页。

通过有计划地利用和进一步发展一切社会成员的现有的巨大生产力,在人人都必须劳动的条件下,人人也都将同等地、愈益丰富地得到生活资料、享受资料、发展和表现一切体力和智力所需的资料。

恩格斯：《〈雇佣劳动与资本〉1891年单行本导言》（1891年4月30日），见《马克思恩格斯文集》第1卷第709—710页。

人们早就确信：任何一个国家，如果没有使用蒸汽发动机的机器工业，自己不能满足（哪怕是大部分）自身对工业品的需要，那末，它现在在各文明民族中就不可能占据应有的地位。

恩格斯：《致尼古拉·弗兰策维奇·丹尼尔逊》（1892年3月15日），见《马克思恩格斯全集》1972年版第38卷第305页。

2. 需要正确处理的问题

（1）经济社会的协调发展问题

随着国家拥有的资本和工人的增加，增加国家工厂、作坊、铁路和船舶，开垦一切荒地，改良已垦土地的土壤。

所有的儿童，从能够离开母亲照顾的时候起，都由国家出钱在国家设施中受教育。把教育和生产结合起来。

……

拆毁一切不合卫生条件的、建筑得很坏的住宅和市区。

恩格斯：《共产主义原理》（1847年10月底—11月），见《马克思恩格斯文集》第1卷第686页。

……改造农业，因而改造建立在农业基础上的所有制这种肮脏东西，应该成为未来的变革的核心。

马克思：《致恩格斯》（1851年8月14日），见《马克思恩格斯文集》第10卷第91页。

不同的社会生产方式，有不同的人口增长规律和过剩人口增长规律；过剩人口同赤贫是一回事。

第七章 论未来社会的发展

> 马克思:《经济学手稿》(1857—1858年),见《马克思恩格斯全集》1980年版第46卷(下册)第104页。

社会的条件只能适应一定数量的人口。

> 马克思:《经济学手稿》(1857—1858年),见《马克思恩格斯全集》1980年版第46卷(下册)第105页。

……农业劳动是其他一切劳动得以独立存在的自然基础和前提。

> 马克思:《剩余价值理论》(1861年8月—1863年7月),见《马克思恩格斯全集》1972年版第26卷(I)第28—29页。

……人口数量和人口密度是社会内部分工的物质前提,……

> 马克思:《资本论》第1卷(1867年),见《马克思恩格斯文集》第5卷第408页。

只有使人口尽可能地平均分布于全国,只有使工业生产和农业生产发生紧密的联系,并适应这一要求使交通工具也扩充起来——同时这要以废除资本主义生产方式为前提——才能使农村人口从他们数千年来几乎一成不变地在其中受煎熬的那种与世隔绝的和愚昧无知的状态中挣脱出来。

> 恩格斯:《论住宅问题》(1872年5月—1873年1月),见《马克思恩格斯文集》第3卷第326页。

人类数量增多到必须为其增长规定一个限度的这种抽象可能性当然是存在的。但是,如果说共产主义社会在将来某个时候不得不像已经对物的生产进行调节那样,同时也对人的生产进行调节,那么正是这个社会,而且只有这个社会才能无困难地做到这点。

> 恩格斯:《致卡尔·考茨基》(1881年2月1日),见《马克思恩格斯文集》第10卷第455页。

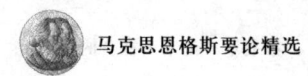

……在我们的时代,没有一个大民族能够没有自己的工业而生存下去。

恩格斯:《保护关税制度和自由贸易》(1888年4月底—5月上旬),见《马克思恩格斯文集》第4卷第338页

我们把经济条件看做归根到底制约着历史发展的东西。而种族本身就是一种经济因素。……

政治、法、哲学、宗教、文学、艺术等等的发展是以经济发展为基础的。

恩格斯:《致瓦尔特·博尔吉乌斯》(1894年1月25日),见《马克思恩格斯文集》第10卷第668页。

(2) 重视人的问题

全部人类历史的第一个前提无疑是有生命的个人的存在。

马克思和恩格斯:《德意志意识形态》(1845年秋—1846年5月),见《马克思恩格斯文集》第1卷第519页。

理论只要说服人〔ad hominem〕,就能掌握群众;而理论只要彻底,就能说服人〔ad hominem〕。所谓彻底,就是抓住事物的根本。而人的根本就是人本身。

马克思:《〈黑格尔法哲学批判〉导言》(1843年10月中—12月中),见《马克思恩格斯文集》第1卷第11页。

历史什么事情也没有做,它"不拥有**任何**惊人的丰富性",它"没有进行**任何**战斗"!其实,正是人,现实的、活生生的人在创造这一切,拥有这一切并且进行战斗。

马克思和恩格斯:《神圣家族》(1844年9—11月),见《马克思恩格斯文集》第1卷第295页。

第七章 论未来社会的发展

在一切生产工具中,最强大的一种生产力是革命阶级本身。

> 马克思:《哲学的贫困》(1847年上半年),见《马克思恩格斯文集》第1卷第655页。

(3)社会成员的利益问题

每一既定社会的经济关系首先表现为**利益**。

> 恩格斯:《论住宅问题》(1872年5月—1873年1月),见《马克思恩格斯文集》第3卷第320页。

人们奋斗所争取的一切,都同他们的利益有关。

> 马克思:《第六届莱茵省议会的辩论(第一篇论文)》(1842年4月),见《马克思恩格斯全集》1956年版第1卷第82页。

"思想"一旦离开"利益",就一定会使自己出丑。

> 马克思和恩格斯:《神圣家族》(1844年9—11月),见《马克思恩格斯文集》第1卷第286页。

既然正确理解的利益是全部道德的原则,那就必须使人们的私人利益符合于人类的利益。

> 马克思和恩格斯:《神圣家族》(1844年9—11月),见《马克思恩格斯文集》第1卷第335页。

人并不恶,但是服从于自己的利益。

> 马克思和恩格斯:《神圣家族》(1844年9—11月),见《马克思恩格斯文集》第1卷第337页。

……"共同利益"在历史上任何时候都是由作为"私人"的个人造成的。

> 马克思和恩格斯:《德意志意识形态》(1845年秋—1846年5月),见《马克思恩格斯全集》1960年版第3卷第275—276页。

任何人如果不同时为了自己的某种需要和为了这种需要的器官而做事,他就什么也不能做,……

> 马克思和恩格斯:《德意志意识形态》(1845年秋—1846年5月),见《马克思恩格斯全集》1960年版第3卷第286页。

(4) 社会公平正义问题

……共产主义的最重要的不同于一切反动的社会主义的原则之一就是……人们的**头脑**和智力的**差别**,根本不应引起**胃**和肉体**需要**的差别;……换句话说:活动上,劳动上的**差别**不会引起在占有和消费方面的任何**不平等**,任何**特权**。

> 马克思和恩格斯:《德意志意识形态》(1845年秋—1846年5月),见《马克思恩格斯全集》1960年版第3卷第637—638页。

一座房子不管怎样小,在周围的房屋都是这样小的时候,它是能满足社会对住房的一切要求的。但是,一旦在这座小房子近旁耸立起一座宫殿,这座小房子就缩成茅舍模样了。这时,狭小的房子证明它的居住者不能讲究或者只能有很低的要求;并且,不管小房子的规模怎样随着文明的进步而扩大起来,只要近旁的宫殿以同样的或更大的程度扩大起来,那座较小房子的居住者就会在那四壁之内越发觉得不舒适,越发不满意,越发感到受压抑。

工资的显著增加是以生产资本的迅速增长为前提的。生产资本的迅速增长,会引起财富、奢侈、社会需要和社会享受同样迅速的增长。所以,即使工人得到的享受增加了,但是,与资本家的那些为工人所得不到的大为增加的享受相比,与一般社会发展水平相比,工人所得到的社会满足的程度反而降低了。我们的需要和享受是由社会产生的;因此,我们在衡量需要和享受时是以社会为尺度,而不是以满足它们的物品为尺度的。因为

第七章　论未来社会的发展

我们的需要和享受具有社会性质，所以它们具有相对的性质。

> 马克思：《雇佣劳动与资本》（1847年12月下半月），见《马克思恩格斯文集》第1卷第729页。

而衡量什么算自然法和什么不算自然法的尺度，则是法本身的最抽象的表现，即**公平**。于是，从此以后，在法学家和盲目相信他们的人们眼中，法的发展就只不过是使获得法的表现的人类生活状态一再接近于公平理想，即接近于永恒公平。而这个公平则始终只是现存经济关系的或者反映其保守方面，或者反映其革命方面的观念化的神圣化的表现。

> 恩格斯：《论住宅问题》（1872年5月—1873年1月），见《马克思恩格斯文集》第3卷第322—323页。

希腊人和罗马人的公平认为奴隶制度是公平的；1789年资产者的公平要求废除封建制度，因为据说它不公平。在普鲁士的容克看来，甚至可怜的专区法也是对永恒公平的破坏。所以，关于永恒公平的观念不仅因时因地而变，甚至也因人而异，这种东西正如米尔柏格①正确说过的那样，"一个人有一个人的理解"。

> 恩格斯：《论住宅问题》（1872年5月—1873年1月），见《马克思恩格斯文集》第3卷第323页。

所以，在这里**平等的权利**按照原则仍然是**资产阶级权利**，虽然原则和实践在这里已不再互相矛盾，而在商品交换中，等价物的交换只是**平均来说才**存在，不是存在于每个个别场合。

虽然有这种进步，但这个**平等的权利**总还是被限制在一个资产阶级的框框里。生产者的权利是同他们提供的劳动**成比例的**；平等就在于以**同一尺度**——劳动——来计量。但是，一个人在体力或智力上胜过另一个人，因此在同一时间内提供较多的劳动，或者能够劳动较长的时间；而劳动，要当做尺度来用，就必须按照它的时间或强度来确定，不然它就不成其为

---

① 阿·米尔柏格（1847—1907），德国政治家、医生，蒲鲁东主义者。——本书编者注

尺度了。这种**平等的**权利，对不同等的劳动来说是不平等的权利。它不承认任何阶级差别，因为每个人都像其他人一样只是劳动者；但是它默认，劳动者的不同等的个人天赋，从而不同等的工作能力，是天然特权。**所以就它的内容来讲，它像一切权利一样是一种不平等的权利**。权利，就它的本性来讲，只在于使用同一尺度；但是不同等的个人（而如果他们不是不同等的，他们就不成其为不同的个人）要用同一尺度去计量，就只有从同一个角度去看待他们，从一个**特定的**方面去对待他们，例如在现在所讲的这个场合，把他们**只当做**劳动者，再不把他们看做别的什么，把其他一切都撇开了。其次，一个劳动者已经结婚，另一个则没有；一个劳动者的子女较多，另一个的子女较少，如此等等。因此，在提供的劳动相同，从而由社会消费基金中分得的份额相同的条件下，某一个人事实上所得到的比另一个人多些，也就比另一个人富些，如此等等。要避免所有这些弊病，权利就不应当是平等的，而应当是不平等的。

马克思：《哥达纲领批判》（1875 年 4 月底—5 月 7 日），见《马克思恩格斯文集》第 3 卷第 434—435 页。

一切人，作为人来说，都有某些共同点，在这些共同点所及的范围内，他们是平等的，这样的观念自然是非常古老的。但是现代的平等要求与此完全不同；这种平等要求更应当是从人的这种共同特性中，从人就他们是人而言这种平等中引申出这样的要求：一切人，或至少是一个国家的一切公民，或一个社会的一切成员，都应当有平等的政治地位和社会地位。

恩格斯：《反杜林论》（1876 年 9 月—1878 年 6 月），见《马克思恩格斯文集》第 9 卷第 109 页。

……平等应当不仅仅是表面的，不仅仅在国家的领域中实行，它还应当是实际的，还应当在社会的、经济的领域中实行。尤其是从法国资产阶级自大革命开始把公民的平等提到重要地位以来，法国无产阶级就针锋相对地提出社会的、经济的平等的要求，这种平等成了法国无产阶级所特有的战斗口号。

因此，无产阶级所提出的平等要求有双重意义。或者它是对明显的社

第七章 论未来社会的发展

会不平等,对富人和穷人之间、主人和奴隶之间、骄奢淫逸者和饥饿者之间的对立的自发反应——特别是在初期,例如在农民战争中,情况就是这样;它作为这种自发反应,只是革命本能的表现,它在这里,而且仅仅在这里找到自己被提出的理由。或者它是从对资产阶级平等要求的反应中产生的,它从这种平等要求中吸取了或多或少正当的、可以进一步发展的要求,成了用资本家本身的主张发动工人起来反对资本家的鼓动手段;在这种情况下,它是和资产阶级平等本身共存亡的。在上述两种情况下,无产阶级平等要求的实际内容都是**消灭阶级**的要求。任何超出这个范围的平等要求,都必然要流于荒谬。……

可见,平等的观念,无论以资产阶级的形式出现,还是以无产阶级的形式出现,本身都是一种历史的产物,这一观念的形成,需要一定的历史条件,而这种历史条件本身又以长期的以往的历史为前提。所以,这样的平等观念说它是什么都行,就不能说它是永恒的真理。

> 恩格斯:《反杜林论》(1876 年 9 月—1878 年 6 月),见《马克思恩格斯文集》第 9 卷第 112—113 页。

平等——正义。——平等是正义的表现,是完善的政治制度或社会制度的原则,这一观念完全是历史地产生的。在自然形成的公社①中,平等是不存在的,或者只是非常有限地、对个别公社中掌握全权的成员来说才是存在的,而且是与奴隶制交织在一起的。

> 恩格斯:《〈反杜林论〉的准备材料》(1876—1877 年),见《马克思恩格斯文集》第 9 卷第 352—353 页。

因此,为了得出平等 = 正义的命题,几乎用了以往的全部历史,而这只有在有了资产阶级和无产阶级的时候才能做到。但是,平等的命题是说不应该存在任何特权,因而它在本质上是**否定的**,它宣布以往的全部历史都是糟糕的。……但是,如果想把平等 = 正义当成是最高的原则和最终的真理,那是荒唐的。平等仅仅存在于同不平等的对立中,正义仅仅存在于同非正义的对立中,因此,它们还摆脱不了同以往旧历史的对立,就是说

---

① 这里是指原始社会公社。——本书编者注

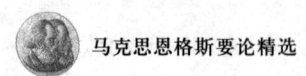

摆脱不了旧社会本身。①

这就已经使得它们不能成为**永恒的**正义和真理。在共产主义制度下和资源日益增多的情况下，经过不多几代的社会发展，人们就一定会达到这样的境地：侈谈平等和权利就像今天侈谈贵族等等的世袭特权一样显得可笑；同旧的不平等和旧的实在法的对立，甚至同新的暂行法的对立，都要从实际生活中消失；谁如果坚持要求丝毫不差地给他平等的、公正的一份产品，别人就会给他两份以示嘲笑。

恩格斯：《〈反杜林论〉的准备材料》(1876—1877年)，见《马克思恩格斯文集》第9卷第353—354页。

此外，抽象的平等理论，即使在今天以及在今后较长的时期里，也都是荒谬的。没有一个社会主义的无产者或理论家想到要承认自己同布须曼人或火地岛人之间、哪怕同**农民**或半封建农业短工之间的抽象平等；这一点只要是在欧洲的土地上一被消除，抽象平等的观点也会立时被消除。随着合理的平等的建立，抽象平等本身也就失去任何意义了。现在之所以要求平等，那是由于预见到**在当前的历史条件下**随着平等要求自然而然来到的智力上和道德上的**平等化**。

恩格斯：《〈反杜林论〉的准备材料》(1876—1877年)，见《马克思恩格斯文集》第9卷第354页。

资产者的平等（消灭阶级**特权**）完全不同于无产者的平等（消灭阶级本身）。如果超出后者的范围，即抽象地理解平等，那么平等就会变成荒谬。

恩格斯：《〈反杜林论〉的准备材料》(1876—1877年)，见《马克思恩格斯文集》第9卷第355页。

在道德上是公平的甚至在法律上是公平的，而从社会上来看很可能是很不公平的。

---

① 平等观念产生于商品生产中一般人类劳动的等同性。《资本论》第36页。——编者注

第七章　论未来社会的发展

> 恩格斯：《做一天公平的工作，得一天公平的工资》（1881 年 5 月 1—2 日），见《马克思恩格斯全集》1963 年版第 19 卷第 273 页。

做一天公平的工作，得一天公平的工资！……这个老口号是过时了，今天已经不大适用了。政治经济学的公平，既然忠实地表述了支配目前社会的规律，那就是完全偏在一边的、偏在资本一边的公平。因此，我们要永远埋葬掉这个旧口号，代之以另外一个口号：

劳动资料——原料、工厂、机器归工人自己所有！

> 恩格斯：《做一天公平的工作，得一天公平的工资》（1881 年 5 月 1—2 日），见《马克思恩格斯全集》1963 年版第 19 卷第 275—276 页。

权利的公平和平等，是 18、19 世纪的资产者打算在封建制的不公平、不平等和特权的废墟上建立他们的社会大厦的基石。

> 恩格斯：《马克思和洛贝尔图斯》（1884 年 10 月 23 日），见《马克思恩格斯文集》第 4 卷第 205 页。

（5）人与自然的关系问题

[见第一章第三节第（三）目第二款《社会文明的内容结构》中的《（4）生态文明》和第四节《关于人类、自然、社会的关系》]

（6）民族平等与民族团结问题

直到现在每个民族同另一个民族相比都具有**某种优点**。

> 马克思和恩格斯：《神圣家族》（1844 年 9—11 月），见《马克思恩格斯文集》第 1 卷第 354 页。

所有的无产者生来就没有民族的偏见，……只有无产者才能够消灭各民族的隔离状态，只有觉醒的无产阶级才能够建立各民族的兄弟友爱。

> 恩格斯：《在伦敦举行的各族人民庆祝大会》(1845年底)，见《马克思恩格斯全集》1957年版第2卷第666页。

要使各民族真正团结起来，他们就必须有共同的利益。

> 马克思和恩格斯：《论波兰》(1847年11月29日)，见《马克思恩格斯全集》1958年版第4卷第409页。

人对人的剥削一消灭，民族对民族的剥削就会随之消灭。
民族内部的阶级对立一消失，民族之间的敌对关系就会随之消失。

> 马克思和恩格斯：《共产党宣言》(1847年12月—1848年1月底)，见《马克思恩格斯文集》第2卷第50页。

……必须消除可恨的疆土分裂状态，因为这种状态分散和抵消了民族的集体力量，……

> 恩格斯：《德国的革命和反革命》(1851年8月17日—1852年9月23日)，见《马克思恩格斯文集》第2卷第395页。

……胜利了的无产阶级不能强迫他国人民接受任何替他们造福的办法，否则就会断送自己的胜利。

> 恩格斯：《致卡尔·考茨基》(1882年9月12日)，见《马克思恩格斯文集》第10卷第481页。

……只有全民族的联合力量才能避免分裂的危险。

> 恩格斯：《暴力在历史中的作用》(1887年12月底—1888年3月)，见《马克思恩格斯全集》1965年版第21卷第474页。

第七章　论未来社会的发展

（7）农业、农村、农民问题

［见第五章第四节《关于农民问题》中的《（三）无产阶级取得政权后对农民的政策》］

（8）无产阶级政党同民主政党的关系问题

共产党人不是同其他工人政党相对立的特殊政党。

马克思和恩格斯：《共产党宣言》（1847年12月—1848年1月底），见《马克思恩格斯文集》第2卷第44页。

这些**民主主义的社会主义者**，或者是还不够了解本阶级解放条件的无产者，或者是小资产阶级的代表，这个阶级直到争得民主和实行由此产生的社会主义措施为止，在许多方面都和无产者有共同的利益。因此，共产主义者在行动的时候，只要民主主义的社会主义者不为占统治地位的资产阶级效劳和不攻击共产主义者，就应当和这些社会主义者达成协议，同时尽可能和他们采取共同的政策。当然，共同行动并不排除讨论存在于他们和共产主义者之间的分歧意见。

恩格斯：《共产主义原理》（1847年10月底—11月），见《马克思恩格斯文集》第1卷第691—692页。

共产党人同其他无产阶级政党不同的地方只是：一方面，在无产者不同的民族的斗争中，共产党人强调和坚持整个无产阶级共同的不分民族的利益；另一方面，在无产阶级和资产阶级的斗争所经历的各个发展阶段上，共产党人始终代表整个运动的利益。

因此，在实践方面，共产党人是各国工人政党中最坚决的、始终起推动作用的部分；在理论方面，他们胜过其余无产阶级群众的地方在于他们了解无产阶级运动的条件、进程和一般结果。

马克思和恩格斯：《共产党宣言》（1847年12月—1848年1月底），见《马克思恩格斯文集》第2卷第44页。

最后，共产党人到处都努力争取全世界民主政党之间的团结和协调。

> 马克思和恩格斯:《共产党宣言》(1847年12月—1848年1月底),见《马克思恩格斯文集》第2卷第66页。

工人阶级政党在一定的条件下完全可以利用其他政党和党派来达到自己的目的,但是它不应当隶属其他政党。

> 马克思和恩格斯:《中央委员会告共产主义者同盟书》(1850年6月),见《马克思恩格斯全集》1959年版第7卷第362页。

3. 社会主义社会经常变化改革

我认为,所谓"社会主义社会"不是一种一成不变的东西,而应当和任何其他社会制度一样,把它看成是经常变化和改革的社会。

> 恩格斯:《致奥托·冯·伯尼克》(1890年8月21日),见《马克思恩格斯文集》第10卷第588页。

……人们在发展其生产力时,即在生活时,也发展着一定的相互关系;这些关系的形式必然随着这些生产力的改变和发展而改变。

> 马克思:《致帕维尔·瓦西里耶维奇·安年科夫》(1846年12月28日),见《马克思恩格斯文集》第10卷第47页。

只有在没有阶级和阶级对抗的情况下,**社会进化**将不再是**政治革命**。

> 马克思:《哲学的贫困》(1847年上半年),见《马克思恩格斯文集》第1卷第655页。

这种社会主义就是**宣布不断革命**,就是无产阶级的**阶级专政**,这种专政是达到**消灭一切阶级差别**,达到消灭这些差别所由产生的一切生产关系,达到消灭和这些生产关系相适应的一切社会关系,达到改变由这些社会关系产生出来的一切观念的必然的过渡阶段。

第七章 论未来社会的发展

> 马克思：《1848年至1850年的法兰西阶级斗争》(1849年底—1850年3月底和1850年10月—11月1日)，见《马克思恩格斯文集》第2卷第166页。

为了把社会生产变为一种广泛的、和谐的自由合作劳动的制度，必须进行**全面的社会变革，社会制度基础的变革**，……

> 马克思：《临时中央委员会就若干问题给代表的指示》(1866年8月底)，见《马克思恩格斯全集》1964年版第16卷第219页。

一个国家应该而且可以向其他国家学习。

> 马克思：《〈资本论〉第1卷第一版序言》(1867年7月25日)，见《马克思恩格斯文集》第5卷第9页。

任何的科学批评的意见我都是欢迎的。而对于我从来就不让步的所谓舆论的偏见，我仍然遵守伟大的佛罗伦萨人的格言：
走你的路，让人们去说罢！

> 马克思：《〈资本论〉第一卷第一版序言》(1867年7月25日)，见《马克思恩格斯文集》第5卷第13页。

……一切依次更替的历史状态都只是人类社会由低级到高级的无穷发展进程中的暂时阶段。每一个阶段都是必然的，因此，对它发生的那个时代和那些条件说来，都有它存在的理由；但是对它自己内部逐渐发展起来的新的、更高的条件来说，它就变成过时的和没有存在的理由了；……

> 恩格斯：《路德维希·费尔巴哈和德国古典哲学的终结》(1886年初)，见《马克思恩格斯文集》第4卷第270页。

"共产主义"一词我认为当前**不普遍**使用，最好留到必须**更确切**的表达时才用它。即使到那时也需要加以注释，因为实际上它已三十年不曾使用了。

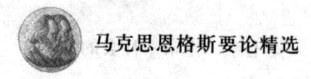

恩格斯:《致卡尔·考茨基》(1894 年 2 月 13 日),见《马克思恩格斯全集》第 39 卷第 203 页。

四、关于共产主义高级阶段的预见

(一) 工人劳动将被机器取代,生产力极大提高

……直接从科学中得出的对力学规律和化学规律的分析和应用,使机器能够完成同样的劳动。……现有的机器体系本身已经提供大量的手段。在这种情况下,发明就将成为一种职业,……

……机器体系的这条发展道路就是分解——通过分工来实现,这种分工把工人的操作逐渐变成机械的操作,而达到一定地步,机器就会代替工人。……

……工人不再是生产过程的主要当事者,而是站在生产过程的旁边。

……于是以交换价值为基础的生产便会崩溃,直接的物质生产过程本身也就摆脱了贫困和对抗性的形式。个性得到自由发展,因此,并不是为了获得剩余劳动而缩减必要劳动时间,而是直接把社会必要劳动时间缩减到最低限度,那时,与此相适应,由于给所有的人腾出了时间和创造了手段,个人会在艺术、科学等等方面得到发展。

马克思:《政治经济学批判(1857—1858 年草稿)》(1857 年 10 月—1858 年 5 月),见《马克思恩格斯全集》第 46 卷(下册)第 216—219 页。

只有通过大工业所达到的生产力的极大提高,才有可能把劳动无例外地分配给一切社会成员,从而把每个人的劳动时间大大缩短,使一切人都有足够的自由时间来参加社会的公共事务——理论的和实际的公共事务。

恩格斯:《反杜林论》(1876 年 9 月—1878 年 6 月),见《马克思恩格斯文集》第 9 卷第 189—190 页。

第七章　论未来社会的发展

（二）实现生产资料公共所有，建立自由人联合体

因此，建立共产主义实质上具有经济的性质，这就是为这种联合创造各种物质条件，把现存的条件变成联合的条件。

马克思和恩格斯：《德意志意识形态》（1845年秋—1846年5月），见《马克思恩格斯文集》第1卷第574页。

最后，让我们换一个方面，设想有一个自由人联合体，他们用公共的生产资料进行劳动，并且自觉地把他们许多个人劳动力当做一个社会劳动力来使用。……这个联合体的总产品是一个社会产品。这个产品的一部分重新用做生产资料。这一部分依旧是社会的。而另一部分则作为生活资料由联合体成员消费。

马克思：《资本论》第1卷（1867年），见《马克思恩格斯文集》第5卷第96页。

但资本主义生产由于自然过程的必然性，造成了对自身的否定。这是否定的否定。这种否定不是重新建立私有制，而是在资本主义时代的成就的基础上，也就是说，在协作和对土地及靠劳动本身生产的生产资料的公共占有的基础上，重新建立个人所有制。

马克思：《资本论》第1卷（1867年），见《马克思恩格斯文集》第5卷第874页。

（三）社会生产的计划调节

……在这个全新的社会组织里，工业生产将不是由相互竞争的单个的厂主来领导，而是由整个社会按照确定的计划和所有人的需要来领导。

恩格斯：《共产主义原理》（1847年10月底—11月），见《马克思恩格斯文集》第1卷第682—683页。

这种新的社会制度首先必须剥夺相互竞争的个人对工业和一切生产部门的经营权，而代之以所有这些生产部门由整个社会来经营，就是说，为

了共同的利益、按照共同的计划、在社会全体成员的参加下来经营。

<blockquote>
恩格斯：《共产主义原理》（1847年10月底—11月），见《马克思恩格斯文集》第1卷第683页。
</blockquote>

由于社会将剥夺私人资本家对一切生产力和交换手段的支配权以及他们对产品的交换和分配权，由于社会将按照根据实有资源和整个社会需要而制定的计划来管理这一切，所以同现在的大工业经营方式相联系的一切有害的后果，将首先被消除。

<blockquote>
恩格斯：《共产主义原理》（1847年10月底—11月），见《马克思恩格斯文集》第1卷第687页。
</blockquote>

由社会全体成员组成的共同联合体来共同地和有计划地利用生产力；把生产发展到能够满足所有人的需要的规模；……

<blockquote>
恩格斯：《共产主义原理》（1847年10月底—11月），见《马克思恩格斯文集》第1卷第689页。
</blockquote>

因此，时间的节约，以及劳动时间在不同的生产部门之间有计划的分配，在共同生产的基础上仍然是首要的经济规律。这甚至在更加高得多的程度上成为规律。

<blockquote>
马克思：《〈政治经济学批判（1857—1858年手稿）〉摘选》（1857年底—1858年5月），见《马克思恩格斯文集》第8卷第67页。
</blockquote>

生产资料的全国性的集中将成为由自由平等的生产者的各联合体所构成的社会的全国性的基础，这些生产者将按照共同的合理的计划进行社会劳动。

<blockquote>
马克思：《论土地国有化》（1872年3—4月），见《马克思恩格斯文集》第3卷第233页。
</blockquote>

第七章 论未来社会的发展

只有一种有计划地生产和分配的自觉的社会生产组织,才能在社会方面把人从其余的动物中提升出来,正像一般生产曾经在物种方面把人从其余的动物中提升出来一样。

      恩格斯:《自然辩证法》(1873—1882年),见《马克思恩格斯文集》第9卷第422页。

只有按照一个统一的大的计划协调地配置自己的生产力的社会,才能使工业在全国分布得最适合于它自身的发展和其他生产要素的保持或发展。

      恩格斯:《反杜林论》(1876年9月—1878年6月),见《马克思恩格斯文集》第9卷第313页。

……社会生产力已经发展到资产阶级不能控制的程度,只等待联合起来的无产阶级去掌握它,以便建立这样一种制度,使社会的每一成员不仅有可能参加社会财富的生产,而且有可能参加社会财富的分配和管理,并通过有计划地经营全部生产,使社会生产力及其成果不断增长,足以保证每个人的一切合理的需要在越来越大的程度上得到满足。

      恩格斯:《卡尔·马克思》(1877年6月中),见《马克思恩格斯文集》第3卷第460页。

……无产阶级将取得公共权力,并且利用这个权力把脱离资产阶级掌握的社会化生产资料变为公共财产。通过这个行动,无产阶级使生产资料摆脱了它们迄今具有的资本属性,使它们的社会性质有充分的自由得以实现。从此按照预定计划进行的社会生产就成为可能的了。

      恩格斯:《社会主义从空想到科学的发展》(1880年1月—3月上半月),见《马克思恩格斯文集》第3卷第566页。

如果我们设想一个社会不是资本主义社会,而是共产主义社会,那么首先,货币资本会完全消失,因而,货币资本所引起的交易上的伪装也会消失。问题就简单地归结为:社会必须预先计算好,能把多少劳动、生产资料和生活资料用在这样一些产业部门而不致受任何损害，这些部门，如铁路建设，在一年或一年以上的较长时间内不提供任何生产资料和生活资料，不提供任何有用效果，但会从全年总生产中取走劳动、生产资料和生活资料。相反，在资本主义社会，社会的理智总是事后才起作用，因此可能并且必然会不断发生巨大的紊乱。

马克思：《资本论》第 2 卷（1885 年），见
《马克思恩格斯文集》第 6 卷第 349 页。

……社会化的人，联合起来的生产者，将合理地调节他们和自然之间的物质变换，把它置于他们的共同控制之下，而不让它作为一种盲目的力量来统治自己；……

马克思：《资本论》第 3 卷（1894 年），见
《马克思恩格斯文集》第 7 卷第 928 页。

……在资本主义生产方式消灭以后，但社会生产依然存在的情况下，价值决定仍会在下述意义上起支配作用：劳动时间的调节和社会劳动在不同的生产类别之间的分配，最后，与此有关的簿记，将比以前任何时候都更重要。

马克思：《资本论》第 3 卷（1894 年），
见《马克思恩格斯文集》第 7 卷第 965 页。

（四）社会财富的充分涌流，各尽所能，按需分配

但是，共产主义的最重要的不同于一切反动的社会主义的原则之一就是下面这个以研究人的本性为基础的实际信念，即人们的**头脑**和智力的差别，根本不应引起**胃**和肉体需要的差别；由此可见，"按能力计报酬"这个以我们目前的制度为基础的不正确的原理应当——因为这个原理是仅就狭义的消费而言——变为"**按需分配**"这样一个原理，换句话说：活动上，劳动上的**差别**不会引起在占有和消费方面的**任何不平等，任何特权**。

马克思和恩格斯：《德意志意识形态》
（1845 年秋—1846 年 5 月），见《马克思恩
格斯全集》1960 年版第 3 卷第 637—638 页。

第七章　论未来社会的发展

摆脱了私有制压迫的大工业的发展规模将十分宏伟，相形之下，目前的大工业状况将显得非常渺小，正像工场手工业和我们今天的大工业相比一样。工业的这种发展将给社会提供足够的产品以满足所有人的需要。农业在目前由于私有制的压迫和土地的小块化而难以利用现有改良成果和科学成就，而在将来也同样会进入崭新的繁荣时期，并将给社会提供足够的产品。这样一来，社会将生产出足够的产品，可以组织分配以满足全体成员的需要。

> 恩格斯：《共产主义原理》（1847年10月底—11月），见《马克思恩格斯文集》第1卷第688页。

在共产主义社会高级阶段，在迫使个人奴隶般地服从分工的情形已经消失，从而脑力劳动和体力劳动的对立也随之消失之后；在劳动已经不仅仅是谋生的手段，而且本身成了生活的第一需要之后；在随着个人的全面发展，他们的生产力也增长起来，而集体财富的一切源泉都充分涌流之后，——只有在那个时候，才能完全超出资产阶级权利的狭隘眼界，社会才能在自己的旗帜上写上：各尽所能，按需分配！

> 马克思：《哥达纲领批判》（1875年4月底—5月7日），见《马克思恩格斯文集》第3卷第435—436页。

（五）人们同传统观念彻底决裂

共产主义革命就是同传统的所有制关系实行最彻底的决裂；毫不奇怪，它在自己的发展进程中要同传统的观念实行最彻底的决裂。

> 马克思和恩格斯：《共产党宣言》（1847年12月—1848年1月底），见《马克思恩格斯文集》第2卷第52页。

在共产主义制度下和资源日益增多的情况下，经过不多几代的社会发展，人们就一定会达到这样的境地：侈谈平等和权利就像今天侈谈贵族等等的世袭特权一样显得可笑；……谁如果坚持要求丝毫不差地给他平等的、公正的一份产品，别人就会给他两份以示嘲笑。

恩格斯：《〈反杜林论〉的准备材料》（1876—1877年），见《马克思恩格斯文集》第9卷第354页。

（六）轻松劳动成为生活第一需要

在共产主义社会里，已经积累起来的劳动只是扩大、丰富和提高工人的生活的一种手段。

马克思和恩格斯：《共产党宣言》（1847年12月—1848年1月底），见《马克思恩格斯文集》第2卷第46页。

劳动表现为不再象以前那样被包括在生产过程中，相反地，表现为人以生产过程的监督者和调节者的身份同生产过程本身发生关系。……工人不再是生产过程的主要当事者，而是站在生产过程的旁边。

马克思：《政治经济学批判》（1857年10月—1858年5月），见《马克思恩格斯全集》1980年版第46卷（下册）第218页。

……随着大工业的这种发展，**直接劳动**本身不再是生产的基础，一方面因为直接劳动主要变成看管和调节的活动，其次也是因为，产品不再是单个直接劳动的产品，相反地，作为生产者出现的，是社会活动的**结合**。

马克思：《政治经济学批判》（1857年10月—1858年5月），见《马克思恩格斯全集》1980年版第46卷（下）第222页。

在直接的交换中，单个的直接劳动实现在某个特殊的产品或产品的一部分中，而它［单个的直接劳动］的共同的、社会的性质——劳动作为一般劳动的物化和作为满足一般需求的［手段］的性质——只有通过交换才被肯定。相反，在大工业的生产过程中，一方面，发展为自动化过程的劳动资料的生产力要以自然力服从于社会智力为前提，**另一方面，单个人的劳动在它［劳动］的直接存在中已成为被扬弃的个别劳动，即成为社会劳动**。于是，这种生产方式的另一个基础也消失了。

第七章 论未来社会的发展

> 马克思:《政治经济学批判》(1857年10月—1858年5月),见《马克思恩格斯全集》1980年版第46卷(下)第223页。

……劳动已经不仅仅是谋生的手段,而且本身成了生活的第一需要;……

> 马克思:《哥达纲领批判》(1875年4月底—5月7日),见《马克思恩格斯文集》第3卷第435页。

(七) 商品生产将被消除

在一个集体的、以生产资料公有为基础的社会中,生产者不交换自己的产品;用在产品上的劳动,在这里也不表现为这些产品的**价值**,不表现为这些产品所具有的某种物的属性,因为这时,同资本主义社会相反,个人的劳动不再经过迂回曲折的道路,而是直接作为总劳动的组成部分存在着。

> 马克思:《哥达纲领批判》(1875年4月底—5月7日),见《马克思恩格斯文集》第3卷第433—434页。

一旦社会占有了生产资料,商品生产就将被消除,而产品对生产者的统治也将随之消除。

> 恩格斯:《反杜林论》(1876年9月—1878年6月),见《马克思恩格斯文集》第9卷第300页。

但是,商品生产决不是社会生产的唯一形式。……直接的社会生产以及直接的分配排除一切商品交换,因而也排除产品向商品的转化(至少在公社内部),这样也就排除产品向**价值**的转化。

社会一旦占有生产资料并且以直接社会化的形式把它们应用于生产,每一个人的劳动,无论其特殊的有用性质是如何的不同,从一开始就直接成为社会劳动。那时,一个产品中所包含的社会劳动量,可以不必首先采用迂回的途径加以确定；……

恩格斯：《反杜林论》（1876 年 9 月—1878 年 6 月），见《马克思恩格斯文集》第 9 卷第 326 页。

（八）三大差别归于消灭

而在共产主义社会里，任何人都没有特殊的活动范围，而是都可以在任何部门内发展，社会调节着整个生产，因而使我有可能随自己的兴趣今天干这事，明天干那事，上午打猎，下午捕鱼，傍晚从事畜牧，晚饭后从事批判，这样就不会使我老是一个猎人、渔夫、牧人或批判者。

马克思：《德意志意识形态》（1845 年秋—1846 年 5 月），见《马克思恩格斯文集》第 1 卷第 537 页。

在共产主义社会里，没有单纯的画家，只有把绘画作为自己多种活动中的一项活动的人们。

马克思和恩格斯：《德意志意识形态》（1845 年秋—1846 年 5 月），见《马克思恩格斯全集》1960 年版第 3 卷第 460 页。

教育将使年轻人能够很快熟悉整个生产系统，将使他们能够根据社会需要或者他们自己的爱好，轮流从一个生产部门转到另一个生产部门。因此，教育将使他们摆脱现在这种分工给每个人造成的片面性。……将使自己的成员能够全面发挥他们的得到全面发展的才能。

恩格斯：《共产主义原理》（1847 年 10 月底—11 月），见《马克思恩格斯文集》第 1 卷第 689 页。

由此可见，城市和乡村之间的对立也将消失。从事农业和工业的将是同一些人，而不再是两个不同的阶级，单从纯粹物质方面的原因来看，这也是共产主义联合体的必要条件。乡村农业人口的分散和大城市工业人口的集中，仅仅适应于工农业发展水平还不够高的阶段，这种状态是一切进

第七章 论未来社会的发展

一步发展的障碍,这一点现在人们就已经深深地感觉到了。

恩格斯:《共产主义原理》(1847年10月底—11月),见《马克思恩格斯文集》第1卷第689页。

消灭城乡对立不是空想,不多不少正像消除资本家与雇佣工人的对立不是空想一样。消灭这种对立日益成为工业生产和农业生产的实际要求。……只有使人口尽可能地平均分布于全国,只有使工业生产和农业生产发生紧密的联系,并适应这一要求使交通工具也扩充起来——同时这要以废除资本主义生产方式为前提——才能使农村人口从他们数千年来几乎一成不变地在其中受煎熬的那种与世隔绝的和愚昧无知的状态中挣脱出来。断定人们只有在消除城乡对立后才能从他们以往历史所铸造的枷锁中完全解放出来,这完全不是空想;……

恩格斯:《论住宅问题》(1872年5月—1873年1月),见《马克思恩格斯文集》第3卷第326页。

因此,城市和乡村的对立的消灭不仅是可能的,而且已经成为工业生产本身的直接需要,同样也已经成为农业生产和公共卫生事业的需要。只有通过城市和乡村的融合,现在的空气、水和土地的污染才能排除,只有通过这种融合,才能使目前城市中病弱群众的粪便不致引起疾病,而被用做植物的肥料。

恩格斯:《反杜林论》(1876年9月—1878年6月),见《马克思恩格斯文集》第9卷第313页。

因此,从大工业在全国的尽可能均衡的分布是消灭城市和乡村分离的条件这方面来说,消灭城市和乡村的分离也不是什么空想。的确,文明在大城市中给我们留下了一种需要花费许多时间和力量才能消除的遗产。但是这种遗产必须被消除而且必将被消除,即使这是一个长期的过程。

恩格斯:《反杜林论》(1876年9月—1878年6月),见《马克思恩格斯文集》第9卷第314页。

（九）阶级消灭，国家消亡，私人家务消失，各个民族大融合

随着生产资料转归公有，个体家庭就不再是社会的经济单位了。私人的家务变为社会的事业。孩子的抚养和教育成为公共的事情；社会同等地关怀一切儿童，无论是婚生的还是非婚生的。……

在这里，一个在专偶制发展的时候最多只处于萌芽状态的新的因素——个人的性爱，开始发生作用了。

恩格斯：《家庭、私有制和国家的起源》（1884年3月底—5月底），见《马克思恩格斯文集》第4卷第89—90页。

各个相互影响的活动范围在这个发展进程中越是扩大，各民族的原始封闭状态由于日益完善的生产方式、交往以及因交往而自然形成的不同民族之间的分工消灭得越是彻底，历史也就越是成为世界历史。

马克思和恩格斯：《德意志意识形态》（1845年秋—1846年5月），见《马克思恩格斯文集》第1卷第540—541页。

随着资产阶级的发展，随着贸易自由的实现和世界市场的建立，随着工业生产以及与之相适应的生活条件的趋于一致，各国人民之间的民族分隔和对立日益消失。

无产阶级的统治将使它们更快地消失。……

人对人的剥削一消灭，民族对民族的剥削就会随之消灭。

民族内部的阶级对立一消失，民族之间的敌对关系就会随之消失。

马克思和恩格斯：《共产党宣言》（1847年12月—1848年1月底），见《马克思恩格斯文集》第2卷第50页。

当阶级差别在发展进程中已经消失而全部生产集中在联合起来的个人的手里的时候，公共权力就失去政治性质。原来意义上的政治权力，是一个阶级用以压迫另一个阶级的有组织的暴力。

第七章 论未来社会的发展

> 马克思和恩格斯:《共产党宣言》(1847年12月—1848年1月底),见《马克思恩格斯文集》第2卷第53页。

共产主义否认阶级存在的必要性;它要消灭任何阶级,消除任何阶级的差别。

> 马克思和恩格斯:《论波兰问题》(1848年2月22日),见《马克思恩格斯全集》1958年版第4卷第535页。

……现代大工业以这种集中的力量到处破坏民族的藩篱,逐渐消除生产、社会关系、每个民族的民族性方面的地方性特点。

> 马克思和恩格斯:《国际述评(三)》(1850年11月1日),见《马克思恩格斯全集》1959年版第7卷第503页。

"各阶级的平等"①,照字面上理解,不过是资产阶级社会主义者所鼓吹的"资本和劳动的协调"的另一种说法而已。国际工人协会力求达到的最终目标,不是违背常理的"各阶级的平等",而是历史地必然出现的"消灭阶级"。

> 马克思:《致恩格斯》(1869年3月5日),见《马克思恩格斯文集》第10卷第301页。

……即无产阶级必须采取政治行动,必须把实行无产阶级专政作为达到废除阶级并和阶级一起废除国家的过渡。

> 恩格斯:《论住宅问题》(1872年5月—1873年1月),见《马克思恩格斯文集》第3卷第310页。

……阶级统治一旦消失,目前政治意义上的国家也就不存在了。

---

① 这是无政府主义派巴枯宁等人的错误提法。——本书编者注

马克思:《巴枯宁〈国家制度和无政府状态〉一书摘要》(1874—1875年初),见《马克思恩格斯文集》第3卷第406页。

……当无产阶级还需要国家的时候,它需要国家不是为了自由,而是为了镇压自己的敌人,一到有可能谈自由的时候,国家本身就不再存在了。

恩格斯:《给奥·倍倍尔的信》(1875年3月18—28日),见《马克思恩格斯文集》第3卷第414页。

当国家终于真正成为整个社会的代表时,它就使自己成为多余的了。当不再有需要加以镇压的社会阶级的时候,当阶级统治和根源于至今的生产无政府状态的个体生存斗争已被消除,而由此二者产生的冲突和极端行动也随着被消除了的时候,就不再有什么需要镇压了,也就不再需要国家这种特殊的镇压力量了。……那时,国家政权对社会关系的干预在各个领域中将先后成为多余的事情而自行停止下来。那时,对人的统治将由对物的管理和对生产过程的领导所代替。

恩格斯:《反杜林论》(1876年9月—1878年6月),见《马克思恩格斯文集》第9卷第297页。

无产阶级将取得国家政权,并且首先把生产资料变为国家财产。但是这样一来,它就消灭了作为无产阶级的自身,消灭了一切阶级差别和阶级对立,也消灭了作为国家的国家。……国家真正作为整个社会的代表所采取的第一个行动,即以社会的名义占有生产资料,同时也是它作为国家所采取的最后一个独立行动。那时,国家政权对社会关系的干预在各个领域中将先后成为多余的事情而自行停止下来。那时,对人的统治将由对物的管理和对生产过程的领导所代替。国家不是"被废除"的,**它是自行消亡的**。

恩格斯:《反杜林论》(1876年9月—1878年6月),见《马克思恩格斯文集》第9卷第297页。

第七章 论未来社会的发展

马克思和我从 1845 年起就持有这样的观点：未来无产阶级革命的最终结果之一，将是称为**国家**的政治组织逐步解体直到最后消失。

恩格斯：《致菲力浦·范派顿》（1883 年 4 月 18 日），见《马克思恩格斯文集》第 10 卷第 506 页。

现在我们正在以迅速的步伐走向这样的生产发展阶段，在这个阶段上，这些阶级的存在不仅不再必要，而且成了生产的真正障碍。阶级不可避免地要消失，正如它们从前不可避免地产生一样。随着阶级的消失，国家也不可避免地要消失。在生产者自由平等的联合体的基础上按新方式来组织生产的社会，将把全部国家机器放到它应该去的地方，即放到古物陈列馆去，同纺车和青铜斧陈列在一起。

恩格斯：《家庭、私有制和国家的起源》（1884 年 3 月底—5 月底），见《马克思恩格斯文集》第 4 卷第 193 页。

（十）社会成员自由而全面地发展

个人的全面发展，只有到了外部世界对个人才能的实际发展所起的推动作用为个人本身所驾驭的时候，才不再是理想、职责等等，这也正是共产主义者所向往的。

马克思和恩格斯：《德意志意识形态》（1845 年秋—1846 年 5 月），见《马克思恩格斯全集》1960 年版第 3 卷第 330 页。

……迄今为止的一切革命始终没有触动活动的性质，始终不过是按另外的方式分配这种活动，不过是在另一些人中间重新分配劳动，而共产主义革命则针对活动迄今具有的**性质**，消灭**劳动**①，……

---

① 马克思和恩格斯在《德意志意识形态》中多次讲到"消灭劳动"，马、恩在这里所说的"消灭劳动"，不是要消灭一般意义的劳动，而是指消灭同"私有制"、"旧社会生存的条件"相联系的劳动，即消灭雇佣劳动、异化劳动和笨重险恶劳动，从而消灭"三大差别"，使社会成为自由联合体，使每个社会成员获得自由而全面的发展。——本书编者注

> 马克思和恩格斯:《德意志意识形态》(1845年秋—1846年5月),见《马克思恩格斯文集》第1卷第542—543页。

由此可见,逃亡农奴只是想自由地发展他们已有的生存条件并让它们发挥作用,因而归根结底只达到了自由劳动;而无产者,为了实现自己的个性,就应当消灭他们迄今面临的生存条件,消灭这个同时也是整个迄今为止的社会的生存条件,即消灭劳动。

> 马克思和恩格斯:《德意志意识形态》(1845年秋—1846年5月),见《马克思恩格斯文集》第1卷第573页。

在共产主义的社会组织中,完全由分工造成的艺术家屈从于地方局限性和民族局限性的现象无论如何会消失掉,个人局限于某一艺术领域,仅仅当一个画家、雕刻家等等,因而只用他的活动的一种称呼就足以表明他的职业发展的局限性和他对分工的依赖这一现象,也会消失掉。在共产主义社会里,没有单纯的画家,只有把绘画作为自己多种活动中的一项活动的人们。

> 马克思和恩格斯:《德意志意识形态》(1845年秋—1846年5月),见《马克思恩格斯全集》1960年版第3卷第460页。

阶级的存在是由分工引起的,而迄今为止的分工方式将完全消失。因为要把工业和农业生产提高到上面说过的水平,单靠机械和化学的辅助手段是不够的,还必须相应地发展使用这些手段的人的能力。当上个世纪的农民和工场手工业工人被卷入大工业的时候,他们改变了自己的整个生活方式而成为完全不同的人,同样,由整个社会共同经营生产和由此而引起的生产的新发展,也需要完全不同的人,并将创造出这种人来。共同经营生产不能由现在这种人来进行,因为他们每一个人都只隶属于某一个生产部门,受它束缚,听它剥削,在这里,每一个人都只能发展自己才能的**一方面**而偏废了其他各方面,只熟悉整个生产的某**一个**部门或者某一个部门的一部分。就是现在的工业也越来越不能使用这样的人了。由整个社会共同地和有计划地来经营的工业,更加需要才能得到全面发展、能够通晓整个生产系统的人。……这样一来,根据共产主义原则组织起来的社会,将

第七章 论未来社会的发展

使自己的成员能够全面发挥他们的得到全面发展的才能。

恩格斯:《共产主义原理》（1847 年 10 月底—11 月），见《马克思恩格斯文集》第 1 卷第 688—689 页。

由整个社会共同经营生产和由此而引起的生产的新发展，也需要完全不同的人，并将创造出这种人来。共同经营生产不能由现在这种人来进行，因为他们每一个人都只隶属于某一个生产部门，受它束缚，听它剥削，在这里，每一个人都只能发展自己才能的**一方面**而偏废了其他各方面，只熟悉整个生产的某**一个**部门或者某一个部门的一部分。就是现在的工业也越来越不能使用这样的人了。由整个社会共同地和有计划地来经营的工业，更加需要才能得到全面发展、能够通晓整个生产系统的人。……教育将使年轻人能够很快熟悉整个生产系统，将使他们能够根据社会需要或者他们自己的爱好，轮流从一个生产部门转到另一个生产部门。

恩格斯:《共产主义原理》（1847 年 10 月底—11 月），见《马克思恩格斯文集》第 1 卷第 688—689 页。

代替那存在着阶级和阶级对立的资产阶级旧社会的，将是这样一个联合体，在那里，每个人的自由发展是一切人的自由发展的条件。

马克思和恩格斯:《共产党宣言》（1847 年 12 月—1848 年 1 月底），见《马克思恩格斯文集》第 2 卷第 53 页。

自由地发展个性，从而不是为取得剩余劳动而压缩必要劳动时间，而是根本上要把社会的必要劳动压缩到最低限度，到那时候，才能利用为他们大家所解放出来的时间和创造出来的物质手段，使个人在艺术上，科学上和其他方面的造诣达到高度的水平。

马克思:《政治经济学批判大纲》（草稿）第 3 分册（1857—1858 年），见人民出版社 1977 年单行本第 357 页。

正如我们在罗伯特·欧文那里可以详细看到的那样，从工厂制度中萌发出了未来教育的幼芽，未来教育对所有已满一定年龄的儿童来说，就是生产劳动同智育和体育相结合，它不仅是提高社会生产的一种方法，而且是造就全面发展的人的唯一方法。

马克思：《资本论》第 1 卷（1867 年），见《马克思恩格斯文集》第 5 卷第 556—557 页。

通过社会化生产，不仅可能保证一切社会成员有富足的和一天比一天充裕的物质生活，而且还可能保证他们的体力和智力获得充分的自由的发展和运用，这种可能性现在第一次出现了，但它**确实是出现了**。

恩格斯：《反杜林论》（1876 年 9 月—1878 年 6 月），见《马克思恩格斯文集》第 9 卷第 299 页。

在他们两人①看来，人应当通过全面的实践活动获得全面的发展；劳动应当重新获得它由于分工而丧失的那种吸引力，这首先是通过经常调换工种和相应地使从事每一种劳动的"活动时间"（用傅立叶的话说）不过长的办法来实现。

恩格斯：《反杜林论》（1876 年 9 月—1878 年 6 月），见《马克思恩格斯文集》第 9 卷第 310 页。

---

① "两人"指欧文和傅立叶。——本书编者注

附录：
马克思恩格斯生平主要年表

1818 年

5月5日
　　卡尔·马克思诞生于德国特里尔市的一个富裕家庭。父亲是一位精通法律、熟悉古典文学和哲学的学者，后当司法参事。特里尔城的风气是热爱自由平等，人们不满普鲁士王国的专制主义，经常抨击专制制度，嘲笑昏庸官吏。

1820 年

11月28日
　　弗里德里希·恩格斯生于德国莱茵省巴门市，父亲是一个纺织厂主。

1830 年

10月
　　马克思进特里尔中学学习。这所学校校长是一位历史学家和哲学家，教师里面也有不少学者和崇尚自由主义思想、深恶专制主义统治的进步人士。学校教育以贯彻自由主义精神著称。

1834 年

10 月

恩格斯进埃尔伯费尔德中学学习。此前在巴门市立学校学习。

1835 年

9 月 24 日

马克思毕业于特里尔中学。马克思每天上学都要走很长一段路，还要穿过简陋拥挤的穷人区，看到了社会下层的穷困。在那里，贫民们的生活和富裕"上层"生活形成强烈对照。

10 月 15 日

马克思进波恩大学法律系学习。

1836 年

10 月 22 日

马克思遵照父亲的意愿，转入柏林大学法律系学习，在这里，他接触到了黑格尔哲学。

1837 年

4—8 月

马克思钻研黑格尔哲学，并参加青年黑格尔派活动。

9 月 15 日

恩格斯中学未毕业，就被他的父亲送去学习经商，到他父亲所在巴门的公司当办事员。十天后，埃尔伯费尔德中学发给他肄业证书。

1838 年

1838 年 7 月—1841 年 3 月

恩格斯在不莱梅一家贸易公司见习经商。

附录：马克思恩格斯生平主要年表

1839 年

年初

马克思研究希腊哲学。马克思倾心于哲学，但也并没有忘记他一向热爱的文学艺术。

1841 年

3 月 30 日

马克思毕业于柏林大学，拿到了证书。

4 月 6 日，他就把题名为《德谟克利特的自然哲学和伊壁鸠鲁的自然哲学的差别》的博士论文寄给耶拿大学哲学系。

4 月 15 日

马克思获耶拿大学哲学博士学位证书。

1841 年 9 月—1842 年 10 月

恩格斯作为志愿兵在柏林服役，业余时间到柏林大学旁听并参加青年黑格尔派活动。

1842 年

10 月 15 日

马克思担任科隆《莱茵报》编辑。

11 月下半月

恩格斯动身前往英国，到曼彻斯特欧门—恩格斯公司见习经商，在赴英途中，访《莱茵报》编辑部，和马克思初次见面。

恩格斯在曼彻斯特业余刻苦自学，著文批判德国的封建专制统治、宗教迷信和资本家的贪婪。在这里，他参加宪章派活动，结识了正义者同盟的活动家，并深入研究历史、哲学、政治经济学和社会主义理论，开始了从唯心主义向唯物主义、从革命民主主义向科学共产主义的转变。

1843 年

3 月 17 日

马克思由于普鲁士书报检查机关的迫害,退出《莱茵报》编辑部。

3 月中—9 月底

马克思撰写《黑格尔法哲学批判》,用唯物主义观点对黑格尔在国家和市民社会关系问题上的唯心主义观点进行了深刻的批判。这是马克思从唯心主义向唯物主义、从革命民主主义向共产主义转变过程中的重要著作。

6 月 19 日

马克思同燕妮·冯·威斯特华伦结婚。

9 月底—1844 年 3 月

恩格斯撰写《国民经济学批判大纲》等文章。

10 月—1845 年 2 月

马克思旅居巴黎,住在贫民区,常与工人往来,深入了解工人处境与愿望,在巴黎一年又三个月,与工人运动结合促进他转变为工人阶级知识分子。

1844 年

2 月底

马克思和阿·卢格主编的《德法年鉴》在巴黎出版,刊登马、恩的一批文章,标志着他们开始确立了科学世界观。

5—8 月

马克思撰写《1844 年经济学哲学手稿》。这是马克思主义形成过程中的重要著作,在这部未完成的手稿中,马克思在分析资本主义经济制度和资产阶级经济学的过程中,提出了新的经济学观点、哲学观点和共产主义理论观点,并作了综合性的阐述。

8 月底—9 月初

恩格斯从英国回德国时,绕道巴黎会见马克思,为他们终身不渝的伟大合作奠定了基础。

马、恩着手合著《神圣家族或对批判的批判所作的批判》。此间，马、恩一起参加了法国社会主义者和共产主义者的集会。

1844 年 9 月—1845 年 3 月

恩格斯撰写《英国工人阶级状况》一书。恩格斯在英国居住期间，深入工人居住区进行实地调查，亲自了解英国工人阶级的劳动和生活状况，与工人相结合，促进他转变为工人阶级知识分子。同时广泛搜集和仔细研究各种官方文件和资料。他根据亲自调查和考证的翔实材料，论述了工人阶级在资本主义制度下的社会地位、斗争历程和历史使命。

1845 年

2 月 3 日

马克思因遭到法国当局驱逐，前往比利时的布鲁塞尔，撰写《关于费尔巴哈的提纲》。

1845 年 2 月至 1848 年 3 月

马克思继续研究经济学文献，并作了大量摘录和笔记。

4 月

恩格斯迁往布鲁塞尔马克思处。

5 月

恩格斯的《英国工人阶级状况》一书在莱比锡出版。

秋天

马克思和恩格斯开始共同撰写《德意志意识形态》。这是马、恩阐述唯物主义和共产主义理论的重要著作。

1846 年

年初

马克思和恩格斯在布鲁塞尔创立共产主义通讯委员会。

夏天

马克思和恩格斯完成《德意志意识形态》主要章节。他们在这部著作中，批评了路·费尔巴哈、布·鲍威尔等人的唯心史观，阐发了唯物主义基本原理，论述了共产主义和无产阶级革命的理论，批判了"德国社会主义"，揭示了人类历史发展的一般规律，论证了共产主义取代资本主义的历史必然性，提出了无产阶级专政、消灭私有制、建设新社会并在实践中改造自己的任务。这表明马克思恩格斯已经完成了两大转变。

8月15日

恩格斯受布鲁塞尔共产主义通讯委员会委托，到巴黎向正义者同盟各支部宣传共产主义，组织通讯委员会，并同魏特林主义、蒲鲁东主义和"真正的社会主义"进行斗争。

1847年

1—6月

马克思撰写《哲学的贫困》一书。

正义者同盟派代表邀请马、恩参加同盟。马、恩在确认同盟领导人愿意改组同盟并接受他们的理论作为纲领的基础之后，同意加入同盟。

6月初

恩格斯出席在伦敦召开的共产主义者同盟第一次代表大会，大会决定把正义者同盟改名为共产主义者同盟。把同盟的旧口号"人人皆兄弟"改为"全世界无产者，联合起来！"大会决定把恩格斯起草的《共产主义信条草案》作为讨论同盟纲领的基础。

7月初

马克思的《哲学的贫困》在巴黎和布鲁塞尔出版。

8月5日

在马克思的领导下，共产主义者同盟的支部和区部在布鲁塞尔成立。马克思当选为支部主席和区部委员会委员。

10月底—11月

恩格斯受共产主义者同盟巴黎区部委员会的委托，为同盟起草纲领草案《共产主义原理》。

11月29日—12月8日

马克思、恩格斯出席共产主义同盟第二次代表大会，大会委托马克思、恩格斯为共产主义同盟起草纲领。

12月9日—1848年1月底

马克思、恩格斯写成《共产党宣言》。这是马、恩为共产主义者同盟起草的纲领，是马克思主义的纲领文件。《宣言》用历史唯物主义观点阐明了自原始社会解体以来的全部历史都是阶级斗争的历史，深刻而系统地分析了资本主义，科学地评价了资产阶级的历史作用，揭示了资本主义的内在矛盾，论证了资本主义必然灭亡、社会主义必然胜利是人类社会发展的必然规律。

1848 年

1月底

恩格斯被法国当局驱逐，迁居布鲁塞尔。

2月底

《共产党宣言》在伦敦出版。

2月27日前后

由于法国爆发革命，共产主义同盟伦敦中央委员会把职权移交给马克思领导的布鲁塞尔区部委员会。

3月初

马克思接到法兰西共和国临时政府的通知，撤销基佐政府对马克思的驱逐令，并邀请他回法国。3月5日，马克思回到巴黎。

3月11日

共产主义同盟中央委员会在巴黎成立。马克思当选为中央委员会主席，在布鲁塞尔的恩格斯被缺席选入中央委员会。

3月下旬—4月初

德国爆发三月革命，马克思、恩格斯拟定共产主义同盟在这次革命中的政治纲领《共产党在德国的要求》。

3月下旬

恩格斯来到巴黎，参加共产主义同盟中央委员会的工作。

4月6日前后

马克思、恩格斯离开巴黎，回到德国参加革命。

4月11日

马克思和恩格斯到达科隆，立即着手筹备出版大型政治日报《新莱茵报》。

6月1日

马克思主编的《新莱茵报》创刊号出版。

9月11—15日

马克思撰写的题为《危机和反革命》的一组文章发表在《新莱茵报》上。

9月17日

恩格斯参加由科隆各民主团体发起召开的民众大会，并被选为大会书记。

9月26日—10月初

马克思面临被捕的危险，不得不离开科隆。普鲁士当局对参加九月事件的恩格斯等人发出通缉令。恩格斯在布鲁塞尔遭到警察当局逮捕，并送进监狱，后又被押解到法国边境界，恩格斯从那里前往巴黎。

10月10—24日

恩格斯从巴黎步行前往瑞士。途中，恩格斯在法国农民中进行调查研究，了解他们的生活和思想状况。

1849年

1月中旬

恩格斯由瑞士回到科隆，重新全力投入《新莱茵报》的编辑工作。

5月中

恩格斯参加埃尔伯费尔德的起义。

5月16日

马克思接到当局把他驱逐出普鲁士的命令。

5月19日

《新莱茵报》红色油墨印出最后一号第301号。

6月3日前后

马克思到达巴黎。

6月6日

普鲁士政府下令通缉恩格斯。

8月24日

马克思又受到法国当局的迫害,离开巴黎,于8月下旬前往伦敦。在这里一直居住到逝世。

8月26日前后

马克思到达伦敦后,着手筹办《新莱茵报。政治经济评论》,并重新组织共产主义同盟中央委员会。

10月初—11月10日

恩格斯离开瑞士,取道意大利前往伦敦。

1849年底—1950年11月

马克思为《新莱茵报。政治经济评论》撰写一组文章《从1848—1849年》,1895年恩格斯将这组文章编成单行本出版,标题为《从1848年至1850年的法兰西阶级斗争》。

1850年

3月下旬

马克思、恩格斯合写《共产主义同盟中央委员会的同盟书》

夏秋

恩格斯撰写《德国农民战争》。

9月15日

马克思在共产主义同盟中央委员会会议上,尖锐批评维利希和沙佩尔的宗派冒险主义策略。会上发生了分裂。委员会的多数支持马克思和恩格斯的路线。会议决定把中央委员会迁往科隆,委托科隆区部组织新的中央委员会。

11月中

恩格斯迁居曼彻斯特,重新回到欧门—恩格斯公司工作。从此,马克思、恩格斯一直保持通讯联系。

11月底
恩格斯在曼彻斯特开始系统地研究军事问题。

1851年

8月8日
马克思写信告诉恩格斯：他已接受《纽约每日论坛报》编辑的建议，同意为该报的撰稿人。由于马克思忙于经济学的研究工作，很大一部分文章是马克思请恩格斯写的。马克思、恩格斯为该报撰稿持续十年以上。

8月17日—1852年9月23日
恩格斯撰写的《德国的革命和反革命》一组文章，用马克思的名字在《纽约每日论坛报》上连续发表。

12月—1852年3月25日
恩格斯撰写《波拿巴的雾月十八日》。

1852年

3月5日
马克思在给约·魏德迈的信中，阐述他对阶级、阶级斗争和无产阶级专政问题的新结论。

11月7日
马克思鉴于欧洲反动势力日益猖獗，共产主义者同盟盟员遭到逮捕，同盟实际上已经停止正常活动等情况，在共产主义者同盟伦敦区部会议上提议解散共产主义者同盟。马克思的提议获得通过。

1853年

5月底—7月下旬
马克思撰写《中国革命和欧洲革命》、《不列颠在印度的统治》、《不列颠在印度统治的未来结果》等文章，先后发表在《纽约每日论坛报》上。

1854 年

12 月—1855 年 1 月

马克思审阅并整理自己前几年作的政治经济学笔记。

1855 年

6 月中旬

马克思写信告诉恩格斯:《纽约每日论坛报》编辑建议马克思为纽约的一家杂志撰写论述欧洲军队的文章。应马克思的要求,恩格斯担负撰写这些文章的工作。

6 月 24 日和 7 月 1 日

马克思参加在伦敦海德公园举行的群众示威,反对损害人民群众利益的禁止星期日交易法案。

1856 年

4 月 16 日

马克思在给恩格斯的信中,阐发工人阶级同农民结成联盟的思想。

1857 年

3 月 18 日前后

马克思撰写《俄国的对华贸易》发表在 4 月 7 日的《纽约每日论坛报》上。

3 月 22 日前后

马克思撰写《英人在华的残暴行动》,发表在 4 月 10 日的《纽约每日论坛报》上。

5 月 20 日前后

恩格斯撰写《波斯和中国》,发表在 6 月 5 日的《纽约每日论坛报》上。

1857 年 7 月—1860 年 11 月

马克思、恩格斯为《美国新百科全书》撰写条目。许多条目是马克思、恩格斯两人合作的成果。

1857 年底—1858 年 5 月

马克思撰写《政治经济学批判（1857—1858 年手稿）》。

1858 年

8 月—10 月底

马克思撰写《政治经济学批判。第一分册》的初稿。

8 月 31 日—9 月 28 日

马克思撰写四篇关于鸦片贸易史和天津条约的文章，发表在 9 月 20 日的《纽约每日论坛报》上。

10 月 25 日前后

恩格斯撰写《俄国在远东的成功》，发表在 11 月 18 日的《纽约每日论坛报》上。

1858 年 11 月—1859 年 1 月

马克思的《政治经济学批判。第一分册》定稿。

1859 年

2 月 23 日

马克思在《〈政治经济学批判〉的序言》中，对历史唯物主义基本原理作了经典的表述。

6 月 11 日

马克思的著作《政治经济学批判。第一分册》在柏林出版。

7 月 3 日—8 月 20 日

马克思担任《人民报》的实际领导工作和编辑工作。该报不久因经费困难而停刊。

8 月 3—15 日

恩格斯为马克思的《政治经济学批判。第一分册》撰写书评，发表在

《人民报》上。由于《人民报》停刊，书评没有登完。

9月13—30日

马克思撰写《新的对华战争》，发表在《纽约每日论坛报》上。

11月中

马克思撰写《对华贸易》，发表在《纽约每日论坛报》上。

12月12日

恩格斯致信马克思：他正在阅读达尔文的《物种起源》，并指出达尔文成功地证明了自然的历史发展，从而驳倒了唯心主义的目的论。

1860年

1月11—26日

马克思、恩格斯继续密切关注美国和俄国日益迫近的革命危机。马克思在给恩格斯的信中，着重指出：美国争取消灭奴隶制的运动和俄国争取废除农奴制的运动是当时最大的事件。

11月底—12月19日

马克思研究自然科学，阅读达尔文的《物种起源》。

1861年

1861年6月—1862年11月

马克思和恩格斯鉴于美国内战爆发，特别注意研究美国内战爆发的原因。

1861年8月—1863年7月

马克思撰写《政治经济学批判（1861—1863年手稿）》。马克思的研究成果构成了一部巨大的手稿，共23个笔记本。

1862年

7月9日—8月4日

马克思多次会见来伦敦参观世界工业博览会的斐·拉萨尔，尖锐地批评了拉萨尔的改良主义纲领和策略。

12月28日

马克思致信路·库格曼，打算把《政治经济学批判》的下一分册作为单独的分册出版，用《资本论》作书名。

1863年

1月

马克思结束了《剩余价值理论》主要篇章的写作。同时他编写《资本论》第一和第三部分的计划。

7月初

马克思研究数学，特别是微分学和积分学。

1863年8月—1865年12月

马克思决定用更有系统的形式来表述自己的经济学著作的理论部分，着手撰写新稿。经过紧张的劳动，马克思完成了《资本论》理论部分三册的新的手稿。

1864年

6月30日

恩格斯和欧门兄弟签订为期五年的协议，成为曼彻斯特欧门—恩格斯公司的股东。

9月28日

马克思出席在伦敦圣马丁堂举行的国际工人协会。这次会议通过了成立国际工人协会（第一国际）的决议。马克思当选为协会临时委员会委员。

10月21—27日

马克思起草国际工人协会的纲领性文件——成立宣言和临时章程。在11月1日的会议上，马克思宣读了这两个文件，获得一致通过。按照临时章程，临时委员会被确定为协会的领导机关（即总委员会，后被称为中央委员会）。马克思作为德国通讯书记参加总委员会。

1865 年

1 月 24 日

马克思应德国《社会民主党人报》编辑部的请求,撰文对小资产阶级的代表人物蒲鲁东作了全面的评价。

7 月前

马克思撰写《资本论》。7 月 31 日,马克思写信给恩格斯:再写三章就可以完成《资本论》的理论部分(前三册)的新的手稿,然后还得重新加工整理第四册,即历史文献部分。

9 月 25—29 日

马克思参加国际工人协会伦敦代表会议。

1866 年

1 月底—2 月中

马克思由于紧张写作《资本论》而患病。恩格斯十分关心马克思的健康,建议马克思将第一卷先送去付印。马克思按照恩格斯的意见,决定首先发表《资本论》第一卷。

9 月 3—8 日

国际工人协会日内瓦代表大会按照马克思起草的《给临时中央委员会代表的关于若干问题的指示》通过了各项主要决议。马克思被大会选入总委员会。

1867 年

4 月 2—4 日

马克思致信恩格斯:《资本论》第一卷已写完,并打算亲自将手稿送给汉堡的出版商。恩格斯回信给马克思,衷心祝贺《资本论》第一卷的完成,并给马克思寄去到汉堡的路费。

4 月 10 日—5 月 19 日

马克思为《资本论》的出版事宜回到德国。

6月3—16日

马克思把《资本论》第一卷前五个印张的校样寄给恩格斯校阅。恩格斯读完校样后,在给马克思的信中谈了自己的意见。

7月25日

马克思写完《资本论》第一卷的序言,并寄给汉堡的出版商。

8月16日

马克思看完经恩格斯校阅的《资本论》第一卷最后一个印张的校样后,在深夜写信给恩格斯,衷心感谢恩格斯在他写作这部著作期间所给予的无私帮助。

1867年8月下半月—1883年初

马克思继续在政治经济学和其他领域进行广泛研究,写作和修订《资本论》第二卷和第三卷。但由于领导国际工人运动、修订出版《资本论》第一卷德文第二版和法文版、研究其他领域的问题,以及病情加重等原因,马克思生前未能出版《资本论》第二卷和第三卷。

9月6日

马克思被国际工人协会洛桑代表大会选入总委员会。

9月中旬

《资本论》第一卷在汉堡出版。

1967年10月—1868年6月

恩格斯为了宣传《资本论》的理论观点,打破资产阶级报刊蓄意对《资本论》第一卷的出版保持沉默,撰写发表了一系列书评。

11月

马克思研究爱尔兰问题,并在同恩格斯的通信中阐述了自己的观点。

1868年

3月2—13日

恩格斯为德国工人的报纸《民主周报》撰写《资本论》第一卷书评,于3月21日和28日发表。

9月6—13日

国际工人协会布鲁塞尔代表大会根据马克思提出并由总委员会批准的草案,通过了在资本主义制度下使用机器的后果的决议和缩短工作日的决议。马克思被大会选入总委员会。

1869 年

5月14日前后—6月23日

马克思校阅《路易·波拿巴的雾月十八日》第二版清样并撰写序言。

6月30日

恩格斯结束曼彻斯特欧门—恩格斯公司的工作,从此全力以赴地投身于无产阶级解放事业。

9月7日、11日

马克思起草的国际工人协会总委员会的报告和关于继承权的报告先后在国际工人协会巴塞尔代表大会上宣读。马克思再度当选为总委员会委员。

10月中—12月

马克思研究爱尔兰问题。

1870 年

7月19—23日

马克思撰写国际工人协会总委员会关于普法战争的第一篇宣言,并于7月26日在总委员会上宣读了这个宣言,此宣言获得总委员会批准。

1870年7月27日前后—1872年2月中

恩格斯撰写了59篇关于普法战争的文章,发表在《派尔-麦尔新闻》上。

9月6—9日

马克思起草国际工人协会总委员会关于普法战争的第二篇宣言。马克思在国际工人协会总委员会非常会议上宣读,经总委员会通过后,用英文印行。

9月20日

恩格斯彻底处理完他在欧门—恩格斯公司的事务后,从曼彻斯特迁居伦敦,住在马克思家附近。此后,恩格斯在伦敦一直居住到逝世。

马克思提名恩格斯为国际工人协会总委员会委员。

10月4日

恩格斯当选为国际工人协会总委员会委员。

1871年

2月13日

恩格斯代表国际工人协会总委员会答复西班牙联合会委员会的来信，阐明建立无产阶级政党和开展政治斗争的重要性。

3月19日—5月

马克思和恩格斯仔细研究3月18日巴黎爆发革命后的局势和3月28日宣布成立巴黎公社的材料，同公社社员建立联系，并在内外政策的各种问题上向他们提供建议。马克思和恩格斯组织各国工人举行集会，声援巴黎公社。马克思写了几百封关于巴黎公社的信寄往所有建立了国际工人协会支部组织的国家，信中阐明了公社的无产阶级性质和历史意义，呼吁对公社予以支持；同时马克思也批评了公社所犯的错误。

4月18日—6月初

马克思受国际工人协会总委员会委托，撰写关于法兰西内战宣言。

5月23日

马克思在回答工人协会总委员会上作关于巴黎公社的发言，指出：即使公社遭到失败，公社的原则也是永存的，是消灭不了的。

5月30日

马克思在国际工人协会总委员会会议上宣读他起草的宣言《法兰西内战》，并经总委员会一致通过，用英文出版。

6月—12月

马克思和恩格斯组织对巴黎公社流亡者的救济和援助，领导了总委员会成立的流亡者委员会的工作，设法为流亡的公社社员寻找工作。

9月17—23日

马克思和恩格斯领导国际工人协会伦敦代表会议的工作，会议通过了关于工人阶级的政治斗争的重要决议，着重阐明了各国无产阶级建立独立政党的必要性。

9 月 24 日

马克思在伦敦举行的国际工人协会成立七周年庆祝会上发表讲话，论述国际的任务和目的，阐明巴黎公社的阶级实质。

1871 年 12 月—1873 年 1 月

马克思为出版《资本论》第一卷德文第二版进行工作。

1872 年

1872 年 3 月—1875 年 1 月

马克思校订由约·鲁瓦翻译的《资本论》法文译稿。

3—8 月

马克思和恩格斯在同无政府主义者及其他小资产阶级分子的斗争中，捍卫国际工人协会的纲领原则和组织原则，同时进行国际海牙代表大会的筹备工作。

4 月初

马克思收到《资本论》第一卷俄文版译者尼·弗·丹尼尔逊的《资本论》俄文译本。这是该书的第一个外文译本。

1872 年 5 月—1873 年 1 月

恩格斯撰写《论住宅问题》一组文章，先后发表在《人民国家报》上。

6 月 24 日

马克思和恩格斯为将于 7 月在莱比锡出版的《共产党宣言》德文版撰写序言。

1872 年 7 月—1873 年 5 月

《资本论》第一卷德文第二版陆续分册出版。

9 月 2—7 日

马克思和恩格斯领导国际工人协会海牙代表大会的工作。代表大会通过了恩格斯和马克思关于把总委员会迁往纽约的建议。

1872 年 9 月 17 日—1875 年底

《资本论》第一版法文版陆续分册出版。

10 月

恩格斯应意大利《人民报》的请求,撰写《论权威》一文。

1872 年 12 月—1873 年 1 月初

马克思应意大利《人民报》的请求,撰写《政治冷淡主义》。

1873 年

1 月 24 日

马克思撰写《资本论》第一卷德文第二版跋。

5 月中

《资本论》第一卷德文第二版最后一分册出版。5 月底 6 月初,各分册合订成书出版。

5 月 30 日

恩格斯写信给马克思,叙述了他拟写《自然辩证法》一书的构思和自然辩证法的要点。

1874 年

1874 年—1875 年初

马克思阅读巴枯宁的《国家制度和无政府状态》一书并作了批判性摘要。

1874 年 5 月中—1875 年 4 月中

恩格斯撰写以《流亡者文献》为题的一组文章(共 5 篇),发表在《人民国家报》上。

1874 年中—10 月

恩格斯撰写《自然辩证法》的 50 多个札记和片断。

1875 年

3 月 18—28 日

恩格斯写信给德国社会民主工党领导人奥·倍倍尔,以他个人和马克思的名义,批判社会民主工党(爱森纳黑派)同全国工人联合会(拉萨尔派）为准备合并而起草的纲领草案。

5月5日

马克思写信给威·白拉克，随信寄去对德国工人党纲领的批注。马克思的这封信和对德国工人党纲领的批注后来被称为《哥达纲领批判》。

年底

《资本论》法文版最后一个分册出版。1876年初，合并成书的《资本论》第一卷法文版出版。

1876 年

5月24—26日

马克思和恩格斯在通信中认为：必须在报刊上批判德国小资产阶级社会主义代表欧·杜林的观点。

5月28日

恩格斯写信告诉马克思，他已确定了批判杜林的观点的总计划和性质，并于5月底至8月底中断《自然辩证法》的写作，开始为批判杜林的观点收集材料，阅读杜林的著作。

1876年9月—1877年1月初

恩格斯撰写《反杜林论》第一编《哲学》，发表在德国社会主义工人党中央机关报《前进报》上。

1877 年

3月5日和8月8日

马克思把他为《反杜林论》第二编第十章写的手稿寄给恩格斯。

6—12月

恩格斯撰写《反杜林论》第二编《政治经济学》。

6月中

恩格斯根据威·白拉克的请求，撰写马克思传略，于1878年发表。

1877年10月—1878年1月

恩格斯撰写《自然辩证法》的50多个札记和片断。

1878 年

1878—1882 年

马克思钻研代数学,在专门笔记本上写了大量的札记,写了微分学简史。

3—4 月

恩格斯撰写《反杜林论》第三编《社会主义》。

6 月底 7 月初

恩格斯的《反杜林论》一书的第一个单行本在莱比锡出版。接着,恩格斯收集并整理《自然辩证法》的材料,并拟定了这一著作的总计划草案。

1879 年

不早于 9 月

恩格斯撰写《自然辩证法》中的《辩证法》一文。

1979 年秋—1880 年夏

马克思阅读马·马·柯瓦列夫斯基的著作《公社土地占有制,其解体的原因、进程和结果》,并作了详细笔记。

1880 年

1 月—3 月上半月

恩格斯应保·拉法格的请求,把《反杜林论》的第三章内容改编为一篇独立的通俗著作,以《空想社会主义和科学社会主义》为题首先发表在《社会主义评论》上。

2 月中—7 月底

恩格斯撰写《自然辩证法》。

1880 年夏—1881 年下

马克思研究了摩尔根的《古代社会》等著作,并作了评注性的摘录。

1881年

8月17—18日

恩格斯研究马克思的数学手稿,并在信中对马克思的观点给予高度评价。

12月2日

马克思的妻子燕妮·马克思逝世。

1881年底—1882年底

马克思研究世界通史,作了《编年摘录》,摘录了公元1世纪初至公元17世纪中叶世界各国特别是欧洲各国政治历史事件。马克思的手稿共有4本约105个印张。

1881年底—1882年

马克思撰写《关于俄国1861年改革和改革后的发展的札记》,这是他系统地整理关于俄国的资料和文献的开始;他继续研究关于美国资本主义发展的材料。

1882年

1月21日

马克思和恩格斯为格·瓦·普列汉诺夫翻译的《共产党宣言》俄译本撰写序言。

2月20日—5月2日

马克思在阿尔及利亚疗养,健康状况恶化。

9月中—12月

恩格斯为出版《社会主义从空想到科学的发展》单行本德文第一版进行工作。

1882年秋—1883年1月

马克思为出版《资本论》德文第三版进行工作。

11月

马克思密切关注马·德普勒索作的远距离输电的实验,并请恩格斯也注意这个实验并发表意见。

11 月 23 日

恩格斯写信给马克思，表示要尽快结束《自然辩证法》的写作。他时断时续地写这部著作已将近 10 年。但马克思逝世后，恩格斯由于全力进行《资本论》第二卷和第三卷的编辑出版工作并领导国际工人运动，事实上停止了《自然辩证法》的写作。

1883 年

3 月 14 日

卡尔·马克思在伦敦家中因突发心脏梗塞逝世。

3 月 17 日

马克思的葬仪在伦敦海格特公墓举行。恩格斯发表墓前讲话，概述马克思一生伟大成就，尤其是他在科学上的两大发现。

3 月 16 日前后

恩格斯撰写《卡尔·马克思的葬仪》一文，发表在 3 月 22 日的《社会民主党人报》上。

4—12 月

恩格斯放下自己的科学研究工作，着手整理马克思的遗稿，阅读《资本论》第二卷和第三卷手稿，继续进行马克思做过的出版《资本论》第一卷德文第三版的工作，选择马克思的某些著作准备再版，整理马克思的书信。

约 4 月 23 日—5 月 12 日

恩格斯撰写《卡尔·马克思的逝世》一文，报道马克思患病和逝世的经过，以及世界各国发来的唁电。

6 月 28 日

恩格斯为《共产党宣言》德文第三版撰写序言。

8 月底

恩格斯着手审定《资本论》第一卷英文译本的头几章，这一工作断续进行达三年之久。

9 月下半月

恩格斯开始整理《资本论》第二卷的手稿。

11 月 7 日

恩格斯为《资本论》第一卷德文第三版撰写序言。

1883 年 12 月—1884 年 10 月

恩格斯审定爱·伯恩斯坦和卡·考茨基翻译的马克思的著作《哲学的贫困》的德译文,并为这个版本撰写序言和作注。

1884 年

2 月初

《资本论》德文第三版出版

2 月下半月—3 月初

恩格斯准备出版马克思的著作《哲学的贫困》法文第二版。

3 月底—5 月 26 日

恩格斯撰写《家庭、私有制和国家的起源》。恩格斯在写作过程中,利用了马克思对摩尔根《古代社会》一书所作的摘要。

6 月

恩格斯准备出版马克思的著作《雇佣劳动与资本》的新版本,校阅正文,并写前言。此新版本当年在苏黎世出版。

10 月初

恩格斯的著作《家庭、私有制和国家的起源》在苏黎世出版。

10 月 15 日

恩格斯在给约·菲贝克尔的信中,高度评价马克思在国际工人运动中的地位,称自己是"拉第二小提琴"。

1885 年

1 月—2 月 4 日

恩格斯审定《英国工人阶级状况》的部分英译文。该书是由美国社会主义者为在美国出版而翻译成英文的。

1月

恩格斯准备付印《反杜林论》德文第二版。

2月—6月初

恩格斯校对《资本论》第二卷的校样。

2月23日

恩格斯完成《资本论》第二卷的最后一部分手稿的整理工作,并寄给出版社。

2月底

恩格斯开始整理《资本论》第三卷手稿,这一工作一直进行了10年左右。

1885年3月—1888年2月

恩格斯陆续审定《家庭、私有制和国家的起源》丹麦文版译稿,此书于1888年在哥本哈根出版。

4—5月

恩格斯审定《家庭、私有制和国家的起源》意大利译文,此书1885年在北内文托出版。

5—11月

恩格斯校对《反杜林论》德文第二版的校样。

5月5日

适逢马克思生日,恩格斯写完《资本论》第二卷序言。

5月底—6月

恩格斯校对马克思的著作《路易·波拿巴的雾月十八日》德文第三版校样,并为该版写序言。

7月

马克思的《资本论》第二卷在汉堡出版。

7月下半月

恩格斯结束《资本论》第三卷手稿的辨认工作。

9月23日

恩格斯写完《反杜林论》德文第二版的序言。

10月8日

恩格斯写完《关于共产主义同盟的历史》。

12月2日前后

恩格斯的《反杜林论》德文第二版在苏黎世出版。

1886年

年初

恩格斯撰写《路德维希·费尔巴哈和古典哲学的终结》。

1月7日—2月25日

恩格斯审定准备在美国出版的《英国工人阶级状况》一书的英文版译文。

2月25日—8月5日

恩格斯审定《资本论》第一卷英译稿。

8—10月

鉴于欧洲列强之间的矛盾日益尖锐,恩格斯仔细研究欧洲的国际形势。

11月5日

恩格斯写完《资本论》第一卷英文版序言。

1887年

1月初

《资本论》第一卷英文版出版。

1月10日

恩格斯写完自己的著作《论住宅问题》第二版序言,发表在《社会民主党人报》上。

1月26日

恩格斯写完自己的著作《英国工人阶级状况》一书美国版的序言。

1887年3月—1888年1月

恩格斯审定《共产党宣言》的英译文并作注。

1887 年 12 月下半月—1888 年 4 月

恩格斯撰写《暴力在历史中的作用》。这部著作没有写完。

1888 年

1 月 30 日

恩格斯为 1888 年伦敦出版社出版的《共产党宣言》英文版撰写序言。

2 月 21 日

恩格斯为《路德维希·费尔巴哈和古典哲学的终结》一书的单行本撰写序言，该书于 5 月在斯图加特出版。

8 月 8 日—9 月 29 日

恩格斯到美国和加拿大旅行。

1889 年

1—7 月

恩格斯积极参加定于 7 月 14 日在巴黎召开的国际社会主义工人代表大会的筹备工作，他认为这次代表大会是一个辉煌的胜利。

10 月—11 月中

恩格斯准备出版《资本论》第一卷德文第四版，重新核对引文，作了勘误和订正，增加和补充了一些注释。

1889 年 12 月—1890 年 2 月

恩格斯鉴于法德之间矛盾激化，法俄之间出现互相接近的迹象，以及爆发全欧战争的危险日益增长，研究欧洲局势，撰写《俄国沙皇政府的对外政策》一文，该文于 1890 年发表在俄国劳动解放社《沙皇民主党人》、德国社会民主党《新时代》和英国《时代》等杂志上。

1890 年

4 月—5 月初

恩格斯密切关注根据 1889 年国际社会主义工人代表大会的决议在伦敦举行五一节示威游行和群众大会的准备工作。这次示威活动的口号是争取在国际范围内在法律上规定八小时工作日。5月4日，恩格斯参加了五一节示威游行和群众大会，并对这次示威活动给予高度评价。

1890年5月底—1891年7月

恩格斯为出版《家庭、私有制和国家的起源》德文第四版作准备工作。第四版于1891年10月底—11月初出版。

6月25日

恩格斯为《资本论》第一卷德文第四版撰写序言。

9月10日—10月中

恩格斯积极参加预订于1891年在布鲁塞尔召开的国际工人代表大会的准备工作。

10月底—11月初

《资本论》第一卷德文第四版出版。

11月28日

恩格斯70岁生日。各国社会主义政党和工人政党、组织及其活动家向恩格斯表示祝贺。

1890年12月—1891年1月

恩格斯整理发表马克思于1875年写的《哥达纲领批判》的手稿，并撰写序言。这一著作连同恩格斯的序言一起第一次发表在1890—1891年《新时代》杂志第9年卷第一册第18期上。

1891年

1月底—4月

恩格斯积极参加庆祝五一节的准备活动，为此他同法国、美国、德国及其他国家的社会主义活动家广泛地通信。

2月初—5月初

恩格斯鉴于德国社会民主党某些领导人不赞成在《新时代》上发表马克思的《哥达纲领批判》，同许多社会主义运动活动家通信，说明发表这一著作的必要性。

3月14日

恩格斯写完为纪念巴黎公社20周年而准备出版的马克思的《法兰西内战》德文第三版的导言。

4月30日

恩格斯为马克思《雇佣劳动与资本》新版单行本撰写导言。

5月3日

恩格斯参加伦敦庆祝五一节示威游行和群众大会。

5月12日

恩格斯为《社会主义从空想到科学的发展》第四版,即经过修改和补充的新版写序言。

6月16日

恩格斯写完《家庭、私有制和国家的起源》第四版序言。

6月18—29日

恩格斯撰写《1891年社会民主党纲领草案批判》。恩格斯激烈地批判了草案中专门谈政治要求的那一部分。按照恩格斯的说法,正是这一部分促使他痛击这种鼓吹"旧的污秽的东西活泼、温顺、愉快而自由地'长入''社会主义社会'"的"和和平平的机会主义"。

10月13—22日之间

恩格斯应劳·拉法格的请求,为《工人年鉴》撰写《德国的社会主义》,用法文发表在1892年《工人党年鉴》上。

1892年

1月11日

恩格斯为《英国工人阶级状况》的英国版撰写序言。

2月10日

恩格斯应在伦敦的波兰社会主义者的请求,为《共产党宣言》波兰文版撰写序言。

2月中

恩格斯审定《社会主义从空想到科学的发展》的英文译本。

3月29日

恩格斯为马克思的《哲学的贫困》德文第二版写按语。该书于1892年在斯图加特出版。

4月20日

恩格斯写完《〈社会主义从空想到科学的发展〉英文版导言》。英文版于1892年在伦敦出版。

5月1日

恩格斯参加在伦敦举行的五一节示威游行和群众大会。认为五一节活动的巨大规模证明英国工人运动在向前发展。

6月初

恩格斯把《〈社会主义从空想到科学的发展〉英文版导言》译成德文,以《论历史唯物主义》为题,发表在《新时代》杂志第11年卷上。

7月1日

恩格斯写完《英国工人阶级状况》德文第二版序言。德文第二版于1892年出版。

11月9—25日

恩格斯为《政治科学手册》撰写《马克思传略》。传略发表在1892年出版的该手册第四卷上。

1892年1月—1893年7月

恩格斯准备出版《资本论》第二卷德文第二版。

1893年

1—3月

恩格斯密切关注英国独立工党的建立和发展情况,并把这些情况告知倍倍尔、拉法格等社会主义活动家。

2月1日

恩格斯撰写《共产党宣言》意大利版序言,该版1893年在米兰出版。

3月31日

根据恩格斯的倡议,法国和英国的社会主义者议员奥·倍倍尔、保·

拉法格等在恩格斯家里会晤。恩格斯认为，这次会晤本身证明国际工人运动取得了巨大成就。

5月7日

恩格斯参加了伦敦的五一节示威游行。

7月15日

恩格斯为《资本论》第二卷德文第二版撰写序言。第二版于1893年出版。

8月1日—9月29日

恩格斯去德国、瑞士和奥匈帝国旅行。8月2日，恩格斯参加在苏黎世举行的国际社会主义工人代表大会的最后一次会议，用英文、法文和德文发表演说，并受大会主席团的委托，以名誉主席的身份宣布大会闭幕。

10月

恩格斯的《家庭、私有制和国家的起源》一书的法文版，由拉法格校订、并经恩格斯本人审定后，在巴黎出版。

12月19日

恩格斯写信祝贺在日内瓦举行的国际社会主义者大学生代表大会。

1894年

1月上半月

恩格斯整理出版《资本论》第三卷的工作已完成很大一部分，他给汉堡的奥·迈斯纳出版社寄去前四篇，共20章，占整个手稿的三分之一。

1月26日

恩格斯应意大利工人运动活动家的请求，撰写分析意大利革命形势、论述工人阶级政党斗争策略的文章，《社会评论》发表时加的标题是《未来的意大利革命和社会党》。

5月11日

恩格斯把《资本论》第三卷最后一部分手稿寄给迈斯纳出版社。

5月23日

恩格斯为《反杜林论》德文第三版撰写序言,这一版于7月出版。

6月19日—7月16日

恩格斯撰写《论原始基督教的历史》发表在《新时代》杂志上。

10月4日

恩格斯写完《资本论》第三卷序言。

11月15—22日

恩格斯撰写《法德农民问题》,发表在1894—1895年《新时代》杂志上。

12月初

《资本论》第三卷在汉堡出版。

1895年

1895年上半年

恩格斯就出版马克思和他自己的著作全集和文集,同路·库格曼、理·费舍、弗·梅林等人通信。

2月14日—3月6日

恩格斯为马克思的著作《1848—1850年的法兰西阶级斗争》单行本撰写导言,并刊印在4月出版的单行本中。

2月下半月

恩格斯审定由劳·拉法格翻译的《论原始基督教的历史》的法译文。

4月1日和3日

恩格斯先后写信给卡·考茨基和保·拉法格,对《前进报》发表的《目前革命怎么进行》一文粗暴歪曲恩格斯为马克思《1848—1850年的法兰西的阶级斗争》所写导言表示愤慨,强调全文发表导言的必要性。

5月

恩格斯写《资本论》第三册增补,共两篇文章:《价值规律和利润率》和《交易所》。

恩格斯开始出现食道癌症状。

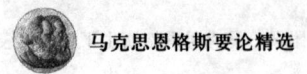

8月5日

弗里德里希·恩格斯在伦敦逝世。

9月27日

遵照遗嘱,恩格斯的骨灰罐投葬在伊斯特本海滨的岩崖附近的海中,那是他生前常去休养和观赏的地方。

编后记：
本书选编经过和参编人员

高 哲　张书杰

1998年，北京、天津、邯郸的大学教授、军事将领和地方领导干部，出于对马克思主义的热爱与忠诚，自愿结合起来，分工合作，通读《马克思恩格斯全集》，将马克思恩格斯的重要论述摘录下来，在全国著名马克思主义理论家、中国人民大学博士生导师高放教授的指导下，由高哲、温元著、贾建梅主编成《马克思恩格斯要论精选》（以下简称《精选》），由中央编译出版社于2000年5月出版。参加初选的人员（按姓氏笔画为序）有：王兆山、王武峰、王秉仁、冯石岗、刘文义、刘白亮、刘宝华、纪可嘉、劳农、李昌柏、宋保荣、狄文蔚、何桂林、张文丽、张云朵、张锦媛、杨书兰、罗文革、贾建梅、高松、高哲、夏传祺、梁厚田、萧金良、黄梅先、温元著、鲁省棉、鄢烈等。《精选》虽经过一次增订、三次印刷，但仍供不应求。许多读者尤其是新千年后走入社会、参加工作的青年干部欲求此书而不得。为了配合中央马克思主义理论研究和建设工程的实施，满足各级干部和广大青年学生、研究生学习马克思主义的需要，高放教授提出：有必要对《精选》进行增订和改编。这一建议得到中央编译出版社的赞同和支持。

《精选》出版十多年来,原参编人员发生了很大变化:原主编之一温元著同志早已逝世;贾建梅教授因教学和科研任务繁重,不能参加此书的增订和改编工作;其他同志或去世,或健康原因,或工作繁忙,也不能参加。因此,我们邀请高放教授领衔主编,高哲、张书杰参与主编,重新组织班子,担任《精选》的增订和改编工作。

对于《精选》的增订和改编,2011年以来,高放教授先后多次提出指导性的意见和提示:对《精选》原有的章、节、目进行审视,结构不合理的进行调整,内容不全面的加以补充;要使《精选》增订版能全面地、完整地反映马克思、恩格斯的科学理论,防止片面性;要能适应当前形势的需要,能对建设中国特色社会主义和社会主义和谐社会有现实指导意义,能对各级干部的学习和工作有所帮助,帮助他们树立马克思主义世界观、人生观、价值观;对《精选》所摘录的条文,该录而未录的应补上,重复的应删除;所摘录的条文,凡是已载入2009年新出版《马克思恩格斯文集》十卷本的,都以这部《文集》为准进行校订,从文字到标点都应准确无误。

根据高放教授的要求和提示,首先由高哲和高松反复研究了《精选》的框架结构和章、节、目设置,进行了必要的调整、修改和补充,形成《〈马克思恩格斯要论精选〉(增订版)目录》(初稿),邀请河北工程大学资深教授高庆荣、郑生权同志进行了为期一天的研究和讨论,提出了许多修改意见和建议;然后,由高哲和高松进行整理和补充,确定增订版的目录,并在内容上作了较多补充。后来,在编辑中,根据发现的问题和高放教授新提出的意见,又对原有的框架结构和章、节、目进行了较大调整和扩展,并在内容上做了较多补充:(一)将第一章的题目改为"论自然·人类·社会",并对个别节、目的排列顺序作了调整;在第三节"关于社会"中,增加一个目:"社会的文明进步"。(二)将第二章"社会生产"和第三章"社会经济"合并,作为增订版第二章"论社会结构"第一节"关于社会经济结构"的两个目;在第二章"论社会结构"中,增加了"关于经济基础和上层建筑结构";在"关于社会政治结构"的"阶级"一目中,增加了"阶级合作"和"阶级妥协",以全面反映马、恩关于阶级斗争的思

编后记：本书选编经过和参编人员

想；对于"关于社会社会意识结构"一节的结构进行了调整，在内容上加以补充。（三）将第五章"社会发展"改名为"论社会变革"，作为增订版的第三章，并将第六章"社会形态"中的"社会主义革命"移于此，题目改为"现代无产阶级社会主义革命"，作为推动社会变革的最后一次"社会革命"；同时，将第七章"其他论述"中的"论工人运动"移于此，作为无产阶级革命的组成部分；将第五章"社会发展"和第六章"社会形态"的位置互换，并对"资本主义社会"部分的结构予以调整，内容加以补充；将第七章"其他论述"加以分解：属于社会问题的内容，归入增订版新设立的第五章"论社会问题"，并将"关于战争与革命、和平问题"移到最前面，增加了"关于殖民地问题"、"关于工人问题"、"关于住宅问题"、"关于自杀与卖淫问题"；余下的论述，分别列入增订版的有关章节中去；不属于社会问题的"论中国"、"论俄国"独立出来，并增加"关于欧洲"、"关于美国"、"关于印度"、"关于工人政党应对国际关系的准则"作为增订版的第六章，题为"论重点地区和国家的发展以及国际关系"，并在问题排列顺序上作了适当调整；（四）将第六章"社会形态"中的第三节"社会主义——共产主义社会"独立出来，作为增订版的最后一章，即第七章，题为"论未来社会的发展"，并设置了有关的节和目。（五）取消了《精选》第七章中的第十节"论历史事件和历史人物"，以及"附录"马克思恩格斯"自白"，增设了"马克思恩格斯生平主要年表"，作为增订版的附录。经过多次修改，形成增订版现有的框架结构体系。

参加对增订版各章节增补和校订的人员分别是：魏海安负责第一章"论自然·人类·社会"，张书杰、贾晨颖、吴卫国负责其中的"社会的文明进步"；在第二章"论社会结构"中，王瑞红和陈慧荣共同负责第一节"社会经济结构"，贾晨颖负责二至五节"社会群体结构、社会政治结构、社会意识结构、经济基础和上层建筑结构"；耿慧慧负责第三章"论社会变革"，张书杰、吴卫国负责其中的"改良与革命的关系"、"镇压革命者充当革命遗嘱执行人"和"旧社会中成长着新社会的因素"；李晓斐负责第四章"论社会形态"，高哲加以补充和调整；马金南、贾晨颖、李晓斐负责第五章"论社会问题"，吴卫国负责其中的"关于自杀与卖淫问题"，高哲、张书杰进行了补充和调整;高哲、贾晨颖、王瑞红、吴卫国负责第六章"论重点地区和国家的发展以及国际关系";冯洁负责第七章"论未来社会的发展",高放教授对本章作了较大调整、补充和修改;高松负责"附录:马克思恩格斯生平主要年表"。马金南、耿慧慧、李晓斐参加了部分章节的补充和编辑工作。马金南、陆璐、魏辰瑜参加了书稿的调整、校对和打印工作。

在编辑中,我们在条文的排列顺序上,在注意条文之间的内在逻辑联系的前提下,按先马克思后恩格斯的顺序排列;选自同一作者的条文,按写作的时间先后排列。条文中的脚注,凡是原来就有的,就署"编者注";凡是我们编辑时新加的注,则署"本书编者注"。有极少数科学真言的内容不止涉及一个主题的,在本书中重复收录。

《精选》增订版的第四稿出来后,由高哲、张书杰审阅、调整和补充,并分章打印成册,送高放教授审查、修改、定稿。

本书虽然六易其稿,但由于我们负责具体工作的人员水平有限,因而条文的选择未必合适,编排未必妥当,内容难免有缺漏,望读者批评指正。

在《精选》增订版的编辑中,我们参照、借鉴了国内先前正式出版的有关读物,也得到了各方人士的大力支持和帮助。河北工程大学资深教授高庆荣同志,乐于奉献,参加增订版目录初稿的研究和讨论,还仔细审阅和修改了两章书稿,作了大量工作。参与《精选》编辑工作的河北工业大学马克思主义学院院长、博士生导师冯石岗教授,因工作繁忙未能参加本书的增订和改编,但仍对我们的工作给予大力支持,无偿为我们提供了十卷本《马克思恩格斯文集》,使我们的增订、改编工作得以顺利进行。中共邯郸市委讲师团在完成本职任务之余,抽出人力,挤出时间,承担了本书的编辑、组织和书稿的汇集和核对工作,并在物资上给予支持。中央编译出版社为本书的出版给予大力支持和帮助。在此,我们一并致以真诚谢意!

2014 年 8 月 30 日初定
2016 年 7 月 22 日修订

不可不读的跋语：
我们如何主编《马克思恩格斯要论精选（增订本）》

高 放

2011年3月商定，本书由我牵头领衔，与高级政工师高哲、张书杰同志共同负责主编，也就是将中央编译出版社2000年4月出版的《马克思恩格斯要论精选》加以增订、扩充和删节，改编为一本全面、准确反映马克思主义科学真谛的读物。他们二位常住河北省邯郸市，由他们组织邯郸市委讲师团人员为主来具体改编本书。四年来，他们曾经三次来北京舍下，商谈如何主编好本书。其间，我给他们去信提出主编原则和方案，并且多次通电话交换意见。我三次审读初稿、二稿、三稿，又都提出修改与补充意见。现在全书终于定稿杀青，我想很有必要向读者简要说明，我们是怎样力求主编好本书的。主要有以下三个问题需要向读者敞开心扉。

一、本书如何全面选编"马克思恩格斯主义"的科学真言录？

我们在编选过程中力求把本书定位为"马克思恩格斯主义"科学真言

录,因为突出选编"马克思恩格斯主义"的科学真言录,这要比原来的书名《马克思恩格斯要论精选》更为精确,更加精彩。这个增订本凸显了马克思主义不只是重要理论,而且是一门博大精深的科学,是指引全世界劳动人民和全人类获得自由解放和全面发展的一门首要科学。这门首要科学并非只由马克思一个人孤军奋斗、单独鼎成,而是马克思与恩格斯两位亲密战友从1843年至1883年携手合作四十年,珠联璧合共同玉成的。1883年马克思辞世后,恩格斯又苦心孤诣,接续耕耘十二载,到1895年恩格斯仙逝才使这门首要科学登峰造极,达到绝顶。马克思大智若愚,他生前一直不赞成"马克思主义"这种过分颂扬他个人功绩又歪曲他本意的提法。他生前甚至多次表示:"我只知道我自己不是马克思主义者。"[①] 直至1883年他谢世后,他的众多信徒不约而同地出自内心对他的景仰,才从正面褒意上逐步广而使用"马克思主义"一词,表明众人都要学习马克思主义科学。恩格斯一向以"第二提琴手"自居。他于1884年在《路德维希·费尔巴哈和德国古典哲学的终结》一书中特别声明:"马克思比我们大家都站得高些,看得远些,观察得多些和快些。马克思是天才,我们至多是能手。没有马克思,我们的理论远不会是现在这个样子。所以,这个理论用他的名字命名,是理所当然的。"可是,纵观恩格斯一生,尤其是在马克思逝世后的十二年间,他又做了大量理论工作,把马克思的《资本论》第2卷、第3卷手稿精心加工整理出版,还为马克思的多部名著写了新的序言再版问世。他自己还留下四部名著(即《反杜林论》、《自然辩证法》、《家庭、私有制和国家的起源》和《路德维希·费尔巴哈和德国古典哲学的终结》)以及大量有创见的雄文。客观公正地说,恩格斯为创立和发展科学共产主义理论是独立作出了独特的重大贡献的。所以我于1986年主编《社会主义大辞典》(河南人民出版社1988年版)时,曾经拟定并且亲自撰写了"恩格斯主义"这个词条。2013年我应《延安干部学院学报》邀约,撰写连载文稿"国际共运史专题讲座"时,在《马克思主义人的解放科学第一次应运诞生》这篇开讲首发长文中,我进而提出了"马克思恩格斯主义"的新

[①] 见恩格斯:《致保尔·拉法格》(1890年8月27日),《马克思恩格斯文集》第10卷第590页。

不可不读的跋语：我们如何主编《马克思恩格斯要论精选（增订本）》

概念。2015年为纪念恩格斯逝世120周年应《江西社会科学》之约，我又撰写《马克思恩格斯主义双星合璧论》（发表于第7期）。我认为现在通行的"马克思主义"一词，可以说是马克思恩格斯主义的简称，马克思恩格斯主义则是马克思主义的全称。马克思生前一直把恩格斯视为"博士"（实际上恩格斯在中学毕业后只在柏林大学旁听过哲学），称他为"一部真正的百科全书"①。所以当今我们提出马克思恩格斯主义的新概念并作出简称和全称的解释，理应切合马克思的心意。他如果在天有灵，定会欣然哂纳。收进我们主编的这本《马克思恩格斯要论精选（增订本）》的语录，恩格斯言论的篇幅也比马克思的更多。这足以表明恩格斯为阐发马克思主义科学做了大量的工作。

现在新出版的这本《马克思恩格斯要论精选（增订本）》，正是马克思恩格斯这两位伟大科学家为创立马克思主义这门首要科学发自肺腑的真诚之言、真切之言、真实之言、真谛之言、真理之言的辑录。他们的这些科学真言构成了一个完整的科学传奇。其中有些科学真言在当前特别重要的现实意义。例如，有关社会主义要不断探索和改革，要注重发展科技和生产力，要关心人民疾苦与权益，要重视民主与法治，要大力实行廉政、消除官员腐败等等的论述，对于我国当前全面建设中国特色社会主义尤其有重大的指导作用。

这当然并非说明马克思恩格斯发表过的言论句句都是真理。实际上任何伟大思想家、理论家的个人认识都不免有局限性。马克斯恩格斯也说过错话。有的他们自己生前已经改正。有的通过他们之后的新的实践也会被证伪纠正。我特地从《反杜林论》中摘录如下一段话编入此书："很可能我们还差不多处在人类历史的开端，而将来会纠正我们错误的后代，大概比我们有可能经常以十分轻蔑的态度纠正其错误认识的前代要多得多。"由此可见，我们只能把本书作为较为全面、准确了解和掌握马克思主义科学真实内容的基本读物，而不能视之为千古不易的僵硬的教条辑录。

---

① 见《马克思恩格斯全集》第28卷第604页。

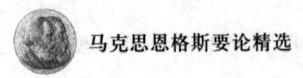

二、本书如何重新构建马克思主义的科学体系？

我们如何重新构建马克思主义的科学体系呢？也就是按照什么样的理论逻辑框架来集中编排马克思恩格斯的科学真言呢？我们既不是按照传统观念把马克思主义划分为哲学、经济学和社会主义学这样三大组成部分来编排，也不是在三大组成部分之外，另加上政治学、社会学、法学、历史学等等按学科分类来编排，更不是只按现实斗争需要罗列若干专题来编排，而是独出心裁、刻意创新，把马克思恩格斯的主要科学真言，依据马克思主义科学的内涵划分为科学世界观、科学历史观、科学现状观和科学未来观这样四个板块，这四个科学观都贯穿着唯物辩证法的方法论。其中，科学世界观是他们对世界的辩证唯物主义的总体系统认识，科学历史观、科学现状观和科学未来观则是他们依据科学世界观对人类社会过去、现在和未来分时段纵向连贯的整体系统认识。这个增订本全书分为七章：第一章论自然·人类·社会，第二章论社会结构，第三章论社会变革，第四章论社会形态，第五章论社会问题，第六章论重点地区和国家的发展以及国际关系，第七章论未来社会的发展。其中，第一章辑录的是马克思恩格斯对自然、人类和社会这三类客观实体及其内在关系的辩证唯物主义系统观点，这可以说是马克思恩格斯主义的科学世界观。第二、三、四章辑录马克思恩格斯对社会结构、社会变革、社会形态及其内在和外在关系和发展变化的系统看法，这三章的历史部分可以说是马克思恩格斯运用其辩证唯物主义世界观观察人类社会历史的科学历史观。这三章当中，有关论述近现代资本主义社会结构、社会变革和社会形态部分，则是属于马克思恩格斯的科学现状观。第五章社会问题与第六章重点地区和国家的发展以及国际关系，主要内容都是属于马克思恩格斯运用科学世界观论析资本主义世界的科学现状观。第七章论未来社会的发展，显然是马克思恩格斯运用科学世界观预测人类社会发展前景的科学未来观。可见，本书七章内容可以说是由马克思恩格斯主义的科学世界观、科学历史观、科学现状观和科学未来观这样四大部分组成的。只要细心通览全书，我们就能对马克思主义的科学世界观、科学历史观、科学现状观和科学未来观获得较为系统的科学知

不可不读的跋语：我们如何主编《马克思恩格斯要论精选（增订本）》

识，奠定较为坚实的理论基础。

我们学习马克思主义的目的不能仅限于全面、准确掌握马克思主义的科学原理和科学知识，更重要的还在于要善于运用马克思主义的立场、观点和方法来观察、思考、分析和解决当前面临的诸多现实问题。所以本书专门列出第五章社会问题与第六章重点地区和国家的发展以及国际关系，这两章可以说是主要针对当前国内和国际的现实问题而精选的。第五章列出战争与革命、和平问题、殖民地问题、工人问题、农民问题、知识分子问题、妇女和儿童问题、教育问题、爱情婚姻与家庭问题、住宅问题、自杀与卖淫问题。其中除了战争与革命、和平是国际问题之外，其余大多是国内外要妥善解决的迫切问题。第六章着意列出欧洲地区和俄、美、印、中四国的社会发展。其中，主要是当前众人都十分关切的欧洲地区和四大国的发展，也是我国要主动处理好的与欧盟和俄、美、印三大国的关系问题。在这一章中，我着意又增补一节，标明"工人政党应对国际关系的准则"，辑录了14段真言。从马克思恩格斯在19世纪对资本主义社会的总体论析，以及对资本主义面临的各种社会问题和大国发展的具体评议中，我们能够领悟到当今应该如何应对这些老大难问题。本书第七章论未来社会的发展，这是专门论述马克思恩格斯主义的科学未来观。19世纪还缺少实现社会主义、共产主义的实践经验，所以马克思恩格斯对未来社会主义、共产主义社会的论证，主要还是依据他们的科学世界观、科学历史观、科学现状观的推理演绎，大都不是对实践经验的实证总结。即使这样，他们的科学预见对当今中国特色社会主义现代化建设和未来世界社会主义的发展依然有重要的启迪作用。我们把马克思恩格斯毕生创立的科学理论，按照他们对世界总体和人类社会发展进程纵横交错的系统观察，划分为科学世界观、科学历史观、科学现状观和科学未来观这样四个部分，是很有新意的。敬请思想理论界关注和评论。

纵观几千年人类文明史，有成千上万思想家和科学家留下卷帙浩繁的论著。我深切感受到，古往今来，还从来没有哪两位思想家、科学家像马克思和恩格斯那样，对人类社会面临的世界观、历史观、现状观和未来观这四大问题，做过如此广博而深刻的科学论述。马克思恩格斯不仅是公元

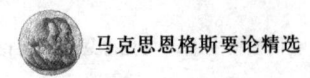

第二个千年最伟大、最杰出的两位思想家和科学家,而且他们的科学理论对公元第三个千年仍然有重要的指导意义,非常值得我们广大干部和青年学生认真细读,潜心体会,具体运用,努力践行。

三、本书如何全面又有重点地增订马克思恩格斯的要论精选?

我们在主编本书各章节内容时,尽量全面又有重点地反映马克思恩格斯的科学思想,力求避免片面性和随意性。由于长期受根深蒂固的"左"的指导思想影响,思想理论界在选编和阐释马克思主义时,往往侧重于从资本剥削、阶级对抗、阶级斗争、暴力革命、不断革命、世界革命和无产阶级专政来理解和把握马克思主义。其实马克思恩格斯还多次讲到资本的文明作用、阶级合作、阶级妥协、和平实现、社会改良和无产阶级民主问题。所以我们在有关章节中,专门辑录标明资本的积极和消极双重作用、阶级斗争与阶级合作、阶级斗争与阶级妥协、暴力革命与和平实现、革命与改良、无产阶级专政与无产阶级民主等专题。马克思还讲道:"无论哪一个社会形态,在它所能容纳的全部生产力发挥出来以前,是决不会灭亡的。"当资本主义还有自我调节能力,还能促进科技和生产力的发展时,不要以为一旦爆发资本主义经济危机,资本主义制度就要崩溃;当今依然不能急于消灭资本主义建成社会主义,更不能急于实现共产主义。对此,我们都要切实了解、深刻领会。这样,我们才能全面准确掌握马克思主义的精神实质,避免片面性和急性幼稚病。马克思在1844年发表的第一篇科学要论《〈黑格尔法哲学批判〉导言》中鲜明提出"人的解放"问题。马克思恩格斯在《共产党宣言》这本集中阐发科学世界观、科学历史观、科学现状观和科学未来观的最重要代表作中,用最简明的22个字,揭示了共产党人的最终奋斗目标是要建立"每个人的自由发展是一切人自由发展的条件"的自由人"联合体"。据此,我们认为"人的解放"、"人的自由发展"是马克思主义科学世界观的真谛和精髓,是共产党人世代奋斗的终极目标和胜境。所以在本书第一章中,我们专门把"人的解放"和"人的自由

不可不读的跋语：我们如何主编《马克思恩格斯要论精选（增订本）》

作为两个专题，集中辑录了马克思、恩格斯的一批精辟的科学真言。例如，马克思、恩格斯早在 1844 至 1845 年他们合著的《神圣家族》中就曾经一语道破地指出："当人们还不能使自己的吃喝住穿在质和量方面得到充分保证的时候，人们就根本不能获得解放。"这是对人们获得解放的主观努力和客观条件的精辟论述，说得多么具体而深刻！在同一本著作中，他们又说："既然从唯物主义意义上来说人是不自由的"，"既然环境造就人，那就必须以合乎人性的方式去造就环境。"即是说，我们必须尽力以合乎人性的方式去造就环境，使人的自由能够得到充分的发展。这是对人们获得自由发展的主观努力和客观条件的另一句精彩真言，说得多么全面而又有重点。

在三读全部书稿过程中，我还着意增补一些平时被很多人忽视，当今特别有重大现实意义的马克思恩格斯的科学真言。这样能够使广大读者愈益深感马克思主义科学的持久生命力、深远影响力和现实应用力。这里仅举几个突出的实例。马克思早在 1844 年发表在《德法年鉴》上致卢格的信中就一针见血地指出："人类要洗清自己的罪过，就只有说出这些罪过的真相。"这对于人们认清和改正自己的过错和罪过是非常有启迪的。如果隐瞒真相，讳疾忌医，就必然会延误诊治，过早丧命。马克思在《1857—1858 年经济学手稿》中肯定了"资本的伟大的文明作用"、"资本的伟大的历史方面"。马克思两次赞扬"资本的伟大"，就是因为资本加速了社会生产力的发展，促进了社会的不断革命化和人类的全球交往，推动了人类要善于与自然和社会共处共生。马克思在《资本论》第 3 卷中还异常敏锐地从股份制的发展预见到它将成为从私有制转变到公有制的关键的过渡点和过渡形式。他在《资本论》第 3 卷中说道："资本的文明方面"，同资本所有权结合在一起的股份公司的职能会成为"转化为联合起来的生产者的单纯职能，转化为社会职能的过渡点"。"资本主义的股份企业，也和合作工厂一样，应当被看做是资本主义生产方式转化为联合的生产方式的过渡形式"。在作为《资本论》第 4 卷的《剩余价值理论》第 3 册中马克思还明确指出："资本家在生产过程中是作为劳动的管理者和指挥者出现的。""这种与剥削相结合的劳动（这种劳动也可以转给经理）当然就与雇佣工人的劳动一样，是一种加入产品价值的劳动"，"也必须和劳动者本人的劳动一样给予报酬。"这就证明了马克思的剩余价值理论不仅充分论证工人的劳动创造价值，而且也肯定参与管理的资本家同样参与创造价值，也同样要给予报酬。当然资本家的丰厚利润还是剥削了工人的剩余价值。马克思在《政治经济学批判（1857—1858年草稿）》中还科学预见到信息时代到来后工人的劳动将被机器取代，那时个人会得到全面发展。他说：机器体系的发展是通过分工来实现，"这种分工把工人的操作逐步变成机械的操作，而达到一定地步，机器就会代替工人"。"那时工人不再是生产过程的主要当事者，而是站在生产过程的旁边。""那时，与此相适应，由于给所有的人腾出时间和创造了手段，个人会在艺术、科学等等方面得到发展。"这是多么深刻的远见卓识啊！恩格斯于1889年12月18日致特利尔信中指出："批评是工人运动的生命要素，工人运动本身怎么能逃避批评，禁止争论呢？难道我们要求别人给自己以言论自由，仅仅是为了在我们自己队伍中又消灭言论自由吗？"这是多么切中时弊的逆耳忠言啊！恩格斯在《共产党宣言》1892年波兰文版序言和1893年意大利文版序言中两次提到马克思早在《1859年的爱尔福特精神》一文中揭示出关于社会变革的一个特定重要原理，那就是"镇压1848年革命的人违反自己的意志充当了革命的遗嘱执行人"。从此可以看出：反对甚至镇压社会主义革命的人，由于社会发展客观规律的驱使，也会违反自己的意志充当社会主义的执行人。这当然要由广大社会主义者奋起积极去促其实现。1893年6月恩格斯在回答英国《每日纪事报》记者提问是否会成立"欧洲联邦"问题时，明确表示："当然。一切都在朝这个方向走，因为我们的思想正在全欧洲传播。"依照恩格斯的思路，我预计，到2093年后的本世纪末，当今的欧洲联盟将会发展为欧洲联邦，会形成美国式的欧洲合众国（United States of Europe）。恩格斯到晚年，已感悟到资本主义还有相当强的自我调节力，已认识到共产主义是比社会主义更为长远的奋斗目标。他于1894年2月13日回复第二国际理论家考茨基的信中，郑重指出："共产主义一词我认为当前不宜**普遍**使用，最好留到必须**更确切的**表达时才用它。即使到那时，也需要加以注释，因为实际上它已三十年不曾使用了。"我补选入本书的马克思恩格斯的这些科学真言，对于观察、思考与解决当今我们面对的国内外重大问题，我认为都是很有指导意义的。

编辑组同仁近四年多来勤恳工作，七易其稿，不断修改，力臻完善。我先后通读全部书稿三遍。每细读一遍，再掩卷沉思，都感到有新的收获。第一遍初读时，重点是分别掌握各章内容要点；第二遍再读时，进而考虑各章之间的内在联系；第三遍复读时主要思考怎样运用马克思恩格斯主义的科学世界观、科学历史观、科学现状观和科学未来观来分析和解决当前国内和国际面临的诸多问题。同时，在三遍审读中，我都根据近 70 年来我所读过的马克思恩格斯原著，并且吸收国内外学术界众多学者的研究成果，细心考察还应该补充哪些真言，排列顺序还要做哪些调整，各章节标题还要做哪些修改，真言中提到的人物、事件和专有名词还要加上哪些必要的注释，才有助于读者加深理解，等等。在这里还要附带说明，本书中对马克思恩格斯一些重要论断我另加上必要的注释，这样对于理解原著颇有好处。例如，马克思说："宗教是人民的鸦片。"我注明：鸦片是 19 世纪欧洲医药上用的镇痛剂，并非毒品。意即宗教信仰可以缓解其信徒的心灵痛苦。《共产党宣言》中说："工人没有祖国。"我注明：应该理解或改译为"工人没有国家"。因为祖国是祖籍之国，任何人生来都有祖籍之国。但在资本主义社会，国家是资本家阶级统治、压迫工人的政权机关，不是工人自己的国家，同时任何工人都可以到外国当劳工，工人打工的国家也不是自己的国家，所以"工人没有国家"。

但愿本书能够为众多马克思主义学习者与教研者掌握马克思主义科学真谛与精髓提供一本简明的读物。由于本书只是辑录马克思恩格斯原话作为马克思主义大众化的简要读本，加上我们水平和时间有限，所以马克思恩格斯的重要科学真言肯定还有不少漏选和选编不当之处，恳请领导、专家和读者广为赐正。

2015 年 3 月 14 日

2016 年 8 月 10 日修订

于中国人民大学城内寓所顶斋